中国法律史学文丛

中国近代刑法的肇端

——《钦定大清刑律》

周少元　著

商务印书馆
创于1897
The Commercial Press

2012年·北京

图书在版编目(CIP)数据

中国近代刑法的肇端——《钦定大清刑律》/周少元著．—北京：商务印书馆，2012
(中国法律史学文丛)
ISBN 978-7-100-09015-5

Ⅰ.①中… Ⅱ.①周… Ⅲ.①刑律—研究—中国—清代 Ⅳ.①D924.02

中国版本图书馆CIP数据核字(2011)第050043号

教育部人文社科“宽严相济与中国刑法传统研究”(09YJA820001)项目及安徽大学“211工程”学术创新团队基金资助

中国法律史学文丛
中国近代刑法的肇端
——《钦定大清刑律》
周少元 著

商 务 印 书 馆 出 版
(北京王府井大街36号 邮政编码 100710)
商 务 印 书 馆 发 行
北京瑞古冠中印刷厂印刷
ISBN 978-7-100-09015-5

2012年8月第1版 开本 880×1240 1/32
2012年8月北京第1次印刷 印张 12⅛
定价：35.00元

总　序

随着中国的崛起，中华民族的伟大复兴也正由梦想变为现实。然而，源远者流长，根深者叶茂。奠定和确立民族复兴的牢固学术根基，乃当代中国学人之责无旁贷。中国法律史学，追根溯源于数千年华夏法制文明，凝聚百余年来中外学人的智慧结晶，寻觅法治中国固有之经验，发掘传统中华法系之精髓，以弘扬近代中国优秀的法治文化，亦是当代中国探寻政治文明的必由之路。中国法律史学的深入拓展可为国家长治久安提供镜鉴，并为部门法学研究在方法论上拾遗补缺。

自改革开放以来，中国法律史学在老一辈法学家的引领下，在诸多中青年学者的不懈努力下，这片荒芜的土地上拓荒、垦殖，已历 30 年，不论在学科建设还是在新史料的挖掘整理上，通史、专题史等诸多方面均取得了引人注目的成果。但是，目前中国法律史研究距社会转型大潮应承载的学术使命并不相契，甚至落后于政治社会实践的发展，有待法律界共同努力开创中国法律研究的新天地。

创立已逾百年的商务印书馆，以传承中西优秀文化为己任，影响达致几代中国知识分子及普通百姓。社会虽几度变迁，世事人非，然而，百年磨砺、大浪淘沙，前辈擎立的商务旗帜，遵循独立的出版品格，不媚俗、不盲从，严谨于文化的传承与普及，保持与学界顶尖团队的真诚合作始终是他们追求的目标。遥想当年，清末民国有张元济（1867—1959）、王云五（1888—1979）等大师，他们周围云集一批仁人志士与知识分子，通过精诚合作、务实创新，把商务做成享誉世界的中国品牌。

抗战风烟使之几遭灭顶，商务人上下斡旋，辗转跋涉到重庆、沪上，艰难困苦中还不断推出各个学科的著述，中国近代出版的一面旗帜就此屹立不败。

近年来，商务印书馆在法律类图书的出版上，致力于《法学文库》丛书和法律文献史料的校勘整理。《法学文库》已纳入出版优秀原创著作十余部，涵盖法史、法理、民法、宪法等部门法学。2008 年推出了十一卷本《新译日本法规大全》点校本，重现百年前近代中国在移植外国法方面的宏大气势与务实作为。2010 年陆续推出《大清新法令》(1901—1911)点校本，全面梳理清末法律改革的立法成果，为当代中国法制发展断裂的学术脉络接续前弦，为现代中国的法制文明溯源探路，为 21 世纪中国法治国家理想追寻近代蓝本，并试图发扬光大。

现在呈现于读者面前的《中国法律史学文丛》，拟收入法律通史、各部门法专史、断代法史方面的精品图书，通过结集成套出版，推崇用历史、社会的方法研究中国法律，以期拓展法学规范研究的多元路径，提升中国法律学术的整体理论水准。在法学方法上致力于实证研究，避免宏大叙事与纯粹演绎的范式，以及简单拿来主义而不顾中国固有文化的媚外作品，使中国法律学术回归本土法的精神。

何勤华

2010 年 6 月 22 日于上海

序

百年前的辛亥革命宣告了帝制的破灭，民国的诞生；百年前的那场轰轰烈烈的法制变革运动宣告了传统中华法系的解体，中国法制近代化的肇始。由于种种原因，辛亥革命前后的法律制度的变革对中国法制近代化乃至中国社会所产生的深远影响，迄今还缺乏深度的研究。可以说，理清清末民初法制嬗变的历史是理解中国法制由传统向近代转型的关键。清末修律的成果虽丰，但由于时局动荡，成果大多停留在草案阶段，真正颁布的法律文献并不多，《钦定大清刑律》便是其中之一。《钦定大清刑律》系我国近代第一部专门的刑法典，它借鉴了当时西方刑法学的最新成果，无论是体例结构，还是原则内容都对我国近当代刑法产生了深远的影响。系统、全面、深入研究《钦定大清刑律》对于了解当代刑法的来龙去脉，汲取百年刑法史的优秀成果，完善当代刑法制度，是不可或缺的。本书的尝试是有益的。

从国家与社会互动的角度考察《钦定大清刑律》较以往仅从国家法的角度考察更能明晰法律制定的时代背景。社会变化要求法律进行适应性调整，以《大清律例》为代表的传统法律的落后与野蛮必然被时代所抛弃。考察法制变革的社会背景有助于理解法制变革的深层次原因。中国传统法律中刑法始终占主流，但就《钦定大清刑律》内容而言，继承传统刑法内容较少，移植西方大陆法系刑法内容较多。我国当代刑法理论中仍可见到大陆法系刑法理论的明显痕迹，但遗憾的是刑法学界对我国刑法近代化迈出第一步时西方新旧派刑法理论对我国刑事立法的影响缺少研究。本文在这方面进行了探讨。《钦定大清刑律》矛盾的指导思想导致《钦定大清刑律》的基本内容新旧杂糅，思想领域爆发了礼法之争。《钦定大清刑律》的制定者们在处理“国粹”与异域文化的冲突与融合时所采取的酌法准情、折衷至当的基本态度，对今天处理外来文化与本土资源的关系具有历史的参考价值。《钦定大清刑律》虽然未及施行，但通过民国初年的刑法实践可以透视《钦定大清刑律》的施行效果。民初之所以能有条件地援用清末法律，是因为晚清所修法律顺应了时代潮流，具有生命力。当然，实践中也暴露出《钦定大清刑律》立法技术上的缺憾及立法与社会的脱节现象。西方工业社会的法制与传统社会道德观念之间磨合必然是个长期的过程，法制移植易，道德变迁难，但《钦定大清刑律》所代表的中国刑法近代化的方向是不可逆转的。法制与学术具有内在无形的联系。中华法系的学术支撑是传统律学，《钦定大清刑律》的学术支撑则是近代法学。《钦定大清刑律》制定之时，伍廷芳、沈家本等即强调培养近代法学新人的重要性。省思近代法学教育的经验和教训，对今天的法学教育改革不失历史的借鉴。

作者对《钦定大清刑律》和中国刑法近代化问题颇感学术兴趣，其博士论文即以《〈钦定大清刑律〉研究》为题。在其新作《中国近代刑法的肇端——〈钦定大清刑律〉》一书即将出版之际，特述文字，期待作者以此为新的起点，在中国刑法近代化研究和当代刑法的进一步完善方面做出更大的贡献。

张　晋　藩

2011 年 10 月

目　录

图 表 目 录

引　言

清末法律制度的改革宣告了传统中华法系的解体，标志着中国法制近代化的肇始。清末修律的成果虽丰，但由于时局动荡，多数成果停留在草案阶段，真正颁布的法律文献并不多，《钦定大清刑律》便是其硕果之一。《钦定大清刑律》系我国近代第一部专门的刑法典，它借鉴了当时西方刑法学的最新成果，无论是体例结构，还是原则内容都对我国近当代刑法产生了深远的影响。系统、全面、深入研究《钦定大清刑律》对于理清当今刑法的来龙去脉，汲取百年刑法史的优秀成果，完善当代刑法制度，是不可或缺的。百年前的《钦定大清刑律》如陈年佳酿，不时散发着历史的芳香。

鸦片战争以后，随着开放口岸的增加，西方的商人、传教士源源来华，他们翻译、撰写介绍西方历史、地理、政治、法律学说的著作，并创办《教会新报》、《万国公报》、《上海新报》、《申报》等中文报纸，报道西方国家的时政、议会选举、总统竞选等外国政治法律情况。进入19世纪的七八十年代，中国政府向外派遣留学生和驻外使节，对于西方的政治法律制度有了更为具体和深入的了解，并著书立说，向国人介绍他们的感受。西方的“天赋人权”和“社会契约论”学说及“三权分立”的法治理论传入中国，同时，中国开始接触西方法律体系。晚清的对外开放，推动了西方法文化在中国的传播。西方法治学说在中国的传播，使得维新人物看到了中国政治改良的希望，并且把法治主义看成拯救中国的唯一主义。鼓吹变法维新，法律因时变革；反对君主专制，主张开国会、设议院、立宪法;改革旧律,以“公意”立法等主张代表了国门被打开后的中国思想领域的主流意识和中国未来的发展方向。

随着西方法治理念的引入,法律制度的介绍,西方的法律学术也开始影响中国。据何勤华先生考证,用汉字“法学”一词表达近现代西方关于法律科学的学问,起于日本。[①] 中国近代最早出现“法学”一词的论著系梁启超的《论中国宜讲求法律之学》。梁启超先生在此文中,不仅突出强调了“法学之学”,而且明确提出了“法学”之用语:“……天下万世之治法学者,……”[②]20世纪初叶,社会上出现了与法学有关的组织,如法学社、法学会等。法学学堂开设“法学通论”课程。在一些政府官员的奏章中“法学”一词也不断出现。[③] 西方法学的引入,使传统法律学术律学面临挑战。中华法系的解体,使其失去载体。西方丰富多元的法律思想和法学流派开阔了清末中国法律学人的学术视野。

19世纪末20世纪初,西方刑法学界空前活跃。以德国刑法学界为代表的刑法学新旧派展开了激烈的论争。“20世纪初期,学派之争达到最激烈的程度。围绕着德国刑法典的修改,旧派诸学者与新派诸学者之间产生了巨大的意见分歧。”[④]东邻日本,刑法学界也掀起了新旧学派理论争论的热潮。日本1907年的刑法典就是在新派理论指导下制定的。1906年开始起草,1911年颁布的《钦定大清刑律》恰逢西方刑法理论新旧两派争论最为激烈之际。帮助中国制定《钦定大清刑律》的冈田朝太郎便是日本刑法学界新派代表人物之一。深受传统律学影响且长期与世隔绝的晚清法学界,尚不具备形成刑法学派的条件,更谈不上参与新旧两派刑法理论的争论,但这并不说明晚清刑律的变革未

① 参见何勤华:《中国法学史》(第一卷),法律出版社2000年10月第1版,第5页。

② 梁启超著:《饮冰室文集》卷一,中华书局1989年影印版,第93页。

③ 参见何勤华:《中国法学史》(第一卷),法律出版社2000年10月第1版,第4-5页。

④ 陈家林:《外国刑法通论》,中国人民公安大学出版社2009年9月第1版,第52页。

受到新旧刑法学派理论争论的影响。事实是，清末的修律者们已注意到西方刑法学派的理论差异，在起草刑律时是有取舍的。很难说模范日本近代刑法，移植大陆法系刑法制度的《钦定大清刑律》是在哪个刑法学派影响下制定的，但通过日本刑法学家冈田朝太郎及其他渠道传入中国的新旧刑法学派理论烙印的确打在了《钦定大清刑律》上。

《钦定大清刑律》这一名称并不为学人经常提及，人们更习惯称之为《大清新刑律》。其实，此种称谓并不准确。李贵连教授较早注意到这一问题，在《沈家本与清末立法》一文的注释中提到了《钦定大清刑律》。[①] 朱勇教授认为《大清新刑律》应称为《大清刑律》。"关于《大清刑律》的名称，学界一直多称为《大清新刑律》。经查，其依据有二。第一，清末宪政编查馆、资政院于光绪三十四年(1908 年)八月初一日会奏'《宪法大纲》暨《议院法》、《选举法》要领及《逐年筹备事宜》折'中，《逐年筹备事宜清单》多次提及'新刑律'。宣统二年(1911 年)十二月十七日宪政编查馆大臣奕劻等'拟呈《修正宪政逐年筹备事宜》折'，也多次提及'新刑律'。第二，宣统二年(1910)在正式颁布《大清刑律》的《上谕》中，也有'新刑律'字样。"朱勇教授进一步指出："《刑律》之前冠以'新'字，仅是在表述中为区别于当时正实施的《大清现行刑律》所用。该《刑律》从制定到正式颁布，其正式名称中均无'新'字。……宣统二年(1910)颁布的该刑律以《钦定大清刑律》为正式名称。"[②]笔者在撰写博士论文时，查阅了有关资料，诚如朱勇教授所言，无论是官方的奏折、上谕还是人们的习惯，大多称《大清新刑律》，但据中国政法大学图书馆所藏宣统三年(1911 年)六月刊印的殿本，的确以《钦定大清刑律》为正

---

① 参见李贵连：《沈家本与清末立法》，载北京大学《法学论文集》，光明日报出版社 1987 年版，或参见李贵连著：《近代中国法制与法学》，北京大学出版社 2002 年 11 月第 1 版，第 286 页注⑦。

② 参见朱勇：《中国法制史》，法律出版社 1999 年 9 月第 1 版，第 482 页注①。

式名称。故本书采用《钦定大清刑律》这一名称。

《钦定大清刑律》制定是十分艰难的，从 1906 年的预备案到 1911 年的钦定第六案，共七个法案。[①] 有学者称之为“非常 1+6”。

预备案　光绪三十三年春(1906 年春)修订法律馆中国专家(另一说为岩谷孙藏博士)[②]完成预备案大部分内容。由于此案以日本 1880 年旧刑法为蓝本，已显过时，故为以后各案所不取。

第一案　光绪三十三年(1907 年)八月修订法律馆日本专家冈田朝太郎起草。共 53 章，凡 387 条，后附《律目考》。此案乃后来各案之基础。为方便审阅，采取了“法典+案语”的形式。第一案以日本 1907 年新刑法为蓝本。

第二案　宣统元年(1909 年)十二月修订法律馆和法部共同完成。由于第一案引发了激烈争论，此案的最主要变化是加入了着重维护礼教风俗的《附则》五条。

第三案　宣统二年(1910 年)宪政编查馆在第二案基础上修正而成。该案最主要的变化是将《附则》改为《暂行章程》。

第四案　宣统二年(1910 年)末资政院法典股审查前三案后修正润色而成。第四案的最主要的变化是删除了《暂行章程》。

第五案　宣统二年十二月(1911 年)资政院会上三读通过总则，分则因闭会时间已至，未及议完。故分则仍为第四案分则。第五案的最

---

① 参与起草工作的日本刑法学家冈田朝太郎对《钦定大清刑律》制定过程有较为详细的描述，参见其《清国改正刑律草案(总则)》，载《法学协会杂志》第 29 卷第 3 号，明治四十四年(1911 年)。陈新宇先生对七个法案有较全面的考证，详见其《〈钦定大清刑律〉新研究》一文，载《法学研究》2011 年第 2 期。

② 冈田朝太郎认为 1906 年的预备案由清朝的委员起草。参见其论文《清国改正刑律草案(总则)》，载《法学协会杂志》第 29 卷第 3 号，明治四十四年(1911 年)。据当年参与法典编纂的章宗祥回忆，《钦定大清刑律》总则草案最初由岩谷孙藏博士起草。参见章宗祥：《新刑律颁布之经过》，载《文史资料存稿选编》第 1 册，中国文史出版社 2006 年版，第 35 页。

大变化是将"无夫奸"有罪化并放入正文。

第六案　宣统二年十二月二十五日(1911 年 1 月 25 日)宪政编查馆对第五案进行了修订,经清廷裁可后颁布了最终的第六案,即正式的《钦定大清刑律》。钦定第六案的最主要变化是恢复了第四案被删除的《暂行章程》,但对第五案"无夫奸"进入正文的决议没有采纳。

《钦定大清刑律》制定过程的艰难不在立法技术上,而在立法思想上。由《钦定大清刑律》的制定引发了立法思想上的礼法之争,争论双方的力量消长主导了各案的变化。

1911 年颁布的《钦定大清刑律》是清廷为未来新政准备的新刑法,故当时颁而未行,但它却开创了中国刑法近代化的先河。民国时代的刑法虽各有特色,但就其渊源而论,无不以《钦定大清刑律》为宗。

《中华民国暂行刑律》　《中华民国暂行刑律》改头换面,将《钦定大清刑律》与民国国体抵牾者稍作修改即刻颁行。其内容实为《钦定大清刑律》。

1928 年《中华民国刑法》　1915 年《刑法第一修正案》复古倒退倾向较明显。1918 年的《刑法第二修正案》回归《钦定大清刑律》的立法风格。两个修正案均未颁行。1928 年《中华民国刑法》以 1918 年《刑法第二次修正案》为基础,吸收晚近各国新立法例而成。1928 年《中华民国刑法》延续了《钦定大清刑律》的立法风格。

1935 年《中华民国刑法》　1935 年《中华民国刑法》较多地受西方刑法学派新派理论影响,趋附潮流,刑法基本立场由倾向客观主义转向倾向主观主义。1935 年《中华民国刑法》在继承《钦定大清刑律》立法成果的前提下,向前迈出了一大步。

清末修律是中国法制史上具有划时代意义的事件。国内外法史学人对中国法律的转型给予了一定的重视。有关清末民初法制改革及中国法制近代化的研究成果相继问世。张晋藩先生总主编的国家社科重点项目《中国法制通史》列专卷进行论述。[①] 此系目前国内对这一专题研究的最高学术水准的专著之一。李贵连教授潜心研究晚清及近代中国法制多年，李教授撰写的《沈家本传》[②]及《近代中国法制与法学》[③]的出版极大地推进了晚清法制改革的研究进程。此外，国内学术界近年召开了多次专门的研讨会，相关论文集出版多部。张晋藩先生于20世纪90年代多次主持召开关于晚清法制改革及中国法制近代化的国际学术研讨会。台湾学者对晚清修律亦感兴趣，其中，黄源盛博士的研究成果影响较大。1991年他的博士论文《沈家本法律思想与晚清刑律变迁》[④]系当代台湾法史学者关于《钦定大清刑律》研究的较早成果。其后，黄源盛先生围绕晚清修律发表了系列论文，如《大清新刑律礼法之争议的历史及时代意义》[⑤]、《晚清法制近代化的动因及其开展》[⑥]、《晚清修律大臣沈家本》[⑦]。国外学者在研究中国近代化问题时，对晚清修律的问题亦有涉及。就《钦定大清刑律》而言，目前大陆法史学界研究成果尚不多见。青年才俊高汉成君的《签注视野下的大清刑律草案研究》[⑧]和陈新宇君的《〈钦定大清刑律〉新研究》[⑨]当属最新力作。

清末修律去今不远，但清末修律的资料已难寻觅。笔者八年前撰写博士论文时，深感其苦。令人欣喜的是，近年商务印书馆和华东政法

---

① 张晋藩总主编：《中国法制通史》(多卷本)，法律出版社1999年1月第1版。其中朱勇教授主编的第九卷为清末民国法制史。

② 李贵连：《沈家本传》，法律出版社2004年4月第一版。

③ 李贵连：《近代中国法制与法学》，北京大学出版社2002年11月第一版。

④ 黄源盛：《沈家本法律思想与晚清刑律变迁》，台湾大学法律学研究所博士论文，1991。

⑤ 黄源盛：《大清新刑律礼法之争的历史及时代意义》，载《中国法律现代化之回顾与前瞻》，台湾大学法学院，1993。

⑥ 黄源盛：《晚清法制现代化的动因及开展》，载《中兴法学》1991年第11期。

⑦ 黄源盛：《晚清修律大臣沈家本》，载《东海法学研究》1995年第9期。

⑧ 高汉成：《签注视野下的大清刑律草案研究》，中国社会科学出版社2007年版。

⑨ 陈新宇：《〈钦定大清刑律〉新研究》，载《法学研究》2011年第2期。

大学合作推出了新版《大清新法令》[1]此善举乃法史学人之福音，存亡继绝，功莫大矣！笔者修改书稿时已受其惠，颇有“从此不再受那奴役苦”之快感。

本书在吸收他人学术成果的基础上对晚清修律中最有代表性也最富影响的《钦定大清刑律》进行较为全面、深入的研究。以此为立足点，观察思考晚清法制变革及中国法制近代化问题。

从国家与社会互动的角度考察《钦定大清刑律》，较以往仅从国家法的角度考察更能明晰其制定的时代背景。传统经济结构的转型，商品经济因素需要法律调整；近代商人群体的出现，冲击着传统法的等级观；政治体制的改革，要求法制与时俱进，不断创新；国家观的兴起，促使了法律的家庭主义向国家主义的转化。透过《钦定大清刑律》的制定背景，可以看到晚清法制变革的历史必然性。社会变化要求法律进行适应性调整，《大清律例》的落后与野蛮必然被时代所抛弃。

《钦定大清刑律》是近代中国第一部专门的刑法典。中国传统法律中刑法始终占主流，但就《钦定大清刑律》内容而言，继承传统刑法内容较少，移植西方大陆法系刑法内容较多。19 世纪至 20 世纪初的西方刑法文化对《钦定大清刑律》产生了深远的影响。西方近代刑法原则，新旧刑法学派的理论等通过日本刑法及日本刑法学家的传授输入到中国。从此中国法制的模式告别了传统走向了大陆法系的式样。我国当代刑法理论中仍可见到大陆法系刑法理论的明显痕迹，但遗憾的是，刑法学界对我国刑法近代化迈出第一步时，西方新旧派刑法理论对我国刑事立法的影响缺少研究。本书试图填补缺憾，进行些许粗浅探讨。

西法东渐，传统的“三纲五常”面临前所未有的冲击。《钦定大清刑

---

① 上海商务印书馆编译所编纂：《大清新法令》商务印书馆点校本，2010 年 11 月至 2011 年 6 月出版十一卷。

律》的指导思想陷入矛盾之中。既要根据交涉情形，参考列邦之制度，使新律能中外通行，与国际“接轨”。又要充分体现“三纲五常”数千年的“国粹”，具有中国“特色”。矛盾的指导思想导致《钦定大清刑律》的基本内容新旧杂糅，思想领域也爆发了礼法之争。《钦定大清刑律》的制定者们未能处理好“国粹”与异域文化的冲突与融合问题，但他们既不“全盘西化”也不“食古不化”，而是采取了酌法准情、折衷至当的基本态度，这与今天我们所说的外来文化资源要与中国实际相结合，或创造性地转化传统文化资源极具相似性。法律文化选择的时代性与民族性，历时性与共时性的难题迄今还在困扰我们。在中西法律文化博弈、融合的背景下，研究《钦定大清刑律》或许能够提供智识上的资源，帮助今人辨识中国法律何去何从的问题。

《钦定大清刑律》未及施行，清朝便灭亡了。通过民国初年的刑法实践，《钦定大清刑律》得以间接施行。民初之所以能有条件地援用清末法律，主要的原因是因为晚清所修法律顺应了时代潮流，具有新意，具有生命力。民国初年对《钦定大清刑律》的修改与补充也反映了《钦定大清刑律》立法技术上的缺憾及立法与社会的脱节现象。这种脱节可以从两个角度看。一是立法者未能立足中国实际，忽视了法律施行的社会条件，导致法律施行的社会阻碍。一是社会发展的滞后，法律紧跟时代潮流，但社会发展的速度较慢，有时甚至倒退。笔者认为，这是正常现象。西方工业社会的法制与自然经济占主导地位且传统道德观念根深蒂固的中国社会之间的磨合必然是个长期的过程。但《钦定大清刑律》所代表的中国刑法近代化的方向是不可逆转的。

法制与学术具有内在无形的联系。中华法系的学术支撑是传统律学，《钦定大清刑律》的学术支撑则是近代法学。律学向法学的转变与传统法制向近代法制的转型是同步的。但学术转型的艰难程度似乎超过了法制转型本身。时至今日，还很难说我国近现代法学学术达到了很高的水准。其实，在法制现代化建设中存在的诸多立法和司法问题，也折射出我国法学学术的现状，即法学学术的贫乏。究其原因，法学教育的不当亦可省思。《钦定大清刑律》制定之时，伍廷芳(1842—1922)、沈家本(1840—1913)等即强调培养近代法学新人的重要性，但清末以来，法学教育一直被功利性、实用性所困，与传统的律学教育没有多大实质区别。中国法学教育改革应在强调理性上下功夫才有出路。

第一章 《钦定大清刑律》的制定：国家与社会的考察

第一节 经济结构的转型与法律的适应性调整

一、传统经济结构的艰难转型

(一)盛世悲歌

清朝前期统治者励精图治，在康乾时代，封建经济取得了有史以来的最高成就。它的农业、手工业、贸易、城市发展等，都曾达到世界先进水平。① 从农业来看，不论是当时的人口数量，还是耕地面积，都远远超过了以往的历史时期。中国农作物的总产量占世界第一位。人口占全世界9亿人口的1/3。随着社会分工的不断扩大，商品经济不断发展，城市也日益繁荣起来，到康、雍、乾时期，北京、扬州、苏州、江宁、杭州、广州、佛山、汉口等都已发展成为具有相当规模的工商业城市，可谓当时中国的八大城市。至19世纪初，全世界有十个拥有50万以上居民的城市，而中国的北京、江宁、扬州、苏州、杭州、广州名列其中。以苏州为例可见当时大城市规模。苏州是我国明清以来工商业最发达的城

① 《学习时报》编辑部：《落日的辉煌》，中共中央党校出版社2001年3月第1版，第5页。

市之一,丝绸生产尤其著名。由于工商业的迅速发展,到明清之际,"苏城衡(横)五里,纵七里,周环则四十有五里"已成为很大的城市。1759年(乾隆二十四年),苏州画家徐扬所画《盛世滋生图》卷,共画有230余家有市招的店铺,共有50多个行业。除了本乡本土的产品外,还有川、广、云、贵、闽、赣、浙、苏、鲁等九省中外驰名的特产。国内外贸易的繁荣,苏州城市人口激增,于是出现了市区向城郊扩展的现象。阊门外南濠之黄家港,明朝时"尚系近城旷地,烟户甚稀。"到了清朝,"生齿日繁,人物殷富,闾阎且千,鳞次栉比"。南濠在明末时,"货物寥寥",并不是一个热闹的地区,清朝初年以后,这里逐渐"人居稠密,五方杂处",到了"地值寸金"的程度。1685年(康熙二十四年),康熙南巡时,"南濠为苏州最盛之地。百货所集,商贾辐辏",已是工商业最繁华的地区了。①

康乾盛世的经济政策,仍然是传统的重本抑末政策,康熙十分重视农业和家庭手工业生产,而对独立手工业和商业不太重视。这主要体现在他推行的具体政策法令方面,如打击明朝旧地主势力;兴修农业水利设施;奖励蚕桑纺织;奖励垦荒耕作等等。在自然经济思想支配下,康熙不仅对民间采矿、冶金、煮盐、作坊均严格限制,而且对明朝原有的采矿、采锡、采铁等加以禁绝,不允许铜、铁、锡等手工业制品在社会上流通。

1684年,鉴于清朝统治日趋稳固,三藩平定,台湾统一,康熙才改变原来的"寸板不得下海"的海禁政策,实行有限制的海外贸易。其中主要有以下规定:进行海外贸易,须"预行禀明地方官,登记姓名,取具保结",方可"听百姓以装载五百担以下船只,往海上贸易捕鱼";以广州、漳州、宁波、云台山四处为对外通商口岸;在闽、粤、江、浙四省设置海关,管理来往商贾及船物,负责征收赋税;将硫磺、军器等物私藏在

---

① 戴逸主编:《简明清史》第一册,人民出版社1984年10月版,第402—405页。

船，出洋贸易者，仍照旧处分。康熙的这一作法，是他推行休养生息政策的补充，共延续了33年，在一定程度上促进了东南沿海地区商品经济的恢复和发展，海外贸易取得了一定成效。但在其晚年，实行了严格的闭关锁国政策。

在国内商品流通方面，康熙将明代统治者实行过的重农抑商政策全面推行开来，如对国内工商业苛以繁重捐税；对工商业者抱鄙弃轻视态度，降低他们的社会地位；限制国内商品生产的种类、数量及规模；对商品以低价收购等等。这些压抑工商业、人为地限制国内商品流通的政策措施，使中国社会经济增长极其缓慢甚至停滞不前，既不利于新经济关系的诞生、成长，也不利于国内商品生产和商品流通，给中国社会造成了极大阻碍。

雍正认为，农业是关系国计民生的根本大业，丝毫不可动摇农业的统治地位，而工商业都须依赖于农业。乾隆也将打击工商业，压抑商品生产与商品流通作为治国的根本原则。“朕欲天下之民，使皆心力南亩。”[①]主张全民趋农，压缩工商业经济。增加钞关征税，提高商税税率。在对外贸易方面，乾隆基本上也采用康熙以来的外贸政策和措施。在其中、后期，由于西方殖民主义者和海盗商人的侵扰，乾隆采取消极的紧缩外贸政策，如1751年，他取消了其他通商口岸，只允许广州港对外贸易往来。1759年，他批准两广总督李侍尧提出的《防范外夷规条》，次年又颁布《防夷五事》，对外商在华活动加以种种限制。他在外贸体制上，长期沿用行商居间贸易制度，规定由行商对来华贸易的外商给予严格管理和限制。同时，限制进出口商品的种类、数量，规定外商购买茶叶、大黄等须以银购买。[②] 统治者不重视对外贸易的经济利益，

---

① 《皇朝通典》卷一，《食货一》。

② 蒋建平编著：《中国商业经济思想史》，财经出版社1990年7月版，第303—311页。

只把通商当作怀柔的手段。当英国商人给清朝的文书中要求扩大通商,声称通商与天朝有益时,乾隆帝谕令两广总督苏昌:“国家四海之大,何所不有,所以准通洋船者,特系怀柔,远人之道。乃该夷来文内,有与天朝有益之语。该督等不但当行文笼统驳饬,并宜明切晓谕,使知来广贸易实为夷众有益起见,天朝并不藉此些微远物也。”[①]他在给英王乔治三世的一封信中讲:“天朝物产丰富,无所不有,原不藉外夷货物以通有无。”[②]清王朝的对外政策就是建立在这种“天朝上邦”意识和传统的自然经济观念以及诸如“不宝远物,则远人格”之类的儒家经典上的。贸易变成了“怀柔遐方,加惠四夷”的政治行为,而并非将其视为经济发展的需要,用朝贡代替国际贸易。

在康、雍、乾时期,实行了一系列不利于工商业成长的经济政策和经济措施,将中国与世界其他国家的物质技术文化交流隔离起来,使中国社会经济停滞不前,盛世之中已孕衰败。

(二)艰难转型

与清朝前期不同,自嘉庆以后,至高无上的皇权渐渐失去昔日的威严,虽然各种制度的形式依旧,但是执行的效率则大为减弱,制度多成具文,进而影响到政治机制的衰落,由此进入了清朝统治衰落的时期;与此相反,社会经济表现出前所未有的活力,“表现了和政治机制的变化完全不同的机制和趋向。”[③]乾隆、嘉庆、道光时期是传统经济结构变革的时期。[④] 这一时期,社会经济的发展与政治的衰落出现了不平衡

---

① 《清高宗实录》,卷六九。

② 《粤海关志》卷二三,第8页。

③ 杨杭军:《走向近代化》,中州古籍出版社2001年9月第1版,第12页。

④ 姜守鹏认为,乾嘉道时期是传统经济结构变革的时期,其表现是;第一,私有制的加强与封建地主所有权的分解;第二,小生产者商品性生产的增强与资本主义对旧有生产方式的冲击;第三,区域性、全国性市场的形成与大商巨贾势力的增强。详见姜守鹏文《清嘉道时期中国社会经济结构的变革》,载《清史研究》1991年第4期,第1—7页。

关系。

由于纺织业的发达，棉花的需求量增加，经济作物在农作物中的比例开始上升。江南的纺织业兴盛，在南京、上海及周围地区都是棉纺织业集中的地区，贸易是其主要目的，单一的农业型经济已为多层次的农工商并举的经济结构所替代。这时期经济的发展还表现在商业规模的扩大，私人经营的资本也迅速增加，虽然这些人为数不多，但是他们已成为一支很有活力和发展潜力的阶层。大量的纺织产品需要相应规模的市场作为媒介，才能使生产持续发展，纺织市场的扩大也必然依赖于大规模的产品。江南的城镇呈现了明显增加趋势。

长期受压制的采矿业，在嘉庆以后逐步放开。四川、贵州、云南、广西、江西等省的煤、铁、铜、铝、锡矿一般都听任民间开采，政府采取“任民采取，征税银二分”的办法。矿业的发展为社会带来的利益，甚至得到道光帝的首肯，“我朝云南、贵州、四川、广西等处，向有银厂，每岁抽收课银，历年以来，照常输纳，并无丝毫扰累于民。可见官为经理，不如任民自为开采，是以藏富于民之道”；[①]进而指示地方官“体察地方情形，相度山场，民间情愿开采者，准照现开各厂一律办理”。[②]

作为唯一的外贸口岸广州，已高度繁荣。不但外销货物云集于此，而且内地货物也多在此集散，广西省所产桂皮量大质精，年运广州达一百二三十万担，其中外销 80 万担。内、外商贸的繁荣也促进了消费，道光时期，广州有 30 多万户，加上流动人口，估计人口在 200 万以上。[③]

虽然从整体上讲，清代前期到中期社会经济表现了持续发展的特征，但就不同地区来说，还存在不小差异，因而形成了各地区经济发展的特点。清初以来长期的和平环境和强有力的控制机制，保障了社会

---

① 《清宣宗实录》(七)卷四百零四，第 57 页。

② 《清宣宗实录》(七)卷四百零四，第 57 页。

③ 杨杭军：《走向近代化》，中州古籍出版社 2001 年 9 月，第 15 页。

经济的稳定发展,在此基础上增强了商品化的趋势,但商品化和市场的发展必然背离重农的国策,在一定时期必然引起限制。但是嘉庆以后不断加剧的政治衰落减弱了专制政权对社会的控制能力,因此,社会经济的发展受到政治规范的程度逐渐减弱,而更多地受到经济规律的支配,所以,这时期的政治和经济表现出了明显的分离趋势。

随着鸦片战争纷至沓来的一系列不平等条约,逐步改变了晚清社会的经济基础。1842 年的《南京条约》迫使中国广州、厦门、福州、宁波、上海"五口通商"。1858 年与英、法签订的《天津条约》使牛庄(后改为营口)、登州(后改为烟台)、台湾(台南)、淡水、潮州(后改为汕头)、琼州、汉口、九江、南京、镇江等十处为通商口岸。1876 年的《烟台条约》又开放了四个城市。增辟通商口岸成为列强援引的惯例,几乎中西方之间每签订一个重要的条约,中国方面都要被迫开放若干口岸以供通商。到 1895 年中日《马关条约》签订时,中国对外开放的通商口岸已经多达 40 余处。列表如下:

表 1—1 1895 年前中国已开通商口岸及设关年表①

省别	通商口岸	约定开埠时间	开埠依据	海关设置时间
广东	广州	1842 年	英约	1859 年
	汕头(潮州改)	1858 年	英法约	同上
	琼州	同上	同上	1877 年
	北海	1876 年	英约	
	拱北	1887 年	中葡协议	1887 年
	九龙		中英协议	
福建	福州	1842 年	英约	1861 年
	厦门		同上	1862 年
广西	龙州	1887 年	法约	1889 年

① 资料来源:中国第二历史档案馆编《1921 年前中国已开商埠》,载《历史档案》1984 年第 2 期,第 54—56 页。本文略有裁减。

（续表）

云南	大理府	1876 年	英约	
	蒙自	1887 年	法约	1889 年
	思茅	1895 年	同上	1896 年
	河口		同上	1892 年
浙江	宁波	1842 年	英约	1861 年
	温州	1876 年	英约	1877 年
	杭州	1895 年	日约	1896 年
湖北	汉口	1858 年	英约	
	宜昌	1876 年	同上	1877 年
	沙市	1895 年	日约	1896 年
江苏	上海	1842 年	英约	1854 年
	镇江	1858 年	同上	1861 年
	苏州	1895 年	日约	1896 年
	江宁	1858 年	法约	1899 年
安徽	芜湖	1876 年	英约	1877 年
直隶	天津	1860 年	英法约	1861 年
	张家口		俄约	
四川	重庆	1890 年	英约	1871 年
奉天	营口（牛庄改）	1858 年	英约	1861 年
山东	烟台（登州改）		英法约	同上
黑龙江	松花江		俄约	
甘肃	嘉峪关	1881 年	同上	1885 年
新疆	伊犁	1851 年	俄约	
	塔尔巴哈台		同上	
	喀什葛尔	1860 年	同上	
	乌鲁木齐	1881 年	同上	
	天山南北		同上	
江西	九江	1858 年	英约	1862 年
西藏	亚东	1893 年	英约	1894 年
蒙古	库伦	1860 年	俄约	
	蒙古各盟	1862 年	同上	

为进一步扩大开放,同时也为了避免条约口岸对中国主权的损害,清政府先后自开商埠36处。列表如下:

表1—2 清季自开商埠年月表①

省别	商埠名	批准开埠时间	实际开埠时间	备注
湖南	岳州	1898年4月24日	1899年11月13日	湘抚奏准
	湘潭	1905年7月	1906年3月16日	同上
	常德	1905年7月	1906年7月2日	同上
	长沙	1902年7月	1904年6月	“约定”自开
湖北	武昌	1900年11月18日		两广总督张之洞奏准
山东	济南	1904年5月15日	1906年1月10日	袁世凯等奏准
	潍县	同上	1906年1月1日	同上
	周村	同上	1906年1月	同上
江苏	吴淞	1898年4月20日		总理衙门奏准
	海州	1905年10月24日	1921年	?
	浦口	1910年	1912年8月	地方官主持
	天生港	1906年7月		署两江总督周馥奏准
福建	三都澳	1898年4月24日	1899年4月28日	总理衙门奏准
	鼓浪屿	1902年11月21日		兴泉永兵备道奏准
广东	香洲	1908年5月24日	1909年	由“绅商”主持
	公益埠	1908年		由粤督批准
广西	南宁	1899年1月30日	1907年1月1日	广西巡抚奏准
云南	昆明	1905年5月11日	1910年4月29日	滇督奏准
直隶	秦皇岛	1898年4月26日	1901-1902年之间	总理衙门奏准

① 资料来源:严中平编《中国近代经济史统计资料选辑》,第41—48页,“商埠表”;中国第二历史档案馆编《1921年前中国已开商埠》,见《历史档案》1984年第2期;王树槐著《中国现代化的区域研究》(江苏省1860—1916),第85—86页;王铁崖编《中外旧约章汇编》第一、二编;漆树芬著《经济侵略下之中国》,三联书店1954年版,第16—20页;朱新繁著《中国资本主义之发展》,上海联合书店1930年版,第180—187页,等等。

（续表）

奉天	凤凰城	1905年12月22日	1907年6月28日	以下各口岸除葫芦岛外，均系依中日《会议东三省事宜条约·附约》规定由中国“自行开埠通商”
	辽阳	同上	1907年6月28日	
	新民屯	同上	?	
	铁岭	同上	1906年9月10日	
	通江子	同上	同上	
	法库门	同上	同上	东三省总督奏准
	葫芦岛	1908年	1914年	同上
吉林	长春	1905年12月22日	1907年1月14日	同上
	吉林省城	同上	同上	同上
	哈尔滨	同上	同上	同上
	宁古塔	同上	1910年1月	同上
	珲春	同上	1910年1月1日	同上
	三姓	同上	1909年7月1日	同上
黑龙江	齐齐哈尔	1905年12月22日	1907年5月28日	同上
	海拉尔	同上	1910年1月	同上
	瑷珲	同上	1907年6月28日	同上
	满洲里	同上	1907年1月14日	同上

开放口岸对中国经济造成了直接的影响。

其一，自给自足的自然经济结构受到了冲击。外国的机制工业品的输入，以其价廉而使原有的农民家庭手工业和城镇手工业受到排挤。棉纺织工业历来是中国最大的手工业部门。由于大量的洋布、洋纱的进口，江南棉纺织业很快衰落下去。1847年英国对华商关系小组委员会的报告说：“中国人所织的白而结实的布比我们的货物贵得多。我在上海发现，由于我们的布代替了他们的布的结果，他们的织布业已经迅速下降了。”[①]据统计，1842年，英国输入中国的棉纱棉布为716,314英磅，1846年则增至1,246,518英磅，1852年又增至1,905,321英磅，十

① 《经济研究》1956年第2期。

年间,增加1.6倍以上。[①] 价廉物美的洋布也赢得了消费市场。“自洋纱洋布进口,华人贪其价廉质美,相率购用,而南省纺布之利半为所夺。迄今通商大埠及市镇城乡衣大布者十之二三,衣洋布者十之七八。”[②]

其它手工业部门,如冶铁也受到了洋货的冲击。“楚粤铁商,咸丰年前销售甚旺。近(同治十一年)则洋铁价较贱,中土铁价较昂,又粗硬不适于用,以致内地铁商,十散其九。”[③]

西方资产阶级在倾销工业品的同时,又大量掠夺丝、茶等中国农副产品和工业原料。1842—1846年,茶的出口增长1倍,达到8400万磅,丝的出口增长将近5倍,达到18000多包。1846—1856年,茶的出口又增长55%,达到130,000,000磅;丝的出口再增加3倍多,达到79,000多包。[④] 丝茶的大量出口,扩大了部分地区农业生产中商品经济作物的比重。由于洋商对茶等农产品需求量的增加,使得这里的农民愈来愈多地抛弃了传统赖以生存的粮食生产,从事小生产的中国农民被卷入了他们完全不了解的国际市场。以出口为目的商品性农业颠簸于世界市场的供求起落之中。光绪十四年,曾国荃(1824—1890)在奏疏中说:“近年以来,印度、日本产茶日旺,售价较轻,西商皆争购洋茶,以至华商连年折阅,遐迩周知。据皖南茶厘总局具详,光绪十一、十二两年,亏本自三四成至五六成不等,已难支持;十三年亏折尤甚,统计亏银将及百万两,不独商贩受累,即皖南山户园户亦因之交困。”[⑤]

其二,海关对民族经济保护能力的丧失。过去,中国大陆的近代史研究中,一般认为,外国列强强迫中国大量开放口岸是为了转运方便。

① 孙毓棠:《中国近代工业史资料》第一辑1840—1895年,第169页。
② 郑观应:《盛世危言》卷7,第20页。
③ 《筹议制造轮船未可裁撤折》,《李肃毅伯奏议》第4卷,第76页。
④ 《中国近代经济史资料选辑》,北京科学出版社1955年版,第73页。
⑤ 《茶厘酌减税捐片》,《曾忠襄公奏议》第29卷,第8页。

其实真正的原因在于避免重复征税。在所有条约口岸，外商享有一个共同的特权，即只要在其中一个口岸缴纳了关税，当其商品转运到其它任何口岸时，均不再缴纳关税。企图凭借条约的规定，强迫中国维持一种极低的一次性的关税税率，以便推进其对华贸易。这就凸显了条约口岸的大量存在对中国社会所产生的一个重要影响，即海关对民族经济保护能力的丧失。①郑观应有感于此，痛心疾首，尝发出感叹："今中国虽与欧洲各国立约通商，开埠互市，然只见彼邦商船源源而来。今日开海上某埠头，明日开内地某口岸。一国争，诸国蚁附；一国至，诸国蜂从。滨海七省，浸成洋商世界；沿江五省，又任洋舶纵横。独惜中国政府未能惠工恤商，而商民鲜有能置轮船，广远货物，驶赴外洋，与之交易者。或转托洋商寄贩货物，而路隔数万里，易受欺蒙，难期获利。"②

其三，催生近代化城市。条约口岸以市政规划及建设方面所取得的成就，为中国人提供了一个实现城市近代化的范本。以上海为例。开埠之前，除了地当"江海之要津"，地理位置得天独厚之外，没有多少可以称道之处。然而，经过几十年的经营，到光绪年间，已发展为具有百万人口，交通便利、经济发达的近代大都会。时人感叹其变化之快之大。"上海介四通八达之交，海禁大开，轮轨辐辏，竟成中国第一繁盛商埠。迩来，世变迭起，重以沧桑，由同治视嘉庆时，其见闻异矣；由今日视同治时，其见闻尤异矣。更阅数十年，人心风俗之变幻必且倍甚于今日。"③

鸦片战争后，在外国资本主义的影响和刺激下，中国开始走上了工业化道路。19 世纪 60 年代出现的官办军用工业就是晚清近代工业之

---

①　杨天宏：《口岸开放与社会变革》，中华书局 2002 年 7 月第 1 版，和 28 页。

②　《盛世危言・商务二》，载夏东元编《郑观应集》上册，上海人民出版社 1982 年版，第 610 页。

③　周平高编：《上海县续志・序》，上海书店 1991 年版，第 18 页。

发轫。从1861年起,晚清洋务派先后建立了江南制造局、福州船政局、天津机器局、金陵机器局等一批军工企业。它们使用机器生产,规模大、分工细,内部结构复杂,如设立于上海的江南制造总局拥有工作母机662台,大小蒸汽动力机361台,大小汽炉31座,各厂职工人数2913人。局下设立了枪厂、炮厂、轮船厂、火药厂等13个专业工厂,局部还设立了公务厅、报销处、支应处、议价处等管理机构。[①] 福州船政局、天津机器局等情况与江南制造局相仿。70年代官办民间工业、民办工业也相继建立,晚清工业化正式拉开帷幕。从1872年到1894年的20年间,在缫丝、纺织、面粉、碾米、造纸、火柴、采煤等行业建立了100多个企业。[②] 著名的有广东南海继昌隆缫丝厂、宁波通久源轧花厂、天津贻来牟机器磨坊等。到19世纪90年代末20世纪初,形成了工业化的第一次高潮。从1904年起,民办企业数量明显增加,到1911年,各地出现了民办企业347家。[③] 1903年到1907年,各省建立了16家民办铁路公司。[④] 1911年,民办小型火轮公司达561家。[⑤] 1908年,全国设立了560家电报局。[⑥] 1911年,现代邮电局所多达6201处。[⑦] 到清末,全国共有大小官办银行约17家。[⑧]

二、法律的适应性调整

列强对中国市场的掠夺,中国民族工业的成长,客观上冲击了传统

---

① 上海社会科学院经济所编:《江南造船厂厂史》,江苏人民出版社1983年版,第30页。

② 参见孙毓棠:《中国近代工业史资料》第一辑下册,中华书局1962年版。

③ 陈真、姚洛:《中国近代工业史资料》第一辑,三联书店1957年版,第28—53页。

④ 密汝成:《中国近代铁路史资料》第三册,中华书局1963年版,第1147—1148页。

⑤ 樊百川:《中国轮船航运业的兴起》,四川人民出版社1985年版,第580—589页。

⑥ 《中国近代史》编辑主编:《中国近代邮电史》,人民邮电出版社1984年版,第87页。

⑦ 《中国近代史》编辑主编:《中国近代邮电史》,人民邮电出版社1984年版,第84页。

⑧ 《光绪朝东华录》(五),总第5392页。

经济结构。原有的维护封建经济基础的法律制度已无法适应新的经济关系的需要。法律作为上层建筑现象，是“由一定物质生产方式所产生的利益和需要的表现”，“它们不可避免地要随着生活条件的变化而变化。”[①]“无论是政治的立法或市民的立法，都只是表明和记载经济关系的要求而已。”[②]清朝的基本法典《大清律例》，它以维护传统的农业社会的安全运转为目的，从而特别注重对束缚人身自由的家族制度的规范。以维持大一统的专制帝国的稳定为归宿。从形式到内容，传统法都与简单的古代农业社会相适应，也正因为如此，传统法在从《法经》到《大清律例》通行二千多年未有质的变化。然而，面对复杂多变的晚清社会，《大清律例》不免捉襟见肘，窒碍难行了。

“农业文化的特征是自足安定，商业文化是交争扩展。在自足安定的社会，政府与人民的关系，只要能维持这安定的秩序为已足。需维持这一种秩序，刑罚是最有效的方法。至于个人与个人之间的关系，那就涉及民事上的关系了。所谓民事上的关系，不外乎身份上的关系及财产上的关系二种。在一种纯粹的农业社会里，所有财富，绝大部分是不动产，财产的流通，根本谈不上。普通只限于家族之间原封不动的世代相承，纵有分散，亦只限于亲属邻里之间，所以不会有很多财产上的关系发生。至于身份上的关系，则在君臣父子兄弟夫妇长幼之间，全是一种层级的服从关系。这种关系一方面极其简单，一方面却极其重要，整个的社会秩序，就以此为建立之基础的。”[③]这正是古代中国刑事法发达、民事法不发达，诸法可以合体的原因。总之，“旧律是农业社会生活的规范。论精神很薄弱；论物质很粗糙；论技术很幼稚；论形式很庞杂；

① 《马克思恩格斯全集》第6卷，第291—292页。

② 《马克思恩格斯全集》第4卷，第121—122页。

③ 王伯琦：《近代法律思潮与中国古有文化》，转引自李贵连著《沈家本传》，法律出版社2000年4月第1版，第183页。

论内容很简单；论理论也太朴素。任何稍有法律知识而无成见的人，都会毫不犹疑断定它不能满足复杂多歧的技术的现代社会之需要。”[①]

为适应晚清经济结构变化，就刑事法律制度而言，作出了以下回应。

其一，从《大清律例》到《钦定大清刑律》，法典体例的变化，为民事、经济立法提供了广阔的空间。以刑律为核心的清朝法律体例结构进行了重大调整，采取了近代西方法律体系模式，诸法分离。根据新的法律关系制定不同的部门法。作为规定犯罪与刑罚的刑律从诸法中独立出来，把原来用刑罚手段调整的人身、财产关系让位于民事立法和经济立法。这样的思路在《大清现行刑律》制定中已初见端倪。有关户役内承继、分产、婚姻、田室、钱债以及违约各条，应属民事者，明定不再科刑。数千年的民刑不分的法典编纂体例开始走向民刑分离。《钦定大清刑律》彻底地解决了这一问题。作为专门的刑法典首次出现在中国近代法制史上。与此同时，晚清民事、经济立法蓬勃发展。《公司律》、《破产律》、《商人通例》等民商法规出台。《大清民律草案》业已完成。若没有传统法典编纂体例的解体和刑律的独立，近代法律体系是难以诞生的。

其二，《钦定大清刑律》根据社会经济情势的变迁，增加了新的罪名。在过渡性的《大清现行刑律》已经增加了旧律所无者，如毁坏电杆、毁坏铁路等罪名。《钦定大清刑律》为保护经济发展而增设的罪名更多。

第十五章“妨害交通罪”，立法理由是“往来及通信乃社会发达之要端，其便与不便足以卜国民发达之程度，对于此项事宜，如有加阻害，固法律之所当罚也”。[②] 本章共 11 条。此类犯罪涉及到破坏交通设置，损坏交通工具，妨害电信传递，破坏电信设置等行为。

第十六章“妨害秩序罪”中的第 222 条规定了以强暴、胁迫或诈术

---

① 蔡枢衡：《中国法理自觉的发展》，第 63 页。

② 沈家本：《修订法律大臣沈家本等奏进呈刑律草案折》载《大清法规大会》卷十二，法典草案二。又见《大清新法令》点校本第一卷，商务印书馆 2010 年版，第 457、520 页。

妨害正当之集会的犯罪。第223条规定了以强暴、胁迫或诈术妨害贩运谷类及其他公共所需之饮、食物品的犯罪；妨害贩运种子、肥料、原料及其他农业、工业所需之物品的犯罪；妨害使用多数工人之工厂或矿坑之执业者等犯罪。

第十七章，“伪造货币罪”，设立了仿造、损坏流通于中国的外国货币的犯罪。

第十八章“伪造文书印文罪”中有伪造有价证券犯罪，伪造私文书罪。

第三十一章“妨害安全信用名誉及秘密罪”，第三十四章“侵占罪”，第三十六章“毁弃损坏罪”等章中均有适应新形势的条款。

第二节　近代商人群体的出现与传统法等级观念的动摇

一、传统社会结构及近代商人群体的崛起

(一)传统社会结构

社会是人与人的结合体。传统社会“士农工商”的四民划分及其社会地位的确认，以社会行业意义表现等级身份。这一有序的社会结构成为整个封建社会秩序赖以稳定的基础。“先王分士农工商以经国事，各一其业而殊其务。”①早在战国时，管仲就提出了四民分居定业的基本国策。然而，在“定贵贱”、“明等威”的封建社会中，四民的社会分工意义却被严格的封建等级身份所淹没，遂成为一种相对闭锁的社会结构体系，限制了社会成员的流动。封建社会的动荡，尽管社会结构承受

① 《晋书·傅玄传》。

了诸力量的冲击，但其最终结果仅仅是改变了某一阶层中特殊集团和个别分子的社会地位，对于“士农工商”的有序社会结构本身来说，它是长期稳定的，封建社会奉行重士轻商、重农抑商的基本国策。士享有特权，在经济方面绅士们享有赋税和徭役的优免权，清代的徭役较重，但绅士们始终享有不可置疑的优免权，在法律方面，享有“刑不上大夫”的特别优遇。在政治方面，士是官的后备人选。中国古代商人的地位则较低，在经济上限制他们的财产权，商不得置田。“商人有市籍者及其家属，皆无得籍名田。”[①]在封建社会不准占有田地也就没有了基本的财产。对商业活动也有种种限制。不得经营国家专卖的物品。新到某地经商，必须持有关证明到官府登记。还通过重征税收的办法限制商人利益，“重租税以困辱之。”[②]汉代商人除资产纳税外，对有车辆的商人还要加收算赋。[③] 在政治法律上，凡是经商致富的人，“虽富无所芬华”。商人常常与最受歧视的赘婿并列，不得享受完全的人身权利，不许他们做官。秦朝商人地位更低，常常被剥夺人身自由，视同罪犯，可以随意征发去戍边罚作苦役。《秦简》中的《魏户律》规定：商贾、开旅店的、赘婿都不准立户，不准做官。另一部也是在秦国有效的《魏奔命律》规定这三种人及在百姓中带头不耕种的，不修建房屋的，都必须去从军。他们在军队里还会受到种种歧视：杀牛犒赏军士时，只给他们吃1/3斗的饭，还不给肉吃；攻城时，哪里需要人，就让他们去哪里，将军可以派他们去填壕沟。[④] 秦始皇时，把有财有势的大商人迁离本地，使他们失去根基。如把魏国冶铁的大商人孔氏迁到南阳，把赵国“用铁冶

① 《史记·平准书》。

② 《史记·平准书》。

③ 孔庆明等编著：《中国民法史》，吉林人民出版社1996年1月第1版，第110页。

④ 睡虎地秦墓竹简整理小组：《睡虎地秦墓竹简》，文物出版社1978年11月第1版，第293—294页。

富"的卓氏迁到蜀地。[1] 秦始皇三十三年，征发曾逃亡过的人、赘婿和商贾等到桂林、象郡、南海去戍边。[2]

至于农工，由于能自食其力，无损人利己之私。其社会地位较商人为高。

（二）晚清商人地位的上升

斗转星移，在晚清社会经济的转型中，昔日的"末商"已赢得了时代中心的位置。这并不仅仅是商人力量强弱的变化，而是世界历史发展的必然结果。时也，势也！"今之世界，一商务竞争之世界。商务盛之国则强，商务衰之国则弱"。[3] "泰西各国，皆以经商为立国之本。故其国家之视商人，不啻父兄之视子弟。……国与商联为一气，相依为倚，无或暌隔，故能如声息之相通，指臂之相应也。"[4]近代西方资本主义文化冲破了民族、地域、国家的界限，涌向了整个世界。西方资本主义文化在叩击中国农本经济结构的窗扉时，恰恰是商品经济显示了巨大的优势："它的商品的低廉价格，是它用来摧毁一切万里长城，征服野蛮人最顽强的仇外心理的重炮。"[5]于是，在世界性商品经济浪潮推动下，中国社会终于突出了商的地位。

第一，突破传统封建中央六部政务格局，设立商部。门户洞开，外国商品大量涌进内地，分解着中国传统的经济结构、社会结构，并催促着人们生活模式的改变。思想家和士大夫们面对列强商品经济的冲击，他们本着"经世致用"的精神，自然把商品经济的竞争同民族抗争手段结合起来，提出"以商敌商"的"商战"观念。[6] 此后，人们逐步意识到

---

① 《史记·货殖列传》。

② 《史记·秦始皇本纪》。

③ 郑观应：《盛世危言·正续编》卷二，第 45 页。

④ 见《湘学新报》第 41 期。

⑤ 《共产党宣言》，《马克思恩格斯选集》第 1 卷，第 255 页。

⑥ 丛刊本《洋务运动》一，第 166 页。

"商"在近代社会中的实际作用,开始反叛传统的"重农抑商"、"重本抑末"的教条,主张要救世图存须"以商务为体"、"以工商立国"。[①]

维新思想家陈炽(1855—1900)就针对商务在国家行政中的地位,提出责问:"不立商部,何以保商,不定商律,何以护商。不于各城各埠广设商务局,遍立商务学堂,何以激扬鼓励,整齐教诲诸商。假使无商,何以有税,何以济田,何以为国。燃眉之急,切肤之灾,殆不得置之膜外矣。"[②]郑观应(1842—1922)则在《盛世危言》中直接提出,应设商部,并与中央六部并列。[③] 1899年,亦官亦商的盛宣怀便公开呈请清廷设立"商务衙门"。"国家筹饷之多寡,皆视一国商务之盛衰为断。考之各国,皆有商务衙门,与户部相为表里。"[④]1903年,清朝统治者一改"重农抑商"之传统,发布上谕:"通商惠工,为古今经国之要政。自积习相沿,视工商为末务,国计民生日益贫弱,未始不因乎此,亟应变通尽利加意讲求。"[⑤]清朝正式成立了商部,这是中国历史上数千年未有的创新。

第二,近代之商得到了空前发展。互市以来,商务日盛。弃农经商,弃仕经商已成为一种社会风尚。"五十年前,人民生事,农而已矣。有副焉者,厥惟纺织。机巧勃兴,徒手失利,年令壮盛者,大都赴上海从事工商业。"[⑥]近代商务成为社会最为关注的实业:"苟无商以运输之,交易之,则农工无可图之利,而其业荒矣。是故,富之本虽在农与工,而其枢纽则在商。"[⑦]19世纪70年代,上海附近的南浔,仅丝商就不止数

① 丛刊本《洋务运动》一,第324页。
② 陈炽:《续富国策》,卷45,第2—3页。
③ 丛刊本《洋务运动》一,第526—527页。
④ 盛宣怀:《愚斋存稿》卷3,第61页。
⑤ 《光绪朝东华录》第五册,第5013页。
⑥ 方鸿铠,《川沙县志》卷首导言。
⑦ 孙宝瑄:《忘山坊庐日记》,上海古籍出版社1983年,第799页。

百家，其中既有财产百万元以上的巨富，也有40—50万元的中富。[①]奉天商户在咸同前102户，光绪间为594户。[②]商人的社会力量日益壮大。

第三，商人的主体意识开始觉醒。商人社会地位的上升，强化了商人的主体意识。晚清商人们挺直腰板，向社会宣告以商为标志的历史时代的到来："上古之强在牧业，中古之强在农业，至近世则强在商业。商业之盈虚消长，国命系之，……商兴则民富，民富则国强；富强之基础，我商人宜肩其责。"[③]商人成立了自己的组织——商会，开始以一种新的姿态登上近代历史舞台。据统计，从1902—1911年，全国除西藏外，各省区都成立了商会，总计有793个，其中总商会有47个。1905年以后，商会得到迅速发展，已经由通商要镇扩大到全国范围的县城乡镇，使商人、绅商都聚集在商会周围，以组织的形式显示了近代商人阶层的巨大社会影响力。[④]

二、商人法律意识的增强与传统法等级观念的动摇

（一）商人的地位需要法律确认

在传统的"士农工商"四民社会中，商人的法律地位低下。晚清近代商人的崛起，迫切需要法律上确认其地位，并要求法律保护其经济利益。商人的活动离不开市场，市场的秩序也离不开法律的规范。晚清虽新设了商部，但《大清律例》中并无与商部对应的篇章和律条。在中国传统社会里，虽然有过比较发达的商品经济或市场交换体系，而且也有过相应的习惯和秩序。然而，对国家来说却无意为市场经济提供相

① 彭泽益：《中国近代工业史资料》，第二辑，第83页。
② 《奉天通志》卷115，实业3，商业。
③ 《兴商为富强之本论》，光绪三十一年（1905年），《商务报》，第8期。
④ 王先明：《中国近代社会文化史论》，人民出版社2000年11月第1版，第104页。

关的法制,直到晚清相关法律仍至空缺,以致有人沉痛指出:“外国商人有法律,中国商人无法律,尤直接受其影响。相形之下,情见势绌,因是以失败者不知凡几。无法之害,视他社会尤烈。”[①]清廷在“上谕”中也承认:“中国商民平日与官场隔阂,……遇有词讼,不能速为断结,办理不得其平,以致商情不通,诸多阻滞。”[②]可见,立法的滞后已阻碍了经济的发展。新出现的社会阶层迫切要求法律能体现自己的意志。晚清修律并非国家的单独行为,它与社会改革力量密切相关。晚清社会与国家之间的互动关系是推动晚清法律制度变革的力量之一。

(二)平等观对传统等级观的冲击

依照正统观念,士传承圣贤之道,上可致君泽民,下可教化民众,因而受到官府的优待和社会的尊重。农人耕种田地,生产粮食,为人赖以为生的衣食之源,因而被视为国之本。工制造生产生活用具,自食其力。而商贾是靠转输贩卖以谋利赚钱,在人们看来,他们不是物质资料的生产者,而只是转输者和消耗者,即所谓“不耕而食”、“逐利为主”,所以,认为商人的社会作用和道德都处于下位。社会的不平等观到了晚清受到挑战,原有的秩序被打破,新的平等观呼之欲出。

1.官民相混,身份无别

在宗法制度与君主官僚制相结合的社会结构基础上,形成了尊卑有序、贵贱有别的等级制度。皇权至上,天下则有官民之分。官分九品,民有四种。士农工商之外又有贱民之类。天下之人依这种从上至下的等级,形成了上下尊卑各有其份的身份等级次序,同时又有一系列礼法及约定俗成的习惯礼俗。人们养成了守本分、遵礼法的秩序观念,形成牢固的礼法意识。皇权就是靠这种既有形又无形的“礼治”的巨

---

① “上海商务总会致各埠商会拟开大会讨论商法草案书”,载《申报》1907年9月10日。

② 朱寿朋编:《光绪朝东华录》(五),第5091页。

网，来控制着广土众民的各个角落，社会也是靠着这种全民崇奉的礼教，维系着社会秩序的稳定协调。

官民之分是尊卑上下社会等级区分的鲜明表现。从朝廷部阁到各地省府州县，分布着大小各级官吏，他们在各地代表皇帝行使治理百姓、管理国家的权力。庶民百姓是被治者，二者泾渭分明，不仅社会地位有天壤之别，而且日常生活方式、衣食住行都有明显的区别。官意味着特权、权威、富贵。法律确认官的特殊地位，刑法上有议、请、减、赎、当、免等法定特权。庶民必须尊敬官长，甚至在路上遇到官长轿舆经过也要回避。诸如此类的尊卑等级之别是不可紊乱的。但晚清社会，官民身份之别已不如传统之严，甚至出现了混淆无序的现象。

以通商后的上海为例，由于无论何种身份稍有钱财者多捐官衔，"而且这些捐官得衔的人，大多已不再实际入仕做官，他们仍然从事原来的庶民之业，而且大多数是商贾，他们所捐得的官衔只是为了可以穿戴官服以炫耀于人前，官的名分与本人的实际身份之间已然脱离，而只成了一种装饰物，由此出现了官民不分，身份混淆，尊卑无别的情况。"[①]此时的上海由于捐官成风，于是出现了官服官轿满街可见的奇特景观。官服的制做也很随意，红色本是一二品大员所用色，但那些至多只捐了五品道员官衔的小民，却毫无禁忌，随意僭用。庶民身份的人们捐个官衔便可一身兼官民双重身份，以致官与民的界线已很难区分。同时，以往与官员身份相符的一系列社会文化品质，如官员应有的道德品行、言谈举止以及人们的尊敬等等，也随着这种官民身份的相混而趋于消失。

笔者无意肯定捐纳制度的合理，但晚清捐纳之风确有助于打破传统等级观念，加速社会的上下流动，逐步养成平等意识。这对于近代法

① 李长莉：《晚清上海社会的变迁》，天津人民出版社 2002 年 8 月第 1 版，第 197 页。

律观的形成不无益处。

2.士人地位的下降

自古士列四民之首，唐宋以来沿行科举取士制度，士成为官吏的后备队伍，被当政者作为辅政和教化民众的特殊阶层，享有一定的特权，并受到一般庶民的尊重。如在清代，读书人只要通过府、州、县学的考试被取为“生员”，亦即中了“秀才”，就获得了正式的士人身份，可以穿儒服、免差徭，官吏以礼相待，不得刑责。还受到人们的尊重，往往被推举参与地方公共管理事务。如果再通过科举进而得中举人、进士后，就可以被授官职、食官俸、富贵荣华，阶次而得。读书为士前程辉煌，人们自然争相趋之。清代以满族入主中原，先是为了笼络汉人，大幅增加了府、县学生员取进名额，后由于财政吃紧，大兴捐监之风，这些都导致晚清士人数量急速增加，但士人上进入仕的渠道并未扩宽，一时出现“四民之中惟士为最多”[①]的现象。

越来越多的士人入仕无望，只能另谋出路。晚清大量士人流入上海，主要从事以下几类职业：一是在县衙、海关道署、海运局等官府机构，以及江南制造局等官办洋务机构中任文事；二是在西人事业中任文事；三是当塾师；四是行商或为商人助理；五是行医、占卜或为讼师。[②]僧多粥少、相差悬殊的市场供求关系，必然带来士人待遇的低下，大多数人生活困苦。特别是科举制度停止后，士人逐渐从社会中心走向了边缘，士人已不再像以往传统社会中那样具有优势，特别是与迅速富裕起来的商人相比，不仅在经济上处于绝对的下位，在社会公共事务中商人也已经取代以往的士人的作用而居于领袖地位。士与商人以往在四民中的“首”与“末”的位势关系出现了颠倒，甚至连以往视为天经地义

---

① 《广书籍以惠士林论》，1882 年 11 月 2 日《申报》。

② 参见李长莉著：《晚清上海社会的变迁》，天津人民出版社 2002 年第 1 版，第 164—168 页。

的商人对于士人的礼貌尊重也已经不复存在。士与商的这种经济和社会位势关系的变化，进而引起了这两个阶层相互合流的趋向。在士与商经济状况的悬殊对比之下，从商成了比读书求仕更可迅速获利，得到实惠，因而也是更有利于生存的行业。如出生在广东香山县的郑观应，其父为塾师，家境贫寒，他自幼研习举业，16 岁初试未中，父亲看到为士不如从商的时势，便令他到上海投亲习商，在洋行学习买办，后来成为大买办商人。在一般文人眼里，经商已不再被瞧不起，而成了人们所向往的职业。

3.良贱失序

庶民中的良贱之别本来是一种比较严格的身份区分。唐律对于良贱的区别十分严格。良人的主体是农民，律文通称“凡人”，一般也称“百姓”、“白丁”等等。他们是唐王朝的主要财源、兵源和劳动力资源。至于贱民，唐律分“官贱”和“私贱”两类。官贱有官奴婢，官户、工乐户、杂户，太常音声人等三种，均隶属官府。私贱有奴婢和部曲两种，是主人的家仆。“奴婢贱人，律比畜产”，[①]官私奴婢的地位最低。官户、工乐户、部曲的地位稍高，他们在身份上“不同资财”，可以转让但不能买卖，在一般情况下，他们犯罪可以减奴婢一等科刑。杂户和太常音声人在贱民中最接近于良人，可以受田，但仍属“贱色”。此外，还有种种法定限制。在婚姻问题上，良和贱的鸿沟不得逾越。官贱中只有太常音声人可以与良人通婚，其余几种，皆“当色为婚”。奴婢的婚姻必须由主人支配。奴婢所生子女，世代为奴婢。在诉讼上，良贱之间也有严格区别。如“同居相为隐”的原则，在主人与部曲奴婢之间有了变通的规定。部曲、奴婢须为主人“隐”罪。告发主人者(谋反、谋大逆、谋叛除外)绞。而主人告部曲、奴婢犯罪，即使诬告，也无罪。

---

① 《唐律疏议》“官户部曲”条疏议。

表 1—3 《唐律》关于良贱主奴,相犯同罪、异刑的若干规定①

<table>
<tr><th>犯罪行为</th><th>犯罪者</th><th>被害者</th><th>处刑</th><th>备考</th></tr>
<tr><td rowspan="3">骂</td><td rowspan="2">部曲、*
奴婢</td><td>主</td><td>流</td><td rowspan="3">* 官户、部曲妻及客女同。
** 凡人无亲属关系者,相骂一般不构成犯罪,故律文不载;唯凡人骂长官,须亲闻乃坐。</td></tr>
<tr><td>主之期亲及外祖父母</td><td>徒二年</td></tr>
<tr><td>凡人</td><td>凡人</td><td>**</td></tr>
<tr><td rowspan="7">殴</td><td>凡人</td><td>凡人</td><td>笞四十</td><td rowspan="7">* 部曲、奴婢殴主,律无明文。唯殴主之期亲及外祖父母尚须处绞,则举轻以明重,殴主自不能免死。
** 殴主之小功、大功亲属,追加一等。
*** 加重时,可以加至死刑。奴婢同。而《名例》篇规定,一般情况下,“加者……不得加至于死。”是为唐律歧视“贱人”之又一例。</td></tr>
<tr><td>主</td><td>部曲、奴婢</td><td>勿论</td></tr>
<tr><td rowspan="5">部曲、
奴婢</td><td>主</td><td>*</td></tr>
<tr><td>主之期亲及外祖父母</td><td>绞</td></tr>
<tr><td>主之缌麻亲**</td><td>徒一年</td></tr>
<tr><td rowspan="2">凡人</td><td>部曲,加凡人一等
***</td></tr>
<tr><td>奴婢,又加一等</td></tr>
<tr><td rowspan="4">过失伤</td><td>凡人</td><td>凡人</td><td>依伤状以赎论</td><td rowspan="4">* 主过失伤部曲、奴婢,律无明文。但下栏过失杀尚且勿论,则举重以明轻,过失伤自毋庸论。</td></tr>
<tr><td>主</td><td>部曲、奴婢</td><td>*</td></tr>
<tr><td rowspan="2">部曲、
奴婢</td><td>主</td><td>流</td></tr>
<tr><td>主之期亲及外祖父母</td><td>徒二年半</td></tr>
<tr><td rowspan="4">过失杀</td><td>凡人</td><td>凡人</td><td>依杀状以赎论</td><td rowspan="4"></td></tr>
<tr><td>主</td><td>部曲、奴婢</td><td>勿论</td></tr>
<tr><td rowspan="2">部曲、
奴婢</td><td>主</td><td>绞</td></tr>
<tr><td>主之期亲及外祖父母</td><td>徒三年</td></tr>
<tr><td rowspan="3">殴杀</td><td>凡人</td><td>凡人</td><td>绞</td><td rowspan="3">* 参殴栏。</td></tr>
<tr><td>主</td><td>部曲、奴婢</td><td>徒一年</td></tr>
<tr><td>部曲、
奴婢</td><td>主</td><td>*</td></tr>
</table>

① 资料来源:叶孝信主编《中国法制史》,北京大学出版社 2000 年 4 月第二版,第 153—154 页。

（续表）

<table>
<tr><td rowspan="4">谋杀</td><td>凡人</td><td>凡人</td><td>徒三年</td><td rowspan="4">* 律无明文，唯主殴杀部曲、奴婢，或无罪而故杀之，仅处徒一年，则谋杀刑轻，可以想见。
** 罪无首从，一律处斩。</td></tr>
<tr><td>主</td><td>部曲、奴婢</td><td>*</td></tr>
<tr><td rowspan="2">部曲、奴婢</td><td>主</td><td>皆斩 **</td></tr>
<tr><td>主之期亲及外祖父母</td><td>绞</td></tr>
<tr><td rowspan="3">故杀</td><td>凡人</td><td>凡人</td><td>斩</td><td rowspan="3">* 故杀他人奴婢者，减部曲一等。** 此指无罪而杀。若部曲、奴婢有罪，其主不请官司而杀者，杖一百。</td></tr>
<tr><td rowspan="2">主</td><td>他人部曲 *</td><td>绞</td></tr>
<tr><td>部曲、奴婢</td><td>徒一年 **</td></tr>
<tr><td rowspan="2">杀一家非死罪者三人及支解人</td><td rowspan="2">凡人</td><td>凡人</td><td>斩 *</td><td rowspan="2">* 入十恶不赦条。* * 律文未载，但注文明确规定：“部曲、奴婢，非。”</td></tr>
<tr><td>部曲、奴婢</td><td>**</td></tr>
<tr><td rowspan="5">（和）奸</td><td rowspan="3">凡人</td><td>凡人</td><td>男女各徒一年半 *</td><td rowspan="5">* 有夫者处徒二年
** 律文未载。此系（疏议）解说。
*** 妇女各减一等。</td></tr>
<tr><td>他人部曲妻、杂户及官户妇女</td><td>杖一百</td></tr>
<tr><td>已家部曲妻及客女</td><td>各不坐 **</td></tr>
<tr><td>奴</td><td>凡人妇女</td><td>徒二年半</td></tr>
<tr><td>部曲，奴</td><td>主、主之期亲及期亲妻</td><td>绞 ***</td></tr>
</table>

清初定制从事娼、优、隶、卒等“贱业”的例属“贱民”，与执士农工商之业的“良人”显为区别。虽然雍正年间豁除了“乐户”等一些世袭性的“贱籍”，但只要本人还在从事这些“贱业”，就仍被视为“贱民”。嘉庆二十三年修订刊行，一直沿用到光绪后期的《大清会典》中对于良贱之别仍如是规定：“区为良贱：四民为良，奴仆及娼、优、隶、卒为贱。”①对“贱民”有种种歧视性的规定，如“贱民”犯罪处罚要比良人为重，“贱民”不得参与科举考试和仕进，良贱不可通婚等等。② 在人们的社会生活中，良贱之间也有明显的尊卑等级界线，被严加区别对待。比如，凡涉及到

① 嘉庆二十三年刊敕撰《大清会典》卷十一，户部，第4页。

② 嘉庆二十三年刊敕撰《大清会典》卷十一，户部，第4页。

个人与官府的正式交涉,如参加科举考试等,都需要出具“身家清白”的保证,而近亲中无人从事“贱业”就是这所谓“身家清白”的一项重要内容。人们的社会交往历来也是良贱有别,贱民不能与良人平等交往,不能与良人平起平坐,须对良人执恭敬之礼。日常礼节和穿戴服饰,都须与良人有明显的身份区别。

晚清的上海,良贱身份之别已错乱。由于捐纳身份限制的放松,“一些原来属于被人瞧不起的低下‘贱业’之人,如洋行商家的店伙、仆役、经营优伶之业的戏园主,乃至经营妓业的妓馆主等类人,稍有积蓄也往往捐个一官半职。”[①]由于贵贱身份的相混,职业流动性空前剧烈。人们的社会地位不再固定化、身份化,而是随着有钱与否而变化,贫富无常、贵贱不定。“有轿役之身份超乎轿中之人者。”[②]甚至被视为最下贱的妓女,在街头也公然穿戴豪华,冠冕堂皇地坐着蓝呢轿而招摇过市,俨然像是仕宦之家的贵妇。如有记妓女新年盛装四处拜年的习俗谓:“每至新年,满头珠翠,换红裙,坐蓝呢轿,轿后插名片,往所欢家及同心姊妹处贺岁,气象堂堂,令人讶怪。”[③]

尊卑失序“这是人们实际生活商业化发展的结果,这种商业化的生活方式,使衡量人际关系的标准由身份向实利转变,金钱实利是近代商业化社会中人际关系的新准则。虽然依这种准则也会因金钱的多少而造成新的不平等,但是这种能力主义的内涵,与传统等级身份相比,毕竟是人际关系的一种更为平等的趋向。”[④]

晚清社会等级身份的变化对刑律的改革产生了重大影响。集中体现为倡导保护人权及法律的平等观。

---

① 李长莉:《晚清上海社会的变迁》,天津人民出版社 2000 年 8 月第 1 版,第 200 页。

② 《中外新闻·录华友来稿》,1869 年 11 月 18 日《上海新报》。

③ 辰桥:《申江百咏》1887 年本卷下,见顾炳权编:《上海洋场竹枝词》,第 91 页。

④ 李长莉:《晚清上海社会的变迁》,天津人民出版社 2002 年 8 月第 1 版,第 213 页。

其一，变通旧律，禁止买卖人口

两江总督周馥（1837—1921）于光绪三十二年（1906 年）奏请禁革买卖人口，他说："中国三代盛时无买卖人口之事，惟罪人乃为奴隶。周衰，始有鬻身之说。秦汉以后，变而加厉，以奴婢与财物同论，不以人类视之，生杀悉凭主命。我朝定例，逐渐从宽，白契所买奴婢，与雇工同论，奴婢有罪不告官司而殴杀者治罪。叠次推恩，有加无已，然仍准立契买卖。本源未塞，徒挽末流，补救终属有限。贫家子女，一经卖入人手，虐使等于犬马，苛待甚于罪囚，呼吁无门，束手待毙，惨酷有不忍言者。泰西欧美各邦，近年治化日进，深知从前竞尚蓄奴为野蛮陋习。英国糜数千万金币，赎免全国之奴。美国则以释奴之令，兵事累岁，卒尽释放。义声所播，各国从风。我朝振兴政治，改订法律，百度维新，独买卖人口一端，既无古昔所本无，又为环球所不韪，拟请特沛殊恩，革除此习。"他建议："嗣后无论满汉官员军民人等，永禁买卖人口。如违，买者卖者均照违制律治罪。其使用奴婢，只准价雇，仍议定年限，以本人过 25 岁为限，限满听归本家。无家可归者，男子听其自主，女子由主家婚配，不得收受身价。纳妾只准媒说，务须两相情愿，不得抑勒。母家准其看视，仍当恪守妾媵名分，不许僭越。"①由于此议事关重大，又涉及变通旧例，而旧律例条目甚繁，更改动关全体。皇上殊批政务处会同各该部议奏。

沈家本认为："参酌中外，择善而从。现在欧美各国均无买卖人口之事，系用尊重人格之主义，其法实可采取。该督拟请永行禁止，系为革除旧习起见，自应如所奏办理。"②为此沈家本拟定了十一条办法：（1）旧律之买卖之例一律删除。不论买卖人口为奴婢，还是为妻妾、子

---

① 转引自沈家本：《历代刑法考》四，中华书局 1985 年 12 月第 1 版，第 2037—2038 页。

② 沈家本：《历代刑法考》四，中华书局 1985 年 12 月第 1 版，第 2039 页。

孙,概行永远禁止,违者治罪。(2)酌定买卖人口罪名。新律未颁以前,旧律略卖、和卖人口治罪各条照旧适用,唯删去买者不知情不坐罪之文,同时增加因贫而卖子女及买者惩治之文。(3)酌改奴婢罪名。律例中"奴婢"改为"雇工",契雇贫民子女及以前旧有之奴婢,均以雇工人论。遇有相犯,即按雇工本律本例科断,删除奴婢干犯家长之条。(4)贫民子女只准充当雇工。贫民无力养活子女,只准写立文契,议定雇钱、年限,充当雇工,不准卖作奴婢。(5)变通旗下家奴之例。旗下家奴,概以雇工人论,不必限定年岁,伊主情愿赎放者听。若此项人等,持有新章,或欺压伊主孤幼、或盗卖主家田产,仍各照旗下家奴本律本例定罪。(6)酌量开豁汉人世仆。各省遗留的汉人世仆,所生之子孙已过三代者,概行开豁为良;如未及三代者,有犯仍照雇工办理,俟历三代后,亦一体开豁为良,旧主子孙不得刁难勒索。(7)旧时婢女,限年婚配。无至近亲属可归之旧时婢女,年纪在25岁以上者,由主家婚配,不得收受身价,违者照例治罪。(8)纳妾只许媒说。凡纳妾者,应凭媒说合,只有财礼接取,由妾之母家写立为妾愿书,不得再以买卖字样立契。母家准令看视,以顺人情。至妾媵名分,仍当遵守,不许僭越。(9)酌改发遣为奴之例。"发遣驻防为奴人犯不论旗民男妇,均改发极边足四千里安置。仍照新章,应发配者,发配监禁;应收所习艺者,毋庸发配,收所习艺。按其情节轻重,分别办理。如系太监及旗下家奴,仍发黑龙江交该将军严加管束。"(10)删除良贱不准为婚之律。凡雇工人与良人为婚,一概不加禁止,并于主家无涉。(11)切实执行禁止"买良为娼优"之法。责成地方官严密稽查,遇有此类案件,"务须尽法惩治,勿事姑息。"①

沈家本的建议并未得以立即施行,"禁革买卖人口一事,论者多以

① 沈家本:《禁革买卖人口变通旧例议》,载《历代刑法考》四,中华书局1985年12月第1版,第2039—2043页。

为不便。前拟办法,久已置诸高阁。”①后经沈家本反复陈述解释,直至发出“生命固应重,人格尤宜尊”②的强烈呼吁。在他主持制定的《大清现行刑律》中,凡律例内为奴各条,一律酌改。③

其二,废除特权,提倡平等

《钦定大清刑律》中彻底删除了传统法律中关于贵族官僚的议、请、减、赎、当、免等特权,体现了公民的人格平等观。基本上做到了法律面前人人平等。

第三节 政体文明的演进与法律制度的创新

一、政体文明的演进

(一)整顿吏治,清除腐败

安危在出令,存亡在所任。历代统治者莫不重视吏治建设,明主治吏不治民几成信条。官员的素质和吏治的好坏是封建统治状况的重要标志。

乾隆中叶后,官僚队伍严重腐败。高翔先生把这一时期的腐败现象概括出如下特点:④一是贿赂公行,呈集团腐败趋势。“大抵为官长者廉耻都丧,货利是趋,知县厚馈知府,知府善事权要,上下相蒙,曲加

---

① 沈家本:《删除奴婢律例议》,载《历代刑法考》四,中华书局 1985 年 12 月第 1 版,第 2044 页。

② 沈家本:《删除奴婢律例议》,载《历代刑法考》四,中华书局 1985 年 12 月第 1 版,第 2046 页。

③ 沈家本:《删除奴婢律例议》,载《历代刑法考》四,中华书局 1985 年 12 月第 1 版,第 2047 页。

④ 高翔:《从全盛到衰微——18 世纪清帝国的盛衰之变》,载《光明日报》2000 年 6 月 30 日。

庇护,故恣行不法之事。"[①]比较典型的如乾隆中叶的甘肃省,大小官员串通一气,捏报灾情,贪污赈灾款项,结果仅被处死的贪官就达 22 人,乾隆后期福建吏治败坏,"上下通同分肥饱囊",以致仓库"无处不缺",其情形较甘肃有过之而无不及。二是贪污数额巨大。乾隆前期,官僚贪污数额较小,多者不过数万两,中期官僚贪污动辄上万,甚至多至数十万。大学士和坤贪污数量高达 2 千万两。三是高级官僚犯案增加。一般地说,高级官僚作为朝廷意志的体现,精心选拔于千万人中,皇帝对他们信任倚重,俾以事权,所作所为应该对得起自己的政治良心,保持起码的清廉品行,而实际情况远非如此。乾隆中叶以前,高级官僚贪污营私者尚少,到中期以后,形势之为一变,"各省督抚中廉洁自爱者,不过十之二三。"[②]

腐败严重的直接后果主要有两个:一是社会矛盾激化,"官逼民反"。腐败的最终受害者是普通百姓,而一旦百姓不能安居乐业,社会动荡就会来临。二是政府统治能力下降。在任何时候,人们都不能指望一个委靡、腐败的官僚队伍能实现对国家的治理。腐败,必然破坏行政机制的正常运转,降低朝廷的治事能力。在镇压白莲教起义中,清朝带兵大员"在军营中酒肉声歌,相为娱乐,出师三载,耗资七千余万,皆由各路领兵大员任意滥用所致"。[③] 这在客观上又为民众反抗创造了有利的政治条件。

嘉道咸时期的吏治已成为当时的社会问题,深为时人关注。侍读学士胡世显认为当时的吏治之坏,"皆由于从前贿赂公行,以至毫无忌惮,甚至佐贰微员亦可以财货营术,经达督抚……藐玩几无纲纪。"[④]吏

① 《朝鲜李朝实录中的中国史料》第 11 册第 4810 页。

② 《乾隆起居注》,乾隆六十年八月。

③ 《清世宗实录》,卷 39。

④ 胡世显:《为敬陈管见以杜邪慝而端风教事折》,《国朝名臣奏议》(三),第 2198 页。

治的腐败已开始深入整个官僚阶层。鸦片战争后的吏治几乎到了无药可救的地步，有人说："就今天下大势而论，文官爱钱而又惜死，武官惜死又爱钱。"[①]官场习气和风尚的变化，不仅影响到官吏的素质和制度的效率，也对整个社会秩序产生影响。

面对日益腐败的吏治，朝中有识之士痛心疾首。在著名的《江楚会奏三折》中，刘坤一（1830—1902）、张之洞（1837—1909）即指出，捐纳、出吏、差役是造成吏治腐败的主要原因，主张停止捐纳，裁撤书吏、差役。因此，这时期的整顿吏治主要从停捐纳、裁出吏、裁随规、去差役等入手。清廷下达整顿吏治的第一道谕旨是根据御史陈壁的奏请于1901年5月颁布的。陈壁指出："法非不尽善，然行之既久，而百弊丛生者，何也？官不亲其事，而吏乃攘臂纵横而出于其间也。"要求发一明谕，"自今以往，案卷尽提藏司堂，司员亲手分类记载，续收续记，逐日清理，无令遗漏。初到署之司员，分司后，一面阅看则例，一面学习检案。检案能矣，即令学习拟稿，无一案不出司员之手检，无一案不出司员之手载。堂官以是定其贤否而加以黜陟。"他强调指出，"吏如虎也，例禁其爪驰，假虎以爪牙而任其搏噬，及其伤人，从而治之，当不及之势也，不如去其爪牙，而虎自伏。"对陈壁的奏请，清廷认为："有裨治理，殊甚嘉许，亟宜切实施行。著京师行在六部各衙门堂官按照所陈办法，均责成各司员将现行各律例删繁就简，弃案就例，悉心筹度。"[②]

不久，清廷又颁布谕旨，指出："胥吏盗权，人人所知，亦人人所恨，而积久不去者，其故有二：一则司员不办公事，奉吏如师；一则贪劣之员勾结吏书，分财舞弊。"认为："当今变革政治之初，亟应首先整顿部务，为正本清源之道。""各部堂官务当督饬司员躬亲部务，各视事之繁简，

---

① 夏燮：《中西纪事》卷九，光绪十三年铅印本，第9页。

② 《光绪政要》，第27卷，第15—16页。

募书手若干名，专备抄缮文牍之用，不准拟办稿件，积压文书”，“堂习各官妥定简明舞弊章程，通限两个月，咨送政务处大臣详核具奏。”[①]六部的裁撤以兵部成效最为显著。据兵部奏陈，1905 年初兵部的书吏大部分已被裁撤。

陋规则是吏治腐败的又一表现，下级对上级有规礼，官吏办事有车马费，百姓办事有手续费，如此等等。袁世凯对此有深入分析，他说：“近世仕风日坏，吏治日偷，共贿赂潜通者，或当慑于公政，怵于人言，而不敢公然以婪索，其有明目张胆，冒言不讳，与之俨为成例，取之不觉其非者，莫如收受陋规一事。”除了以陋规掩饰官员的贪污受贿行为外，袁世凯认为，薪俸的入不敷出也是一个重要原因。鉴于此，袁世凯主张从两方面入手，一是高薪养廉，“先有以养人之廉，而后可有以止人之贪。”二是化私为公，将陋规作为养廉银的主要来源，“现值国帑空虚，试不能另增公费，莫如就旧有之陋规，为化私为公之一法。”[②]1902 年底，清廷裁撤陋规，将陋规作为公费，以化私为公。[③]

清廷试图通过对吏治的整顿，消除腐败，不仅没有取得预期的效果，而且整治本身又给官员的贪污受贿提供了机会，造成社会更加腐败，“在新政的推行中，贿赂、清托、勒索、钻营、排挤、倾轧，各种卑劣的心机与手腕都无所不用其极地施展出来。”[④]要杜绝腐败，只能从根本上入手，即进行体制本身的改革。

(二)立宪派与政体改革

1.立宪派对预备立宪的推动

晚清预备立宪经历了一个酝酿过程，其间绅商立宪派起到了积极

① 《光绪政要》，第 27 卷，第 17 页。

② 《光绪朝东华录》(五)，总 4927 页。

③ 吴春梅：《一次失控的近代化改革》，安徽大学出版社 1998 年 8 月第 1 版，第 69 页。

④ 陈旭麓：《近代中国社会的新陈代谢》，上海人民出版社 1987 年版，第 256 页。

的推动作用。一是从舆论上鼓吹政治改革的必要性和可能性；二是运动封疆大吏和枢府重臣支持立宪。

绅商要求立宪，首先从理论上进行论证，指出专制制度是导致中国积弱不振的根源。庚子以来的各项改革，措施不谓不力，但收效甚微，其症结就在于没有能够进行政治体制本身的改革。“我国近日，不能谓无进步，惟进步之行缓，而外患之行速，恐进步未达到目的，而天地末日已至。”①“朝廷欲图存，必先定国是。定国是在立宪法。立宪法之希望，即今日欧美通行之政治学说，所谓最大多数之最大幸福之义也。”②日俄战争的爆发和结局对清末改革的走向产生了极其重要的影响。立宪派认为，日俄之战，实质上是立宪与专制之战，日本的胜利就是立宪对专制的胜利，从此立宪与专制孰优孰劣的问题已不言自明。日俄之战的结果，不仅使立宪派坚定了政治改革的决心，而且也使中国人找回了久已失落的自信，认为只要立宪，中国前途便有转机，“鉴于日本之胜，而知黄种之可以兴，数十年已死亡心庶几复活。”③

为促成立宪的社会氛围形成，立宪派还吸收了戊戌变法未得到统治集团广泛支持而失败的教训，力争得到握有实权的地方督抚和枢府重臣的支持，影响最高统治者慈禧太后（1835—1908）赞同立宪，实现平稳的政体改革。国内立宪首领张謇（1853—1926）为争得直隶总督袁世凯（1859—1916）的支持，摒弃前嫌多次给袁写信劝说他支持立宪。④此外，张謇还与两广总督岑春煊（1861—1933）的幕僚郑孝胥（1860—1938）来往密切，互通声气。为使统治集团对宪政有所了解，1904 年张

① 《论中国必革政治能维新》，《东方杂志》第 1 卷第 1 期。

② 《论朝廷欲图存必先定国是》，《东方杂志》第 1 卷第 1 期。

③ 《论中国前途有可望之机》，《中外日报》1904 年 5 月 5 日。

④ 参见吴春梅著：《一次失控的近代化改革》，安徽大学出版社 1998 年第 1 版，第 118—119 页。

謇刻《日本宪法》,分送各大吏,并设法通过内廷送达慈禧太后,并得到慈禧赞扬。到1905年统治集团内部形成了一股要求政治改革的强大势力。地方督抚中,袁世凯(1859—1916)、张之洞(1837—1909)、周馥(1837—1921)电请清廷派亲贵分赴东西各国考察政治,以为改革政治张本。到1905年7月,八位督抚中就有滇、粤、江、鄂、直五位奏请立宪。[①] 在中央,一些枢府重臣也主张立宪。1905年4月,深得慈禧赏识的军机大臣瞿鸿禨(1850—1918)奏请立宪。他指出:"以一不立宪国居群立宪国之间,不待远识之士,而知其不可为矣。""故以今日而言外交,言内治,惟立宪二字,强于百万之师。"[②]奕劻(1838—1917)和其他"枢臣懿亲亦稍稍有持其说者"。[③]

1905年统一的革命组织同盟会的建立,以及其"驱除鞑虏,恢复中华,创立民国,平均地权"宗旨的提出,对统治者及绅商势力是一种潜在威胁。尽管立宪派的立宪动机与统治集团不尽一致,但革命力量的发展促成两者迅速走到了一起。

2.立宪派对官制改革的失望

清廷在预备立宪上谕发布的次日,颁布了官制改革上谕。"昨已有旨宣示急为立宪之预备,饬令先行厘定官制,事关重要,必当酌古准今,上稽本朝法度之精,旁参列邦规制之善,折衷至当,纤悉无遗,庶几推行尽利。著派载泽(1868—1929)、世续(1852—1921)、那桐(1856—1925)、荣庆(1859—1917)、载振(1876—1947)、奎俊(?—1949)、铁良(1863—1938)、张百熙(1847—1907)、戴鸿慈(1853—1910)、葛宝华(1844—1910)、徐世昌(1855—1939)、陆润庠(1841—1915)、寿耆

① 参见吴春梅著:《一次失控的近代化改革》,安徽大学出版社1998年第1版,第121页。

② 《汤寿潜至瞿尚书函》,光绪三十一年六月。

③ 《立宪纪闻》,《东方杂志》临时增刊。

(1859—?)、袁世凯公同编纂。该大臣等务当共矢公忠,摒除成见,悉心妥订。并著端方、张之洞、升允(1858—1931)、锡良(1853—1917)、周馥、岑春煊选派司道大员来京随同参议。并著派庆亲王奕劻、孙家鼐(1827—1909)、瞿鸿禨总司核定,候旨遵行,以照郑重。"[①]编制大臣反复讨论并经核定的官制改革的宗旨是:"一 此次厘定官制,遵旨为预备立宪,应参仿君主立宪国官制厘定,先就行政,司法各官以次编改,此外凡与司法行政无甚关系各署,一律照旧。一 此次厘定要旨,总使官无尸位,事有专司,以期各有责成,尽心职守。一 现在议院遽难成立,先就行政、司法厘定,当采用君主立宪国制度,以合大权统于朝廷之谕旨。一 钦差官、阁部院大臣、京御以上各官,作为特简官。阁部院所属三四品人员,作为请简官。阁部院五品至七品人员,作为奏补官。八九品人员,作为委用官。一 厘订官制之后,原衙门人员不无更动,或致闲散,拟在京另设集贤、资政各院、妥筹位置,分别量移,仍优予俸禄。"[②]

编制大臣在得到清廷同意后,又按照行政司法分离的原则,制定了官制改革的具体方案:"一、宜仿责任内阁之制,以求中央行政之统一。二、宜定中央与地方之权限,使一国机关运动灵通。三、内外各重要衙门,皆宜设辅佐官,而中央各部主任官之事权尤当统一。四、中央各官宜酌量增置、裁撤、归并。"[③]按照这个思路,庆亲王奕劻等编制大臣起草了一份中央官制改革草案。奕劻等人认为,"立宪国官制,不外立法、行政、司法三权并峙,各有专属,相辅而行,其意美法良","盖今日积弊之难清,实由于责成之不定,推究厥故,殆有三端:一则权限之不分。以行政官而兼有立法权、则必有藉行政之名义,创为不平之法律,而未协

① 故宫博物院明清档案部编:《清末筹备立宪档案史料》,中华书局 1979 年第 1 版,第 385 页。

② 《立宪纪闻》,载《东方杂志》临时增刊。

③ 《张季直传记资料》(四),第 127 页。

舆情。以行政官而兼有司法权，则必有徇平时之爱憎，变更一定之法律，以意为出入。以司法官而兼有立法权，则必有谋听断之便利，制为严峻之法律，以肆行武健。而法律浸失其本意，举人民之权利生命，遂妨害于无形。此权限不分，责成之不能定者一也。一则职位之不明，政以分职而理，谋以专任而成，今则一堂而设有六官，是数人共一职也，其半为冗员可知，一人而历官各部，是一人更数职也，其必无专长可见。数人分一任，则筑室道谋，弊在玩时，一人兼数差，则日不暇给，弊在废事。是故贤者累于牵制，不肖者安于推诿。此职位不明，责成之不能者二也。一则名实之不副。名为吏部，但司签掣之事，并无铨衡之权。名为户部，但司出纳之事，并无统计之权。名为礼部，但司典礼之事，并无礼教之权。名为兵部，但司绿营兵籍，武职升转之事，并无统御之权。此名实不副，责成之不能定者三也。"针对以上三弊，奕劻等提出相应救弊措施："首分权以定限，立法、行政、司法三者，除立法当属议院，今日尚难实行，拟暂设资政院以为预备外，行政之事则专属之内阁各部大臣。……司法之权则专属之法部，以大理院任审判，而法部监督之……。次分职以专任。分职之法，凡旧有各衙门与行政无关者，自可无庸议改，今共分为十一部。……次正名以核实。……"①

从编制大臣制定的中央官制改革方案看，其与旧有体制的最大不同是裁撤军机处，设立责任内阁，限制皇权。体现三权分立精神，但皇帝在裁定此方案时否定了撤销军机处的意见，"军机处为行政总汇，……相承至今，尚无流弊，自毋庸复改。内阁军机处一切规制，著照旧行。"②中央官制的改革不仅没有达到预期的目的，而且揭开了最高统治集团内

① 故宫博物院明清档案部编：《清末筹备立宪档案史料》，中华书局 1979 年 7 月第 1 版，第 463—465 页。

② 故宫博物院明清档案部编：《清末宪备立宪档案史料》，中华书局 1979 年第 1 版，第 471 页。

部权力斗争的序幕。

光绪三十二年(1906年)九月二十日,在裁定中央官制改革方案的同一天,又下达了《著奕劻等续订各省官制并会商督抚筹议预备地方自治谕》指出:“官方民生重困,皆因庶政未修,州县本亲民之官,乃往往情形隔阂,诸事废驰,闾利病,漠不关心。”[①]有趣的是,本为改革各省官制的诏谕却不提省级弊政,只谈州县。其难言之隐,即借地方官制改革之机,以实行三权分立,明定中央与地方的权限为标榜,将失落的权力收归中央,恢复中央对地方的有效控制。“明权限,去隔阂,通朝野之情谊,专官吏之责成,期有合于立宪国行政机关之制。”[②]地方官制改革分省级和省级以下两个层次进行,每一级都按照三权分立的形式进行改造。

“每府州县各设六品至九品官,分掌财赋、巡警、教育、监狱、农工商及庶务,同集一署办公。别设地方审判厅,受理诉讼,并划府州县各分数区,每区设谳局一所,置审判官,受理细故诉讼,不服者,方准上控于地方审判厅。每府州县各设议事会,由人民选举议员,公议本府州县应办之事。并设董事会,由人民选举会员,辅佐地方官办理议事会所议之事,俟府州县议事会及董事会成立后,再推广设城镇乡各议事会、董事会及城镇乡长等自治机关。以上均受地方官监督。”

省级官制改革设计了两套方案。其一为“仿国朝各边将军衙署分设户礼兵刑工各司粮饷各处办法,合院司所掌于一省,名之曰行省衙门,督抚总理本衙门政务,略如各部尚书,藩臬二司,略如各部丞,其下参酌京都官制,合并藩臬以外司道局所,分设各司,酌设官……每日督抚率同属官,定时入署,事关急速者,即可决议施行,疑难者,亦可悉心

① 故宫博物院明清档案部编:《清末宪备立宪档案史料》,中华书局1979年第1版,第472页。

② 《光绪朝东华录》(五),总第5580页。

商榷,一稿同划,不必彼此移送审详。各府州县公牍,直达于省,由省经行府州县。每省各设高等审判厅,置审判官,受理上控案件。行政、司法,各有专责,文牍简一,机关灵通,于立宪国官制,最为相近。"其二为"督抚经管外务、军政,兼监督一切行政、司法。以布政使专管民政,兼管农工商。以按序使专管司法上之行政,监督高等审判厅。另设财政厅,专管财政,兼管交通事务。"①

这两套方案本意都在削弱督抚的权力。"将各省新设之督抚权限,降低到与日本府县知事相当的程度,……其中削夺督抚权势的最主要两项策略,是着重于吸取各督抚的军权及财权。"②以免"循此不变,则唐之藩镇,日本之藩阀,将复见于今日"③之担忧。但此时清廷已没有"君让臣死,臣不得不死"的昔日威风,只能将这两套方案电达督抚,待督抚意见上奏后,再做决定。

地方督抚大多以程度未及,财力不足为理由抵制朝廷集权中央的意图,陕甘总督升允和湖广总督张之洞则明确表示反对中央的地方官制改革方案。鉴于阻力太大,清廷对地方官制改革只能采取变通办法。除原先设立的布政、提学两使不变外,将按察使改为提法司,专管司法上之行政,监督各级审判,不兼管驿传事物。在省城增设巡警道一员,专管全省警政事务。劝业道一员,专管全省农工商业以及各项变通事务,并兼管现有之驿传。计划"分设审判各厅,以为司法独立之基础";"增易佐治各员,以为地方自治之基础。"清廷决定官制改革先从东三省入手,"东三省根本重地,经划宜先,且一切规模,略同草创,或因或革,

---

① 《立宪纪闻》,《东方杂志》临时增刊。

② 胡春惠:《民初的地方主义与联省自治》,中国社会科学出版社 2001 年 5 月第 1 版,第 18—19 页。

③ 李剑农:《中国近百年政治史》(上),第 253 页,转引自胡春惠《民初的地方主义与联省自治》第 18 页。

措置亦较易为功。"江苏、直隶两省,"交通轻便,风气已开,亦宜及时举办。"其余各省亦"须于十五年内一律通行。"[①]地方官制改革,清廷同样没有能够达到预期目的。[②]

官制改革暴露的集权欲望和扬满抑汉的意图使之立宪派对清廷的立宪诚意产生怀疑,并转而对清廷由支持到失望。

1906 年 9 月 1 日,预备仿行宪政上谕颁布,立宪派持支持态度,认为预备立宪,符合中国实际。这是中国开天辟地以来未有的大事件,莫不"额手相庆曰:立宪矣,立宪矣,转弱为强,萌芽于此。""今日我等所处之地位,与七月十三日以前如隔世,真堪为中国贺。"[③]张謇说:"立宪大本在政府,人民则宜各任实业教育为自治基础。与其多言,不如人人实行,得寸则寸,得尺则尺。"[④]流亡在日本的梁启超也指出:"从此政治革命问题可告一段落,此后所当研究者,即在此过渡时代之条理如何。"[⑤]

立宪派在赞成清廷预备立宪的同时,也与清廷存在冲突。立宪派曾暗示清廷,政治改革是社会进化的产物,必须切实实行。上海《时报》指出:"今'大权统一朝廷'一语,彼将不曰中央集权,而曰明示专制,民本何知,或中流言而不免惶惑,惶惑则人心懈而根基不牢,是必非我两宫因时变法,与民大公之初意也。故愿我朝廷指定方针,始终贯彻,既张立宪之虚名,必达立宪之实际,不为时局所挠,不为谗言所变,庶几践对国民而昭大信之言,而又不至贻列邦之讪笑也。……须知此次立宪,断自圣裁,必非张皇文告,为稍慰人心之举,而他日参预政治,必为我民应享之权利,此又朝廷所须知。故地方自治者,谓为人民得享权利之权

① 《光绪朝东华录》(五),总第 5688 页。

② 吴春梅:《一次失控的近代化改革》,安徽大学出版社 1998 年 8 月第 1 版,第 165 页。

③ 《京话实报》,1906 年第 53 号。

④ 《啬翁自订年谱》,卷下,第 20 页。

⑤ 丁文江等主编:《梁启超年谱长编》,第 365 页。

舆也可,谓为人民能否安享权利之试验,亦无不可。然此区区权利,而尚吝不与民,无论非以巩自强之基,且何以昭示大信,虽措施次第,非能一蹴而就,而以视武备警察之于立宪,又孰轻而孰重乎。此亦足示人以怀疑而生观望者也,故愿我朝廷之一为留意也。”[①]立宪派参政愿望跃然纸上。

实际上,以立宪参与政权,一开始就是立宪派的既定方针。政治改革就是政治秩序的重新架构,各个政治派别在权力格局中地位的重新调整。但对统治集团内部尤其是袁世凯的权力欲望,立宪派的权力要求,慈禧太后又不甘心大权再次旁落,在宣布立宪的同时,明确表示“大权统于朝廷”,以杜绝其他人对权力的觊觎。清廷对放权的态度如何,将成为立宪派能否与清廷合作的前提条件。

官制改革,不仅仅是政体形式的变革,它更意味着推动立宪的知识分子和资产阶级在政权中拥有一席之地,参与到统治集团中去。因此,对涉及到能否参与政权这一切身利益的体制改革,立宪派自然分外关注,但是,官制改革的结果表明清廷并没有向立宪派开放政权的迹象,以这种结局,立宪派不能不感到失望。“此度改革,不厌吾侪之望,固无待言。厘订内阁官制结果,但有名无实,不厌人望。”[②]失望之情,溢于言表。

对清廷罢设内阁,仍以军机处为行政总汇,立宪派也提出异议。“此次厘定官制,原以预备立宪,而立宪国之内阁,实为行机之总机关,盖以一国政事,至为殷繁,非有分司之官以各任其责,则丛脞必多,而庶政之行,尤贵划一;非有合议之地,以互通其情,则纷歧可虑,故其中央政府,即会合各部行政长官而成,名曰内阁,其制本甚善也。今乃仍设

① 《舆论一斑》,《东方杂志》临时增刊。

② 丁文江等编:《梁启超年谱长编》,第368页。

军机处,而罢设立内阁之议,得毋与须备立宪之道相背驰乎。”①

立宪派认为,清廷并没有立宪的诚意,其态度也开始发生改变,认为“民选议院之设立,非有国民运动足以胁迫政府必不可得,”主张“吾民自任立宪”。从主张“立宪大本在政府”到“吾民自任立宪”,表明立宪派的方针已经发生变化。“总之,官制改革,清廷不仅没有能够建立一个符合社会发展需要的政治体制,而且也导致了督抚和立宪派的不满,加大了他们的离心倾向。尽管此后清廷采取了一系列对策,力图冲淡立宪派的不满情绪,但愈改愈乱。”②

3.立宪派通过国会请愿而抗争

清廷决定以九年为期召开国会,为成立议院创造条件,也为了冲淡立宪派的不满情绪,清廷在 1907 年 9 月和 10 月先后宣布建立资政院和咨议局,以为上下议院制度建立奠定基础。清廷在设立资政院的谕旨中明确指出:“立宪政体,取决公议,上下议院,实为行政之本。中国上下议院,一时未能成立,亟宜设立资政院,以为议院基础。”③其后在设立咨议局的谕旨中进一步指出:“前经降旨于京师设立资政院,以树议院基础,但各省亦应有采取舆论之所,俾其指陈通省利病,筹计地方治安,并为资政院储才之阶。著各省将军督抚,均在省会速设咨议局,慎选公正明达官绅创办其事,即由各属合格绅民公举贤能,作为该局议员,断不可使品行悖谬、营私舞弊之人滥厕其间。凡地方应兴应革事宜,议员公同集议,候本省大吏裁夺施行;遇有重大事件,由该省督抚奏明办理,将来资政院选举议员,可由该局公推递升。如资政院应需考查询问等事,一面行文该省州县议会,一面行文该省督抚转饬,一面经禀咨议局查核。其各府州县议会,一并预为筹划。各期取才日宏,进步较

① 《立宪纪闻》,《东方杂志》临时增刊。

② 吴春梅:《一次失控的近代化改革》,安徽大学出版社 1998 年 8 月第 1 版,第 169 页。

③ 《光绪朝东华录》(五),总第 5736、5749 页。

速,庶政公诸舆论,与实相符。”[①]

经过一年时间的准备,尽管存在种种局限,中国历史上第一次带有议院性质的咨议局,除新疆、云南外,如期于1909年10月14日在各省同时召开。为此,清廷特下谕旨。“各咨议局为采取舆论之阶……业经各省陆续奏报咨议局选举事宜,均已照章筹建完竣。兹届九月初一日各省召集议会开议之期,用特重申诰诫,各该咨议局议员于地方利弊情形,均当切实指陈,妥善计划,务恪遵前奉懿旨……各该督抚亦当虚公采纳,裁度施行,以其上下一心,渐臻上理。至开局以后,各该督抚尤宜钦遵定章,实行监督,务使议决事件不得逾越权限,违背法律,共据忠爱,以图富强。著将上谕谨缮录悬挂各省咨议局议场,一体钦遵。”[②]清廷原本通过咨议局的成立,淡化立宪派的不满情绪,并将其兴趣集中到地方事务上,但事与愿违,随着咨议局的成立,立宪派的注意力投入到国家事务上。

1910年8月20日,资政院如期开院。清廷把资政院当成御用咨询机构,而立宪派所追求的是完全意义上的国会。正是这种矛盾,导致了立宪派不满情绪的加大。从此咨议局与资政院遥相呼应,立宪派与地方督抚相互配合,清廷面临更大的压力。

绅商立宪派大多是新式企业的创办者,他们要求一个良好的发展经济的环境,因而更为强烈地要求参与政权。督抚作为既得利益者,虽然他们支持改革,但清廷的集权意图引起他们的反感,加之绅商与督抚之间的传统关系又因这时期的改革而更加密切,于是督抚开始倒向立宪派。咨议局的成立又使绅商的力量有了一个组织中心。《泰晤士报》驻华总编濮兰德发表了他对咨议局的看法。“各省咨议局所起的作用

① 《光绪朝东华录》(五),总第5736、5749页。
② 《宣统政记》,第14卷,第24—25页。

以及各省极想抱成一团的愿望,迟早要意味着满州王朝的终结。"[①]咨议局成立后,立宪派则指出:"以枢臣之老耄,疆臣之畏缩不前,但足以亡国而有余,绝不足以唤起沉疴,挽回危局,共臻于立宪之一境。"[②]立宪派早已不再将希望寄托于清廷,主张立宪的主动权由自己掌握。咨议局成立后,各省便以速开国会为第一要义。在江苏咨议局议长张謇的策动下,1909 年 11 月至 1910 年 10 月立宪派发动了三次国会请愿运动,要求速开国会。

三次请愿的失败,立宪派绝望了。各省代表约集于《国民公报》报馆,最后决定:"同人各还本省,向咨议局报告清廷政治绝望,吾辈公决秘密革命,并即以各咨议局中之同志为革命之干部人员,若日后遇有可以发难之问题,各省同志应立即响应,援助起义独立。"[③]在清末政坛上举足轻重的立宪派转向与革命派联合,此时的政治天平已严重失衡。

(三)西方法治学说在中国传播

鸦片战争以后,随着开放口岸的增加,西方的商人、传教士源源来华,他们翻译、撰写介绍西方历史、地理、政治、法律学说的著作,并创办《教会新报》、《万国公报》、《上海新报》、《申报》等中文报纸,报道西方国家的时政、议会选举、总统竞选等外国政治法律情况。进入 19 世纪的七八十年代,中国政府向外派遣留学生和驻外使节,对于西方的政治法律制度有了更为具体和深入的了解,并著书立说,向国人介绍他们的感受,如郭嵩焘(1818—1891)、马建忠(1844—1900)、薛福成(1838—1894)、宋育仁(1857—1931)、黄遵宪(1848—1905)等皆是,并在当时造成了较大的影响,开阔了中国人的视野,凡此种种,无疑都推动了西方法文化在中国的传播。

---

① 骆惠敏编:《清末代初政情内幕》,上册,第 649 页。

② 《论政府无立宪之能力》,1909 年 12 月 13 日《大公报》。

③ 《张季直传记资料》(四),第 145 页。

1.宣扬“天赋人权”和“社会契约论”

“权者乃天之所为,非人之所之也。天既赋人以性命,则必畀以顾此性命之权;无既备人以百物,则必与以保其家之权……讨曰天讨,伐曰天伐,秩曰天秩,位曰天位,一切之权皆本于天。然天下不自为也,以其权付之于民……加以民之所欲,天必从之。是天下之权,唯民是主。”“谓国而无民权,无异于谓天子之无日月。天无日月,人必不以天视天;国无民权,人必不以国视国矣。”①

资产阶级改良派把达尔文的“物竞天择,适者生存,不适者淘汰”的进化论,应用到人类社会,并结合中国古代的《周易》加以改造,用来说明变法维新的必要性和必然性。谭嗣同认为,世界万事万物都在不断变化,“天地以日新,生物无一瞬不新也。”梁启超也说:“法何以必变,凡在天地之间莫不变……变者,古今之公理。”②康有为从自然人性论出发,倡人权,反天理,争取人的权利和个性解放。“人人既是天生,则直隶于天,人人皆独立而平等。”③

梁启超(1873—1929)认为,“国也者,积民而成,国家之主人为谁,即一国之民是也。”在西方资产阶级国家,“谓君也,官也,民之公奴仆也”④认为“言爱国,必自兴民权始”。⑤ 梁启超赞同卢梭关于法律起源于契约的理论,但又有所修正。他曾将法律分为两类:一类出自契约,一类出自命令。他认为,从法理上说,由契约形成的法律,是真正善美的法律;由命令产生的法律,则是不正不善的。

严复(1854—1921)指出:“西洋之言论者,曰国者斯民之公产也;王

① 何启、胡礼垣:《〈劝学篇〉书后》,《新政真诠》五编,第38页。
② 《变法通议》,《饮冰室合集·文集》第1册,中华书局。
③ 康有为:《中庸注》。
④ 《中国积弱溯源论》。
⑤ 《爱国论》。

侯将相者，通国之公仆隶也。”[①]西方君民皆有权。严复称赞西方的自由原则，认为“以自由为体，以民主为用”，是西方资本主义国家“命脉”之所在。他说：“彼西人之言曰：唯天生民，各具赋卑，得自由者乃为全受，故人人各得自由，国国各得自由。”[②]西方国家“政教之施以平等、自由为宗旨”。[③]“特观吾国今处之形，则小已自由，尚非所急，而所以祛异族之侵横，求有立于天地之间，斯真刻不容缓之事。故所急者乃国群自由，非小已自由也。”[④]人民是否自由，关系到国家的兴衰强弱，“吾未见其民之不自由者，其国可以自由也；其民之无权者，其国可以有权也。”“那些黜民权者，亦既主变法矣，吾不知以无权而不自由之民，何以能孤行其道以变其夫有所受之法也。”[⑤]“故今日之始，莫贵乎崇尚自由。自由，则物各得其自致，而天择之用存其最宜；太平之盛，可不期而至。”[⑥]

2.传播三权分立的法治学说

康有为在《上清帝第二书》中第一次明确建议：“令士民公举博古今、通中外、明政体、方正直言之士，略分府县，约十万户，而举一人，不论已仕未仕，皆得充进……名曰议郎，”由他们“上驳诏书”，下达民词。“凡内外举革大政，筹饷事宜，皆令会议于太和门，三占从二，下部施行。所有人员，岁一更挨。”这样就能够“上广皇上之圣聪，可坐一室而知四海；下合天下之心志，可同忧乐而忘公私。”成为“君民共体”、“休戚与共”之强国。一个月后，他又在《上清帝第四书》中提出建议。他提出：“设议院以通下情”，其利有三：“民信上则巨款可筹”，解决当时财政困

① 《辟韩》。
② 《原强》。
③ 《原强》。
④ 《法意》卷十七按语。
⑤ 《原富》戊部篇一按语。
⑥ 《老子评点》。

匮之危机;“政皆出于一堂,故德意无不下达”,全国政事,统筹划一,就能使朝廷旨意直达百姓;“事皆本于众议,故权奸无所容其私……中饱无所容其弊”,杜绝官吏的徇私舞弊和敲诈勒索。他认为做到以上三点,即可“百废并举,以致富强”。他恳请光绪“大开国会,以庶政与国民共之”。[①] 定宪法是康有为君主立宪思想体系的核心。他认为:“国之有是,犹船之有舵,方之有针;所以决一国之趋向,而定天下之从违者也。”[②]他积极主张仿效日本明治维新制定宪法。他说:“考其维新之始,百度甚多,惟要义有三:一曰大誓群臣以定国是,二曰立对策所以征贤才,三曰开制度局而定宪法。”具体做法是:“开制度局于宫中,选公卿、诸侯、大夫及草茅才士二十人充总裁,议定参预之任,商榷新政,草定宪法,于是谋议详而章程密矣。”[③]康有为认为,通过开议院,立宪法,最终走上“三权”分立。他说:“近泰西政论,皆言三权:有议政之官,有行政之官,有司法之官。三权立,然后政体备。”[④]

梁启超以英国的立宪政体为典范,认为“宣布宪法、召集国会”是中国急待解决的问题。世界各国大都先开国会而后有宪法,而且大多数宪法是由国会“参与制定”的,即所谓“天下无无国会之立宪国”[⑤]。

严复认为中国古代的君主专制,君与民离心离德,主要在于专制之国是以恐惧为精神,意志为宪法,上自天子下至守宰,“皆以身而兼刑、宪、政三权也”。[⑥] 特别专制君主,一人而拥有立法、行政、司法三权,以自己的意志断定一切,生杀了夺悉从己意。严复则把设议院视为救国图强的良方。他在《原强》中说:“设议院于京师,而令天下郡县各公举

① 《请定立宪开国会折》。

② 《请君民合治满汉不分析》。

③ 《上清帝第六书》。

④ 《上清帝第六书》。

⑤ 《法理学大家孟德斯鸠之学说》,《饮冰室合集·文集》第5册。

⑥ 《法意》第五卷按语,见《严复集》第4册。

其守宰。是道也，欲民之忠爱必由此，欲教化之兴必由此，欲地利之尽必由此，欲地利之尽必由此，欲道里之辟、商务之兴必由此，欲民各束身自好，而争濯磨于善必由此。呜呼，圣人复起，不易吾言矣。”

3.介绍西方法律体系

康有为认为中国的法律制度改革应以西方法律为借鉴。“采罗马及英、美、德、法、日本之律，重定施行；不能骤行内地，亦当先行于通商各口。其民法、民律、商法、市则、舶则、讼律、军律、国际公法，西人皆极详明，既不能闭关绝市，则通商交际势不能不概予通行。然即无律法，吏民无所率从，必致更滋百弊。且各种新法，皆我所夙无，而事势所宜，可补我所未备。故宜有专司，采定各律，以定率从。”①

严复在介绍、宣传资产阶级重要著作如《法意》、《社会通诠》、《原富》等时，在其按语中，对中、西的法制进行了比较。他区别二者的主要论点是：

(1)法律的来源不同。西法由民众选出的议会制定或由君民共同制定；中法则来自皇帝的谕旨或诏书。

(2)法律的效力不同。西法对本国君民都有约束力；中法只约束其臣民，君主则超乎法律之上。

(3)法律所遵循的原则不同。西法遵守“三权分立”；中法则不管立法、行政、司法皆统于皇帝一人。

(4)法律划分的范围不同。西法分公、私两律；中法则公私律混同，民刑不分。

(5)法律所奉行的宗旨不同。西法“首明平等”；中法最重“三纲”。

严复指出，西方各国由议院所立之法。乃“民各奉其所自立之约”，所以民能自愿遵守。这是西方法律优于中国旧法的重要原因。他认为

---

①　《上清帝第六书》。

法有“治国之法”和“乱国之法”之分。“治国之法,为民而立者也,故其行也求便于民;乱国之法,为上而立者也,故其行也,求立于上;夫求利于上而不求便于民,斯法因人立不悖于天理人性者寡矣。”①

西方法治学说在中国的传播,使得维新人物看到了中国政治改良的希望,并且把法治主义看成拯救中国的唯一主义。鼓吹变法维新,法律因时变革;反对君主专制,主张开国会、设议院、立宪法;改革旧律,以“公意”立法等主张代表了国门被打开后的中国思想领域的主流意识和中国未来的发展方向。但是西学东渐,并不是引发中国思想领域变化及政体改革的唯一原因。明清之际以黄宗羲为代表的启蒙思想家已经对君权及君主专制政体进行了深刻批判,提出了以“天下之法”取代“一家之法”及反对重农抑商主张工商皆本的真知灼见。19 世纪上半叶,清朝统治危机四伏,社会矛盾日趋激化。一批在民族自尊心激励下挣脱保守主义束缚的封建士大夫,要求进行社会改革,龚自珍(1792—1841)、魏源(1794—1857)等人上承明清启蒙思想家的理论传统,下开改良派的维新之路,在中国思想由古代向近代的转折时期,起到了承上启下的作用。他们对陈腐的传统法律制度进行了揭露和批判,提出了最早的具有近代倾向的改革思路。西方法治学说传入进一步丰富了改革者的思想内容,更加明晰了中国的改革方向。

二、政体改革对《钦定大清刑律》的影响

(一)指导思想的初立与修律的启动

经过中日甲午战争和八国联军侵华战争,帝国主义进一步加紧了对中国的侵略步伐。特别八国联军的入侵,对清廷创伤尤巨,在内外交困的情形下,曾血腥镇压过戊戌变法的慈禧太后,也不得不打起了变法

① 《法意》卷二十六按语。

的旗号，在逃亡西安途中就迭次以清廷的名义颁布切实进行各方面整顿的谕旨，虽然没有明确表示要改弦易辙，但已隐约表示了改革的意图。1900年7月清廷发布谕旨，表示要在用人、行政、筹饷、练兵等方面切实整顿。谕旨指出："自今以往，斡旋危局，我君臣责无旁贷……卧薪尝胆，勿托空言。于一切用人、行政、筹饷、练兵，在在出以精心，视国事如家事，毋怙非而贻误公家，毋专已而轻排群议，涤滤洗心，匡予不逮。朕虽薄德，庶几不远而复。"[①]

1900年8月清廷下诏，要求中外臣工"随时献替，直陈无隐"，"自来图治之原，必以明目达聪为要。此次内讧外侮，仓卒交乘，频年所全力经营者毁于一旦，能不寒心。自今以往，凡有奏事之责者，当于朕躬之过误，政事之阙失、民生之休戚，务当随时献替，直陈无隐，当此创重痛深之时，如犹恶闻诤论，喜近谗谀，朕虽薄德，自问当不于此。"[②]

1901年1月29日清廷发布了变法谕旨，指出："世有万古不易之常经，无一成不变之治法。穷变通久见于《大易》，损益可知著于《论语》。盖不易者三纲五常，而可变者令甲令乙。伊古以来，代有兴革……播迁以来，皇太后宵肝焦劳，朕尤痛自剖责，深念近数十年积习相仍，因循粉饰，以成此大衅。现今议和，一切政事尤须切实整顿，以期渐图富强。懿训以为，取外国之长，乃可补中国之短；前事之长，乃可作后事之师。康逆之谈新法，乃乱法也，非变法也……今昔恭承慈命，一意振兴。严禁新旧之名，深融中外之迹。查中国之弊在于习气太深，文法太密；庸俗之吏多，豪杰之士少；公事以文牍相往来，而毫无实际人才，以资格相限制，而日见消磨，误国家者在一私字，祸国家者在一例家。至近之人学西法者、语言文字、制造器械而已。此西艺之皮毛，而非西

---

① 故宫博物院明清档案部编《义和团档案史料》(二)，中华书局1959年版，第489页。

② 《光绪政要》，第26卷，第23页。

政之本原也。居上宽,临下简,言必信,行必果。我往圣之遗训,即西人富强之始基。中国不此之务,徒学其一言一行、一技一能,而佐以瞻徇情面,自私身家之积习;舍其本原而不学,学其皮毛而又不精,天下安能富强?……总之,法令必更,锢习必破,欲议振作,当议更张。著军机大臣、大学士、六部九卿、出使各国大臣、各省督抚,各就现在情形,参酌中西政要,或取诸人,或求诸己,如何而国势始兴,如何而人才始出,如何而度支始裕,如何而武备始修,各举所知,各抒所见,通限两个月,详悉奏议以闻。"[①]20 世纪之初,事关中国未来命运的改革在全国范围内展开了。1901 年 5 月清廷对改革的原则又作了规定,指出它必须遵循以下两条准则:"一则旧章未善,奉行无久,弊端丛生,法当规复先制,认真整理;一则中法所无,宜参用西法,以期渐至富强。"[②]明确规定了以西方近代文明为参照系,进行适应世界发展潮流的改革。

在改革方案的设计上,由张之洞主稿、刘坤一(1830—1902)领衔、绅商参与拟稿润色的《江楚会奏变法三折》被认为是清末改革的纲领性文件。对晚清法律制度的变革产生了重大影响。第一,以西方三权分立为背景,以人道主义为原则,与西方法律体制和精神接轨,重新构建中国法律体系。提出了禁讼累、省文法、省刑责、重众证、修监羁、教工艺、恤相验、改罚缓、派专官等改革措施。第二,顺应时代发展的潮流制定路律、矿律等经济法规,以适应对外开放和经济发展的需要。第三,建立近代的诉讼制度和辩护制度,改变"案以供定"的传统,采用西方"案以证实"的作法,避免严刑逼供,减少冤案发生,并为以后的司法独立奠定基础。变法修律,通过刘、张三条陈,开始提上日程。

经过一年多的酝酿,光绪二十八年(1902 年)二月初二日,清廷下

---

① 《光绪政要》,第 27 卷,第 10—11 页。

② 《光绪政要》,第 27 卷,第 10 页。

诏:“中国律例,自汉唐以来,代有增改。我朝《大清律例》一书,折衷至当,备极精详。惟是为治之道,尤贵因时制宜,今昔情势不同,非参酌适中,不能推行尽善。况近来地利日兴,商务日广,如矿律、路律、商律等类,皆应妥议专条。著各出使大臣,查取各国通行律例,咨送外务部。并著责成袁世凯、刘坤一、张之洞,慎选熟悉中西律例者,保送数员来京,听候简派,开馆纂修,请旨审定颁行。总期切实平允,中外通行,用示通变宜民之至意。”①

1902年,直隶总督袁世凯,两江总督刘坤一,湖广总督张之洞联衔会奏:建议从速修订法律,并保举沈家本等熟悉中西法律之员主持修律工作。“窃维经世宰物之方,莫大乎立法。律例者,治法之统纪,而举国上下胥奉为准绳者也。我朝律例,邃密精深,本无可议。但风会既屡有迁嬗,即法律不能无变更。方今五洲开通,华洋杂处,将欲恢宏治道,举他族而纳于大同,其必自修改律例始。查泰西各国,区域虽分,而律例大都一致。其间有参差者,亦必随时考订,择善而从。如造车者之求合辙,务期推行无阻而后已。遐稽法、德,近考日本,其变法皆从改律入手。而其改律也,皆运以精心,持以毅力,坚苦恒久,而后成之。故能雄视全球,得伸自主之权,而进文明之治,便民益国,利赖无穷。中国自开禁互市以来,近百年矣,当其初不悉外情,不谙公法。又屡次订约,皆在用兵以后,权宜迁就,听人所为。国权既渐侵削,民利尤多亏损,浸寻至今,国威不振,几难自主。近者交涉益繁,应付愈难。教士纷来,路矿交错。游历之辈,足迹几遍国中。通商之议,乘机而图进步。我如拘守成例,不思亟为变通,则彼此情形,终多扞格。因扞格而龃龉,因龃龉而牵制,群挠众侮,我法安施;权利尽失,何以为国。惟是改定律例,事纂繁重,既非一手一足之烈,亦非一朝一夕之为。臣等再四思维,若不于创

① 《德宗景皇帝实录》卷495。

办之始,先立规模,虽由各省保送数员,窃恐品类不齐,漫无统属,势必各执意见,聚讼难行。查刑部左侍郎沈家本久在秋曹,刑名精熟。出使美国大臣四品卿衔伍廷芳,练习洋务,西律专家。拟请简调该二员,饬令在京开设修律馆,即派该二员为总纂。其分纂、参订各员,亦即责成该二员选举分任。伍廷芳并可遴派西国律师二三人挈以同来,拔茅连茹,汲引必当。近来日本法律学分门别类,考究亦精,而民法一门,最为西人所叹服。该国系同文之邦,其法律博士,多有能读我之会典律例者,且风土人情,与我相近,取资较易。亦可由出使日本大臣,访求该国法律博士,取其专精民法、刑法者各一人,一并延订来华,协同编译。如此规模既立,则事有指归,人有禀承,办理自易。迨开馆之后,即就目前所亟宜改订者,择要译修,随时呈请宸鉴施行,逐渐更张,期于至善,不过数年,内治必可改观,外交必易顺手,政权、利权亦必不难次第收回,裨益时局。实非浅鲜。"[①]清廷斟酌利弊后下达了修律的上谕:"现在通商交涉事益烦多,著沈家本、伍廷芳将一切现行律例,按照交涉情形,参酌各国法律,悉心考订,妥为拟议,务期中外通行,有裨治理。"[②]修律活动正式启动。1905 年又降谕:"伍廷芳、沈家本等奏考订法律,请先将律例内重刑变通酌改一折。我朝入关之初,立刑以斩罪为极重,顺治年间,修订律例,沿用前明旧制,始有凌迟等极刑,虽系惩儆凶顽,究非国家法外施仁之本意。现在改定法律,嗣后凡死罪至斩决而止,凌迟及枭首、戮尸三项,著即永远删除。所有现行律例内凌迟、斩枭各条,俱改为斩决;其斩决各条,俱改为绞决;绞决各条,俱改为绞监候,入于秋审情实;斩监候各条,俱改为绞斩候;与绞候人犯仍入于秋审,分别实缓办理。至缘坐各条,除知情者仍治罪外,余著悉予宽免。其刺字等项,亦

① 《袁世凯奏议》卷 14,天津古籍出版社 1987 年 3 月版。

② 《大清法规大全・法律部》卷首,第 1 页。

著概行革除。此外，当因当革、应行变通之处，均著该侍郎等悉心甄采，从速纂订，请旨颁行。务期酌法准情，折衷至当，用副朝廷明刑弼教之至意，将此通谕知之。”①

(二)新政期间对旧律的改造

1.删除《大清律例》条文

改造旧律在中国历史上并非鲜见。改朝换代时往往伴随旧律的废除和新律的诞生。但这种修律新意不多，仅侧重于技术上的改进而已。清朝修律，按照定制，律文不动，例则五年一小修，十年一大修。修例分删除、修改、修并、移并、续纂五项。此次由沈家本主持的改造旧律活动已非同往常，其目的不仅在于对旧律的改造，而且更侧重于为新律奠基。修订法律馆正式开馆办事以后，沈家本即督同下属人员，开始进行这项工作。将“定例系一时权宜，今昔情形不同者；或业经奏定新章，而旧例无关引用者；或本条业已赅载，而别条虽行复叙者；或旧例已经停止，而例内仍行存载者”，全行删除。光绪三十一年(1905 年)三月，这一工作告竣，共删除《大清律例》中的例文 344 条。②

2.废除重法

光绪三十一年(1905 年)三月，沈家本、伍廷芳向清廷上《删除律例内重法折》，力主废除凌迟、枭首、戮尸、缘坐和刺字等重刑。经朝廷批准这几项重刑被明令废除。

3.禁止刑讯

晚清禁止刑讯的议论始发于刘坤一、张之洞的《江楚会奏变法三折》。修订法律馆奉清廷之命核议刘、张之请，光绪三十一年(1905 年)三月，沈家本、伍廷芳上《议覆江督等会奏恤刑狱折》基本赞同废除刑

---

① 《大清法规大全·法律部》卷首，第 1 页。

② 沈家本：《修订法律大臣请先将律例内应删各条分次开单进呈折》，《大清光绪新法令》第 15 册。又见《大清新法令》点校本第一卷，商务印书馆 2010 年版，第 195 页。

讯。审案时,除罪犯应死,证据已确而不肯供认者准其刑讯外,凡初次讯供时及流徒以下罪名,概不准刑讯,以免冤滥。

4.削减处罪条目

迨至清末,死罪凡840余条,法网繁密,为中国历史上所罕见。为此,沈家本等人向清廷上《虚拟死罪改为流徒折》,将清律中有死罪之名,司法实践并不执行死刑之虚文条目删除,分别改为流、徒刑。

5.改革行刑旧制

清代死刑执行,"各直省、府、厅、州、县大都在城外空旷之地";京师则在菜市口。"本示众以威,俾以怵目而警心"之意,死刑当众公开执行。沈家本认为,古圣王"明刑弼教"之义,在使用刑罚以杜绝老百姓之"残忍之端,而导之于仁爱之路"。古时"犯法者多不肖之人,为众听共恶,故具戮之也,亦必公之于众"。此之谓"刑人于市,与众弃之"。时至今日,不但"众弃"之旨全失,而且"稔恶之徒,愍不畏死,刀锯斧钺,视为故常;甚至临市之时,漫骂高歌,意态自若。转使莠民感于气类,愈长其凶暴之风;常人习见习闻,亦渐流为惨刻之行"。特别是京师菜市口,"决囚之际,不独民人任意喧呼拥挤,即外人亦诧为奇事,升屋聚观,偶语私讥,报影而去。既属有乖政体,并恐别酿事端。"据此,沈家本主张改革行刑制度。采用西方大多数国家死刑秘密执行的方法,"京师处决重囚,别设刑场一所,筑屋数椽缭以墙垣,除监视官吏巡警、弁兵外,须由承审官许可,方准入场,其余无论何须人等,一概不准入视。至各省、府、厅、州、县,向有行刑之地,应即就原处围造墙垣","不令平民闻见",可使百姓"罕睹惨酷情状,足以养其仁爱之心①"。

6.删除奴婢律例

7.统一满汉法律

① 沈家本:《变通行刑旧制议》。

（三）预备立宪与《钦定大清刑律》的制定

1.明确修订法律馆的地位

法律馆原由刑部律例馆改名，沈家本又是刑部当家堂官。两处兼管，并无窒碍。1906年预备立宪官制改革后，刑部改法部，沈家本改任大理院正卿，法部无职。法律馆失去依恃。围绕修订法律馆的归属问题多有争论，最后朝廷采纳了奕劻的建议，修订法律馆独立运作。“著派沈家本、俞廉三、英瑞充修订法律大臣，参酌各国成法，体察中国礼教民情，会通参酌，妥慎修订，奏明办理。”①

2.强调刑律的重要性

朝廷宣布预备立宪后加紧了立法步伐，沈家本认为：“法治主义为立宪各国之所同。编纂法典，实预备立宪之要著。”②“各法之中，尤以刑法为切要。”③1907年沈家本等人在日本专家的帮助下先行拿出刑律草案。朝廷极为重视。“前据修订法律大臣奏呈刑律草案，当经宪政编查馆分咨内外各衙门讨论参考，以期至当。嗣据学部及直隶。两广、安徽各督抚先后奏请将中国旧律与新律详慎互校，再行妥订，以维伦纪而保治安。复经谕令修订法律大臣会同法部详慎斟酌，修改删并，奏明办理。”④由于新刑律的颁行事关宪政的实施，清廷要求加快立法进度。“上年所颁立宪筹备事宜，新刑律限本年核定，来年颁布，事关宪政，不容稍事缓图。著修订法律大臣会同法部迅遵前旨，修改删并，克日进呈，以期不误核定颁布之限。”⑤在新刑律颁行前朝廷再次强调了新刑律的制定对于宪政的意义，“新刑律颁布年限，定自先朝筹备宪政清单。

① 《光绪朝东华录》，光绪三十三(1907年)年九月。

② 沈家本：《修订法律大臣沈家本等奏进呈刑律草案折》，《大清光绪新法令》第19册。观《大清新法令》点校本第一卷，商务印书馆2010年版，第457页。

③ 沈家本：《奏拟修订法律大概办法折》，《光绪朝东华录》光绪三十三年十月。

④ 《大清法规大会·法律部》卷首，第1—2页。

⑤ 《大清法规大全·法律部》卷首，第1—2页。

现在开设议院之期已经缩短,新刑律尤为宪政重要之端,是以续行修正清单亦定为本年颁布,事关筹备年限,实属不可缓行,著将新刑律总则、分则暨暂行章程先为颁布,以备实行。俟明年资政院开会,仍可提议修正,具奏请旨,用符协赞之义。并著修订法律大臣按照新刑律,迅即编辑判决例及施行细则,以为将来实行之预备。"①

3.《钦定大清刑律》内容反映了政体改革的精神

根据《钦定宪法大纲》"臣民非按照法律所定,不加以逮捕、监禁、处罚"的精神,规定了罪刑法定原则。同时结合传统刑法分则第二十九章规定了"私滥逮捕监禁罪"。最能直接体现君主立宪精神的内容要算分则第八章的"妨害选举罪"。沈家本解释说:"凡选举事宜以纯正狷洁安全为要义,尚纯正则用各种诈术者有罪;尚狷洁则用各种诱惑有罚;尚安全则用各种强暴者皆有罪。选举为立宪之首务,故本律采各种立法例方针而为定本章如左(下)。"②

关于"妨害选举罪"共有六条条文,实为传统刑律所无。第 158 条规定:"将选举人、被选举人资格所必要之事项,以诈术或其他不正当方法使登载名簿,或于名簿内变更者,处四等以下有期徒刑、拘役或三百元以下罚金。无资格而投票者,亦同。官员知情而为前项之登载或变更者,处三等至五等有期徒刑或五百元以下五十元以上罚金。"第 159 条规定:"于选举有下列行为之一者,处五等有期徒刑、拘役或一百元以下罚金:(一)意图自己或他人得票,或减少他人得票,而散布流言、施用诈术及其他损坏被选议员之名誉者;(二)不问选举前后,对选举人、选举关系人行求川资及其他贿赂,或期约、或交付,或为之媒介,或选举人、选举关系人要求、期约或收受之者;(三)将选举人、选举人亲属或与

① 《钦定大清刑律》卷首上谕 宣统三年六月刊印。

② 《大清法规大全·法律部》法典草案三。

选举人有关系之寺院、学堂、公司、公所、城、镇、乡之债权、债务及其他利害诱导选举人、或为之媒介,或选举人应其诱导者。犯上列各罪者所收受之钱财及其他有价物品,没收之。右(上)已费失者,追征其价额。"第160条规定:"于选举有下列行为之一者,处三等至五等有期徒刑或三百元以下三十元以上罚金:(一)对选举人、选举人亲属或选举关系人施强暴、胁迫者;(二)对选举人以强暴、胁迫、妨害其于选举会场之往来及其他选举权之行使者。"第161条规定:"于选举有下列行为之一者,处三等至五等有期徒刑:(一)对有关选举之官员或其佐理施强暴、胁迫者;(二)骚扰选举会场、投票所、开票所者;(三)阻留、损坏、夺取选举票、投票匭或有关选举之公文书者。"第162条规定:"无故于投票所干涉投票、或于投票所、开票所刺探被选举人姓名者,处五等有期徒刑、拘役或一百元以下罚金。有关选举之官员或其佐理犯前项之罪,或漏泄被选举人姓名者,处四等以下有期徒刑、拘役或三百元以下罚金。"第163条规定:"犯本章之罪者,得褫夺公权。其宣告三等有期徒刑以上之刑者,于本刑消灭后,仍于十年以下二年以上,丧失其选举、被选举之资格。"

君主立宪对《钦定大清刑律》的另一明显影响是分则第二十七章规定了"堕胎罪"。我国传统法中没有这一罪名。只对因奸堕胎致妇人死亡的奸夫有惩处规定。"现行例妇人因奸有孕畏人知觉与奸夫商谋用药打胎以致堕胎身死者,奸夫比照以毒药杀人知情卖药者,至死减一等律杖一百流三千里。若有服制名分本罪重于流者,仍照本律从重科断。如奸妇自请他人买药,奸夫果不知情,止科奸罪。"[①]而《钦定大清刑律》中的"堕胎罪"不是指的上述情况。它是针对宪政保护人权,提倡人道而设。"堕胎之行为戾人道害秩序损公益,本案故仿欧美、日本各国通

---

① 《大清法规大全·法律部》法典草案三。

例,拟以适当之罚则。”[①]

第四节 国家观的兴起与法律视野的拓展

一、国家主权观的形成

(一)西方国家主权观的输入

在“普天之下莫非王土,率土之滨莫非王臣”的中华帝国,国家就是天下。没有民族国家的概念,也就不存在“国际”意识,外国人被称为化外人,或称之为夷人。国与国的关系就是对中华帝国的朝贡关系。在清朝国际关系就是夷夏关系,夷本身是野蛮落后的意思,而夏代表“天朝上国”、泱泱文化,这两者是没有对等关系的,夷没有与夏平等交往的资格。鸦片战争后,人们逐步改变了“夷夏观”,思想家们提出了“师夷长技以制夷”的观点。李鸿章看到外国的坚船利炮后,发出“数千年未有之变局,数千年未遇之强敌”的感慨。曾纪泽出使西方后,认为西方列强多半是礼仪教化不同的国家,不能以禽兽视之。

严复在对西学的译介过程中,以西方的霍布斯(Thomas Hobbes,1588 —1679)、洛克(John Locke,1632—1704)、亚当·斯密(Adam Smith,1723—1790)和斯宾塞(Herbert Spencer,1820—1903)等人的观点为依据,抨击中国古代的“三纲”、“亲亲”原则和“以孝治天下”。在进化论的基础上强调人性本恶,人之所以“由散而群”结成社会是由于人们彼此为了自己安全这一私利。谭嗣同(1865—1898)亦否认人性善的伦理原则。他发现儒学中的“仁”与“礼”是矛盾的、冲突的,他主张“天理”存在于“人欲”之中。他们否定“三纲五常”目的在于将国家的基

① 《大清法规大全·法律部》法典草案三。

础建立在自由、平等的追求个人私利的“个体”之上。正是在严复、谭嗣同和康有为的思想之上，梁启超相对系统地指出了“群”的思想。

梁启超是在三种意义上来使用“群”这一概念的。首先指社会整合。即人们如何集合或整合为一个有组织、有凝聚力的政治实体。他认为由个人组合“群”不仅是社会政治的原则，也是宇宙万物进化的原则。其次，“群”包含了一种政治参与的思想，人民成为王权合法化的标准，从而取代天意。最后，“群”的含义涉及到新的政治共同体的地域范围，在这里尽管他带有康有为的“太平世”的理想而分“国家群”与“天下群”，但是它最终演进为一个民族共同体的概念，“民族国家”成为“最上之团体”，从而克服了“天下群”的乌托邦理想。① 正是由于“群”的思想，才使得在作为传达天命的王权统治失去合法性之后，国家在个体人的聚合之上重建合法性成为可能。②

梁启超认为国家由领土、主权和人民三个要素构成，它超越于种族之上，国家利益高于地方利益。在国家至上的前提下，人民和君主之间的权力争夺必须服从国家利益的要求。梁启超在1902年著《论立法权》一文中指出：“立法者国家之意志也。昔以国家为君主所有，则君主之意志即为国家之意志，其立法权专属于君主固宜。……然则今日而求国家意志之所在，舍国民奚属哉。况以立法权界国民，其实于君主之尊严，非有所损也。英国、日本是其明证也。”③在《乐利主义泰斗边沁之学说》中梁启超介绍了边沁的主权论：“主权者，代表一国，而国中一

---

① 张灏：《梁启超与中国思想的过渡》（1890—1907），江苏人民出版社1995年版，第110—119页。

② 参见强世功：《法律移植、公共领域与合法性——国家转型中的法律（1840—1980年）》，载苏力、贺卫方主编：《20世纪的中国：学术与社会·法学卷》，山东人民出版社2001年1月第1版，第88—90页。

③ 范忠信选编：《梁启超法学文集》，中国政法大学出版社2000年1月第1版，第15—16页。

切官职,皆由其所左右也,边沁以为此主权不可不归诸人民。"[①]同年在《政治学大家伯伦知理之学说》中介绍了伯伦知理的主权理论:"主权者,一国精神所由寄也,故论国家者必明主权。伯伦知理之论主权,其要有五:1、主权者,独立不羁,而无或服从于他种权力者也(独立不羁与无限殊科,勿混视)。2、主权者,国家之威力也。宜归于人格之国家及国家之首长,其余地方团体及法院议院等,皆隶属于国家之一机关耳,于主权无关也。3、主权者,至尊者也。主权者据之,以立于国内所有一切权力之上。4、主权者,统一者也。一国中不能有二个主权(主权之统一,在君主国最为易见。即在他种政体亦莫不然。……)5、主权者,有限者也。主权有受成于国法之权利,即有受限于国法之义务"。[②] 通过梁启超等人的介绍和宣传,近代国家主权观已逐渐形成。

(二)清廷对国家主权观的接受

光绪三十一年(1905 年)沈家本、伍廷芳在《奏请变通现行律例内重法数端折》中说:"夫西国首重法权,随一国之疆城为界限,甲国之人侨寓乙国即受乙国之裁判。"[③]光绪三十三年沈家本在《奏进呈刑律草案折》中指出:"国家既有独立体统,即有独立法权,向随领地以为范围,各国通例。"[④]沈家本已把法权与国家领地联系起来。劳乃宣也曾使用"法权"一词,"窃维修订新律,希为筹备立宪,统一法权。"[⑤]可见清廷官员谈及修律活动中所涉及国家主权时,多称主权为法权。

宪政编查馆在《奏核议城镇乡地方自治章程并另议选举章程折》中说:"自治之事源于国权,国权所许而自治之基乃立,由是而自治规约不

---

① 范忠信选编:《梁启超法学文集》,中国政法大学出版社 2000 年,第 39 页。

② 范忠信选编:《梁启超法学文集》,中国政法大学出版社 2000 年,第 65—66 页。

③ 《大清法规大全·法律部》卷三十一,《变通旧律例二》,总第 1741 页。

④ 《大清法规大全·法律部》卷十一,法典草案一,总第 1936 页。

⑤ 《清史稿》卷 144,转引自张德美博士论文:《晚清法律移植研究》,中国政法大学出版社 2002 年,第 80 页。

得抵捂国家之法律。”[①]在《奏遵旨议覆国籍条例折》中说:“臣等窃维国以得民为本,民以著籍为本。自来言户籍者,不过稽其众寡、辨其老幼以令贡赋、以起职复而已。国籍之法则操纵出入之间,上系国权之得失,下关民志之从违。”[②]考察宪政大臣于式枚在《奏各省咨义局章程权限与普国地方议会制度情形不符折》中说:“论国权者,有君主体、国民主体国家,未闻有议院主体也。即英国号称议院政治,法美实行民权主义,而所谓民权自在国民全体。”[③]清廷官员谈及地方与中央关系中所涉及国家主权时,多称主权为国权。

商部在《奏劝办商会酌拟简明章程折》中曾说:“近数十年间开辟商埠至三十余处,各国群趋争利,而华商势涣力微,相形见绌,坐使利权旁落,浸成绝大学学漏卮。”[④]在《奏请饬下各劝谕华商推广内河行轮折》中说:“近年江浙闽粤等有通商口岸先后设立,轮船公司常川行驶内河,运载客货,尤为便捷,惜多有洋商创始于前,而华商踵事于后,利权既分,遂有难与争衡之势。”[⑤]户部在《奏试银行酌拟章程折》中谈到银行“若延请外人管事,则不惟薪工耗费,且必至操我利权”。[⑥] 光绪二十八年(1902 年)七月初八日上谕中称:“矿务为今之要政,昨经刘坤一、张之洞电奏,应采取各国矿章,详加参酌,妥议章程等语,语见甚是。即著该督等将各国办理矿务情形,悉心采择,会同妥议章程,奏明请旨,务期通行无弊,以保利权而昭慎重。”[⑦]载泽(1868—1929)在《商部奏拟商律先将公司一门缮册呈览恭侯钦定折》中说:“目前要图莫如筹办各项公

① 《大清法规大全·宪政部》卷三,《地方自治》,总第 141 页。
② 《大清法规大全·民政部》卷二,《国籍》,总第 995 页。
③ 《大清法规大全·宪政部》卷二,《咨议局》,总第 130 页。
④ 《大清法规大全·实业部》卷七,《商会》,总第 2991 页。
⑤ 《大清法规大全·交通部》卷二,《轮船》,总第 3195 页。
⑥ 《大清法规大全·财政部》卷九,《银行银钱号》,总第 2677 页。
⑦ 《大清法规大全·实业部》卷十四,《矿务》,总第 3072 页。

司,力煽动囊日涣敬之弊,庶商务日有起色,不至坐失利权,则公司条例亟应先行妥订,俾商人有所遵循,而臣部遇事维持设法保护,亦可按照定章核办。"[①]朝廷上下表述国家主权的经济利益时,多用利权一词。

光绪三十年(1904 年)十二月,洋人在上海青浦县佘山一带强行筑路,南洋大臣认为"青浦属之佘山一带系属内地,并非租界,展筑马路实于中国主权大有关碍",[②]因而通过外务部照会其停工。外国觊觎中国矿权由来已久,光绪三十三年(1907 年)九月十四日农工商部核议会奏的《矿务章程》中称:"其关系洋商者并咨外务部会核,必须于华民生计及中国主权、地方治理均无侵夺妨损方可酌予通融。如从前所订合同条款有占夺华民生计及有碍于中国主权、地方治理仍应妥为修改。"[③]晚清币制混乱,各省不一,为国际商务活动需要,清廷准备统一通用货币,"论国体则宜求独立而不可弃主权,论民情则宜顺大同而不可循商场。"[④]清廷在处理对外关系时,多直接使用主权一词。

晚清在使用国家主权一词时,不同的场合有不同的表述词语,对此,张德美博士认为,"在对外的意义上,主权则意味着民族独立、平等与尊严。主权时而被称为'利权',即是为了保护国家的经济命脉;主权时而被称为'法权',那是为了收回领事裁判权,尽管清政府官员谈及主权时遣词多有纷歧,表明他们对这一理论的把握尚显肤浅,这也是那个时代大多数人学习西方文化的共性,即浅尝辄止而又急于世功,但在不同情形下采用不同的表达方式却反映了清政府的一个共同目标,即争取主权独立。"[⑤]令人遗憾的是,中国人在主权丧失时,才认识国家主

① 《大清法规大全·实业部》卷九《商律·矿产律》,总第 3021 页。

② 《大清法规大全·外交部》卷九《租界租建》,总第 2472 页。

③ 《大清法规大全·实业部》卷十四《矿务》,总第 3078 页。

④ 《大清法规大全·财务部》卷八《钱币》,总第 2664 页。

⑤ 张德美博士论文:《晚清法律移植研究》,中国政法大学出版社 2002 年,第 81 页。

权，为主权完整与独立整整奋斗了100年。

二、晚清处理涉外案件的困惑

(一)教案

同治十年，总理衙门大臣在《政各西国大臣书》中即陈述了教案的危害性："天主教之初来中国也，名曰西儒。其始入教者不无安分之人，而自换约后大为不然，遂将劝人为善之教，华人皆轻视之而存不服之心。加以入教者倚势欺人，于是不服之心固结而不可解。迨民教相争酿成案件，地方理当查办，而教士又出而庇护之，教民藉此藐视官长，民心为不服。且当中国有事之秋，凡一切罪人讼棍俱以教中为捕逃薮萎，从中生乱，百姓始而抱怨，继将成恨，终将为仇。各处民人不问天主耶稣有无区别，而皆指天主教也；不知西洋各国疆界有分而概为外国人也。祸端一起，凡驻居中国之西人所在皆为危境，即安居于无恐之省百姓亦闻而生疑心，甚而忌心生焉，据此情形安有不激而生变者耶。"对于教案的处理，"各省一切案件地方官办理固为尽善，未尝不由中西各办事大臣明知民教意见未能融洽，不早为立法挽回，一旦事出不测，外国只求满其所欲，而人心服与不服无暇顾问，全属以力为强；而中国地方官无法可施只图敷衍了事。"于是总理衙门拟订《传教章程》八条，其中一条规定传教士必须遵守中国法律："传教士居住中国，当从中国法律风俗，不得自立门户"。尤不可有违国法官令，僭越权能以及坏人名节、凌辱人命，对于教案适用法律问题，章程规定："中国人与外国人相居密迩，用法两无所偏。若遇命案抵偿者，中国人照中例，外国人照西例，以服民心。无论中外办案，当就本案定罪，不得于办罪之外任意牵连无辜绅商受罪。而地方官遇有民教交涉之案，或民人欺入教者，照所犯之事拟罪，或入教者欺民人，亦照所犯之事拟罪。均当平允。如习教者行为不法，为地方官访问或被人告发，自当照例拿办，教士皆不得包庇隐匿。

如有庇匿不到案者,先将犯法者照例究办。仍将屁匿抗传之教士一同办理,或将教士撤回本国。"①

可见在教案中,除事关人命者外,清政府对于教民乃至传教士都适用中国的法律。对此清政府解释说:"盖民教词讼与中外交涉事件不同,中外交涉事件是指两国商民互有争论,我国家怀柔远服、屈法原情,特闻会讯之旷典。至民教词讼是中国人民由中国官员办理,固不可因习教而稍加漠视,亦不能因习教而稍废刑章。故条约文载明教士不得干预词讼,诚以我国自有政体事权。不容或挠,尔国亦重邦交,搀越终嫌非分。"②

沈家本在《奏进呈刑律草案折》中谈到:"教案为祸之烈至今而极,神甫牧师势等督抚,入教愚贱气凌长官,凡遇民教讼案,地方官暗于交涉,绌于因应,审判既失其平,民教之相仇益亟。盖海禁以来,因闹教而上贻君父之忧者言之滋痛,推原其故,无非因内外国刑律轻重失宜,有以酿之,此又惩于教案不能不改者也。"③

(二)领事裁判权

所谓领事裁判权,是指一国通过其驻外领事等对在另一国领土之内的本国国民按照本国法律行使司法管辖权。它出现在 11 世纪欧洲十字军东征以后。

1843 年 10 月 8 日《中英五口通商章程》明确规定:英国侨民与中国人民"倘遇交涉词讼,管事官不能劝息,又不能将就,即移请华官公同查明其事,既得实情,即为秉公处断,免滋讼累。其英人如何科罪,由英国议定章程、法律发给领事官照办。华民如何科罪,应治以中国之法,

① 《清朝经世文统编》卷五十四,《外交部》九《教案》,第 2966、2168 页。

② 《清朝经世文统编》《教案》,《禀覆教尼案件》,第 2171 页。

③ 上海商务印书馆编纂:《大清光绪新法令》第 19 册,第 26—28 页。又见《大清新法令》点校本第一卷,商务印书馆 2010 年版,第 457 页。

均应照前在江南原定善后条款办理”。1844 年 7 月 5 日《中美五口通商贸易章程》(通称《望厦条约》)规定:“嗣后中国民人与合众国民人,有争斗、词讼、交涉事件,中国民人由中国地方官捉拿审讯,照中国例治罪;合众国民人由领事等官捉拿审讯,照本国例治罪。但须两得其平、秉公断结。不得各存偏护,致启争端。”①

第二次鸦片战争后领事裁判权的范围更加扩大,内容也更具体。1858 年《中英天津条约》规定:“英国属民相涉案件,不论人产,皆归英国查办”,“英中民人有犯事者,皆由英国惩办;中国人欺凌扰害英民,皆由中国地方官职自行惩办。两国交涉事件,彼此均需会同公平审断,以昭允当”,“凡英国民人控告中国民人事件,应先赴领事官衙门投禀,领事官当查明根由,先行劝息,使不成讼;中国民人有赴领事官告英国民人者,领事官亦应一体劝息。间有不能劝息者,即由中国地方官与领事官会同审办,公平讯断。”②

在中国取得领事裁判权的还有法国、俄国、德国、日本、奥匈帝国、意大利、比利时、西班牙、葡萄牙、丹麦、挪威、荷兰、秘鲁、墨西哥、智利、瑞典、瑞士、巴西等国。③

列强在中国领事裁判权的取得,伤害了中华民族的自尊心,也损害了中国主权。但列强也允诺条件成熟时放弃治外法权。首先做出这种承诺的乃是第一个在中国攫取领事裁判权的英帝国。光绪二十八年(1902 年)八月签订的《中英续议通商行船条约》规定:“中国深欲整顿本国律例,以期与各国律例改同一律。英国允愿尽力协助以成此举。一俟查悉中国律例情形及其审判办法,及一切相关事宜皆臻妥善,英国

① 王铁崖:《中外旧约章》。

② 《筹办洋务始末(咸丰朝)》。

③ 叶孝信主编:《中国法制史》,北京大学出版社 2000 年,第 342 页。

即允弃其治外法权。”[①]翌年与美、日、葡等国签订的条约中,亦有内容几乎完全相同的条款。

晚清外交家和政治家,一般都认为,造成列强在中国享有领事裁判权的原因,是因为清朝法规不良,刑罚苛酷,监狱恶劣。司法行政不分,刑讯拷问惨无人道,一人犯罪罚及一家的连坐制度不合法理,封建官吏视外人为夷狄,法律上不以平等对待等等。因而也就相信改良法律后,列强能自动放弃领事裁判权。再加上列强有许诺,日本有先例。因此晚清修律诸人,上自沈家本,下至一般偏纂人员,均希望通过对旧律的改造,收回法权,捍卫国家主权。收回领事裁判权实为重要的修律起因。

光绪二十八年,清王朝在内外交困的情形下,决定对封建法律进行改革。在任命沈家本、伍廷芳主持法律改革的上谕中,明确要求他们“将一切现行律例,按照交涉情形,参酌各国法律,悉心考订、妥为拟议,务期中外通行,有裨治理”。[②] 李贵连先生认为,此处“所谓交涉情形”即指当时清政府与各国谈判签订通商行船条约中提出的收回领事裁判权问题。[③] 伍廷芳曾参与商约的谈判,回京召对时,当面力陈领事裁判权之当收回。此举不仅得到慈禧及光绪帝之赞许,且被“我国上下所仰望而歆羡”。[④] 沈家本、伍廷芳后来的奏疏,常有“此次修订法律,原为收回治外法权起见”之语。[⑤]

让我们回顾一下晚清中外商约谈判中的一次“交涉情形”。

光绪二十七年(1901 年)八月十九日,清廷派盛宣怀为办理商务事

① 《光绪朝东华录》光绪二十八年八月。

② 《德宗景皇帝实录》第 498 页。

③ 李贵连:《清季法律改革与领事裁判权》,载《中外法学》1990 年第 4 期。

④ 《东方杂志》第一卷第六号。

⑤ 沈家本、伍廷芳:《核议御史刘彭年恢复刑讯折》。

宜大臣，与英国议办通商行船各条约。中国方面要求："曾定条约虽载明英国民人应按英国律例由英官定办，惟英国商民不能援引此条以为不归地方官管理，即作毋庸遵守中国律例之据。凡华民照例不准行者，英国人民亦应一律遵守，以照公允。"[①]同年十二月一日（公历1902年1月10日）双方举行了第一次谈判。英国代表马凯提出，将英国人"侨居贸易的权利由临时性的变为永久性的"。盛宣怀加以反对，只要治外法权存在一天，中国决不答应。他说中国的法律不久即将修订，以与各国的法律更相接近。将来外国人如能像在日本一样受地方官吏的管理，即可准给这项权利。双方谈判陷入僵局。1902年7月8日清朝代表改为张之洞，谈判地点由上海移到武昌。下面是一则谈判记录。

时间：1902年7月17日，地点：武昌纱厂；中方代表：张之洞；英方代表：马凯；翻译：梁敦彦。

梁敦彦：您（按：指英方代表马凯）费了八个月时间并没有能解决什么？而在这几天内已经谈妥了很多款！人们会说盛吕（按：吕海寰，中方代表之一）两位大人很慎重，而张制军（按：张之洞）容易说话，答应了您的一切条件！张制军说，您必须让他能有可以拿出来的东西。他提出两款来。一款是关于治外法权的。我们想修订我们的法律，我们即将指派委员研究。您是否可以同意，在我们法律修改了以后，外国人一律受中国法律的管辖。另外一款是关于传教的。从来没有纯粹的传教条约，只是在通商条约内包括关于传教的规定。您是否愿意讨论这两款而取得协议呢？

马凯：你们是否可以用书面提出呢？

张之洞：在最初几年内中国也许要聘用外国法官。

马凯：我不能讨论传教问题。英国永远不会答应，这会使整个修约

---

① 《辛丑和约订之后的商约谈判》，中华书局1994年10月版，第13页。

受影响!

张之洞:关于传教问题,我并不想对教士严加限制。我也不愿使你为难。以前的通商条约内都没有纯粹传教的条款。

马凯(递过拟好的英文条款):这是不是他们要求的意思?(梁敦彦朗读并翻译)。我想你们从来没有那样的条约。我也应当电告我的政府,请特准这一条放进去。我也要说明这是张制军特别要求的。

张之洞:自然你须向你的政府请示,但希望能在请示的时候说明你赞成增加这一款。……

会上一致同意马凯爵士应电请英国政府授权在条约内增加一款如下:

"中国深欲整顿本国律例以期与各西国律例改同一律,英国允愿尽力协助,以成此举,一俟查悉中国律例情形,及其审判办法,及一切相关事宜皆臻妥善,英国即允弃其治外法权。"①

三、国家观对《钦定大清刑律》的影响

(一)国家主义法律观是制定《钦定大清刑律》的基本立场——以杨度(1874—1931)观点为例

国家主义与家族主义系新旧法律的不同原理和原则。《钦定大清刑律》较多地体现了国家主义原则。杨度作为宪政编查馆特派员到资政院议场代表政府阐明新刑律宗旨的演讲,对国家主义阐述最为生动透彻。②

---

① 《辛丑和约订立以后的商约谈判》,中华书局 1994 年 10 月版,第 137—139 页,转引自李贵连著《沈家本传》,法律出版社 2000 年 4 月第 1 版,第 179—181 页。

② 此处所涉杨度观点来自其演讲词,据《资政院议场速记录》第 23 号。杨度演说后所作论文:《论国家主义与家族主义之区别》,发表在 1910 年 12 月 5 日的《帝国日报》上,是江庸认为"最为透群"的二篇论文之一。

所谓家族主义，就是以家族为本位的国家制度。“以家族为本位，对于家族的犯罪，就是对于国家的犯罪。国家须维持家族的制度，才能有所凭藉，以维持社会。”“国家为维持家族制度，即不能不使家长对于朝廷负责任。其诛九族夷三族就是他对于朝廷负责的意思。”家长既然要对朝廷负责任，朝廷“在法律上就不能不与之特别之权。并将立法权司法权均付其家族，以使其责任益为完全，所以有家法之说”。国家“要恃家族制度，以保护国家与治安，故并立法司法之权予家长。故家长对于一家之中，可以行其专制之手段，有无上之权柄”。其结果造成家庭成员没有独立人格。

所谓国家主义，就是以个人为本位的国家制度。“国家对于人员有教之之法，有养之之法。即人民对于国家亦不能不负责任。其对于外，则当举国皆兵以御外侮，对于内则保全安宁之秩序。必使人人生计发达、能力发达，然后国家日臻发达，而社会也相安于无事。”他在演说中从以下几方面阐述了新律所体现的国家主义法律观。

1.预备立宪需要国家主义法律观。

旧律的原理原则与现在预备立宪的宗旨不符，按照“立宪的原则，立法司法是分开独立的”，但旧律的援引比附原则正好与这一立宪原则相反。“是使司法之时而有立法之意。”“立宪国即许人民之自由，即不可不有一种正当的法律以防范之。其所以防范者，使其自由于法律之中，不得自由于法律之外，而正当的法律必须有正当条文。因此国内宪政进行之时，必须使一切法律都与宪政相符合。所以，旧律既不适用，不能不改用新刑律。”

2.国际交往需要树立新型的国家主义法律观。

他认为，中国古代“无所谓国际”的概念。各代封建帝王“只要维持社会，即足以保国家之治安，并无世界竞争之必要”。所以“二千多年之法律，均本于秦”。历史发展到现在，国家与国际的观念兴起。列强侵人,严重威胁中国的存亡。家族主义完全不适合于统治。

3.治外法权的收回,需要国家主义法律观。

他认为,司法主权的丧失,原因在于"我国数十年来教案层见叠出,此理由全在自己的法律与世界共同法律原理原则不相符合以致如此"。现在,各国既然承认中国改良法律便撤去领事裁判权,我们就要趁此机会,先用各国共同的法律原理原则的国家主义法律观改良中国旧律。

4.国家主义法律观取代家族主义法律观是历史的必然。

根据进化论,杨度认为,一切国家都有家族制度的阶段。历史上所有国家的政治法律都经历过家族主义支配的时代。区别仅在于,有的国家制度发达较早,很快由家族主义进至国家主义;有的发达很迟,到现在还是家族主义。中国就是国家主义发达很迟的国家。

中国四亿人口"只能称四万万人,不能称四万万国民"。他们"都是对于家族负责任,并非对于国家负责任"。四亿人分两种:家长和家人。家长对家人负有特别的权利义务,家人又分两类:男子和女子,女子附属于男子,她们"不仅对国家不负责任,即对于家庭亦不负责任"。家庭义务全由家长一人负担。"自国家观之,所与国家直接者亦不过是少数家长而已。其余家人概与国家无关系也。"这少数家长皆有家庭之累。他们更多的是尽家庭义务,而不是尽国家的义务,负国家兴亡的责任。那些做官的家长们"与其说对国家负责任,无宁说对家庭负责任"。他们贪污"无非是有妻、子之累,内顾之忧"。"只要得几文钱以之养家足矣,与国家本无关系也。""他们对于国家虽是贪官污吏,而对于家族却是个慈父孝子、贤兄悌弟。"由于中国大多数人对于国家没有直接的权利义务关系,对国家兴亡不负责任,虽号称四亿人口,也不能与外国相抗而屡战屡败。"中国之坏,就由于慈父孝子贤兄悌弟之太多,而忠臣之太少。"家族主义的弊病如此之大,所以从国家的前途出发,必须将国家主义作为改定法制的宗旨,以便使家长们成为忠臣,使家人有独立生计，独立能力。国家给他们“营业居处言论等等自由，使其对国家负责任”。这样，他们就由“人”进到了“国民”。新刑律正是本此宗旨，减少了家族制度的条文，使之向国家主义转变。[①]

(二)国交罪的确立是国家观的直接体现

国家观在《钦定大清刑律》中的直接体现是在分则第四章规定了“妨害国交罪”。关于这一罪的立法理由，沈家本说得非常清楚：“近年往来日就便利，列国交际益繁。本章所揭皆损国家睦谊而影响及全国之利害者，特兹设为一章，是最新之立法例也。”[②]本章共15条，对于侵犯外国君主、大统领、外国使节的行为分别规定了不同的刑罚。对派到外国的中国使节有杀、伤、强暴、胁迫或侮辱之行为者，也视为犯罪。对外国的国旗、国章给予刑法保护。对于私与外国开战者以及于外国交战之际违背局外中立之命令者均视为犯罪。

在光绪三十三年(1907年)的草案中，尚有以下几条反映出国家观精神。[③]

第108条：“凡对于留滞中国之外国君主皇族或大统领有不敬之行为者，照第92条及第93条之例处断。中国臣民在外国对其国之君主、皇族、皇陵或大统领或对留滞其国之第三国君主、皇族或大统领，有不敬之行为者亦同。”

理由：“君主、皇族、皇陵、大统领互相同等乃现今国际上之通例，故定此二例，揆之法理，亦一贯之义也。”

第109条：“凡杀伤派中国之外国代表者，照第300条及第302条

---

① 参见李贵连著：《沈家本传》，法律出版社2000年4月第1版，第329—337页。

② 《大清法规大全·法律部》法典草案二，总第1992页。又见《大清新法令》点校本第一卷，商务印书馆2010年版，第457、520页。

③ 《大清法规大全·法律部》法典草案二，总第1992—1993页。又见《大清新法令》点校本第一卷，商务印书馆2010年版，第457、520页。

之例处断。中国臣民在外国对于派至该国之本国或第三国代表者犯时亦同。若加暴行胁迫或侮辱于派至中国之代表者,处四等以下有期徒刑或拘留。中国臣民在外国对于派至该国之本国或第三国代表者,亦同。”

理由:“慎重国交,则代表一国之使臣不得不重。其对于此而有犯杀伤及其余之罪者,应较对于常人加一等。”

第110条:“凡滥用红十字记号作为商标者,处三百元以下罚金。”

理由:“滥用红十字之记章以为商标,亦足生列国之异议而有害国交之虞者。本案故特为加入将来各国刑典上必须有之规定也。”

以上规定,在正式公布的《钦定大清刑律》中删去了,但我们从中不难看出立法者维护国家主权的良好立法愿望。

晚清时期,国家与社会的前所未有的变化,催生了中国法制的改革,从国家与社会的视角考察《钦定大清刑律》可以更清晰地解读其诞生的时代背景,领悟其历史价值。《钦定大清刑律》的制定标明了中国法制近代化的实质进展,但我们不能由此得出结论:只有在外力冲击下的晚清社会,中国法律才能告别传统走向近代。外因只是促使中国法制变革的条件,中国传统社会的内在变化才是法律变革的依据。没有晚清时局的变化,中国法制也会走向更文明的层次,这是社会形态由低级向高级演化的规律及法制文明的总趋势决定的。《大清律例》自身的落后与野蛮,注定了其必然发生变化。中国的法律制度与中国的政治制度在宋代以后越来越僵化,历朝虽有修律活动,但难出诸法合体、重刑轻民的窠臼。中国社会的商品经济因素的萌芽与发展未能得到法律的认可与保护。立法与司法的分离越来越严重。《大清律例》从制定之日到20世纪初年的200多年时间内,未做任何改动,很多条文由于无法适应社会的变化,长期不用,成了死文。在法律指导思想方面,理学的产生使儒家思想哲理化,但其生命力却日见衰微。《大清律例》也未能及时吸收明清之际的启蒙思想，而是拘泥于传统德主刑辅思想。因此，《大清律例》的彻底变革只是时间早晚的问题。晚清国家与社会的变迁恰恰为中国法律制度的转型提供了契机。《钦定大清刑律》的制定既是晚清时代的产物，也是中国法制文明演进历史的必然结果。

第二章 《钦定大清刑律》的内容：西方刑法文化的传入

第一节 19世纪至20世纪初大陆法系刑法思想及其刑事立法

一、刑法思想及流派

(一)刑事古典学派

刑事古典学派亦称旧派。指资本主义上升时期最早反映资产阶级刑法思想和刑事政策的早期资产阶级刑法学派。古典学派建立初期以启蒙主义刑法思想为中心的理论称为前期古典学派。贝卡利亚(Beccaria Marchese di,1738—1794)、费尔巴哈(Paul Johannes Anselm von Feuerbach,1775—1833)、边沁(Jeremy Bentham,1748—1832)等人为其代表;后来出现的以报应主义刑法思想为中心的理论称为后期古典学派。其代表人物为黑格尔(Georg Wilhelm Friedrich Hegel,1770—1831)、宾丁(Binking,1841—1920)、毕克迈耶(Karl Brikmeyer,1847—1920)、贝林格(Beling,1841—?)等。

启蒙主义刑法思想主张罪刑法定主义,什么样的行为构成犯罪,对这种行为应当如何处罚,必须预先由法律加以规定;法与宗教、道德必须严格加以区分,要把法从宗教中解放出来,要划清合法性与道德性的界限;排除基于身份的不平等处罚,不论什么样的犯罪人都没有身份上的差别,必须平等加以处罚;实现罪刑的均衡,废除残酷的刑罚。

以启蒙主义刑法思想为中心的前期古典学派的理论特征是个人自由主义,而以报应主义刑法思想为中心的后期古典学派的理论特征是国家自由主义。这种变化是1840年以后,在以普鲁士的国家主义为社会背景而出现的"黑格尔学派"的影响下发生的。以后又因德意志第二帝国的成立和帝国刑法典的制定(1871年),在与近代学派的"学派之争"中,具有个人自由主义色彩的古典学派刑法理论逐渐变化成为具有国家主义色彩的刑法理论。

黑格尔主张国家主义的辩证法的报应刑法。他认为,犯罪是对法的否定,而刑法是通过对犯罪的再否定来恢复法的正义。在把与犯罪同价值的恶害加之于犯罪人这一意义上,刑罚是报应;科处刑罚是作为理性之物的国家的权利,同时,由于犯罪人是根据自己的意志实施犯罪的,所以这种意志只要不受到相反的侵害,犯罪人的理性就不可能得到恢复。

以绝对的报应刑论为基础的刑法理论,最后由宾丁基本完成。宾丁认为,刑法学的任务是分析实定刑法的构成部分以及明确其相互关系。因此,宾丁从实质刑法的结构分析出发,严格区分规范与刑罚法规,提出了法律的报应刑论。所谓规范,就是为了保全共同社会的利益,对具有行为能力的人所发生的行为的禁止或者命令,它作为刑罚法规的前提而蕴涵于刑罚法规之中。刑罚法规只不过规定着国家与犯人之间的法律关系,只要不是违反作为其前提的规范,就不构成犯罪。也只有违反这种规范的行为才会发生刑罚权。刑罚是对于否定规范的犯罪的再否定,是为了维护法律即国家的权威。如果法秩序受到犯罪的损害大,与此成比例,犯人所受到痛苦也必须增大。

(二)刑事近代学派

近代学派又称新派。指19世纪后期针对古典学派理论出现的新的资产阶级刑法学派。近代学派产生的社会背景是:19世纪后期,随着资本主义的发展,社会各种矛盾的日益激化,导致各种犯罪尤其是累犯急剧增加,古典学派的理论在犯罪对策上显得无能为力,按照传统的对应于一定犯罪科处一定刑罚的罪刑均衡原则,已解决不了累犯增加等新问题。再说,随着自然科学的飞速发展而盛行的实证主义的考察方法,在人们对古典学派的理论进行反省的同时,也就自然而然给刑法理论的研究带来了影响。在这一背景之下,被称为近代学派或新派的刑法理论应运而生。这一理论的特点在于:着重于探求犯罪产生的原因,试图有针对性地提出犯罪对策。由于它是以实证的方法来考察犯罪现象,所以又称为“实证学派”,其中包括刑事人类学派和刑事社会学派。

刑事人类学派,19世纪后期由意大利学者龙布罗梭(Cesare Lombroso,1836—1909)创立的学派。龙布罗梭用实证的方法对犯罪人进行生物学、病理学研究,他通过研究犯罪人的头盖骨等,发现具有隔代遗传的特征,于是他根据生物进化论提出,在犯罪人中,有人由于隔代遗传的基因作用,突然具有了如同原始人那样特殊的身体的、精神的特征。他把这种人称为“天生犯罪人”,他认为只有天生犯罪人才是真正的犯罪人,其犯罪是他的身体或精神异常的必然产物。天生犯罪人既然注定是要犯罪的,那么对他们就应当采取保安处分、流放等终生隔离甚至死刑的措施,以预防他们实施犯罪。龙布罗梭的理论遭到了众多学者的反对,面对批评,龙布罗梭等人修正了自己的观点,也承认某些社会原因对犯罪所具有的影响。

刑事社会学派,19世纪末至20世纪初,由意大利学者菲利(Fili,1856—?)和德国学者李斯特(Franz von Liszt,1851—1919)等人创立。菲利为了克服或纠正天生犯罪人说的一些错误观点,吸收了里昂学派的一些主张,认为犯罪原因有三个方面,即人类学的原因、物理的原因及社会的原因。人类学的原因包括年龄、性别、身份、职业、社会地位、教育程度等；物理的原因包括人种、风水、土地的富饶性、昼夜的长短、季节的变化等；社会的原因包括人口密度、社会舆论、风俗、宗教、公共秩序、经济产业状况、国家行政、义务教育、公共慈善事业、立法、司法状况等。由于这些原因的综合作用，在一定的社会会发生一定量的犯罪，这称为“犯罪饱和”的法则。所以为了防止犯罪对社会的侵害，应当充实社会政策，从而否定了自由意志及由此产生的“道义的责任”，而主张“社会责任论”。

李斯特是集近代学派之大成者，他既重视考察犯罪的个人原因，又重视考察犯罪的社会原因。李斯特吸取了耶林格的目的法学的思想，认为刑罚只有从它的目的考察，才能获得其分量和目标；只有“法益保护”或“社会防卫”才是刑罚的目的和刑罚的正当化根据。他认为，刑罚是属于国家的，它不能仅靠本能的、冲动的报应，而应当由其必要性和合目的性加以支配，据此李斯特提出了“目的刑论”。从上述立场出发，李斯特把犯罪原因分为个人的原因和社会的原因。消除犯罪的社会原因是社会政策的主要任务。同时，消除个人的原因是刑事政策的课题。①

二、刑事立法及思想论争

（一）刑事立法

1.意大利

在西方，意大利素有“刑法的祖国和摇篮”之称。在谈到现代刑法各种具体制度的渊源时，尽管现代刑法是 18 世纪资产阶级启蒙运动的

---

① 刑法学全书编委会：《刑法学全书》，上海科学技术文献出版社 1993 年 4 月版，第 591 页。

产物,但意大利中世纪刑法注释学派的工作不能被忽视。

大致在公元1000年左右,意大利的古典注释法学派就开始秉承古罗马法学家的优良传统,从实践的角度阐释罗马法的精神。他们的工作极大地促进了罗马法传播,使启蒙运动前的意大利成了欧洲各国法学家朝圣的中心。大约在15世纪前后,意大利中世纪的注释法学家们研究的重点,开始从阐释古罗马法中的刑法规定,向解决现实中的刑法问题转移,提出一系列构成现代刑法制度本体框架的基本观点。

1764年,深受孟德斯鸠(Charles de Secondat ,Baron de Montesquieu,1689—1755)、卢梭(Jean Jacques Rousseau,1712—1778)影响的贝卡利亚匿名发表的《犯罪与刑罚》,标志着意大利刑法思想的发展进入了一个新的纪元。该书在总结前人经验基础上提出的一系列刑法原理,在整个西方引起了强烈的反响,有力地推动了世界性的刑法改革。在意大利刑法学家们看来,尽管贝卡利亚及其同时代的人是现代刑法思想的奠基人,但他们只是刑法领域中的启蒙者,而兴起于19世纪中叶的意大利刑事古典学派大师们才是真正意义上的刑法学家。因为只有在他们手里,近代刑法学完备而详细的体系才初步形成。

1859年,意大利刑事古典学派的创始人和杰出的代表卡尔拉拉(Carrara,? —1888)出版了其代表作《刑法纲要》。在这部成为意大利近代刑法学体系基础的丰碑式的经典著作中,他奉献的不仅是根据当时最好的刑法理论精心构筑的整个刑法学体系和对各种具体犯罪第一次真正科学的研究。更是第一个在刑法史上从本体论的角度分析了犯罪的构成要素,并以此为基础提出系统的犯罪构成理论。与当时多少都带有一定“御用”色彩的欧洲各国刑法理论不同,意大利刑事古典刑法学派的理论不是为现实刑法制度的合理性辩护的赞歌,而是以理性的态度批判现实刑法制度的产物。在他们眼里,刑法理论不仅有“总则”与“分则”的划分,更应该有“科学理论”和“实践问题”的区别。而刑法学真正的研究对象，不是那些为立法者所喜欢的法典中的法，而是写在永恒的理性法典中的真理，这种真理是现实中的刑法必须服从的绝对规则。

意大利统一后的第一部刑法典——1889年刑法典，是意大利刑事古典学派理论体系的集中反映。正是由于意大利刑法学家对以前各地区制定的刑法典所持的批判态度，使得该法典在内容和立法技术上，不论相对于意大利历史上曾有过的刑法典，还是相对当时欧洲多数国家的刑法典而言，都有很大的进步。在一种力求宽和的刑事政策的指导下，意大利1889年刑法典全面废除了死刑，规定了假释，采用了训诫、参加公益服务等短期自由刑的替代性措施。在分则方面采用了以犯罪侵犯的客体为标准对犯罪进行分类的体列，缩小了各罪法定刑最高与最低刑之间的差距，在犯罪的未遂、共同犯罪、数罪并罚的原则等方面也作出了较以前的刑法典更为合理的规定。其卓越的立法技术更是受到意大利国内外高度的评价。

19世纪70年代开始，意大利刑法学家，对刑事古典学派的自由意志为基础，道义责任为核心，一般预防为主要目的的观点进行了系统的批判。随着龙布罗梭的《犯罪人》(1876年)、加洛法罗的《犯罪学》(1891年)、菲利的《犯罪社会学》(1892年)相继出版，强调生理、心理或社会的因素是犯罪产生的根本原因，主张刑法的核心由行为向行为者转移，强调应根据行为人生理、心理特点对犯罪人采取特殊预防措施的实证主义刑法理论终于形成具有世界影响的刑法思潮。不过，在意大利，刑事古典学派与刑事实证主义学派的尖锐对立，没有像德国新、旧两派之争那样以两派的相互靠拢、相互融合为结局，而是形成了独立的第三学派即法律技术学派。法律技术学派形成于20世纪20年代。其主要代表人物是阿尔图洛·洛克(Arturo Rocco)和曼兹尼(V. Manzini)。法律技术学派对刑法学的贡献主要表现在三个方面。一是用批判的意识强调只有现实中国家制定的法才是刑法学主要的研究对象，从而在意大利刑法学说史上第一次明确地界定了刑法学与自然法哲学、犯罪学和刑事政策学的界限；二是在刑法学领域首先运用对刑法规范以严格逻辑分析的方法，从而极大地丰富和完善了意大利传统的犯罪构成理论；三是将刑法基本概念本身作为刑法独立的研究范畴，从而建立了系统、完整的刑法学的概念体系。但是，他们抛弃了自启蒙时代以来的探索"理性"、"应然"的刑法学传统，割裂了刑法学与历史、政治、社会学、犯罪学等学科的联系，使刑法学变成了"形式"科学。它比刑事古典学派和实证主义学派更适应法西斯国家专制主义的政治需要。1922 年以墨索里尼为首的意大利法西斯上台后，第三学派自然地在意大利刑法学中占有了绝对的统治地位。1930 年，被称为"洛克法典"的意大利刑法典，不可避免地带有浓厚的专制主义色彩。[①]

2.法国

在法国，最先宣布新刑法原则的法律文献是《人权宣言》，这些原则包括罪刑法定主义、法不溯及既往、罪刑对称和刑罚人道主义等。为了贯彻这些原则，制宪议会在 1790 年 1 月 21 日的法令中宣布：1、犯罪和刑罚必须公平划一，不论犯罪者的等级身份如何，凡属同一种犯罪，均处同一种刑罚；刑罚的后果只能触及犯罪者本人，不能株连家庭成员，不能有损于他们的人格和名声，不能影响他们的职业。[②] 为了系统贯彻新刑法原则和对各种犯罪作出规定，制宪议会于 1791 年 10 月 6 日颁布了近代法国第一部刑法典，这部法典分为两篇，第一篇是总则，共七章，规定刑法的一般原则，包括刑罚种类、累犯加重、犯罪者年龄对刑罚的影响、刑事追诉的期限等；第二篇是犯罪及其刑罚，共两章，第一章

① 陈忠林：《意大利刑法纲要》，中国人民大学出版社 1999 年 10 月第 1 版，《前言》。

② 路德维格·冯·巴尔：《大陆刑法史》（《大陆法制史丛书》第 6 卷），英文版，第 320—321 页。

规定侵犯公共利益的犯罪及未遂行为，第二章规定侵犯私人利益的犯罪。这部法典主要变化有：犯罪种类大大减少；缩小死刑适用面；废除无期刑及其他残酷的刑罚，死刑以下的最重刑是不超过 24 年的戴镣苦役；对重罪实行陪审；为了表示坚决贯彻“罪刑法定主义”原则，各种犯罪的刑罚均作硬性规定，设有最高限与最低限之分，法官的职能实际上就是确实是否犯罪，若构成犯罪，即对犯罪者处以法典规定的刑罚。[①]

1810 年刑法典

法国 1810 年刑法是资产阶级启蒙运动所引起的资产阶级刑法革命的重要成果。而从哲学倾向上分析，1810 年刑法是在英国哲学家边沁的功利主义哲学思想和意大利刑法学家贝卡利亚的刑法思想的直接影响和指导下制定的。“法国《刑法典》更多的是受英国哲学家边沁的影响，其次才是受到贝卡利亚思想的影响。”[②]

边沁既是功利主义学说的创始人，也是刑事古典学派的主要奠基人。边沁生活的年代，正值英国产业革命蓬勃发展的时代，也是法国资产阶级力量不断壮大的时代。边沁所主张的功利主义原则，代表着资产阶级的追求最高物质利益的根本意愿，而边沁所提出的一系列关于刑法和刑事政策的主张，又同上升时期资产阶级维护统治利益的要求一脉相承。功利主义刑法思想既强调刑罚的威慑作用，又要求刑罚同犯罪维持一定的量的关系；既强调刑罚的权威，又考量犯罪人的权利，但更重要的是将刑罚的根本目的置之于遏制犯罪人心理冲动之上。所以，功利主义毫不掩饰地认为，“当刑罚的痛苦大于犯罪得到的快乐时，犯罪人的心理动机便可能受到一定的抑制，因而能够产生减少犯罪的

---

① 牧野英一：《法兰西刑法之发达》，张蔚然译《法律评论》第 9 卷第 49、50 期。

② 卡斯东・斯特法尼等著：《法国刑法总论精义》，罗结珍译，中国政法大学出版社 1998 年版，第 80 页。

作用。”[①]

1810年刑法典分为四篇,共484条,第一篇是关于重罪、轻罪之刑及其效力。第二篇是关于重罚、轻罪之处罚、宥恕与刑事责任。第三篇是关于重罪、轻罪及其刑罚,第四编是违警罪及其刑罚。前两编属总则,后两编属分则。其主要特点是:贯彻罪刑法定主义原则,但给法官以有限的自由裁量权,克服了1791年法典刻板规定带来的弊端;受刑事古典学派客观主义的影响,定罪量刑时重视犯罪行为,有行为就有责任,无行为即无责任,其他因素均处于次要地位;刑罚残酷,表现为死刑增多,重新采用无期刑等。1810年刑法典的制定标志着拿破仑法典体系的完成。它虽然没有民法典那样成功,影响也无法同民法典相比,但无论从内容上还是从立法技术上来说,在资本主义早期是具有代表性的,对民法法系许多国家的刑事立法有很大的影响。[②] 1810年法国刑法典经过不断修正和补充一直使用到1994年。“1810年刑法敏锐地以启蒙运动时期确立的罪刑法定主义、罪刑等价原则和刑罚人道主义等所谓近代刑法之大准则为基础,建立了相当稳定的刑法体系,而其后历次修改大都属于顺应历史发展要求的局部的修正或补充,始终没有违背具有指导意义的三大基本原则。1810年刑法之所以能够顽强地生存了183年,毫无疑问,保持法典连贯性的立法思想起着十分重要的作用。”[③]

3.德国

1871年刑法典——德国历史上第一部统一适用的资产阶级刑法典。19世纪初,德国工业经济迅速发展,近代大工业生产方式在国家经济中逐渐占据主导地位,为资产阶级刑法的创立准备了经济基础。

---

① 张筱薇著:《比较外国犯罪学》,百家出版社1996年,第25页。

② 由嵘主编:《外国法制史》,北京大学出版社1992年,第330页。

③ 何勤华主编:《法国法律发达史》,法律出版社2001年,第408—409页。

同时，受资产阶级启蒙思想的影响，康德、黑格尔、费尔巴哈等人创立的刑事古典学派对刑法的基本问题进行了深入思考，为德国近代刑法的创立准备了理论基础。法国1810年颁布的比较成熟而完备的资产阶级刑法典以及德国的主要邦国制定的刑法典，为德国近代刑法的创立提供了立法上的蓝本。当然，更为重要的是1871年1月18日，德国实现了统一，建立了资产阶级和容克贵族掌权的德意志帝国，为制定统一的资产阶级性质的刑法典奠定了政治基础。

1871年刑法典分为总则、第一篇和第二篇三部分，共370条。总则中阐明了罪的分类、刑的适用原则和范围等内容。第一篇为"刑例"，包括各种刑罚及其适用、未遂、共犯、不论罪及宥恕，数罪俱发等内容，相当于现代刑法的总则部分。第二篇为"罪及刑"，规定了各种罪名及法定刑，相当于现代刑法的分则部分。

德国1871年刑法典具有两个方面的特征：一方面，它接受了资产阶级民主、自由、人权思想，吸收了1810年法国刑法典颁布以来刑事立法的成果，并在刑法的结构、体例、原则和制度上有所创新，具有先进性。在结构上，它把刑法典总则性规定和分则性规定加以区分，并在总则性规定中又将刑法的原则等基本问题与其他刑法适用问题区别开来，在分则中以"罪名＋罪状＋法定刑"的方式明确规定每一罪成立的条件和法定刑，相对于法国刑法典更富集中性、系统性和条理性。在内容上，不仅以条文确认了罪刑法定主义，而且在刑法中加以贯彻，如规定了适用刑法从轻原则，明文规定了各类罪及刑等。受刑事古典学派理论的影响，在对各种罪及未遂、共犯的处罚原则和不论罪的规定上，注重行为的客观危害，但同时也注意了行为人的主观内容。不仅内容有所扩充，更加合理，而且反映了刑法理论对刑事立法的影响，也反映了刑法的进步。在刑罚种类上，虽受报应刑论影响，刑罚仍较严厉，但摒弃了法国刑法中规定的身体刑和侮辱刑。另一方面，刑法典反映了德国社会的现实,保持了德国刑法的传统,具有浓厚的封建性和保守性。法典以维持容克贵族和资产阶级的利益为主旨,严格保护他们的私有财产不受侵犯,将窃盗、侵占、强盗等侵犯私有财产权利的行为均作为重罪,予以严厉制裁。法典对帝国皇帝和邦君的人身权利给予特别保护,规定了谋杀执政党或联邦国王的大逆罪为重罪,即使未遂,仍处死刑。对以暴力侵犯皇帝和各邦君主的,处无期徒刑或苦役。规定了对国君的不敬罪,以维护德国的君主专制政权。法典还对宗教势力予以容忍。①

由于 1871 年德国刑法以刑事古典学派思想为理论基础,其中贯彻的报应刑思想不能解决 19 世纪晚期自由资本主义向垄断过渡所出现的日益尖锐的社会矛盾,犯罪率大幅度上升,累犯、惯犯、青少年犯激增,它已不能完全适应资本主义发展的需要。因此对 1871 年刑法典的修改早在该法典颁布后第五年即开始了,至 1975 年新版刑法典实行的一个多世纪里,共进行了 94 次修改。②

4. 日本

1880 年刑法

日本明治维新初期的刑事立法具有过渡性,它基本上是对封建时期法律的改良和修改。刑事立法本身所存在的严重缺陷,不能适应客观现实的需要,因此,实现刑事法律制度近代化势在必行。1880 年 7 月 17 日公布了法国法学家保阿索那特帮助制定的日本第一部近代刑法典,它主要仿照了 1810 年《法国刑法典》。

1880 年刑法的主要特点。

第一,结构、体例上采用近代刑法典模式。第一编总则,第二编关

---

① 何勤华主编:《德国法律发达史》,法律出版社 2000 年 1 月第 1 版,第 396—397 页。

② 何勤华主编:《德国法律发达史》,法律出版社 2000 年 1 月第 1 版,第 398 页。

于公益的重罪轻罪，第三编对于身体、财产的重罪轻罪，第四编违警罪。共430条。

第二，法典首次确立了资产阶级刑法原则。其第二条明确了罪刑法定主义，否定类推。规定法不溯及既往原则，但若犯了罪尚未判决的规定从轻原则。此外，还强调犯罪与刑罚的均衡，确立客观主义的犯罪定义。

第三，法典把犯罪分为重罪、轻罪与违警罪。

第四，刑罚分为主刑与附加刑，主刑和附加刑都划分为多种级别。

第五，法典对自首、未遂、正当防卫等作了规定。

第六，该法典关于具体罪的规定也有一定的特色。[①]

1880年刑法中的刑法理论。作为直接参与旧刑法的起草、制定工作的法国专家保阿索那特，他所信奉的折衷主义刑法理论（报应主义与功利主义的结合）不仅成了旧刑法的指导思想，而且在日本的刑法学历史上也占有很重要的地位。在其影响下，一批刑法者，如宫城浩藏（1850—1894）、井上正一（1850—1936），以及矶部四郎、龟山贞藏等，都继承其衣钵主张折衷主义刑法理论。其中，尤以宫城浩藏的影响最大，他于1884年发表的《日本刑法讲义》和《刑法讲义》，不断被重版，广受注目。“通过这些学者的努力，日本的刑法学逐渐体系化，而且由于他们的折衷主义刑法理论对于旧刑法的解释处于通说的地位，因此对于当时的司法实践曾起过一定的作用。”[②]

1907年刑法典

1880年刑法虽然告别了传统的封建刑法，但由于仿照的对象——《法国刑法典》在此时已经逐渐显露出其固有的缺点，而且，旧刑法在许

---

① 何勤华主编：《日本法律发达史》，上海人民出版社1999年9月第1版，第344—345页。

② 何勤华主编：《日本法律发达史》，上海人民出版社1999年9月第1版，第362页。

多方面并不适合日本国情，因此，在其实施过程中，多次酝酿对它进行修改。日本学者认为，旧刑法修改的理由主要有以下两点。

第一，旧刑法具有的自由主义的、近代的性格过于激进。由于旧刑法的制定是出于改善国际交涉的政治目的，急速地引进了外国的法制，这些法制与日本国内的近代化、自由主义化程度并不完全适应。而且，在旧刑法实施前后，伴随着自由民权运动的激化，当时的藩政府根据旧刑法中的凶徒聚集罪以及一系列的治安立法对运动进行了弹压。同时，藩政府还批判近代的立法只能使日本畸形化，并要求召开国会解决这一问题。明治 17 年设立了华族制度，作为守卫皇帝的堡垒。从这些情况中可以看出藩阀政府的特征是封建的、非民主的，与旧刑法近代的、自由主义的性格是相矛盾的。

第二，旧刑法没有与社会防卫的必要性相对应。由于藩阀政府的富国强兵政策的结果，日本资本主义急速发展，经过日清、日俄战争而形成垄断资本主义。此外，由于明治维新引起的旧社会体制的解体以及由此而带来的社会混乱，引起犯罪率急剧上升。然而，旧刑法是在深受启蒙主义、折衷主义的刑法理论的影响而来到日本的保阿索那特的影响下制定的，尚未受到实证主义的影响，因此对于犯罪的急剧增加这种社会现实缺乏有效的对应手段。而在德国，由于 19 世纪末期的犯罪急剧增加，因而要求刑法作出反应。同样的责任也落在了旧刑法的头上。此外，旧刑法施行前后，德国实证学派开始了对刑法和刑法学的批判，实证派的抬头以及由此而引起的刑法改革运动的发展，终于导致了社会防卫主义的主观主义刑法理论开始对日本发生影响。[①]

1907 年刑法典是日本明治维新后颁布的第二部近代刑法典，它效

---

① [日]野村稔：《刑法总论》，金理其、何力译，邓又天审校，法律出版社 2001 年 3 月第 1 版，第 22 页。

仿德国1871年刑法典而制定。该法典分为总则、分则两编，共53章264条。第一篇总则是关于刑法适用范围、刑罚种类、假释、缓刑、未遂罪、并合罪、累犯、共犯等方面的原则规定，第二篇规定了各种犯罪及应处的刑罚。与旧刑法相比，新刑法在内容上有下列主要变化：

第一，采用抽象、概括的方式列举犯罪罪名。新刑法废除了旧刑法的重罪、轻罪的划分，并将违警罪从法典中剔除。新刑法与旧刑法相比显示的这一变化，既表明了日本刑事立法技术的提高，又符合国际刑法发展潮流。

第二，删除了旧刑法中"法无明文规定不为罪、不处罚"的规定。理由是，这是尽人皆知的普通道理，况且明治宪法第23条已作了类似的规定，因此，沿用旧刑法中的此条规定已无必要。

第三，扩大了旧刑法中规定的刑期幅度，如惩役可以是1年以上10年以下，有的条文甚至仅规定刑期的低限，而不明确其最高刑期，从而为法官留下了自由裁量的余地。

第四，改变了旧刑法所规定的刑种。取消原来的徒刑、流刑的名称，废除监视、禁治产、惩治场留置等附加刑，停止公权、剥夺公权等名誉刑未被列入法典，改由特别法加以规定，而将主刑定为死刑、惩役、监禁、罚金、拘留、罚款(科料)，没收作为附加刑。

第五，改变了旧刑法中的许多法律用语。如"期满免除"改为"时效"，"数罪俱发"改为"并合罪"，"再犯再重"改为"累犯"，"数人共犯"改为"共犯"等等。

第六，新刑法从属人主义出发，增加了日本臣民在外国对日本国家或臣民所犯罪的处罚规定。

第七，新刑法第一次规定了缓刑制度，进一步完善假释制度。

第八，法典以侵犯皇室罪和内乱罪为最重大的犯罪。

总之，新刑法较旧刑法确实有了很大变化，它基本上体现了资产阶级刑法原则,同时又保留一定的封建残余。它的封建性内容除体现在“对皇室之罪”外,还体现在“杀害尊亲属罪”、“通奸罪”等条文中。加之量刑幅度过大和有些罪的规定不明确。因此施行以后即因其不适合及造成混乱而受到指责。[①]

至1907年通过新刑法为止,关于旧刑法的修正案起草过5次。[②]在这一过程中,折衷主义刑法理论不断受到批判,新、旧两派刑法理论开始登场,从而推动了日本刑法学的发展。

日本新派法学的最初代表人物是富井政章(1858—1935)、穗积陈重(1855—1926)和古贺廉造等。他们组成社会防卫论阵营,主张为了防止犯罪案件的急剧增长,必须采取重刑严罚,以达到威慑、惩戒犯罪的目的。他们最先把当时在欧洲非常盛行的新派刑法学理论导入日本,抨击旧刑法学所包含的个人主义和自由主义。稍后,胜本勘三郎(1866—1925)、冈田朝太郎(1868—1936)等加入新派理论的阵营,对于发展日本的新派理论作出了很大的努力。新派刑法理论导入日本时,刑法学界学派的意识尚不明显,直至19世纪90年代,在日本还没有真正意义上的学派理论的对立。真正的刑法学派论争的展开,是在新刑法公布施行之后。[③] 1907年刑法的制定过程,正是日本刑法思想由古典学派向近代学派的转变过程,“它既反映了古典刑法学派的报应刑思想,又吸取了社会刑法学派的目的刑思想,而且更加侧重于后者。”[④]

(二)新旧两派的论争

由于19世纪初期以来,欧洲大陆诸国在自然科学的发达和物质文

---

① 参阅中山研一:《刑法总论》,成文堂1982年版,第38页。

② 何勤华等著:《日本法律发达史》,上海人民出版社1999年9月第1版,第362页。

③ [日]大塚仁著:《刑法中新旧两派的理论》,第38—40页,转引自马克昌主编:《近代西方刑法学说史略》,中国检察出版社1996年9月第1版,第242页。

④ 何勤华等著:《日本法律发达史》,上海人民出版社1999年9月第1版,第348页。

化进步的背景下，相继完成了产业革命，伴随这一进展而来的就是资本的集中化、企业的大规模化、资本家同劳动者之间的对立、失业者的大批激增，从而带来了由贫困而产生的累犯、少年犯罪等显著增加的后果。针对这一情况，仅以自由意思为前提，以对外部行为采取报应为目的的传统刑法理论，似已不能直接解决问题，以至引起对这一理论的实效性的探讨。贝卡利亚以来所逐渐创立起来的传统的旧派刑法理论，到了19世纪中叶突然遭到了强烈的抨击。正在这时，在处于勃兴之势的自然科学，尤其在进化论的影响下，应新的犯罪现象的研究而产生的新派理论出现了。它为龙布罗梭所首倡，在意大利发展、改进而更为德国和其他学者所继承。[①] 19世纪末期至20世纪初期的德国法学界围绕刑法的修改，将刑法新旧两派的争论推向高潮。

李斯特是这一争论中的主将之一。1882年，他在马布克大学作过题为“刑罚的目的观念”的讲演，根据新的目的刑论以至保护刑论的论点对当时处于支配地位的旧派的报应刑论给以猛烈的抨击。对这种理论的抨击，在多数保持默然的旧派学者中间，敢出来应战的是毕尔克迈伊。可以说，毕尔克迈伊和李斯特的争论，正是德国刑法学派之争的核心。这场争论到了20世纪20年代，突然出现了平静的形势。作为两派代表人物的李斯特和毕尔克迈伊，分别于1919年和1920年相继逝世，事实上，两派争论的火焰至此已大致归于熄灭。在以后的德国刑法学上，就呈现了新派的实证学的研究态度同旧派的规范学的思考方法一并加以考虑的倾向。可以说这一倾向在战后就愈形显著了。刑法的修改经过，既保持着报应刑的刑罚性质，但同时也强调了其中的一般预防的作用等。两派主张实际上已呈现了统一的状态。

---

① [日]大塚仁：《刑法中的新旧两派的理论》，转引自《外国刑法研究资料》第一辑，北京政法学院刑法教研室编，1982年6月，第97页。

新旧两派刑法理论主要分歧在以下诸方面。

第一,在思想和国家观方面,旧派的见解脱胎于近世的启蒙主义的合理主义的精神,以自由主义的法治国思想为基础,致力于犯罪和刑罚的法律的掌握。相反,新派是从担当政策任务的社会的国家观念出发,以实证科学的观点探究犯罪的原因,并讲求排除此原因的目的意识的方法论。

第二,在犯罪概念方面,旧派的见解一般的是立足于非决定论,以具有自由意思的理性人作为理论的前提,着眼于已发现的外部的、现实的各个犯罪行为及其结果,采取所谓行为主义、现实主义和客观主义。相反,新派的见解,是立足于决定论,认为应该被惩罚的不是由素质和环境所导致的宿命的犯罪行为而是表现于行为的社会危险性以至具有危险性的犯罪人的本身。采取所罚行为主义、徵表主义和主观主义。

第三,在责任论方面,旧派的见解,主张以对个别行为的犯罪人的犯罪意思进行道义上的责难为核心的所谓行为责任、个别行为责任、意思责任,以至道义责任论。相反,新派的见解,认为对具有社会危险性的犯罪人,社会总是有防卫、保全自己的必要,同时犯罪人也处于应受防卫处分的地位,从而主张所谓性格责任论、社会责任论。

第四,在刑罚论方面,旧派主倡报应刑论以至赎罪刑论,认为刑罚是对犯罪人所科处的与犯罪行为相均衡的一种恶害,并依此使犯罪人赎罪;还认为刑罚威吓、警戒一般人以期防止将来的犯罪。根据这一点又把刑罚理解为具有刑罚目的的所谓一般预防主义。新派总是站在相对主义的立场,认为刑罚是为了防卫、保全社会,教育犯罪人并以使其再社会化为目的。与其说威吓、警戒一般人莫如说是使犯罪人自身得到改造、预防更为重要一些。这就是所谓目的刑论、保护刑论、改造刑论、教育刑论以至特别预防主义。另外,旧派基于要求刑罚与犯罪相均衡的报应刑论的立场,否定不定期刑的观念,还强调以责任为前提的刑罚同以危险性为前提的保安处分之间，在性质上，存在着显然的差异（二元论）。新派从犯罪人的社会危险性以至社会适应性出发，提倡刑罚个别化，从扩张法定刑的范围起，更进一步主张采用不定期刑，并认为刑罚和保安处分作为对犯罪人的教育、改造的一个手段来说，其性质是相同的，两者之间具有当然的可替代性（一元论）。

新旧两派理论的差异的原因之一是犯罪人观不同。无论研究犯罪或探讨刑罚，作为一个行为主体和受刑的对象。总是以一定行状的人为前提，这是理所当然的。旧派所预想的犯罪人，是一个完全能按照其自己的理性来规律其自身行动的自由人，但又可以说是作为一个抽象的，一般的存在者的人。譬如，康德哲学所预想的作为理性存在的人以及费尔巴哈所认为的行为心理强制对象的犯罪人，就是这一特性的显然的一例。但是，新派认为，犯罪人决不仅限于是抽象的、作为理性存在的人。这些人，往往任本能冲动的兴趣驱使其犯罪，但又均各以有具体性、特殊性表现出来。把犯罪人理解为在素质、环境支配之下，必然的、不得不陷于犯罪的宿命的、决定的存在，并同刑罚个别主义相结合，把犯罪人区分为机会犯人、习惯犯人、女性犯人和少年犯人等各种类型。这样一来，旧派的所谓抽象的、理性的犯罪人同新派的所谓具体的、宿命的犯罪人形成了鲜明的对比。①

三、《钦定大清刑律》与日本法学家冈田朝太郎

冈田朝太郎（1868—1936）出生于大垣的一个藩士家庭中，1891 年从东京帝国大学法科大学法国法科毕业后，进入研究生院专攻刑法。并于 1893 年受聘为该法科大学讲师，出任东京帝国大学刑法专业讲座

① ［日］大塚仁：《刑法中的新旧两派的理论》，转引自《外国刑法研究资料》第一辑，北京政法学院刑法研究室编，1982 年 6 月，第 112—113 页。

设立后的首任讲师,第二年升任副教授,并兼任各私立法律专科学校的刑法学课程的讲师。1897年,冈田开始了为期四年的德国、法国留学研修。在法国的留学经历似乎未给他未来的学术思想留下值得称道的痕迹;相反,在德国师从李斯特学习的经历不仅对他本人的学术发展,也对通过他的传播而对日本刑法及其理论发展,产生了很大的影响。1900年,冈田朝太郎从德国回到日本,出任东京帝国大学法学部教授,翌年获法学博士学位。至1906年赴中国为止,冈田一直活跃于日本刑法教学研究领域。1915年冈田朝太郎回到日本,辞去东京帝国大学的教授职务,担任早稻田大学、明治大学等私立大学兼职教授。1920年他出版了最后一本学术著作,未得好评。从此,他基本上从日本刑法学术的前沿消失了。[①]

留学前的冈田朝太郎就以极大的热情投入到旧刑法改革浪潮中。1900年回国达到他学术生涯的高峰期。在刑法改正案提交第十五届议会审议时,朝野反对意见极为强烈,修正案危如灯火,冈田朝太郎见状"感慨不已,愤然而起,置身反对论的旋涡之中,极力支持改正案",他本人则"作为刑法学者名声为之一振,至加光彩"。[②] 师从李斯特的冈田朝太郎与师从龙布罗梭的胜本勘三郎是日本刑法学界公认的"新派刑法学的先驱"。[③]

冈田朝太郎一生著述甚丰,代表性的作品有:《日本刑法论总则之部》(1894年)、《日本刑法论各论之部》(1896年)、《刑法讲义》(出版年月不详)、《刑法讲义》(全集,1903年)、《刑法总则讲义》(1901年)、《比较刑法》(上下卷,出版年月不详)、《法学通论》(汪庚年编《京师法律学

① 李海东主编:《日本刑事法学者》(上),法律出版社、成文堂1995年联合出版,第21页。

② 日本力行会编纂:《现今日本名家列传》,1903年版,第194页。

③ 中山敬一:"胜本勘三郎",《法学教室》1993年第6期153号,第88页。

堂讲义》,《法学汇编》第一册,1911年北京顺天时报馆排印)、《刑法论》(1920年)。此外,冈田朝太郎还翻译出版有《日文智利刑法法典》、《秘鲁刑法》和《哥斯达黎加刑法法典》等。冈田发表的影响较大的论文是《缓刑》(1902年)。其中,《日本刑法论总则之部》是冈田成名之作。

冈田朝太郎关于现代刑法学的学术思想,主要体现在他的基本刑法观、犯罪论和刑罚论方面。

冈田朝太郎的刑法观基本是进化论的。他在很大程度上受了穗积陈重和富井正章等人的影响,主张社会进化主义的刑法观,对于属于古典刑法学说的当时以法国刑法理论为代表的所谓折衷主义刑法学进行了尖锐的批判,理论上具有相当的社会防卫刑法学的观点。师从李斯特后,更加在方法论上得到了加强。① 冈田认为,人类也是生物类的一种,因此,支配生物界的自然法则同样也支配着人类。法律的一般原理应该是与支配生物界的一般原理基础相当的。生存竞争、自然淘汰、适者生存、优胜劣败的自然法规同样适用于人类。国家是人类生存竞争结果发生的团体,而法律则是根据生存竞争的需要所产生的事物。人类的共同社会生活是人类生存的必要条件;而国家生存的必要条件也就是社会全体成员生存的必要条件。通过国家的强力确保人类的国家生存的必要条件,就是法律。冈田强调,国家刑罚权是这种淘汰的方法。折衷主义以罪作为刑的界限的主张难免空论,量刑的标准应当以淘汰否认人类国家生存条件所为为根本要件。"冈田朝太郎的上述基本刑法观,似乎明显地具有国家至上、权威主义、严刑主义的倾向。但从冈田朝太郎对于罪刑法定原则前后一贯的坚持,对于法律解释的慎重态度,尤其通过他大力鼓吹和捍卫的缓刑制度等来看,冈田朝太郎的

① 李海东主编:《日本刑事法学者》(上),法律出版社、成文堂联合出版,1995年10月第1版,第26页。

刑法理论还是比较温和的。”[①]

与基本刑法观相联系,冈田朝太郎的犯罪论也带有明显的进化主义、主观主义色彩。比如,在犯罪定义上,冈田认为,犯罪除了应具备刑事违法的形式定义外,更应强调犯罪对国家的生存条件所施加的危害行为的实质要件。在因果关系问题上,他坚持条件说立场,即一个行为能否成为一个结果的原因,应当根据如果没有这个行为同一结果能否发生来判断。

冈田朝太郎的刑罚论是他主观主义刑法思想表现得比较明确的理论部分,而且,留学前后的观念转变也比较明显。留学前,冈田的基本立场具有相当明显的旧派客观说的痕迹,认为刑罚是国家通过确定的有罪判决而施加于犯罪人的痛苦。留学后,冈田朝太郎的刑罚观发生了相当大的变化,主观主义刑罚论的特点十分明确。他认为,刑罚制度的主旨在于促使受刑人“改过从善”,而刑罚则是实现这一目的的手段,因此,对它不应加以正义性、道德性的“痛苦”定义。刑罚应当以感化为中心,在执行中,应当避免施加与受刑人一切不必要的痛苦,并使之“有规律的生活”和“养成劳动的习惯”。即使在万不得已的情况下施以死刑,那也不应做“痛苦”的理解,它只是“绝对的淘汰策略”。在冈田的刑罚论中,他还对缓刑作了详细阐述。日本学术界公认冈田朝太郎是把缓刑思想导入日本的第一位学者。

冈田朝太郎在日本刑法学界被誉为“明治时代刑法学的巨星”。对于他的刑法理论造诣及其对日本刑法学发展的影响,许多日本著名刑法学家都作了相当高的评价。就中国刑法学界而言,对冈田朝太郎为现代刑法学的贡献也作了比较充分的肯定。留日专攻刑法学的李海东

---

① 何勤华主编:《二十世纪百位法律家》,法律出版社 2001 年 1 月第 1 版,第 393 页。

博士则将冈田朝太郎描述为一个开拓者，这是比较恰当的。[①]

冈田朝太郎对中国晚清刑律改革的贡献

中国人了解冈田朝太郎，与晚清刑律改革这一重大历史事件分不开。聘请外国专家参与中国修律，刘坤一、张之洞在《江楚会奏变法三折》中已明确提出。在连衔保举沈家本、伍廷芳修订法律之前，张之洞还专门电商刘坤一、袁世凯，主张在保奏折中加上："在日本访求精通法律学之博士一两人，来华助我考订法律，尤为有益"的内容。沈家本是这个倡议的执行者。1906 年，日本最著名的法学家之一梅谦次郎作为法政大学的总理赴中国访问，当时清政府提出聘请他来华帮助立法，由于梅谦次郎因事不能离开日本而推荐了冈田朝太郎。[②] 沈家本主持修律期间，共聘请了四位专家来华协助立法，他们全来自日本。其中，冈田朝太郎主要负责起草刑法和法院编制法，松冈义正起草民法和诉讼

---

① 参见李海东主编：《日本刑事法学者》(上)，法律出版社、成文堂联合出版，1995 年 10 月第 1 版，第二章：冈田朝太郎，第 16—38 页。李博士认为，冈田朝太郎在近代日本刑法学术发展史中的地位、贡献与特点，主要在于：1、第一个理论上系统地、决定性地冲击了旧日本刑法理论，在一个主要的方面奠定了日本近代刑法学的理论基础。第一个系统地表述了近代主观主义刑法学理念，成为日本刑法改革与刑法理论"换代"的理论火车头。2、冈田朝太郎开拓者的特点还表现在他在比较刑法研究中的建树，推动了当时日本学术界对外国刑事立法及其理论的了解。3、在方法论上和结构上给当时日本刑法学提供了影响深远的契机。直到今天，德国刑法理论对于日本刑法学的影响力还是异常大的。4、对日本新派刑法理论的代表人物牧野英一产生了决定性的影响，牧野英一的刑法学是冈田朝太郎刑法学的顶峰。5、冈田朝太郎的刑法理论本身也存在着一个最根本的弱点，不彻底性。

② 梅谦次郎未参与晚清立法，可能另有原因。李贵连教授查阅台湾藏沈家本一份奏疏，这份奏疏议覆翰林院侍讲学士朱福诜光绪三十三年(1907 年)十一月二十二日奏请慎重私法编纂，别选聘起草员之议。朱氏奏称："日本修正民商法时，梅谦次郎曾拟提议合编，以改约期近，急欲颁布而不果。中国编纂法典之期后于各国，而所采主义学说不妨集各国之大成为民商法之合编。""请聘日本法学博士梅谦次郎为民商起草员，而以中国法学生参议"，而沈家本、俞廉三不同意民商法典合编之议。他们认为："诚以民法系关于私法之原则，一切人民均可适用。商法系关于商事之特例，唯商人始能适用。"沈氏议朱氏所请亦云："以聘用外人至有关系，不得不加意慎重。"详见李贵连著：《沈家本传》，法律出版社 2000 年 4 月第 1 版，第 266—267 页。

法，志田钾太郎起草商法，小河滋次郎起草监狱法。

1906年冈田朝太郎应聘来华，一呆就是近10年，直到1915年才回到日本。可以说，他不仅亲历了晚清刑事立法的过程，更目睹了民国初年《中华民国暂行新刑律》的实际运行情况。冈田朝太朗对中国法律近代化的贡献主要有以下方面。

帮助修订新刑律。冈田来华之前，新的刑律草案已由中国委员拟就。冈田的到来开始了草案的重新起草工作。“中国之改正刑律草案有种种变更，最先之草案仅经中国委员之手，脱稿在光绪三十二年(1906年)春间。是年秋，加派外国委员，遂全废弃之。假名为预备案，入于以下所列第一案第二案等序次中。而序次中种种草案之由来则如左。第一案为光绪三十三年(1907年)八月脱稿。由法律馆以此草案具奏且公布之者；第二案为对于第一案中央及地方官厅加以去取之签注。因有增损而于宣统元年(1909年)十二月具奏者；第三案为以第一案为基础，于宣统二年(1910年)宪政编查馆加以修正者；第四案为宣统二年之冬于第一次资政院会议对于第三案由该院法典股员加以修正者；第五案虽经资政院三读会通过总则而分则不及议毕，暂从第四案之分则而成者；第六案为对于第五案以宣统二年十二月二十五日之上谕裁可军机大臣之修正案者。如上，对于第一案经四次增损而成第五案，而第六案即现所颁行者也，惟前记。”[①]沈家本在光绪三十三年八月二十六日(1907年10月4日)奏进呈刑律草案折中亦提到冈田帮助制定草案，“上年九月间，法律学堂开课，延聘日本法学博士冈田朝太郎主讲刑法，并令该教习兼充调查员，帮同考订，易稿数四，前后编定总则十七

① [日]冈田朝太郎：《论改正刑律草案》，留庵译自日本《法学协会杂志》第29卷第3号。译文载《法政杂志》第一年，第二期。

章，分则三十六章，共三百八十七条。”①

参与礼法争。围绕刑律的改革，展开了思想领域的礼法之争。冈田朝太郎对争论的两个焦点问题“无夫奸”和“子孙违反教令”应否入罪均发表了精辟的见解。关于“无夫奸”，冈田认为将此纳入刑律调整不合法理。他从法律与道德的关系入手进行阐述。在尚未完全发达之时代，往往刑律适用过广，法律与道德区别不明。至19世纪，法律与道德，法律与宗教相分离。凡法典进步的国家，均无和奸罪的规定。他进而从实践上论证“无夫奸”入律，不便之处约有四端：一曰立法，二曰检举，三曰审判，四曰外交。最后，冈田朝太郎针对礼教派的“礼教”情结进行了批驳。“不合法理，及实地上之不便如此之故，人亦非不知之也。而何以主张增入和奸罪之多也。无他，中国重视伦常风化，复惑于处罚和奸，即可以维持伦常风化之空论。于是，明知为无益具文，仍哓哓置辩不已。推原其故，亦不明礼教法律之界限，且欲藉此博旧社会之虚名耳。况违反伦常，侵害社会之行为，苟为刑罚效力所不及，其适用必至困难。人民若知法律为有名无实之具，则刑律之威信扫地。必至因此无益之条项，而蔑视全体之法则。故增入和奸一条之具文，其弊犹小；失刑律全体之威信，其弊何可胜言耶。东西各国，亦认和奸为宗教上道德上之罪恶。且进而认为妨害社会之罪恶，原与中国无异。然其刑律中，概无和奸罪之规定者，岂偶然哉？泥于礼教，不明法理，其法决非完全之法。矧以资政院为中国立法机关，一言一字，皆为世界各国所注视。苟因此无益之问题，致贻笑柄于环球法学界中，是岂仅资政院之耻耶。”②

---

① 上海商务印书馆编纂：《大清光绪新法令》第19册，第26—28页。又见《大清新法令》点校本第一卷，商务印书馆2010年版，第457页。

② 《冈田博士论刑律不宜增入和奸罪之罚则》，转引自李贵连著：《沈家本传》，法律出版社2000年4月第1版，第327页。

关于"子孙违犯教令"如何制裁,针对劳乃宣(1843—1921)增设"凡直系尊亲属正当之教令而故违者处拘役"的提案,冈田朝太郎进行批驳。"查现行律凡子孙违犯父母、祖父母、杖一百。小注谓:教令可从而故违者,祖父母、父母亲告,乃坐。按新律删去此条之理有四:律文所用教令字样范围过广,不能辨识入于罪之行为与出于罪之行为,是其一;祖父母、父母教令权限未经明定,若其所命教令彼此不一致时,不能判断子孙之有无犯罪,是其二;若将一切违犯教令之行为科以刑罚,是逾越法刑范围而侵入伦常范围者,若斟酌取舍或罚或不罚,殆将刑律视为具文理论与实地两未合宜,是其三;祖父母、父母在民法上分别享有亲权以及惩戒权,于其权内本可督责子孙之行为,无须用刑事之制裁,是其四。""总之,祖父母、父母于伦常有教令之力,于人道有慈爱之情,于法律有惩戒之权,不藉刑律之威力也。"①

传道授业,广播西方法律知识与法律观念。光绪三十三年(1907年)九月,中国近代第一所中央官办法律专门学校——京师法律学堂正式开学。冈田朝太郎任京师法律学堂教习,为京师法律学堂及其他法政学堂,如 1910 年北京法学会在财政学堂设的短期法政研究所,讲授日本法及近代法。他在京师法律学堂讲授的课程有:法学通论、宪法、行政法、大清刑法总则、大清刑法分则、大清法院编制法、刑事诉讼法等。② 冈田朝太郎与法律馆和法律学堂之官员教员共同切磋,相处极为融洽。

著书立说,宣传"最进步之学理"。冈田朝太郎在华期间在中日两国分别出版了数量可观的汉文法学著作。第一本为《汉文刑法总则讲义》,日本明治三十九年(清光绪三十二年,1906 年)由日本有斐阁书房

---

① [日]冈田朝太郎:"论《大清新刑律》重视礼教",载《法学会杂志》第 1 卷第 1 期、第 3 期。

② 汪庚年编:《京师法律学堂讲义》,1911 年 5 月京师法学汇编社发行。

发行。该书虽简单，但毕竟是外国人用汉文撰写的最早的法学著作之一。第二本为《法学通论讲义》，这是冈田在京师法律学堂的讲稿。沈家本为此书作序以称赞，“日本之讲求法律，著书立说者非止一家，而冈田博士之书最鸣于时。其所撰《法学通论讲义》，吾学堂诸君子亦既面聆之而研究之矣，同人复怂恿付梓，以广流传。”①第三本为《大清刑律草案大清违警律》，1908 年北京有正书局发行。本书所言刑律草案，即冈田参与起草的沈家本光绪三十三年上奏的第一次草案。第四本为《刑法理由书》。这些著述的出版推动了法学研究的开展，也有助于当时的法学教育的兴起。20 世纪 30 年代胡长清仍译冈田著作《日本刑法改正案评论》，意在为当时中国修改刑法作借鉴。冈田氏著作之先进性由此可见一斑。

第二节 《钦定大清刑律》与西方刑法的基本原则

一、罪刑法定主义原则

(一)罪刑法定主义原则的内容

刑罚法定主义是相对于封建时代罪刑擅断主义而言的。它的本质由“法无明文不为罪”和“法无明文不处刑”两个命题组成。由其基本含义派生出以下四点基本内容。

第一，排斥习惯刑法，犯罪与刑罚由法律规定。刑法的渊源必须根据预先明确规定的成文法，而不得根据习惯法加以处罚。因此，除了具

① 沈家本:《法学通论讲义序》，引自沈家本撰《历代刑法考》(四)，中华书局 1985 年 12 月第 1 版，第 2233 页。

有立法权限的国家机关之处，其他任何部门、组织和个人都不得制定含有犯罪和刑罚制裁内容的法律。一切习惯刑法和具有刑罚意义的习惯制度都必须予以废除。排斥习惯法原则也即“无成文法不为罚”的原则，这是早期罪刑法定主义的基本要求。

第二，否定绝对不确定刑。在刑法理论上，通常把没有任何期限或数量限制的刑罚方法称为“绝对不确定刑”。将同特定的犯罪联系在一起并且严格确定具体期限或者数量的，只有一种选择可能的刑罚方法称为“绝对确定刑”。把针对特定的犯罪分别规定有一定的选择范围和量刑幅度的刑罚方法称为“相对确定刑”。罪刑法定主义，不仅要求犯罪应当法定，与犯罪直接联系的刑罚也需要法定，在法律中必须规定刑罚的种类和分量。“绝对不确定刑”背离罪刑法定主义原则。

第三，不得溯及既往。认定某人的某一行为是犯罪并加以刑罚惩罚，必须根据行为当时的法律，而不能根据行为之后的法律。如果允许刑法溯及既往，事实上等于扩大了刑法的适用范围。只有刑法不溯及既往，才可以确保公民不受将来制定的刑事法律的限制，否则的话，任何一个原本合法的行为，都可以被将来的刑事法律规定为犯罪。

第四，禁止类推解释。类推解释就是对于法律上没有规定的事项，援用最相类似性质的事项的法律规定进行解释。罪刑法定主义原则，本质上是类推的对立面，是反对刑事专擅主义的历史产物。在刑事立法中适用类推不仅侵犯了刑法的尊严，也违背了司法与立法的权力制衡原则，而且将危及公民的基本人权。禁止类推的原则即“无严格法不为罪”的原则，“作为罪刑法定主义派生结论是不允许类推解释的，这是世界性的倾向。”①

---

① ［日］赤坂昭二：《罪刑法定主义》，原载《法学基本原理》，成文堂 1978 年，转引自《法学译丛》1981 年第 1 期。

第五,严格解释。罪刑法定主义原则并不当然排斥刑法解释。绝对清晰明白而确定不移的法律规定是不存在的。严格解释要求解释在刑法规定的范围内合理地进行,不能超过法律文本的含义进行解释。刑法解释既不能缩小也不能超出其字面变通含义,刑法条文所用文字必须是标准字典中所指出的含义,只要标准字典中的含义是清楚的,它就必须作为所代表的立法机关的意图被接受,而不能以关于立法机关有别的意义的证据来改变它。这是严格解释原则的首要的、基本的要求。

(二)罪刑法定主义原则的理论基础

罪刑法定主义的基本思想基础是启蒙的自由主义思想。其坚实的理论基础包括作为国家法思想的三权分立理论和作为刑事政策思想的费尔巴哈的心理强制说。三权分立论着眼于立法权、司法权、行政权的分立,为实行罪刑法定原则提供了政治制度的保证。而心理强制说着眼于对一般人的威吓功能,论证罪刑法定原则的实际效用。

三权分立是一种分权制衡学说,是近代西方最重要的政治理论之一。三权分立学说最早可以追溯到英国哲学家洛克。为了维护资产阶级的政治权力,防止封建贵族实行专制统治,洛克提出了分权原则。洛克主张把国家的权力分为立法权、行政权和对外权。立法权是制定和公布法律的权力;行政权是执行法律的权力,所以又称司法权;对外权就是进行外交活动的权力。洛克认为,三种权力必须由不同的机关行使,不能集中在君主或政府手中。三权并非平列,立法权高于其他权力,处于支配地位。"如果同一批人同时拥有制定和执行法律的权力,这就会给人们的弱点以绝大诱惑,使他们动辄要攫取权力,借以使他们自己免予服从他们所制定的法律,并且在制定和执行法律时,使法律适合于他们自己的私人利益。"①法国著名启蒙思想家孟德斯鸠在洛克的

---

① [英]洛克:《政府论》,下篇,叶启芳、瞿菊农译,商务印书馆1981年版,第89页。

影响下,以英国君主立宪政体为根据,提出了较为完整的分权学说。他把政权分为立法权、司法权和行政权,并认为这三种权力应当由三个不同的机关来行使,并且互相制约。孟德斯鸠指出:"当立法权和行政权集中在同一个人或同一个机关之手,自由便不复存在了;因为人们将要害怕这个国王或议会制定暴虐的法律,并暴虐地执行法律。如果司法权不同立法权和行政权分立,自由也就不存在了。如果司法权同立法权合而为一,则将对公民的生命和自由施行专断的权力,因为法官就是立法者。如果司法权同行政权合而为一,法官便将握有压迫者的力量。"他进一步提出了以权制权的制衡原理,"这三种权力原来应该形成静止或无为状态。不过,事物必然的运动逼使它们前进。因此它们就不能不协调地前进。"[①]根据三权分立学说,立法机关应该依据宪法规定独立地完成立法任务;司法机关依据刑事法律的明文规定独立地履行审判职责;行政机关,如果是司法行政机关则负责执行审判和行刑的任务以及执行属于法律解释权内的法律解释任务,其他行政机关不得干涉立法与司法的活动。由此可见,只有在三权分立的前提下才有可能防止司法的擅断,为了防止司法擅断就需要把罪与刑明文规定下来,从而确立了罪刑法定原则。"因此,罪刑法定原则对于防止立法权与司法权的滥用,保障公民的正当权益具有十分重要的意义。"[②]

德国著名刑法学家保罗·约翰·安塞尔姆·费尔巴哈是心理强制说的首倡者。费尔巴哈认为,所有违法行为的根源都在于趋向犯罪行为的动向、动机形成源,它驱使人们违背法律。因此,国家制止犯罪的第一道防线是道德教育。然而,教育并非万能,总会有人不服教育而产生违法的精神动向,这就决定了国家还必须建立以消除违法精神动向

① [法]孟德斯鸠:《论法的精神》,上册,张雁深译,商务印书馆 1961 年版,第 156—157 页。

② 陈兴良:《刑法哲学》,中国政法大学出版社 2000 年 5 月第 2 版,第 619 页。

为目的的第二道防线，即求助于心理强制。费尔巴哈认为，人之违法精神动向的形成并非无中生有，而是受了潜在于违法行为中的快乐，以及不能得到该快乐所带来的不快所驱使。这样，费尔巴哈就从功利主义的趋利避害原则中寻找理论根据。费尔巴哈认为，当违法行为所带来的苦大于其中的乐时，主体便会基于舍小求大的本能，回避违法之苦，自我抑制违法的精神动向，使之不发展成为犯罪行为。刑罚与违法的精神动向相联系必须借助一定的中介，这就是市民对痛苦与犯罪不可分的确信，即确定一定的违法行为必将招致一定的刑罚制裁。法律明确规定各种犯罪应受的刑罚，同时也就宣布了任何犯罪都必将受到惩罚。这样，试图犯罪的人不管他具有任何犯罪动向，都面临着刑罚的威吓，就会因该种威吓而不敢实施任何犯罪，从而达到国家预防犯罪的目的。由此，费尔巴哈主张罪刑法定，认为刑法应该具有确定性和绝对性双重属性。确定性就是法律要明确，而不能含糊其词，捉摸不定。绝对性就是刑法要做到有罪必罚，具有权威性，只有罪刑法定才能做到这两点，因此费尔巴哈极力倡导罪刑法定。

(三)罪刑法定主义原则在西方刑法中的变迁

罪刑法定主义虽然是从“法无明文不为罪”(Nullum crimcn aine Lease)和“法无明文不处刑”(Nulla pcena sine lease)的两个命题建立起来的，但通常是由“法无明文不处刑”这后一命题来表示的。用拉丁文写下的这个命题，不是来自罗马法的原则，而是19世纪初德国自由主义的刑法学者，通常称为近代刑法学之父的费尔巴哈(1775—1833)在1801年发表的刑法教科书中第一次使用的。从而，它也是近代自由主义同时确立的原则。①

① ［日］赤坂昭二:《罪刑法定主义》，原载《法学基本原理》，成文堂1978年，引自《法学译丛》1981年第1期。

一般认为,从法律规定上看,罪刑法定原则来源于1215年英王约翰签署的大宪章,该宪章第39条规定:"凡自由民除经其贵族依法判决或遵照国内法律之规定外,不得加以扣留、监禁、没收其财产、褫夺其法律保护权,或加以放逐、伤害、搜索或逮捕。"[①]这一规定的起因是当时的贵族、僧侣与市民等阶层反抗国王无视封建习惯所施的暴政和苛捐杂税,要求国王重新确认诺曼王朝以来的封建正义原则,维护贵族为首的自由民的特权,抑制国王的专制,保护他们的既得利益。从本质上,1215年英王约翰签署的宪章是维护封建制度的,决不是近现代意义上的公民权利保障的法典。后来,经过资产阶级启蒙思想家洛克的诠释,才具有反对王权,保障公民权利和自由的近代含义。但是,不可否认,该大宪章构成了近代人权保障和罪刑法定原则的制度基础。具有近代意义的罪刑法定原则是通过17世纪的法律文献逐渐形成的。英国1628年的《权利请愿书》规定:"国王非依法律的判决,不得逮捕、审讯任何人,不得作出没收的判决"。1679年的《人身保护法》对保护人身自由以及关于审判的"适当的法律程序"作了规定。1688、1689年英国的《权利法案》规定:"在没有得到国会同意的情况下,国王不得废除法律。"这些规定都从不同角度巩固了罪刑法定原则。

罪刑法定主义思想于18世纪在美国广为传播。1774年费城的殖民地代表会议的权利宣言,宣布国民有不可侵犯的人权。1776年弗吉尼亚权利宣言第8条明确规定:"所有面临死罪和犯罪起诉的人都有这样的权利:需要指控他的理由和性质与指控他的人和证人对质,要求出具证明他无罪的证据,由他的12个邻居组成公正的陪审团作出迅速的审判。没有他们的一政同意,他不能被认定有罪,也不能强迫他提供对自己不利的证据。没有国家的法律或官吏的审判,不得剥夺任何人的

---

① 《外国法制史资料选编》(上册),北京大学出版社1982年10月第一版,第254页。

自由。”[①]其他州的宣言中也能见到类似的规定。1787 年的美国宪法第 1 条第 9 节第 3 项以及第 10 节第 1 项规定不准制定任何有溯及力的事后法。[②] 1791 年宪法修正案第 5 条规定：“未经正当法律手续，不得剥夺任何人的生命、自由和财产。”[③]

在欧洲大陆，罪刑法定思想同样得到了发展。1789 年的法国大革命的《人权宣言》第 5 条规定：“法律仅有权禁止有害于社会的行为。凡未经法律禁止的行为即不得受到妨碍，而且任何人都不得被迫从事法律所未规定的行为。”第 8 条规定：“法律只应规定确实需要和显然不可少的刑罚，而且除非根据在犯法前制定和公布的且系依法施行的法律外，不得处罚任何人。”[④]根据《人权宣言》的精神，1791 年的《法国刑法典》规定了各类犯罪的构成以及相应的绝对确定的法定刑，绝对排除了法官进行自由裁量的可能性，由于过于僵化，而被称为绝对罪刑法定主义。1810 年的法国刑法典第四条规定：“没有在犯罪行为时以明文规定刑罚的法律，对任何人不得处以违警罪、轻刑和重罪。”[⑤]这是最早在刑法典中规定罪刑法定原则的条文，它的历史进步意义在于使罪刑法定原则从宪法中的宣言式规定变为刑法中的实体性规定。此后制定的各国刑法都以法国刑法为楷模，在刑法的开端就揭示罪刑法定主义原则。如 1813 年的比利时刑法典设专条规定罪刑法定原则。1871 年德国刑法典第 2 条第 1 项规定：“某一行为的可罚性，惟有在其实施行为

---

① 转引自李靓博士论文：《近代三大基本刑法原则对大清新刑律的影响》，中国政法大学 2002 年，第 30 页。

② 《外国法制史资料选编》（下册），北京大学出版社 1982 年 10 月第一版，第 463—464 页。

③ 《外国法制史资料选编》（下册），北京大学出版社 1982 年 10 月第一版，第 469 页。

④ 《外国法制史资料选编》（下册），北京大学出版社 1982 年 10 月第一版，第 526 页。

⑤ 《外国法制史资料选编》（下册），北京大学出版社 1982 年 10 月第一版，第 610 页。

前已有明文规定的法律，始得科以处罚。”[①]1880 年的日本刑法典第 2 条规定：“无论何种行为，法无明文规定者不罚。”1889 年意大利刑法第 1 条也规定了罪刑法定原则。从此罪刑法定原则在刑事立法上成为法治国家最基本的原则。

（四）《钦定大清刑律》中的罪刑法定原则

其一，明确宣告罪刑法定原则，否定比附类推。《钦定大清刑律》第十条规定：“法律无正条者，不问何种行为，不为罪。”[②]这是我国刑法史上第一次明确规定的“罪刑法定主义”沈家本在奏进呈刑法草案折中详细陈述了立法理由：“本条所以示一切犯罪须有正条乃为成立，即刑律不准比附援引之大原则也。凡刑律于无正条之行为，若许比附援引及类似之解释者其弊有三：第一，司法之审判官得以已意于律无正条之行为比附类似之条文致人于罪，是非司法官直立法官矣。司法立法混而为一，非立宪国之所应有也。第二，法者，与民共信之物。律有明文乃知应为与不应为。若刑律之外参以官吏之意见则民将无所适从。以律无明文之事忽援类似之罚，是何异于以机阱杀人也。第三，人心不同，亦如其面。若许审判官得据类似之例科人以刑，即可恣意出入人罪，刑事裁判难期统一也。因此三弊，故今惟英国视习惯法与成文法为有同等效力。此外欧美及日本各国无不以比附援引为例禁者，本案故采此主义，不复袭用旧例。”[③]冈田朝太郎认为钦定大清刑律“禁比附援引，可谓中国刑律上之一大革命”。[④]

其二，严格刑法解释。《钦定大清刑律》虽然明确了罪刑法定原则，

① 《外国法制史资料选编》（下册），北京大学出版社 1982 年 10 月第一版，第 663 页。

② 本文所引钦定大清刑律条文均出自宣统三年六月刊印，《钦定大清刑律》，中国政法大学图书馆藏。

③ 《大清法规大全·法律部》卷 11。

④ ［日］冈田朝太郎：《日本冈田博士论改正刑律草案》，留庵译自日本《法学协会杂志》二十九卷第 3 号，引自《法政杂志》第一年，第 1 期。

否定了比附类推，但并非排斥对刑法的自然解释，若需要对刑法进行解释，必须符合严格解释的原则。民国初年刑法学者在解释这一条款时作了补笺："本例虽不许比附援引，究许自然解释。自然解释者，即所犯之罪与法律正条同类或加甚之时，则依正条解释而通用之也。同类者，例如，修筑马路正条只禁止牛马经过，则象与骆驼自然在禁止之例是也；加甚者，例如，正条禁止钩鱼，其文未示及禁止投网，而投网较垂钩加甚，自可援钩鱼之例以定罪是。"①

其三，法不溯及既往。《钦定大清刑律》第一条规定："本律于凡犯罪在本律颁行以后者适用之；其颁行以前未经确定审判者亦同，但颁行以前之法律不以为罪者不在此限。"沈家本先生在 1907 年的草案中阐述了立法理由："本条定刑法效力之关于时者。第一项规定本于刑法不溯既往之原则，与第十条规定采用律无正条不处罚之原则相辅而行，不宜偏废也。第二项前半指犯罪在新律施行前，审判在施行后，定新旧二律之中，孰当引用也。关于本题之立法例有二：一为比较新旧二法，从其轻者处断之主义。法国刑法第四条，比国刑法第二条，德国刑法第二条，匈牙利刑法第二条，和兰刑法第一条第二项，纽约刑法第二条，日本现行刑法第三条第二项，日本改正刑法第六条第二项，挪威刑法第三条等皆本乎是。二即不分新旧二法，概从新法处断之主义，英国用之。我国明律亦主此义。本朝虽有第一主义之例，然律之本文，仍有犯在以前并依新律拟断之规定。议者谓被告犯罪之时，已得有受当时法律所定之刑之权利。诚如此说，应一概科以旧律之刑，不应复分新旧二律之轻重也。况人民对于国家并无所谓有受刑权利之法理也。或又谓若使新律重于旧律，而旧律时代之犯人科以新律之重刑，则与旧律时代受旧律轻刑之同种犯人相较，似失其平。诚如此说，则使新律施行之后，仅此

① 葛遵礼：《中华民国新刑律集解》，上海会文堂 1914 年 1 月 15 日版，第 14 页。

旧律时代之同犯犯人科以旧律之轻刑,彼新律时代之犯人据新律而科重刑者,若互相比较,则又失其平矣。或又谓刑失之严不如失之宽。从新律之轻者,所以为宽大也。然刑不得为沾恩之具,非可严亦非可宽者。夫制定法律,乃斟酌国民之程度以为损益。既经裁可颁布,即垂为一代之宪章,不宜复区别轻重宽严也。欧美及日本各国多数之立法例,所以采用第一主义者,盖受法国刑法之影响。而法国刑法之规定则其时代之反动耳,于今日固无可甄择者。我国自古法理,本有第二主义之立法例,此本案所以不与多数之例相雷同,而仍用第二主义也。第二项后来颁行以前之律例不为罪者,不在此限。其旨与前微异,盖一则新旧二律俱属不应为之罪恶,不过轻重之差。一则新律虽为有罪,而旧律实认许其行为,因判决在后,遽予惩罚,有伤谿刻也。"进而,沈家本先生在案语的"注意"部分指出:"第一项既采用刑法不溯既往之原则,新刑律施行以前之行为,在新刑律虽酷似有罪之行为,不得据新律之规定而罚之。第二项指未经确定裁判者,虽已有宣告,仍得依上诉而变更之。凡案件具此情节,检察官即得上诉而请求引用新律。其上诉方法及其限制——以诉讼法为据。"①

其四,《钦定大清刑律》分则中规定了具体犯罪。在总则罪刑法定原则的精神指导下,在分则中对各种犯罪作了明文规定。分则中共规定了侵犯帝室罪等36类罪名,从而为司法实践的定罪活动提供了明确的标准。

其五,分则中规定了具体犯罪的法定刑。《钦定大清刑律》采取的是相对确定的法定刑,即在法律条文中规定一定的刑种、幅度,并确定其最高和最低期限。它体现了相对罪刑法定的精神。例如,第四章"妨

① 沈家本:《修订法律大臣沈家本等奏进呈刑律草案折》,《大清法规大全·法律部》卷11。又见《大清新法令》点校本第一卷,商务印书馆2010年版。

害国交罪”中的第120条规定：“对外国君主或大统领有不敬之行为者，处二等至四等有期徒刑或二千元以下二百元以上罚金。”分则中类似规定，比比皆是。这样，可以使司法官在法定刑的刑种和幅度内根据案情做出正确宣判。同时也避免了绝对罪刑法定原则过于僵化的弊端。

（五）传统法文化中的罪刑法定因素

罪刑法定原则是西方资产阶级启蒙思想的结晶，资产阶级革命的产物，近代法治国家的基本要求。严格意义的罪刑法定原则在古代中国刑法史上是不存在的。春秋时期以前的早期法律是不公开的，不具备罪刑法定的成文法前提条件。奴隶主贵族垄断司法权，实行司法专横。“昔先王议事以制，不为刑辟”，“民知有辟，则不忌于上。”“民知争端矣，将弃礼而征于书，锥刀之末，将尽争之。”[①]因而，春秋时期郑国子产首次公布成文法时便遭到了奴隶主贵族保守势力的强烈反对。进入封建时代后，虽然法律公开了，但定罪量刑并不以法律为唯一标准。从法律形式上看，法律只是具有法律效力的规范性文性之一。在同时并存的多种法律形式中，皇帝的“诏”、“令”具有最高的法律效力。“法自君出”、“言出法随”是皇权与立法关系的真实写照。在司法上皇帝可以“御笔断罪”。唐律“断狱”篇节18条疏议规定：“事有时宜，故人主擅断，制敕量情处分。”[②]《宋史·刑法志》载：“崇宁五年，诏曰‘出令制法，重轻予夺在上。比降特旨处分，三省引用敕令以为妨碍，沮抑不行。是以有司之常守，格人主之威福。夫擅杀。生之谓王，能利害之谓王，何格令之有？有臣强之渐，不可不戒。自今应有特旨处分，间有利害，明具论奏，虚心以听，如或以常法沮格不行，以大不恭论’，明年诏：‘凡御笔断罪，不许诣尚书省陈述，如违，并以违御笔论’”。[③] 这种集立法、司

---

① 《左传·昭公六年》。

② 《唐律疏议》，法律出版社1999年9月第1版，第603页。

③ 《宋史》卷二〇〇《刑法二》。

法、行政于一人之身的封建专制制度从根本上否定了罪刑法定原则的存在。没有分权制衡的制度架构,就无法真正实行罪刑法定原则。在司法实践中,比附类推长期存在,使得中国历史上定罪量刑的标准长期得不到统一。这不仅反映了立法技术上的欠妥,更说明了封建制度在立法、司法上的专横。

中国古代无罪刑法定原则,但不乏罪刑法定思想因素。沈家本先生以《周礼·秋官》所载:"大司寇,正月之吉,始和,布刑于邦国都鄙,乃悬刑象之法于象魏,使万民观刑象,挟日而歛之"为例,指出:"考周礼,大司寇有悬刑象于象魏之法,又小司寇之宪刑禁,士师之掌五禁,具徇以木铎;又布宪执旌节以宣布刑禁;诚以以者,与民共信之物,故不惮反复申告及使椎鲁互相警戒,实律无正条不处罚之明证。"①由此说明中国古代有罪刑法定原则未免牵强,但其中所含罪刑法定思想倒是明显。

春秋战国时期,新兴地主阶级为反对奴隶主贵族的司法专横,在强调法的客观性、公正性的时候,提出了"以法治国"、"事断于法"、"法不阿贵"、"刑过不避大臣,赏善不遗匹夫"等主张。前期法家代表人物商鞅曾言:"自卿相将军以至大夫庶人,有不从王令,犯国禁,乱上制者,罪死不赦"、②"有敢削定法令,损益一字以上,罪死不赦"③。秦朝把是否明法律令作为衡量官吏良恶的重要尺度。司法之官,如断狱失其轻重按其主观过错和实际情节,分别按"失刑"、"不直"、"纵囚"治罪。秦始皇三十四年,便曾"适治狱吏不直者,筑长城及南越地"。④

汉张释之为廷尉时,汉文帝认为他处理中渭桥犯跸案罚金不当,张

① 沈家本:《修订法律大臣沈家本等奏进呈刑律草案折》,《大清法规大全·法律部》卷11。又见《大清新法令》点校本第一卷,商务印书馆 2010 年版,第 457 页。

② 《商君书·赏刑》。

③ 《商君书·定分》。

④ 《史记·秦始皇本纪》。

释之说:“法者,天子所与天下公也。今法如此,而更重之,是法不信於民也。”后来有人盗高庙座前玉环,帝欲灭其族,张释之奏当弃市,并说:“法如是足也”。[①] 张释之对这两个案子的处理,均认为依法应当如此办理,法未规定,不得加重其刑。这是罪刑法定思想的具体表现。当然,张释之所断的这两件案子流传千古,也从一个侧面说明了封建刑法的不公和人们对罪刑法定的追求。晋代随着律学的进步,罪刑法定思想也有了进一步的发展。“刘颂为三公尚书,又上疏曰:又律法断罪皆当以法律令正文,若无正文,依附名例断之,其正文名例所不及,皆勿论。”[②]

隋唐时期,无论是政治、经济、文化都很兴盛,封建法制也趋于成熟。隋开皇五年,文帝曾下诏:“自是诸曹决事,皆令具写律文断之。”[③] 唐律规定:“断罪,皆须具引律令格式正文,违者笞三十。”疏议曰:“犯罪之人,皆有条制,断狱之法,须凭正文。若不具引者,或致乖谬,违而不具引者,笞三十。”[④]宋朝真宗景德四年七月依知制诰周起的建议规定:“诸司定夺公事,要明具格敕律令,条例奏闻。事有不明或无条可援者,须件折具事宜从长酌中之道取旨,不得自持两端,逗留行遣。如挟情者,望许从论告,重行朝典;或止是畏避,亦量加责罚。”[⑤]

明清时期,法律强调援法定罪。“凡断罪,皆须具引律例。违者,笞三十。若数事共条,止引所犯罪者,听。其特旨断罪,临时处治不为定律者,不得引比为律。若辄引致罪有出入者,以故失论。”[⑥]

《钦定大清刑律》的罪刑法定原则的规定,直接导源于日本刑法。

---

① 《史记·张释之列传》。

② 《晋书·刑法志》。

③ 《隋书·刑法志》。

④ 《唐律·断狱律》。

⑤ 《续资治通鉴长编》卷六十六。

⑥ 《大清律例·断罪引律令》。

《钦定大清刑律》的制定正值日本刑法学思想新旧两派激烈争论之时。同时,日本刑法也从 1880 年旧刑法向 1907 年新刑法过渡。在新派理论指导下的日本新刑法(1907 年刑法)已在《钦定大清刑律》颁布之前制定完毕。关于罪刑法定原则,日本新刑法中已删除,公开解释的理由有二:一是无明文不为罪和法无明文不处刑是常识,众人皆知,没有必要在刑法中规定;二是明治二十二年(1889 年)宪法第二十三条,模仿普鲁士宪法(1850)第八条规定了:"日本臣民非依法律不受逮捕、监禁、审问和处罚。"现行刑法(明治四十年,1907 年)以宪法已有明文规定的理由,所以未作任何规定。[①] 然而,据日本学者研究,"无法否认的事实是,新派刑法学理论本身从未将反对封建垄断的罪刑法定主义原则,视为未来刑法的目标,因此,大量吸收了当时刑法新派理论观点的日本刑法典,不明文规定该项原则可以说是理所当然的。"[②]帮助中国人制订晚清新刑律的日本专家冈田朝太郎的刑法思想总体上倾向新派理论,但他的刑法思想比较温和,不同于其后的牧野英一等新派刑法学家。牧野英一否定传统的罪刑法定原则,主张适用类推。

我国最早接受罪刑法定原则思想的是清末修律大臣沈家本。沈家本通过中西刑法比较,前瞻世界刑法发展之潮流,首肯罪刑法定原则并严厉批判了我国"断罪无正条,用比附加减之律"的做法。"《汉书·刑法志》:'高帝诏狱疑者廷尉不能决,谨具奏附所当比律令以闻'此为比附之始。然反限于疑狱而已。至隋著为定例,即《唐律》'出罪者举重以明轻,入罪者举轻以明重,是也。《明律》改为引律比附加减定拟,现行律同。在唐神龙时赵冬曦曾上书痛论其非,且曰:死生罔由于法律,轻

---

① 赤坂昭二:《罪刑法定主义》,原载《法学基本原理》,成文堂 1978 年日文版,引自《法学译丛》1981 年第 1 期。

② 转引自鲁兰著:《牧野英一刑律法思想研究》,中国方正出版社 1999 年 12 月第 1 版,第 19—20 页。

重必因乎爱憎，受罚者不知其然，举事者不知其法'，诚为不刊之论，况定例之旨，与立宪尤为抵牾。立宪之国立法、司法，行政三权鼎峙，若许司法者以类似之文致人于罚，是司法而兼立法矣。其弊一。人之严酷慈祥，各随禀赋而异，因律无正条而任其比附，轻重偏畸，转使审判不能统一。其弊又一。兹拟删除此律，于各刑酌定上下之限，凭审判官临时审定，并别设酌量减轻、宥恕减轻各例，以补其缺。虽无比附之条，至援引之时亦不致为定例所缚束。论者谓人情万变，断非科条数百所能赅载者。不知法律之用，简可驭繁。例如，谋杀应处死刑，不必问其因奸、因盗，如一事一例，恐非立法家逆臆能尽之也。"[①]中国能否接受罪刑刑法定主义原则，沈家本预料会有阻力。"断罪无正条，用比附加减之律，定于明而创于隋。国朝律法承用前明，二百数年来，此法遵行勿替。近来，东西国刑法皆不用此文，而中国沿习既久，群以为便，一旦议欲废之，难者蜂起。"[②]

果不出沈家本所料，罪刑法定主义的引进，遭到了支持比附援引旧制的礼教派人士的强烈质难。在礼教派看来，比附援引是任人，罪刑法定原则是任法。相形之下，任人之弊在官，任法之弊在吏；任人之弊在国家，任法之弊在奸民。两害相权取其轻，不如任人也。

礼教派认为：第一，比附固易起意为轻重之弊，但由审判官临时判断，独不虞其意为轻重乎？引律比附尚有依据，临时判断，实无限制。……类似之例不能援以罚人，而轻重之权衡，可操之于官，诚恐任意出入将较比附尤为严重。第二，律例所未载者，不得为罪，则法不足以禁奸，盖民情万变，防不胜防，若律无正条，无论何种行为不得为罪，则必

① 沈家本：《修订法律大臣沈家本等奏进呈刑律草案折》，载《大清光绪新法令》第19册，第26—28页。又见《大清新法令》点校本第一卷，商务印书馆2010年版，第457页。

② 沈家本：《明律目笺——断罪无正条》，引自沈家本：《历代刑法考》四，中华书局1985年12月第1版，第1807页。又见《历代刑法考》下卷，商务印书馆2011年版，第785页。

刑律草案三百八十七条尽数赅括,毫无遗漏而后可。否则,条目不足以尽事变,适足以开奸人趋避之门。迩来人心不古,犯罪者择律例无正条者,故意犯之,且以一人之心思才力,对付千万人之心思才力,非以定法治之,诚不足以为治。第三,比附类似之文,致人于罚,则司法、立法混合为一,非立宪国所应有,不知无此法而定此例者,方为立法,若既有他律,而比附定拟,则仍属司法,非立法,则于本律酌量轻重者,又与立法何异?[①] 对于礼教派的责难,沈家本一一加以驳斥,沈氏指出:"定律凡数百条,若不问情事之如何,而他律皆可比附,将意为轻重,所欲活则出生议,所欲陷则与一死比……尚何限制之有?若草案所定,本条之内,限以几等之上,几等之下,过此以往,即不得稍越范围,其所以限制裁判官者何如?乃反谓引律比附,尚有依据,临时判断,实无限制,然乎?否乎?"[②]"立一法自有此法一定之范围,有此范围,司法者即不能任意出入,故于本律酌量轻重,则仍在范围之内,可以听司法者操其权衡,若以他律相比附,则轶乎范围之外,司法者真可任意出入矣,孰得孰失可不烦言而解。"[③]关于第二点责难,沈家本反驳说:"人之情伪,变幻万端,谓此数百律文即足以尽人之情伪,承非立法者敢自信。然谓无比附而人多幸免,似亦不必虑也。尝考自唐以来至于本朝律文,随时有出入,而罪状则大略相同。……家本自甲子岁筮仕西曹于今四十余年矣,所见案牍,难以万计,其案情之千奇百怪出于情理之外者,往往有之;而罪状之出于律例之外,情轻者或亦时有,不过科以不应,情重者则未曾一睹。盖律文经千数百年,此千数百年风俗递有变迁,而罪状之可名者,

---

① 参阅《修律大臣伍廷芳等覆奏御史刘彭年奏等上刑讯有无窒碍请再加详慎析》,见刘锦萍《清朝续文献通考》卷344,刑考三。

② 沈家本:《明律目笺——断罪无正条》,引自沈家本:《历代刑法考》四,中华书局1985年12月第1版,第1821页。又见《历代刑法考》下卷,商务印书馆2011年版,第785页。

③ 沈家本:《明律目笺——断罪无正条》,引自沈家本:《历代刑法考》四,中华书局1985年12月第1版,第1824页。又见《历代刑法考》下卷,商务印书馆2011年版,第785页。

未见出乎律例之外，世皆有千数百年经验而来，非出于一二之曲见，故历代虽多损益亦不过轻重出入，而大段未尝改也。人之幸免者，殆亦绝无仅有矣。”①即使不用比附援引之法，也有可以用来科罪的法律条文，不至于使罪犯逍遥法外。“犯法以难执法，比奸民之尤，此等人平时当有以制之，彼自不敢轻于犯法。否则纵有千百正条，在彼方且巧以尝试，其区区比附，即能制其死命哉？”②对于第三点质疑，沈家本认为：“既云无此法而定此例方为立法，乃无此法而即用此例，是司法者自创之矣，不且与立法者相混乎？”③

二、罪刑相适应原则

(一)罪刑相适应原则的基本含义

罪刑相适应原则又可称为罪刑均衡原则、罪刑相当原则，从字面上可以清楚地看到，罪刑相适应原则是犯罪和刑罚两大实体范畴之间的关系范畴，因而也是刑法的基本原则之一。罪刑相适应原则的基本内容，归纳起来，主要有以下几方面：

第一，罪刑相适应是指刑罚的性质和强度要与犯罪的性质和严重程度相称，轻罪轻刑，重罪重刑，刑当其罪，不允许轻罪重刑或者重罪轻刑。第二，衡量犯罪轻重的尺度，是犯罪的性质及其对社会的危害，对社会的危害愈大，犯罪就愈严重。衡量刑罚轻重的尺度是它对犯罪人

---

① 沈家本：《明律目笺——断罪无正条》，引自沈家本：《历代刑法考》四，中华书局 1985 年 12 月第 1 版，第 1821—1822 页。又见《历代刑法考》下卷，商务印书馆 2011 年版，第 785 页。

② 沈家本：《明律目笺——断罪无正条》，引自沈家本：《历代刑法考》四，中华书局 1985 年 12 月第 1 版，第 1823 页。又见《历代刑法考》下卷，商务印书馆 2011 年版，第 785 页。

③ 沈家本：《明律目笺——断罪无正条》，引自沈家本：《历代刑法考》四，中华书局 1985 年 12 月第 1 版，第 1823—1824 页。又见《历代刑法考》下卷，商务印书馆 2011 年版，第 785 页。

造成的痛苦或侵害。痛苦的程度或侵害的强度愈大,刑罚就愈严重。第三,罪刑相适应原则还包括刑罚在其实施方式上与犯罪相适应。为了使人们清楚地看到刑罚是犯罪的必然结果,必须迅速及时对犯罪人执行刑罚。第四,犯罪与刑罚的均衡关系只能由法律加以规定。任何司法官员都无权超越法律的规定增加对人民的既定刑罚。第五,犯罪与刑罚的均衡关系是随着时代的变化,国家和社会情况的变化而不断变化的,应当根据不同的时代,不同国家和社会的情况去构建相应的罪刑均衡关系。①

罪刑相适应原则的意义在于确立罪与刑之间的一种等价、适应、相当、均衡关系,因此,"其基本含义可以简单地概括为:无罪不罚,有罪当罚;重罪重罚,轻罪轻罚;一罪一罚,数罪并罚;罪当其罚,罚当其罪。"②

罪刑相适应原则蕴涵的基本的价值取向是公正。它集中地体现了刑法的公正价值。公正也是社会制度的首要价值,正像真理是思想体系的首要价值一样。一种理论,无论它多么精致和简洁,只要它不真实,就必须加以拒绝或修正;同样,某些法律和制度不管它们多么有效率和有条理,只要它们不正义,就必须加以改造或废除。每个人都拥有一种基于正义的不可侵犯性,这种不可侵犯性即使以社会整体利益之名也不能逾越。因此,正义否认为了一些人分享更大利益而剥夺另一些人的自由是正当的,不承认许多人享受的较大利益能绰绰有余地补偿强加于少数人的牺牲。所以,在一个正义的社会里,平等的公民自由是确实的,由正义所保障的权利决不受制于政治的交易或社会利益的权衡。③ 罪刑相适应原则适应了人们朴素的公平正义的意识。"如果一项罪行与对之设定的刑罚之间存在着实质性的不一致,那么就会违

---

① 何秉松主编:《刑法教科书》,中国法制出版社 1997 年版,第 78 页。

② 曲新久:《刑法的精神与范畴》,中国政法大学出版社 2000 年 5 月第 1 版,第 424 页。

③ 参见[美]约翰·罗尔斯:《正义论》,中国社会科学出版社 1988 年版,第 1—2 页。

背一般人的正义感。”[①]

(二)罪刑相适应原则的理论基础

罪刑相适应原则的理论基础是报应主义和功利主义。这两种观念互相对立,各自从自己的前提出发得出了罪刑相适应的结论。

报应主义是罪刑相适应的一个重要的理论依据。刑罚起源于复仇,原始的复仇观念来源于所谓的“神意报应说”,以恶对恶的报应必须体现出神意的公正性。因此,原始的复仇思想最终造就的是同态复仇式的刑罚制度,具有明显的宗教神灵论的色彩。尽管如此,它还是提出了一种朦胧的罪刑相互对应的关系。

报应主义以德国的古典哲学家康德、黑格尔为巨擘,认为刑罚是对犯罪的一种回报,因此刑罚的质和量完全以犯罪为转移,即犯罪对社会所造成的损害应当成为刑罚的尺度。康德指出:“公共的正义可以作为它的原则和标准的惩罚方式与尺度是什么?这只能是平等的原则。根据这个原则,在公正的天平上,指针就不会偏向一边的,换句话说,任何一个人对人民当中的某个个别人所作的恶行,可以看作他对自己作恶。因此,也可以这样说:‘如果你诽谤别人,你就是诽谤了自己;如果你偷了别人的东西,你就是偷了你自己的东西;如果你打了别人,你就是打了你自己;如果你杀了别人,你就是杀了你自己,’这就是报复的权利。”[②]康德甚至认为这是支配公共法庭的唯一原则,据此可以明确地决定质和量两个方面都公正的刑罚。康德主张等量说或称事实说,注重刑罚与犯罪之间的外在形态上的同一性。但他的观点和同态复仇仍然不可同日而语,只有等量的报应,才能实现刑法的正义。

黑格尔反对康德等量报应的观点,认为根据这种观点很容易得出

---

① [美]博登海默:《法理学——法哲学及其方法》,华夏出版社1987年版,第284页。

② [德]康德:《法的形而上学原理——权利的科学》,沈叔平译,商务印书馆1991年版,第165页。

刑罚上同态复仇的结论。黑格尔提出了等质报应的观点，他认为："犯罪的基本规定在于行为的无限性，所以单纯外在的种的性状消失得更为明显，而等同性则依然是唯一的根本规则，以调整本质的东西，即罪犯应该受到什么刑罚，但并不规定这种刑罚的外在的种的形态。单从这种外在的种的形态看来，一方面盗窃和强盗，他方面罚金和徒刑等等之间存在着显著的不等同，可是从它们的价值即侵害这种它们普遍的性质看来，彼此之间是可以比较的，寻求刑罚和犯罪接近于这种价值上的等同，是属于理智范围内的事。"①在黑格尔看来，刑罚的本性是一种报应。但作为刑罚的报应与作为报应的刑罚是有所不同的。作为刑罚的报应是原始社会的复仇，这种报应从内容上说它是正义的，但从形式上说报仇是主观意志的行为，主观意志在每一次侵害中都可体现为它的无限性，所以它是否合乎正义，一般说来，实属偶然。而且对他人来说，也不过是一种特殊意志。复仇由于它是特殊意志的肯定行为，所以是一种新的侵害。作为这种矛盾，它陷于无限过程，世代相传以至无穷。而作为报应的刑罚，它体现的是刑罚的正义。这种报应是具有不同现象和互不相同的外在实存的两个规定之间的内在联系和同一性。但这种同一性不是侵害行为特殊性状的等同，而是侵害行为自在地存在的性状的等同，即价值的等同。黑格尔主张从犯人的行为中去寻找刑罚的概念和尺度，以便做到罪刑相适应。

功利主义有规范功利主义与行为功利主义之分，前者以贝卡利亚、边沁等人为代表，注重刑罚的一般预防功能。后者以龙勃罗梭、菲利等人为代表，注意刑罚的个别预防效果。贝卡利亚指出："只要刑罚的恶果大于犯罪所带来的好处，刑罚就可以收到它的效果。这种大于好处的恶果中应该包含的，一是刑罚的坚定性，二是犯罪既得利益的丧失，

---

① [德]黑格尔：《法哲学原理》，范扬、张企泰译，商务印书馆1961年版，第106页。

除此之外的，一切都是多余的，因而也就是蛮横的。"[①]边沁则将刑罚预防犯罪的必要限度作为确定罪刑相适应的标准。正如美国法学家戈尔丁指出："到底能赋予罪刑相适应观念以什么意义呢？边沁详细地讨论了这个问题。他的基本观点是，预防犯罪只在这样做是值得的时候才应被实行。……这就决定了法律是法律惩罚的限度。而不是以任何诉讼正义或自然权利的做法来决定这种限度。"[②]因此，根据规范功利主义的观点，刑罚不是与已然的犯罪相适应，而是应当与足以有效地制止其他人犯罪相适应。行为功利主义又不同于规范功利主义，他们注重的是刑罚对犯罪人再犯可能性的遏制，因此，所谓罪刑均衡在行为功利主义看来，应该是刑罚与再犯可能性相适应，即与犯罪人的人身危险性相适应。例如龙勃罗梭认为刑罚的目的不是报应，而是为了防止社会，对有人身危险性的人可采取预防性措施；对刑罚执行完毕的犯人，如果人身危险性依然存在，还可以继续服刑或给予保安措施。[③] 菲利则明确指出："对于遗传的或先天的犯罪人，或者由于习惯或精神病而倾向于犯罪的人犯下的重大罪行，实证派犯罪学主张保留不定期隔离的方式，因为在犯了重大罪行的危险退化者的案件中，事先规定出期限是不合理的。"[④]行为功利主义转换了确立罪刑相适应的标准，这是刑法的价值观念变换的结果。

报应主义与功利主义对罪刑相适应原则从不同的前提进行了阐述，"报应主义与功利主义对罪刑均衡的理解都有偏颇。""报应与功利是具有不可分割的内在联系的，因为两者的根据是共存的。报应观念

---

① [意]贝卡利亚：《论犯罪与刑罚》，黄风译，中国大百科全书出版社1993年版，第42—43页。

② [美]戈尔丁：《法律哲学》，齐海滨译，三联书店1987年版，第149页。

③ 参见刘麟生：《朗伯罗梭犯罪学》，商务印书馆1938年版。

④ [意]菲利：《实证派犯罪学》，郭建安译，中国政法大学出版社1987年版，第50页。

与功利观念分别代表着特定社会的公正要求与价值尺度,两者统一于统治阶级的利益与意志之中。”[①]

(三)罪刑相适应原则在西方刑法史上的变迁

罪刑相适应成为刑法的基本原则,是17、18世纪的启蒙思想家倡导的结果。启蒙思想家猛烈地抨击了封建社会的严刑苛罚,表达了社会对于罪刑均衡的基本要求。孟德斯鸠指出:“惩罚应有程度之分,按罪大小,定惩罚轻重。”[②]在其名著《论法的精神》一书中更是明确地表达了刑罚的轻重与犯罪相协调的思想。意大利著名刑法学家贝卡利亚最为系统地阐述了罪刑相适应的思想。贝卡利亚指出:“犯罪对公共利益的危害越大,促使人们犯罪的力量越强,制止人们犯罪的手段就应该越强有力。这就需要刑罚与犯罪相对称。”[③]为了实现罪刑均衡,贝卡利亚别出心裁地设计了一个罪刑阶梯。他指出:“既然存在着我们联合起来的必要性,既然存在着作为私人利益相互斗争的必然产物的契约,人们就能找到一个由一系列越轨行为构成的阶梯,它的最高一级就是那些直接毁灭社会的行为,最低一级就是对于作为社会成员的个人所可能犯下的,轻微的非正义行为。在这两极之间,包括了所有侵害公共利益的。我们称之为犯罪的行为,这些行为都沿着这无形的阶梯,从高到低顺序排列。”[④]

启蒙思想家所倡导的罪刑均衡的思想在近代西方的刑事立法中得到了充分体现。例如法国1789年的《人权宣言》第8条指出:“法律只应当制定严格的、明显的必需的刑罚。”[⑤]1793年法国宪法所附的《人权

① 陈兴良:《刑法哲学》,中国政法大学出版社2000年5月第2版,第641页。
② [法]孟德斯鸠:《波斯人信札》,商务印书馆1962年版,第141页。
③ [意]贝卡利亚:《论犯罪与刑罚》,中国大百科全书出版社1993年版,第65页。
④ [意]贝卡利亚:《论犯罪与刑罚》,中国大百科全书出版社1993年版,第66页。
⑤ 《外国法制史资料选编》(下册),北京大学出版社1982年10月第一版,第526页。

宣言》第15条规定:"刑罚应与犯法行为相适应,并应有益于社会。"[①]从1791年到1810年的《法国刑法典》,虽然由绝对确定的法定刑改为相对确定的法定刑,但都贯彻了罪刑均衡的原则,成为后世刑事立法的楷模。

(四)罪刑相适应原则在《钦定大清刑律》中的体现

《钦定大清刑律》引入了罪刑相适应原则,并将其精神体现在众多的具体条文中,大体看来,以下方面较集中地体现了罪刑相适应原则。

第一,法律适用的主体平等。法律适用上的主体平等是罪刑相适应的前提。如果有人犯了罪可以享受种种特权,便谈不上罪刑相适应了。为此,《钦定大清刑律》第2—8条规定了刑律对人的效力。其中第二条规定:"本律于凡在帝国内犯罪者,不问何人适用之。其在帝国外之帝国船舰内犯罪者,亦同。"从而否定了因身份不同而导致适用法律上的不平等。取消了中国封建法律中长期存在的议、请、减、赎、当、免等特权。为平等地适用法律,在立法上创造了条件。

第二,确立了近代刑罚体系。罪刑相适应需要有科学的刑罚体系相配套,《钦定大清刑律》第37条规定:"刑分为主刑及从刑。主刑之种类及重轻之次序如左:第一,死刑;第二,无期徒刑;第三,有期徒刑:(一)一等有期徒刑——十五年以下,十年以上。(二)二等有期徒刑——十年未满、五年以上。(三)三等有期徒刑——五年未满,三年以上。(四)四等有期徒刑——三年未满,一年以上。(五)五等有期徒刑——一年未满,二月以上;第四,拘役:二月未满,一日以上;第五,罚金:一元以上。从刑之种类如左(下):第一,褫夺公权;第二,没收。"《钦定大清刑律》所确定的刑名,深受日本1907年刑法的影响,1907年日本刑法废除了重罪、轻罪、违警罪的划分,取消了徒刑、流刑的名称。将

① 《外国法制史资料选编》(下册),北京大学出版社1982年10月第一版,第568页。

主刑分为死刑、惩役、禁锢、罚金、拘留、科料六种,没收为附加刑。剥夺公权由特别法加以规定,未列入刑法典中。《钦定大清刑律》中的刑罚体系比日本新刑法中的刑名更简洁、更概括、更清晰。虽然有些地方尚待完善,①但总体上看,这个刑罚体系按照各种刑罚方法的轻重次序分别加以排列,相关刑种互相衔接,结构严密,主附配合。这个刑罚体系中的刑罚,既能根据已然的犯罪的社会危害性程度予以适用,具有给犯罪人带来一定痛苦的惩罚性,从而体现报应的意蕴;又能根据未然的犯罪的可能性大小加以适用,例如剥夺自由,限制自由,剥夺财产等刑罚,都具有遏制再犯的功能,从而达到功利的目的。因此,科学的近代刑罚体系的确立,为实现罪刑相适应原则奠定了基础。

第三,规定了轻重有别的处罚原则。《钦定大清刑律》根据犯罪的社会危害性程度不同,规定了轻重有别的处罚原则。其一,防卫过当,紧急避险减轻处罚。第 15 条规定:"对现在不正之侵害,而出于防卫自己或他人权利之行为,不为罪;但防卫行为过当者,得减本刑一等至三等。"第 16 条规定:"避不能抗拒之危难、强制而出于不得已之行为,不为罪;但加过当之损害者,得减本刑一等至三等。前项之规定,于公务上有特别义务者,不适用之。"其二,未遂犯、中止犯减免处罚。第 17 条规定:"犯罪已着手,而因意外之障碍不遂者,为未遂犯。其不能生犯罪之结果者,亦同。未遂犯之为罪,于分则各条定之。未遂罪之刑,得减既遂罪之刑一等或二等。"第 18 条规定:"犯罪已着手,而因己意中止者,准未遂犯论。得免除或减轻本刑。"其三,在共同犯罪中,规定从犯减轻处罚。第 31 条规定:"于实施犯罪行为以前帮助正犯者,为从犯。得减正犯之刑一等或二等。教唆或帮助从犯者,准从犯论。"其四,数罪

① 徒刑采用等级制,将有期徒刑分为五等,等差高达五年,分则中只规定有期徒刑适用的等级,这种立法技术大大增加了有期徒刑适用繁琐程度,也大大影响了量刑上的准确性,这种现象在 1928 年的《中华民国刑法》中得以改变。

并罚。第五章为俱发罪，分别情况，对俱发罪进行了详细的规定。以上种种轻重有别的处罚原则，都体现了《钦定大清刑律》中的罪刑均衡原则。

第四，规定了近代刑罚制度。钦定大清刑律的立法者们洞察世界刑法理论发展态势，借鉴了新派刑法理论规定了一系列刑罚制度。其一，累犯制度。第五章为"累犯罪"，"凡已受刑之执行，复再犯罪，此其人习于为恶，实为社会之大憝。若仍绳以初犯之刑，有乖刑期无刑之义，故本章特设规定。"[①]所谓特设规定，主要指累犯加重的规定。其二，自首制度。第九章为"自首制度"，第51条做了一般规定："犯罪未发觉而自首于官受审判者，得减本刑一等。犯亲告罪向有告诉权之人首服，受官之审判者，亦同。"沈家本阐述了自首减轻的理由："自首减刑为奖励犯罪者悔过投诚而设。各国多数之例，惟认特别自首者，著之于分则。其有规定于总则者，盖缘于中国法系也。自首必须备具四要件。(一)自己之犯罪；(二)必于觉前，若于发觉后告言已罪，乃自白非自首；(三)告知于官，惟例外告知被害者亦准自首法；(四)于官署就审判。四者不备即不得将予自首也。"[②]符合自首条件者可减轻处罚。其三，酌减制度。第十章为"酌减"，第54条规定："审按犯人之心术及犯罪之事实，其情轻者，得减本刑一等或二等。"沈家本解释说："为裁抑犯罪，制定分则以下各条。然同一犯罪，情节互异，若株守一致，则法律之范围过狭，反致有伤苛刻。故予裁判官以特权，临时酌量犯人之心术与犯罪之事实，减一等或二等也。"[③]其四，缓刑制度。冈田朝太郎不仅把西方

① 《修订法律大臣沈家本等奏进呈刑律草案》，载《大清法规大全·法律部》卷十一，观《大清新法令》点校本第一卷，第457、520页。

② 《修订法律大臣沈家本等奏进呈刑律草案》，载《大清法规大全·法律部》卷十一，观《大清新法令》点校本第一卷，第457、520页。

③ 《修订法律大臣沈家本等奏进呈刑律草案》，载《大清法规大全·法律部》卷十一，观《大清新法令》点校本第一卷，第457、520页。

的缓刑制度首次引进日本刑法,而且又把这一制度引进中国。第十二章为"缓刑制度",第63条规定:"具有下列要件,而受四等以下有期徒刑或拘役之宣告者,自审判确定之日起,得宣告缓刑五年以下,三年以上:(一)未曾受拘役以上之刑者;(二)前受三等至五等有期徒刑执行完毕或免除后逾七年,或前受拘役执行完毕或免除后逾三年者;(三)有一定之住所及职业者;(四)有亲属或故旧监督缓刑内之品行者。"其五,假释制度。第十三章为"假释",第66条规定:"受徒刑之执行而有悛悔实据者,无期徒刑逾十年后,有期徒刑逾二分之一后,由监狱官申达法部,得许假释出狱;但有期徒刑之执行未满三年者,不在此限。"其六,时效制度。第十五章规定时效,第69条规定了追诉时效:"提起公诉权之时效期限,依下例定之:(一)系死刑者,十五年;(二)系无期徒刑或一等有期徒刑者,十年;(三)系二等有期徒刑者,七年;(四)系三等有期徒刑者,三年;(五)系四等有期徒刑者,一年;(六)系五等有期徒刑、拘役、罚金者,六月。前项期限,自犯罪行为完毕之日起算。逾期不起诉者,其起诉权消灭。"第74条规定了行刑时效:"行刑权之时效期限,依下例定之:(一)死刑,三十年;(二)无期徒刑,二十五年;(三)一等有期徒刑,二十年;(四)二等有期徒刑,十五年;(五)三等有期徒刑,十年;(六)四等有期徒刑,五年;(七)五等有期徒刑,三年;(八)拘役、罚金,一年。前项期限,自宣告确定之日起算。逾期不行刑者,其行刑权消灭。"

第五,按刑罚阶梯理论设置了分则的顺序。《钦定大清刑律》分则共36章,各章顺序基本上按照犯罪性质的严重程度从重到轻依次排列。

三、刑罚人道主义原则

(一)刑法人道主义原则的基本内容

针对西方封建中世纪的刑罚残酷性、暴虐性,启蒙思想家提出了刑罚人道主义原则。人类的人道精神促使刑罚的严厉性在长期的演变中缓慢但坚定地日趋缓和，刑罚体系从以死刑为中心，到以肉科为中心，再到以自由刑为中心的历史发展，背后的决定性力量是人道精神。因此，刑罚人道主义与宽容、柔和、人性等德性词汇相联系，与野蛮、残酷、恐怖、折磨等相对立。刑罚人道主义表现出国家在规定和运用刑罚时对犯罪以及犯罪之实施者的一种宽容的态度，其实质是将犯罪人作为伦理主体对待，而不是物体处理。刑罚人道主义意味着对于人的自主性的承认。可见，刑罚人道主义的基本含义实际上是人道主义形而上学原则的直接套用。只有将这一原则展开为一系列人道主义刑罚规则，才具有刑法上的意义。这些规则包括否定性规则和肯定性规则两个基本方面。否定性规则是人不能被作为手段对待之形而上学原则的展开，一般以"禁止……"，"不得……"的语言结构形式表达；肯定性规则是人应当作为目的对待之形而上学原则的展开，一般以"应当……""尽量……"的语言结构形式表达，这两个方面统一在一起形成一个规则体系，确保人道主义的实现。而且，否定性规则是刑罚人道主义的基础，肯定性规则是在此基础上的进一步提升。

刑罚人道主义之否定性规则的主要含义，是指绝对禁止酷刑和其他残忍、不人道或有辱人格的待遇或处罚。早在 1776 年 6 月 12 日，《弗吉尼亚权利法案》第 9 条就明确规定，"不应施行残酷或异常的刑罚。"①后来的《美国宪法修正案》第 8 条亦明确规定，不得科以"残酷与非常之刑。"②1789 年的《法国人权宣言》第 8 条所规定的"法律只应规定确实需要和显然不可缺少的刑罚"③内容，亦包含着反对酷刑的思想。"我们知道，刑罚的本质特征在于其严厉的惩罚性和痛苦性。酷刑

---

① 《外国法制史资料选编》(下册)，北京大学出版社 1982 年 10 月第一版，第 438 页。
② 《外国法制史资料选编》(下册)，北京大学出版社 1982 年 10 月第一版，第 470 页。
③ 《外国法制史资料选编》(下册)，北京大学出版社 1982 年 10 月第一版，第 526 页。

与正常的刑罚之间的最重要的区别在于量的差异。防止非人道的刑罚,以下规则是十分重要的:1、损害人的完整性、损害人的身体健康的刑罚方法,是残忍的刑罚方法,因而属于酷刑,肉刑、体罚应当予以禁止。2、禁止不人道的刑罚方法,限制并最终废除死刑。3、禁止有辱人格的待遇或处罚,禁止精神折磨。4、改良刑罚的执行,刑罚的执行非以折磨、侮辱为目的。5、执法人员只有在绝对必要时才使用武器,并且不得超出执行职务所必须的范围。6、刑罚应当是最后的不得已的社会防卫措施,如果采取其他方法可以有效地保护社会,就没有必要使用刑罚方法。7、将酷刑行为规定为犯罪,予以刑罚惩罚。"①

将人作为目的看待,是人道主义原则的肯定性规则的中心内容。在最低层面上,刑罚人道主义肯定性规则要求满足受刑人作为人的基本需要;在更高的层面上,要求给予受刑人以尊重并引导受刑人自尊。"实现刑罚人道主义的肯定性规则,需要我们特别关注以下几点:1.以自由刑为中心建立刑罚体系,并重视罚金刑;自由刑之替代措施的规定与适用。2.自由刑的执行应当以受刑人重返社会为目的。3.刑罚执行过程中应当满足受刑人之作为人的各种需要,给予其人道的待遇。"②

(二)刑罚人道主义原则的理论基础

随着欧洲的资本主义生产方式不断得到发展,封建的生产关系逐渐走向瓦解。一批代表新兴资产阶级利益的思想家,大力抨击阻碍资本主义发展的封建专制制度,提出民主、自由、平等、天赋人权的口号,反对封建的独裁统治;宣传从人性论出发的自然法,力图将法律从神权束缚下解放出来。封建的刑法制度是以法与宗教道德的不可分性、身份的不平等性、罪刑擅断主义、刑罚的残酷性为特色的。而酷刑是对个

---

① 曲新久:《刑法的精神与范畴》,中国政法大学出版社 2002 年 5 月第 1 版,第 543 页。

② 曲新久:《刑法的精神与范畴》,中国政法大学出版社 2002 年 5 月第 1 版,第 552 页。

人权利和尊严的可耻而邪恶的践踏，对于酷刑来说是不可能有正义而言的。启蒙思想家针对封建刑罚的严酷性，举起了人道主义旗帜，提出了刑罚主义原则。

霍布斯说："在凡是可以实行宽大的地方实行宽大，也是自然法的要求。"[①]洛克说，刑罚不是支配人们生命和财产的绝对的、专断的权力，如果不是为了保护社会，"任何严峻的刑罚都是不合法的"。[②] 在孟德斯鸠看来，严刑峻法、株连、拷问、肉刑、报复刑等都是对人格的侮辱，是违反人类理性的，是专制主义的产物，应当坚决废除。孟德斯鸠指出："如果在一个国家里，有什么不便的事情发生的话，一个暴戾的政府便想立即加以消弭。他不想法执行旧有的法律，而是设立新的残酷的刑罚，以便马上制止弊害。但是因为政府的动力被用尽了，人们对严刑峻法在思想上也习惯了，正如对宽法轻刑也会习惯一样，当人们对轻刑的畏惧减少了，政府不久便不能事事都用严刑。有的国家时常发生拦路抢劫，为着消除这种祸害，他们便发明了车轮轧杀刑；这个刑罚的恐怖，使抢劫暂时停止。但是不久以后，在大路上拦路抢劫又和从前一样了。""治理人类不要用极端的方法。我们对于自然所给予我们领导人类的手段，应该谨慎地使用。如果我们研究人类所以腐败的一切原因的话，我们便会看到，这是因为对犯罪不加处罚，而不是因为刑罚的宽和。""如果一个国家，刑法并不能使人产生羞耻之心的话，那就是由于暴政的结果，暴政对恶棍和正直的人使用相同的刑罚。"[③]

贝卡利亚更是发出振聋发聩的刑罚人道主义的呐喊："纵观历史，目睹由那些自命不凡、冷酷无情的智者所设计和实施的野蛮而无益的酷刑，谁能不怵目惊心呢？目睹帮助少数人、欺压多数人的法律有意使

---

① [英]霍布斯：《利维坦》，黎思复、黎廷弼译，商务印书馆 1985 年版，第 272 页。
② [法]洛克：《政府论》下篇，叶启芳、瞿菊农译，商务印书馆 1964 年版，第 105 页。
③ [法]孟德斯鸠：《论法的精神》，商务印书馆 1997 年版，第 85 页。

或容忍成千上万的人陷于不幸,从而使他们绝望地返回到原始的自然状态,谁能不毛骨悚然呢?目睹某些具有同样感官、因而也具有同样欲望的人在戏弄狂热的群众,他们采用刻意设置的手续和漫长残酷的刑讯,指控不幸的人们犯有不可能的或可怕的愚昧所罗织的犯罪,或者仅仅因为人们忠实于自己的原则,就把他们指为罪犯,谁能不浑身发抖呢?人的心灵就像液体一样,总是顺应着它周围的事物,随着刑场变得日益残酷,这些心灵也变得麻木不仁了。生机勃勃的欲望力量使得轮刑在经历了百年残酷之后,其威慑力量只相当于从前的监禁。严峻的刑罚造成了这样一种局面:罪犯所面临的恶果越大,也就越敢于规避刑罚。为了摆脱对一次罪行的刑罚,人们会犯下更多的罪行。刑罚最残酷的国家和年代,往往就是行为最血腥、最不人道的国家和年代。因为支配立法者双手的残暴精神,恰恰也操纵者杀人者和刺客们的双手。在王庭上,这种精神为恭顺的奴隶的凶残心灵制定了铁的法律;在阴暗的角落里,它却煽动人们绞杀这些暴君,并以新暴君取而代之。"①

(三)刑罚人道主义原则在《钦定大清刑律》中的体现

经过沈家本等清末修律者们的努力,西方近代的刑罚人道主义原则得以在《钦定大清刑律》中确立。主要表现为:

第一,删除重法,设置近代刑种。

沈家本、伍廷芳受命修律后,对中西刑律进行了比较研究,"综而论之,中重而西轻者为多。盖西国从前刑法,较中国尤为惨酷,近百数十年来,经律学家几经讨论,逐渐改而从轻,政治日臻完善。故中国之重法,西人每訾为不仁。其旅居中国者,皆借口于此,不受中国之约束。""臣等窃维治国之道,以仁政为先。自来议刑法者,亦莫不谓裁之以义

① [意]贝卡利亚:《论犯罪与刑罚》,黄风译,中国大百科全书出版社1993年版,第42—43页。

而推之以仁。然则刑法之当改重为轻，固今日仁政之要务，而即修订之宗旨也。现行律例款目极繁，而最重之法，亟应先议删除者，约有三事。”“一曰凌迟、枭首、戮尸”，“一曰缘坐。”“一曰刺字”。“以上三事，皆中法之重者。参诸前人之论说，既多议其残苛，而考诸今日环球之国，又皆废而不用，且外人訾议中法之不仁者，亦惟此数端为最甚。”[①]

《钦定大清刑律》确定近代刑种为主刑和从刑两类。其中主刑为死刑、无期徒刑、有期徒刑、拘役、罚金。从刑为褫夺公权和没收。沈家本认为旧律应变通者有五端，“更定刑名”便是其中之一。[②] 杨鸿烈先生对此也给予了高度评价。“将中国法律最落后不合时宜的部分真能恺切披陈，可算是对中国法系加以改造的一篇大宣言。”[③]

第二，酌减死罪，确立死刑惟一制度。

死刑条款的多少是衡量一部刑法人道与否的重要标志之一。沈家本等人对死刑的立法极为重视，虽说废除死刑的条件不成熟，但减少死刑的适用，也是刑罚人道主义的体现。“死罪之增损代各不同，唐沿隋制，太宗时简绞刑之属五十，改加役流，史志称之。宋用《刑统》，而历朝编敕丽于大辟之属者，更仆难数，颇伤繁细。元之刑政废弛，问拟死罪者，大率永系狱中。《明律》斩、绞始分立决、监候，死刑阶级自兹益密。欧美刑法，备及单简，除意大利、荷兰、瑞士等国废止死刑外，其余若法、德、英、比等国，死刑仅限于大逆、内乱、外患、谋杀、放火、溢水等项。日本承用中国刑法最久，亦止二十余条。中国死刑条目较繁，然以实际论之，历年实决人犯以命盗为最多，况秋审制度详核实缓，倍形慎重，每年

---

① 《修订法律大臣奏请变通现行律例内重法数端折》，《大清法规大全·法律部》卷3，第1—2页。

② 沈家本：《修订法律大臣沈家本等奏进呈刑律草案折》，《大清光绪新法令》第19册，第26—28页。又见《大清新法令》点校本第一卷，商务印书馆2010年版，第457、520页。

③ 杨鸿烈：《中国法律思想史》，商务印书馆1998年版，第312页。

实予勾决者十不逮一,有死刑之名而无死罪之实。持较东西各国,亦累黍之差尔。兹拟准《唐律》及国初并各国通例,酌减死罪;其有因囿于中国之风俗,一时难予骤减者,如强盗、抢夺、发冢之类,别辑暂行章程,以存其旧,视人民程途进步,一体改从新律。顾或有谓罪重法轻,适足召乱者。不知刑罚与教育互为消长,格免之判,基于道齐。有虞画像,亦足致垂拱之治;秦法诛及偶语,何能禁胜、广之徒起于草泽;明洪武时所颁大诰,至为峻酷,乃弃市之尸未移,新犯大辟者即至。征诸载籍,历历不爽。况举行警察为之防范,普设监狱为之教养,此弊可无顾虑也。"[①]沈家本在指出酌减死刑的必要性的同时,也批评了酷刑的不人道。

在死刑的执行方法上同样能反映刑罚的残酷与人道。沈家本主张"死刑惟一"。"旧律死刑以斩、绞分重轻,斩则有断脰之惨故重,绞则身首相属故轻,然二者俱属绝人生命之极刑,谓有轻重者,乃据炯戒之意义言之尔。查各国刑法,德、法、瑞典用斩,奥大利(今奥地利)、匈牙利、西班牙、英、俄、美用绞,俱系一种,惟德之斩刑通常用斧,亚鲁沙斯、卢连二州用机械,盖二州前属于法而割畀德国者,犹存旧习也。惟军律所科死刑俱用铳杀,然其取义不同,亦非谓有轻重之别。兹拟死刑仅用绞刑一种,仍于特定之行刑场所密行之。如谋反大逆及谋杀祖父母、父母等条,俱属罪大恶极,仍用斩刑,则别辑专例通行。至开战之地颁布戒严之命令,亦可听临时处分,但此均属例外。"[②]《钦定大清刑律》第38条规定:"死刑用绞,于狱内执行之。"

第三,对未成人犯罪的惩治教育。

---

① 沈家本:《修订法律大臣沈家本等奏进呈刑律草案折》,《大清光绪新法令》第19册,第26—28页。又见《大清新法令》点校本第一卷,商务印书馆2010年版,第457、520页。

② 沈家本:《修订法律大臣沈家本等奏进呈刑律草案折》,《大清光绪新法令》第19册,第26—28页。又见《大清新法令》点校本第一卷,商务印书馆2010年版,第457、520页。

《钦定大清刑律》第11条规定："凡未十二岁人之行为，不为罪；但因其情节，得施以感化教育。"沈家本对此解释为："夫刑者，乃出于不得已而为最后之制裁也。幼者可教而不可罚，以教育涵养其德性，而化其恶者，使为良善之民，此明刑弼教之义也。凡教育之力所能动者，其年龄依各国学校及感化场之实验，以十六七岁之间为限。故本案拾辨别心之旧说，而以能受感化之年龄为主。同十六岁以下无责任之主义。诚世界中最进步之说也。"沈家本在理由之后又提出了注意事项："因其情节而命以感化教育。盖以未满十六岁者，虽有触罪行为，不应置诸监狱，而应置诸特别之学校。至感化场规则，当另行纂定。不在刑律之内。所谓情节者，非指罪状轻重而言，乃指无父兄或有父兄而不知施教育者。感化教育者，国家代其父兄而施以德育是也。"①宪政编查馆认为刑事责任年龄十五岁太宽，主张改为十二岁。最后由皇帝钦定为十二岁，但同时在第50条宥减中加上未满十六岁人得减本刑一等或二等。②

沈家本把惩治教育视为《钦定大清刑律》的重大变化之一，特别看重。"犯罪之有无责任，俱以年龄为衡。各国刑事丁年自十四迄二十二不等，各随其习俗而定。中国幼年犯罪，向分七岁、十岁、十五岁为三等，则刑事丁年为十六岁以上可知。夫刑罚为最后之制裁，丁年以内乃教育之主体，非刑法之主体。"他认为，对幼年犯罪应像西方一样设专门场所，以教育感化为主，这同中国传统的明刑弼教思想也是相通的。"按惩治教育始行之于德国，管理之法略同监狱，实参以公同学校之名义，一名强迫教育，各国仿之，而英尤励行不怠，颇著成绩。兹拟采用其法，通饬各直省设立惩治场，凡幼年犯罪，改为惩治处分拘置场中，视情

① 《大清法规大全·法律部》卷十一，法典草案一。

② 参见宣统二年十二月二十五日(1911年)上谕，载《钦定大清刑律》卷首，宣统三年六月刊印，中国政法大学图书馆藏。

节之重轻,定年限之长短,以冀渐收感化之效,明刑弼教,盖不外是矣。”①

第四,对精神病人、喑哑人行为的特别规定。

关于精神病人行为,《钦定大清刑律》第12条规定:“精神病人之行为,不为罪;但因其情节得施以监禁处分。前项之规定,于酗酒或精神病间断时之行为,不适用之。”草案案语说明了立法理由:“本条系规定痴与疯狂等精神病人,虽有触罪行为全无责任。精神病人之行为非其人行为,乃疾病之作为,故不应加刑,而应投以药石。若于必要之时,可命以监禁。各国之规定皆与本条同。”②

关于喑哑人的行为,《钦定大清刑律》第50条规定得减本刑一等或二等处罚。沈家本认为:“聋哑精神不完备者不能与普通之犯罪者同论,故酌量情节减轻本刑一等或二等。聋哑有生而聋哑者,有因疾病或受伤而聋哑者。生而聋哑乃自来痼疾,不能承受教育,能力薄弱,故各国等诸幼年之列。若因疾病或受伤而聋哑者,不过肢体不具,其精神、知识与普通无异,则不能适用此例。即有可原情形,自有宥恕之例在也。”③

第五,对老者的宥减规定。

《钦定大清刑律》第50条规定满80岁人犯罪者,得减本刑一等或二等。沈家本解释说:“八十岁以上精神渐昏眊自不能与普通之犯罪者同论,故酌量情节减轻本刑一等或二等。”④

---

① 沈家本:《修订法律大臣沈家本等奏进呈刑律草案折》,《大清光绪新法令》第19册,第26—28页。又见《大清新法令》点校本第一卷,商务印书馆2010年版,第457、520页。

② 《大清法规大全·法律部》卷十一,法典草案一。

③ 《大清法规大全·法律部》卷十一,法典草案一。

④ 《大清法规大全·法律部》卷十一,法典草案一。

第三节 西方新、旧派刑法理论对《钦定大清刑律》的影响

19世纪末20世纪初，正是西方刑法理论新旧两派激烈争论的时期。此时，日本刑法学界也掀起了新旧学派理论争论的热潮。日本1907年的刑法典深受新派理论的影响。晚清时的中国法律专家们所面临的是刑律修订过程的“礼法之争”，传统的道德与西方的法制的关系是争论的热点。当时也没有形成刑法学派，更谈不上新、旧刑法学派的争论，这并不说明晚清刑律的变革未受到新旧刑法学派思想争论的影响。事实是，清末的修律者们不仅注意到了西方的刑法学派之争，而且在起草刑律时有所取舍。很难说《钦定大清刑律》是在哪个学派影响下制定的，或者说是哪个刑法学派理论的产物，但的确可以看出新旧学派的痕迹。

一、基本原则

西方三大近代刑法原则对《钦定大清刑律》产生了全面而深远的影响。这三大原则均是西方启蒙思想的产物，是构成近现代刑法的柱石。旧派理论视为圭臬，晚清刑律改革在基本原则的采用上倾向于古典的旧派理论，特别是罪刑法定主义的明确规定，删除比附，禁止类推较集中地体现了旧派的理论。基于三权分立和心理强制理论的罪刑法定主义原则首次引入中国，具有划时代的意义，也体现了古典刑法学派的强大生命力。同时，立法者们也注意到了新派理论关于刑法基本原则含义的诠释，比如，《钦定大清刑律》在吸纳了罪刑相适应原则时，除了旧派的报应论的思想基础外，也接受了新派功利论的思想，注意教育刑的价值，对未成年人犯罪的感化教育便是例证。

二、未遂犯

旧派注重犯罪行为所产生的法益侵害。认为法益之侵害为行为之本质。因此,犯罪行为仅于既遂时,才有处罚之必要。对于重大犯罪,为防止犯罪的发生,也可就犯罪人的危险性给予处罚。新派认为,犯罪的侵害意思是行为人反社会性格的表现,行为的既遂及其结果,并非重要,犯罪意图的显示就是犯罪本质的表现,因此,未遂与既遂在本质上实无差异,两者均应同等予以处罚。《钦定大清刑律》第17条规定:"犯罪已着手,而因意外之障碍不遂者,为未遂犯。……未遂罪之刑,得减既遂罪之刑一等或二等。"此条规定以肯定未遂犯罪受罚为前提,明显地采纳了新派理论。关于这一点,沈家本在立法案语中有详细说明:"未遂罪致罚之主义有二:一,未生既遂之结果,损害尚属轻微,于法律必减轻一等或二等。二,犯人因遭意外障碍乃至不得遂而止,其危及社会与既遂无异故刑不必减。惟各按其情节或可以减轻。此二主义,前者谓之客观主义,后者谓之主观主义。客观主义已属陈腐,为世所非,近时学说及立法例,大都偏于主观主义。本案亦即采此主义。"①

三、不能犯

行为人依犯罪之意思而实行一定之行为,在客体与行为之性质上,从一开始就不能实现犯罪之结果者,称为不能犯,也称不能未遂。旧派学说认为,不能犯的行为未侵害法益,也未对法益构成威胁,这种既不能发生犯罪结果又无危害性的行为,没有处罚的必要。新派认为,行为人的犯罪意思已于外部明显表示出来,其性格的危险性暴露无遗,对不能犯进行惩罚,实属当然。《钦定大清刑律》采纳新派学说,把不能犯视

① 《大清法规大全·法律部》卷十一,法典草案一。

为未遂犯的一种，同样规定在第 17 条中。沈家本解释说："第一项后半，在于不能生结果之情形者。如用少量之毒物，不致于死，及探囊而未得财物之类。在学术上谓之不能犯，其为罪与否颇属疑问，学者之所争论而未决之问题也。然此实应与一般未遂罪同论，故特设此规定。"①

四、共犯

共犯理论是新旧两派争论最为激烈的焦点之一，也是极为复杂的刑法理论问题。

共犯的本质。旧派主张犯罪共同说，即共同犯罪必须是数人共同实行特定的犯罪，或者说二人以上只能就完全相同的犯罪成立共犯罪。行为共同说为新派理论所提倡，该说不要求共同实施特定的犯罪，也不要求数人必须具有共同实现犯罪的意思联络。《钦定大清刑律》第 29 条规定："二人以上共同实施犯罪之行为，皆为正犯。各科其刑。"这是旧派理论的反映。本条规定源自日本刑法规定："二人以上共同实行犯罪的，都是正犯"，"犯罪共同说的观点与这一规定相符合。因为'共同实行'意味着有共同的实行行为，而不同的犯罪有不同的实行行为，故只能就相同的实行行为即相同的犯罪成立共同正犯。"②《钦定大清刑律》也吸收了新派的行为共同说。承认过失共犯。第 35 条规定："于过失罪有共同过失者，以共犯论。"第 34 条规定："知本犯之情而共同者，虽本犯不知共同之情，仍以共犯论。"第 36 条规定："值人故意犯罪之际，因过失而助成其结果者，准过失共同正犯论，但以其罪论过失者为限。"

---

① 《大清法规大全·法律部》卷十一，法典草案一。

② [日]西原春夫：《刑法总论》(下卷)，成文堂 1993 年改订准备版，第 374 页。早稻田司法考试研究室：《刑法总论》，早稻田经营出版 1990 年版，第 215 页。

五、刑罚论

在刑罚论方面，旧派主倡所谓报应刑论以至赎罪论，认为刑罚是对犯罪人所科处的与犯罪行为相均衡的一种恶害，并依此使犯罪人赎罪；还认为刑罚威吓、警戒一般人以期防止将来的犯罪，即所谓的一般预防主义。新派认为刑罚是为了防卫、保全社会，教育犯罪人兼以使其再社会化为目的，与其说威吓、警戒一般人莫如说是使犯罪人自身得到改造，预防犯罪，更为重要一些。新派重在特别预防。新派从犯罪人的社会危险性以至社会适应性出发，提倡刑罚个别化，从扩张法定刑的范围起，更进一步主张采用不定期刑，并认为刑罚与保安过分作为对犯罪人的教育、改造的一个手段来说，其性质是相同的，两者之间具有当然的可代替性。新派提出了缓刑、假释、时效等制度。

关于缓刑制度，它是近代西方刑法中富有促进机能的刑罚制度。无疑它是对短期自由刑所产生的弊端的一种补救措施。对初犯、偶犯或犯罪较微、情节可悯者，免塞其自身之路，予以反省后悔之机。它最早起源于1842年英国的缓予宣告制。1879年的简易裁判法和1888年的初犯者考验法使之法律化。1870年美国于波士顿开始适用缓予宣告制之后，各州相继适用。1878年美国马萨诸塞州制定了保护观察法。1907年，英国制定了保护观察法。1888年法国，1895年德国相继采用缓刑制。1907年日本刑法第四章为“刑之执行犹豫”，第25条规定：“左(下)列之人受三年以下惩役或禁锢或五千元以下罚金之宣告时依情状得自裁制确定之日起于一年以上五年以下之期内犹豫其执行。”第27条规定：“刑之执行犹豫宣告未被取消而经过犹豫之期间时刑之宣告失其效力。”

《钦定大清刑律》第63条规定：“具有下列要件，而受四等以下有期徒刑或拘役之宣告者，自审判确定之日起，得宣告缓刑五年以下、三年以上:(一)未曾受拘役以上之刑者;(二)前受三等至五等有期徒刑执行完毕或免除后逾七年,或前受拘役执行完毕或免除后,逾三年者;(三)有一定之住所及职业者;(四)有亲属或故旧监督缓刑期内之品行者。"第65条规定:"逾缓刑之期而未撤销缓刑之宣告者,其刑之宣告为无效。"沈家本认为规定缓刑制度很有必要,"习染罪恶,不思湔濯,虽不乏人,然亦有出于一时之错误者,若遽投监狱,官吏监督偶弛,往往互相谈论罪恶,是监狱乃研究犯罪之学校也。按列国统计,以平均计算,罪犯百人之中,累犯者居四五十人,而采用此种制之国,于轻微之初犯及本案第六十三条第二款之再犯,不投之于监狱,但警告将来以试验之。其在试验期内,犯罪者常平均计算,百人中仅十五六人。二者相衡,利害得失,了如观火。则此制度为今世舆论所归固宜,故本案采用之。"①

关于假释,它是一种附条件的提前释放,从而补救了长期自由刑的弊端。近代刑法上的假释制度确立于英国,19世纪中叶盛行于西方各国。1820年英国于殖民地奥地利,把流亡的囚徒,附条件地提前释放,乃系假释制度的滥觞。19世纪后期的欧洲国家刑法普遍采用假释制度。日本新旧刑法均有假释制度。1907年日本刑法第五章为假出狱。第28条规定:"被处惩役或禁锢者有悛悔情况时有期经过其刑三分之一后,无期经过十年后得以行政机关之处分许假出狱。"

《钦定大清刑律》66条规定:"受徒刑之执行而有悛悔实据者,无期徒刑逾十年后,有期徒刑逾二分之一后,由监狱官申达法部,得许假释出狱;但有期徒刑之执行未满三年者,不在此限。"沈家本在案语中对假狱的作用及新派的思想做了明确解释:"假出狱者,乃既经入狱之人,其在执行之中尚有悛改之状,姑与以暂行出狱之法,以奖其改悔也。盖入人于狱,古时原欲以痛苦惩戒其人,近年惟以使人迁善为宗旨,故执行

① 《大清法规大全·法律部》卷十一,法典草案一。

刑法之时,倘有人有改过迁善之实即不妨暂令出狱,此其制之所由生也。"①

关于时效,它是刑法中具体的现实刑罚权消灭的原因之一。时效分为刑罚请求权的消灭和刑罚执行权的消灭。两种时效的完成,均须经过一定时间。时效完成后,国家即不行使追诉权和行刑权。它是新派理论的业绩之一。在大陆法系国家中,法国率先采用时效制度,其他各国相继仿效。英、美也随之采用并加以推广。

《钦定大清刑律》第十五章专门规定了时效制度。第69条为追诉时效。第74条为行刑时效。"时效云者,乃泰西旧语。惟本案则新采用也。凡既经过律例预定之时限,则生取得权利或免除义务之效力,此制度谓之时效。……时效有得权时效、免责时效二种。然在刑事法之范围内。无有与得权时效相匹者。惟有属于免责时效一部之公诉时效与行刑时效二种而已。"追诉时效的规定有利于法律的公正与效率,如果不在一定期限内起诉,"则有罪之证据与嫌疑人有利之证据均已散逸,势不得以不确实之证据,而审理判决不确实之人。瞬昧科罚最为刑事所忌。故本案特以第六十九条确定公诉提起权之时效期限也。……行刑权之时效与起诉权之时效不同。须俟有罪之事实既明,刑之宣告已经确定之后,方始适用。故不虑证据散逸。是以其期限较起诉权时效期限延长一倍。有罪之事实即明,刑之宣告已经确定,虽经易数年,仍应执行。然使犯人在第七十四条之长年月间,不受执行而照常生计于社会,因此所生之普通生计关系必已不胜枚举。例如,人于二十岁时,受死刑宣告,乃脱逃后经三十年,是其人年岁已满五十,此其时或已立家室或已就正业,得有相当之地位。倘于此际,以三十年前之罪致之大辟,是直破坏三十年间普遍生计关系。犯人以外之人,虽未身被其

① 《大清法规大全·法律部》卷十一,法典草案一。

刑，而受恶果，或更有甚者，是使人忘刑之威严，而但觉刑之残酷，实非刑事政策所宜。死刑如此，其余可类推矣。”①

① 《大清法规大全·法律部》卷十一，法典草案一。

第三章 《钦定大清刑律》的学术支撑：律学与法学的省思

第一节 中国传统律学

一、中国古代法学的表现形式

在中国，“法”和“学”连在一起，作为一个专门用语来使用，最早在南北朝时代即已出现。[①]《南齐书·孔稚珪传》：“寻古之名流，多有法学。”[②]至唐代，在白居易的《策林四·论刑法之弊》中，有“伏惟陛下，悬法学为上科，则应之者必俊乂也；升法直为清列，则授之者必贤良也”。[③]“法学”一词虽然出现，但极少使用。在中国近代以前的辞书（如《康熙字典》）或现代出版的解释中国古典文献的辞书（如《甲骨金文字典》、《辞源》、《辞海》等）中，是没有“法学”一词的。[④]近现代意义上的“法学”一词是从日本传入中国的[⑤]。中国古代有没有法学呢？何勤华教授根据法学形态理论，认为中国古代无疑已经产生了法学，他从以

---

① 何勤华：《中国法学史》（第一卷），法律出版社2000年10月第1版，第3页。

② （梁）肖子显编：《南齐书》，中华书局1972年版，第837页。

③ 《白居易集》（第四册），顾学颉校点，中华书局1979年版，第1357页。

④ 何勤华：《中国法学史》（第一卷），法律出版社2000年10月第1版，第1页。

⑤ 实藤惠秀著、谭汝谦、林启彦译：《中国人留学日本史》，三联书店1983年版，第329页。

下方面进行了认证:首先,中国古代很早就出现了成文法。其次,中国的法典注释学出现得很早。再次,中国的法哲学出现得也很早,远在西周时代,就出现了"天罚"等法哲学思想。复次,中国古代的法律教育起步也比较早,早在春秋战国即已出现。最后,在中国古代法学研究中,所用的方法也是非常丰富的。何教授认为中国不仅具备了法学存在的必备要素,而且具备了相应的各种一般要素。古代中国人在这个领域创造的如此丰富的思想文化成就,使我们无论如何也无法否认中国古代法学的存在。中国古代不仅存在法学,而且还是一种比较发达的法学形态。①

中国、日本和美国等大部分学者一般都认为,中国古代有法学,而且比较发达、完善,如中国近代著名法学家沈家本先生在《法学盛衰说》一文中,就详细论述了中国古代法学在战国、秦汉、魏晋、隋唐、宋元以及明清等各个阶段的发展过程,并得出了"法学之盛衰,与政之治忽,实息息相通"的著名论断。② 中国现代著名法制史学者陈顾远(1896—1981)先生也在《中国法制史》一书中指出,战国时代是中国古代法学的最盛时期,具体表现为"法理探讨,战国为最著","律文整理,战国集其成"等。③ 此后,中国学者、日本学者、美国学者多认为中国古代有法学。

梁启超先生曾说中国古代只有律家、律学、律治而无法家、法学、法治。④ 近年也有一些青年学者认为,中国古代没有法学,法学是西方文化的产物,是至近代才传入中国的"舶来品"。主张中国古代无法学的

① 参见何勤华著:《中国法学史》第一卷,法律出版社 2000 年 10 月第 1 版,第 37—39 页。

② 沈家本:《历代刑法考》(四),中华书局 1985 年版,第 2143 页。

③ 陈顾远:《中国法制史》,商务印书馆 1934 年版,第 42—43 页。又见《中国法制史概要》,商务印书馆 2011 年版。

④ 参见怀效锋主编:《中国律学丛刊》总序,法律出版社 1999 年 1 月第 1 版,第 9 页。

观点,是以西方近现代法学为参照系的,对此,似有可商榷之处。

首先,关于法学的概念。所谓法学,“亦称法律学,即法律科学的通称,以法律现象及其规律性为研究对象的科学体系,社会科学的重要组成部分。这一术语的广泛使用始自19世纪后期。”[①]西语“法学”一词“表示有系统有组织的法律知识、法律学问”,[②]可见,只要是有系统有组织的法律知识、法律学问,都可以称之为法律科学,也就是法学。因此,法学不仅仅存在于西方。

其次,关于法学形态的演变。“纵观西方法学史,不同时期有不同的法学表现形式。”一般认为,从罗马十二表法(公元前五世纪中叶)颁布后,法学作为一门学科才逐渐形成。[③] 随后出现了神学法学、注释法学、人文法学、自然法学、历史法学、哲理法学、分析法学、目的法学、社会法学、新自然法学等等。很显然,在不同的时期,法学呈现出不同的表现形式。通过法学家的活动和争鸣,法学学科不断得到进化,体现出与时俱进的特征。不难看出,法学是一个历史的概念,它是不断发展变化的,把法学视为一种静止的状态是不符合事实的。同样以西方近现代的法学标准,否定中国古代法学的存在也是不能令人信服的。

最后,关于法学的内容。不同时代的法学,不同区域的法学,其内容是不完全相同的。在古代世界不同地区产生了不同特色的法学。在古代罗马,由于商品经济的高度发达,成文法典的发达,法律与宗教的分离,法律教育的兴起,以自然法为核心的法学观的传播,职业法学家阶层的产生,以及百家争鸣学术研究环境的形成,诞生了西方历史上最早的法学。在中世纪的英国,虽然没有成文法典,但由于在11世纪就发展起了通行全国的普遍法体系,在14世纪又形成了对普遍法起补充

---

① 曾庆敏主编:《法学大辞典》,上海辞书出版社1998年版,第1091页。

② 何勤华:《西方法学史》,中国政法大学出版社1996年6月第1版,第1页。

③ 《法学词典》(增订版),上海辞书出版社1984年12月第2版,第603页。

作用的衡平法体系，开始了对判例的注释和对法律原则的诠释活动，逐渐形成了比较系统的中世纪英国封建法学。中世纪的西欧，由于从9世纪开始基督教会势力的扩张，教会法渊源的丰富，从12世纪就开始了对教会法渊源的注释、汇编和整理工作。加上教会法教育活动以及神学法哲学体系的展开，逐步形成了一个比较完整的教会法学体系。在阿拉伯国家，从8世纪开始，随着人们对其基本法律渊源《古兰经》和《圣训》等的编辑、整理、注释活动的展开，在社会上出现了一个教会法学家阶层，出版了众多的教会法学著作。出现了百家争鸣的局面，并形成了比较系统的带有宗教色彩的注释法学。① 由于各国和各个地区的经济、文化不同，法学也各有特色。事实上，法学的较完善形态只是在现代社会才存在。用现代眼光看，现代法学的源头古代罗马法学也存在诸多缺憾。例如，它没有"法人"和"法律行为"的概念；在法学体系上没有宪法学、行政法学、刑法学、法医学、法史学、法社会学和比较法学等。所有这些学科都是近代以后，随着社会的发展、文明的进步、国家机器的完善逐步形成的。如果我们不会因为罗马法学与近现代法学之间的这些差别而否认古代罗马法学的存在，不会因为古代其它法学与古罗马法学不同而否认其它法学存在的话，我们有什么理由否认中国古代法学的存在呢？

中国古代法学与古代世界其它地区的法学有所不同，也与近现代法学不同。中国古代法学在不同的历史时期有不同的表现形式，先秦时期表现为法理学，后来漫长的封建时代则以律学为其特殊的表现形式。

(一)春秋战国时期的法理学

春秋战国时期，经济基础的变化，新的生产关系的产生和发展，为

---

①　参阅高鸿钧：《伊斯兰法学及主要流派》，载《外国法译评》1996年第1期，吴云贵著：《伊斯兰教法概略》，中国社会科学出版社1993年版。

理论研究提供了丰厚的土壤和宽松的氛围。诸子百家中涉及法律理论与实践的不乏其人。他们对法律的起源、本质、作用以及法律与社会经济、时代要求、国家政权、伦理道德、风俗习惯、自然环境的关系等基本问题都提出了一系列具有合理因素的见解,大大丰富了中国乃至整个世界的古代法学。在这一法学研究的辉煌时期,儒、墨、道、法四家最具代表性,其中尤以儒、法两家影响最大。法家便是以研究法律最为精深而得名。春秋战国时期的法学主要是理论法学,其研究范围为法的一般原理,其表现形式为法理学。从某种意义上说,战国时期的法家实质上是法理学家。相当一部分法家人物手握重权,将法理学的理论与当时的社会实际结合起来,进行了卓有成效的法律实践,并缔造了第一个统一的封建帝国。先秦法家对法理学研究作出了杰出贡献。但随着大一统局面的形成,以研究法理学而见长的先秦法学失去了存在的条件,法学的表现形式开始由法理学转向律学。

1.关于法的起源

法家学派代表人物商鞅认为,人类社会是不断发展的,法也不是一开始就有的,而是经历了一个发生、发展的阶段。“天地设而民生之,当此之时也,民知其母而不知其父,其道亲亲而爱私。亲亲则别,爱私则险,民众,而以别险为务,则民乱。当此时也,民务胜而力征,务胜则争,力征则讼,讼而无正,则莫得其性也。故贤者立中正,设无私,而民说仁。当此时也,亲亲废,上贤立矣。凡仁者以爱利为务,而贤者以相出为道。民众而无制,久而相出为道,则有乱。故圣人承之,作为土地货财男女之分。分定而无制,不可,故立禁。禁立而莫之司,不可,故立官。官设而莫之一,不可,故立君。既立君,则上贤废而贵贵立矣。”①韩非继承了商鞅的观点,进一步指出:在人类的上古时期,曾经有过一

① 《商君书·开塞》。

个因为人口少物品多而没有争夺、从而也不需要法律的阶段："古者丈夫不耕，草木之实足食也；妇人不织，禽兽之皮足衣也。不事力而养足，人民少而财有余，故民不争。是以厚赏不行，重罚不用，而民自治。"[①] 然而，随着社会的发展，人口迅速增加，而财物增长不多，就产生了争夺，因而也就出现了国家和法律。

除法家之外，其他学派也各自对法的起源作出了不同的回答。

墨家学派认为，国家与法起源于为结束天下"一人一义，十人十义"的混乱局面而作出的努力，由于这种努力，产生了天子、三公、诸侯、将军、大夫、乡长、里长，制定了法律和政令。

与法家和墨家一样，儒家学派的代表人物孔子对法的起源也作了系统的阐述："今大道既隐(原始社会解体)，天下为家，各亲其亲，各子其子，货力为己，大人世及以为礼，城郭沟池以为固，礼义以为纪；以正君臣，以笃父子，以睦兄弟，以和夫妇，以设制度，以立田里，以贤勇知，以功为己。故谋用是作，而兵由此起。禹、汤、文、武、成王、周公，由此其选也。"[②]

2.关于法的本质

法的本质，是先秦思想家论述得最为充分的问题。

首先，法是什么？商鞅回答："法者，君臣之所共操也。"[③]韩非指出，"法者，编著之图籍、设之于官府而布之于百姓者也。"[④]"法者，王之本也。"[⑤]以管仲为首的齐国法家也对法作出了详细的解释："法者，天下之至道也，圣君之实用也。""法者，上之所以一民使下也。"[⑥]"法者，

---

① 《韩非子·五蠹》。
② 《礼记·礼运》。
③ 《商君书·修改》。
④ 《韩非子·难三》。
⑤ 《韩非子·心度》。
⑥ 《管子·任法·区言一》。

天下之仪也,所以决疑而明是非也,百姓所悬命也。"[1]"法者,天下之程式也,万事之仪表也。"[2]

除法家之外,墨家学派和儒家学派也对法作出了阐述。如墨子认为:"法,所若而然也"[3];荀子指出:"法者,治之端也"[4]。只是,墨子在这里阐述的法的定义,比荀子和法家学派的要广泛得多,它事实上是指顺从自然界的规律行事。

在对法的定义作出解释的基础上,先秦思想家又对法与平等、法与公正、法的公开性和稳定性等作了阐述。所谓"法不阿贵,绳不挠曲"。[5] "同罪异罚,非刑也。"[6]"为政者不赏私劳,不罚私怨。"[7]"不党父兄,不偏富贵,不嬖颜色。贤者,举而上之,富而贵之,以为官长;不肖者,抑而废之,贫而贱之,以为徒役。"[8]"赏必当贤,罚必当暴"的观点,也体现了墨家学派关于法的平等、公正的主张。而商鞅关于"诸官吏及民有问法令之所谓也于主法令之吏,皆各以其故所欲问之法令明告之"。[9] 以及"国贵少变",[10]儒家学派的"出令不信,刑政放纷,动不顺时,民无据依,不知所力,各有离心。上失其民,作则不济,求则不获,其何以能乐"[11],则分别表述了法的公开性和法的稳定性对于治理国家的重要意义。

---

① 《管子·禁藏·杂篇四》。
② 《管子·明法解·管子解五》。
③ 《墨子·经上》。
④ 《荀子·君道》。
⑤ 《韩非子·有度》。
⑥ 《左传·僖公二十八年》。
⑦ 《左传·昭公五年》。
⑧ 《墨子·尚贤中》。
⑨ 《商君书·定分》。
⑩ 《商君书·去强》。
⑪ 《国语·周语下·单穆公谏景王铸大钟》。

3.关于法的作用

归纳各家的言论,关于法的作用、功能主要体现在四个方面:

第一,“定分止争”。法家认为,人们之间之所以会发生争斗,就是名分未定。商鞅举例说:“一兔走,百人逐之,非以兔可分以为百也,由名分之未定也。夫卖兔者满市,而盗不敢取,由名分已定也。”①

第二,“律度权量”。认为法是一种规范、调整人们行为的尺度、准绳、规则。前述《管子》书中关于法的定义,充分体现了这一点。

第三,“兴功禁暴”。这里,“兴功”,主要指富国强兵。如韩非所言:“国无常强,无常弱,奉法者强则国强,奉法者弱则国弱。”②“禁暴”,是指压迫被统治阶级,使其不要反抗。“凡刑人之本,禁暴恶恶,且征(惩)其未也”。③“昔之能制天下者,必先制其民者也。……民本,法也,故善治者塞民以法。”④

第四,“役民使齐”。对于君王而言,法更是一种役使臣民、使其行为划一的工具。荀子指出:“由士以上则必以礼乐节之,众庶百姓则必以法数制之。”⑤齐国法家指出:“夫法者,上之所以一民使下也。”⑥“不明于法而欲治民一众,犹左书而右息之。”⑦韩非也认为:“夫圣人之治国,不恃人之为吾善也,而用其不得为非也。恃人之为吾善也,境内不什数;用人不得为非,一国可使齐。为治者用众而舍寡,故不务德而务法。”⑧

---

① 《商君书·定分》。
② 《韩非子·有度》。
③ 《荀子·正论》。
④ 《商君书·画策》。
⑤ 《荀子·富国》。
⑥ 《管子·任法》。
⑦ 《管子·七法》。
⑧ 《韩非子·显学》。

4.关于法的进化理论

商鞅指出:以往有作为的政治家,都是"各当时而立法,因事而制礼;礼法以时而定,制令各顺其宜"。故"治世不一道,便国不必法古"。[①]"圣人之为国也,不法古,不修今,因世而为之治,度俗而为之法。"[②]韩非也指出:"治民无常,唯治为法。法与时转则治,治与世宜则有功。……故圣人之治民也,法与时移而禁与能变。"[③]

法的进化理论,不仅仅是法家的主张,儒家后学和道家也有类似的观点。如荀子明确提出了"法后王"的主张:"欲观圣王之迹,则于其粲然者矣,后王是也。彼后王者,天下之君也,舍后王而道上古,譬之是犹舍己之君而事人之君也。"[④]道家学派的"天下万物生于有,有生于无,"[⑤]"合抱之木,生于毫末"等,[⑥]也表述了相同的观念。

(二)传统律学与法学

传统律学和法学的关系问题,是法史学界关注的问题之一。它是法史研究不可回避的课题。1995年张晋藩先生在《清代律学及其转型》一文中论述了律学与法学的关系。"传统律学是指中国古代律学而言,其内容以刑名律学为主,但又不限于刑名律学,是涵盖一些部门法的大法文化苑。由于法学的概念是近代海禁大开以后,西方输入的文化范畴,在古代是没有的,因此传统律学可以说是中国古代特定历史条件下的法学,传统律学所达到的高度,是衡量中国古代文化发展程序的重要尺度。"[⑦]1997年张先生在《中国法律的传统与近代转型》一书中进

① 《商君书·更法》。
② 《商君书·壹言》。
③ 《韩非子·心度》。
④ 《荀子·非相》。
⑤ 《道德经第四十章》。
⑥ 《道德经第六十四章》。
⑦ 张晋藩:《清代律学及其转型》,《求索集》,南京大学出版社1996年第1版,第561页。

一步阐述了这一观点，“律学是中国古代法学的集中代表”，“中国古代‘以刑为主’的传统法律体系，也使中国古代律学显示出重刑轻民的倾向。从某种意义上说，律学就是刑法学。其主要内容是刑法以及与之密切相关的刑事诉讼法学。”①就联系而言，张先生认为，律学是中国古代法学的集中代表，中国古代有法学也有律学，法学贯穿中国古代社会，但由于中国古代社会“重刑轻民”，所以律学最发达，但律学也是法学的一部分，是法学的特殊表现形式。两者的区别也是明显的，律学重刑法，法学重法理。律学为适用法律服务，法学重在明理。律学的内容比较具体，法学的内容较抽象。如果法学是大范畴，律学是其中主干部分。律学与法学的特定联系不能相混，只有律学没有法学不符史实，只强调法学而忽略律学不是事实。张先生的论述，精当地概括了律学与法学的关系。

“秦自商鞅变法改法为律为律学的产生和发展提供了载体”。② 商鞅改法为律的目的是强调律的统一适用，为此需要准确地解释法律。律学一开始便以官方的面目出现。秦朝的建立更需要法令的统一。“民有欲学法令者以吏为师”，“法律答问”便是官方对法律的解释。律学一出现便侧重实用，欣欣向荣的法理学研究逐渐被“刑名法术”所取代。这一时期由于立法、司法及法学研究均由法家思想支配，律学没有多大的发展空间，对律文的章句解释被作为总的“治国方术”的法家学说所涵盖，无法也不需要发出自己的声音。

在制度上汉承秦制，但在治国指导思想上西汉开始舍法取儒。汉武帝后标明了儒家思想的正统地位。统治者面临的问题是如何把正统的儒家思想贯彻到法律领域。障碍之一便是以法家思想为指导建立起

---

① 张晋藩：《中国法律的传统与近代转型》，法律出版社1997年版，第152页。

② 张晋藩：《中华法制文明的演讲》，中国政法大学出版社1999年版，第9页。

来的既有法律体系。既不能继续严格按法家的法办案,又无法在短期内建立以儒家思想为指导的新的法律体系。在此背景下以经决狱应运而生。它较好地解决了上述矛盾,以经决狱的盛行,推动了经学的发展,进而以经注律成为时尚。瞿同祖先生评价这一现象时说:"儒家对法律发生兴趣,而为法律章句,是极可玩味的事,王充云:'法律之家亦为儒生',其言大可注意。法律在儒家注解下,恐已非本来面目,他们可能利用解释法律的机会左右法律。同一法律条文因注释不同而改变其内容在历史上常有其例。"他还说:"法律已经颁布不能随意更改,在此情形之下,注释法律是最好的办法。"[①]汉代指导思想的转向为律学提供了美好的学术前景,以经决狱的司法实践搭建了律学宽广的社会舞台。律学的指导思想也开始由法家思想向儒家思想转变。此时的律学依附于经学而存在。

张先生认为,"魏晋律学是中国传统律学的重要发展阶段",[②]在封建法典走向成熟封建法律进一步儒家化的同时,律学得到了空前的发展并且有鲜明的时代特色。张先生把这一时期的律学特点概括为四个方面:"第一,更集中于对现行律文注释,成为名副其实的注释律学。第二,律学逐渐摆脱对经学的附庸地位,发展成为相对独立的学科。第三,由私家解律复归于官方注释。第四,注释内容趋于规范化、科学化。"[③]这是一个长期分裂动荡的历史时期,为确保政权的相对稳定和争雄于世,作为"治世之具"的法制得到了进一步加强。魏、晋律是带有总结性的产物,尤其是北齐律无疑是隋唐律的蓝本。此时的律学也在总结过去经验的基础上剔除了很多神秘主义的东西,较多地讲究法理,形成了一些为后世注律者所沿用的规范性解释。

---

① 瞿同祖:《中国法律与中国社会》,商务印书馆 2010 年 12 月第 1 版,第 382 页。
② 张晋藩:《中华法制文明的演进》,中国政法大学出版社 1999 年版,第 9 页。
③ 张晋藩:《中华法制的传统与近代转型》,法律出版社 1997 年版,第 115 页。

“唐朝著名的《永徽律疏》是中国古代律学的最高成就”。[①] 唐代是中国封建社会盛世，典章制度臻于定型，以《永徽律疏》为代表的唐代律学标志传统律学的成熟。朱勇教授认为“《唐律疏议》集律学之大成”，它在“阐发律意”、“协调标准”、“释注方法”诸方面体现律学的进步。[②] 唐代律学既有对于法律精神、法律原则与法律术语的规范性解释，也有对实际操作中可能发生的问题的预见和处理。它的完成不仅使科举明法有依据，而且为断狱者提供了准绳，它代表着中国律学的最高成就。宋代律学因袭唐旧，因时制宜的可变因素由“编敕”来体现。[③] 元代律学开始衰微，明代律学复苏，《大明律》对唐律的发展表明了明初律学研究的独到与精深。

清代律学集传统律学之大成，是中国历史上私家注律的鼎盛阶段。随着中华法系的解体，传统律学走向终结。然而就在传统律学终结之时，达到了前所未有的发达高度，犹如落日般辉煌。清代律学官私并举、流派纷呈；考证详审、阐释细微；源于传统、超越传统；群书竞献，各领风骚。如此美丽而奇特景观的出现，当有其独到的原因。张先生曾对此作过潜心研究，他认为清代律学的昌盛有其深刻的社会历史根源。主要包括：第一，清朝统治者从努尔哈赤到光绪帝都重视法律的作用，并强调任人执法，因此需要通过注释律学阐明律意，提高读书不读律的官僚队伍素质，更好地实现司法机关的职能。第二，清代私家注律的发展是建立在先前法律成果的基础上的，明中以后私家注律的特定思想文化资料给清代私家注律的发展提供了重要的前提。第三，清朝是政治、经济、文化高度统一的多民族国家，统一适用法律至关重要。为此

---

① 张晋藩：《中华法制文明的演进》，中国政法大学出版社 1999 年版，第 9 页。

② 张晋藩主编，林中、朱勇副主编：《中国法律史》，法律出版社 1995 年 6 月第 1 版，第 159—203 页。

③ 怀效锋主编：《中国律学丛刊》总序，法律出版社 1999 年 1 月第 1 版，第 4—5 页。

就需要加强中央政府对于统一适用法律的指导作用,就需要详细注解现行法律,以便于地方官准确地理解和掌握现行法律的法意、原则与重要内容。第四,清朝的立法体制与律例关系的复杂化,也推动了注律的兴起。第五,清代社会经济仍有相当的发展余地。一系列的社会经济政策的推行产生了一系列的社会关系,客观上要求清代律学家面对新的社会需要展开新的注律工作。[①] 上述因素编织了清代注释律学发达的社会背景。

清末随着政治及法律制度的变革,西学东渐,传统律学也开始转型。在东西法律文化的冲突与融合的大潮中。固有的纲常观念被突破,研究对象由刑律扩到六法,研究层次也由实用到理论。作为中国传统法学的特殊表现形式的律学走向了近代法学。

二、中国古代律学的基本特征

传统律学通过解释法律谋求统一的法律适用,服务于专制主义国家政权。传统律学内涵及其特点,都是由国情决定的。张晋藩先生在《清代律学及其转型》一文中从七个方面概括了传统律学与国情的联系。[②] 何勤华教授通过比较中国古代法学与古代罗马法学、伊斯兰法学和近代西方法学在法学各形态要素上的异同,认为中国古代法具有六个方面的特点。[③] 纵观中国古代法学的特殊表现形式律学的发展演变历史,可从以下几个方面,认识中国传统律学的基本特征。

第一,中国古代律学,是建立在以小农经济为基础的封建经济基础之上的。商品交换不发达,宗法制度影响深远。法律成为维护统治确

---

① 张晋藩:《清代律学及其特型》,《中国法学》1995年第3、4两期。

② 参见张晋藩著:《清代律学及其转型》,载《求索集》,南京大学出版社1996年版,第562—565页。

③ 参见何勤华著:《中国法学史》第一卷,法律出版社2000年,第39—44页。

保社会长治久安的工具。臣民只有法律义务，而无法律权利。对法律公平、正义等价值缺少探讨。中国古代律学的这一特点，某种程度上讲也是影响其它方面特点的一个很重要的原因。

第二，中国古代律学反映了封建专制主义的政治与文化政策。中国专制主义的政治集中反映为大一统的皇权统治。律学所追求的统一适用法律就是服务于大一统的皇权统治。以百花齐放、百家争鸣为表现形式的学术自由，虽然不是律学存在的必备要素，但却是律学发达和繁荣的重要条件。中国历史上可以自由发表学术见解的时代是很少的，为时也是很短的。在漫长的封建时期，学术是不自由的，文化的专制纳士大夫的思想于一轨，禁止自由意志的抒发。

第三，中国古代律学显示重刑轻民倾向。中国古代很早就出现了成文法典，并且在以后的发展中绵延不断。但中国法典都是刑法典或以刑法为核心的法典，调整民事关系的私法规范很少。法律以惩治危害国家的犯罪行为为首要任务，民事关系的调整让位于非法律的道德规范。中国古代比较发达的法律注释学只能是刑法注释学，这与以私法为核心的古代罗马法学和近现代法学区别很大。

第四，中国古代律学受经学指导。经学是封建时期的政治学术。从汉代的说经解律到晚清注释律学，一直贯穿了礼法结合、任法与任礼并举的精神。不论律学是依附于经学而存在，还是独立有专门的学术门类，它都受经学的指导。律学家们的释律活动要奉礼不违礼，违礼的解释是无效的，律学与经学的发展演变轨道基本上是一致的。律学缺乏独立的学术品格，制约了中国律学的独立成长，最后随经学的衰亡而衰亡。

第五，律学的发展受到国家的宏观控制。律学基本上是官学，私家注律只是国家注律的补充。随着专制主义的强化，国家对律学的干预和控制日益加强，以确保其发展方向符合国家的利益。因此，从汉晋隋唐以来即以官府注释为基本形式。明清时期国家对适用法律的要求更为迫切，对律学的期望值也愈来愈高，因此鼓励私家注律以补官府注律之不足，但不得逾越国家宏观控制限度，不得违背传统的法律意识和礼的基本规范，不得别立异端思想。

第六，律学重经验，轻理性。律学是适应司法实践的要求而发展起来的，是注律者从事刑名断狱的经验的积累和总结，因而以经验主义的特色著称，缺乏抽象的思辨内涵。问题的提出源于经验。注释的内容根据司法实践的心得体会。注释法律的人主要是身兼二任的具有实践经验的官员。律学的应用价值超过了它的学术价值。

第七，律学家未形成职业集团。古代中国从事律学事业的职业律学家数量不多，绝大部分律学家不专门从事法律教育和法律著述事业而只是一批官僚，或者是文学家、哲学家，如东汉著名律学家郑玄是官僚、经学大师，马融是官僚、经学家和文学家，西晋著名律学家杜预，则是大将军、经学家，《唐律疏议》的主要编纂者长孙无忌是初唐的大官僚，其他法律思想家如韩愈、柳宗元、白居易等也是文学家、哲学家和诗人。像担任法官职务又从事立法、法律著述的郭躬、张斐、陈宠等，人数不多。而完全不担任官职，专心致志于法律教育和法律研究的人，如古罗马盖尤斯那样的法学家更是凤毛麟角。总之，中国古代了解律学的人不在少数，但律学家兼职的多，专职的少；为官者多，为民者少。形成不了律学家阶层和团体，难以推动律学向纵深方向发展。“中国古代独立的纯法学理论著作很少，有相当多的作品往往是法学、哲学、文学、经济互相混合，如《管子》、《韩非子》等。即使是最为完善的《唐律疏议》，也主要是法典注释型作品，像上述古代罗马法学家盖尤斯的《法学阶梯》那样的法学理论体系著作，中国一部也没有。”①的确，中国古代未

① 何勤华：《中国法学史》（第一卷），法律出版社 2000 年 10 月第 1 版，第 44 页。

曾出现古罗马时代那样的群体的职业法学家阶层。

三、从《春秋决狱》佚文看汉代经学对律学的影响

《汉书·艺文志》载有《公羊董仲舒治狱》16篇,《后汉书·应邵列传》亦载:"故胶西相董仲舒老病致仕,朝廷每有政议,数遣廷尉张汤亲至陋巷,问其得失。于是作《春秋决狱》232事,动以经对,言之详矣。"《春秋决狱》今已失传,仅存六则案例散见于其它典籍之中。①

案例一

时有疑狱曰:"甲无子,拾道旁弃儿乙养之以为子,及乙长,有罪杀人,以状语甲,甲藏匿乙,甲当何论?"仲舒断曰:"甲无子,振活养乙,虽非所生,谁与易之。《诗》云,螟蛉有子,螺嬴负之。《春秋》之义,父为子隐。甲宜匿乙而不当坐。"②

案例二

甲有子乙以乞丙,乙后长大而丙所成育。甲因酒色谓乙曰:"汝是吾子。"乙怒杖甲二十。甲以乙本是其子,不胜其忿,自告县官。仲舒断之曰:"甲生乙不能长育以乞丙,於义已绝矣。虽杖甲,不应坐。"③

案例三

君猎得麑,使大夫持以归。大夫道见其母随而鸣,感而纵之。君愠,议罪未定。君病,恐死,欲托孤幼,乃觉之大夫其仁乎,遇麑以恩,况人乎,乃释之以为子傅。於议何如?董仲舒曰:"君子不麑不卵。大夫不谏,使持归,非义也。然而中感母恩,虽废君令,徙之可也。"④

---

① 程树德:《九朝律考》,商务印书馆2010年12月第211页,沈家本《汉律摭遗卷》载《历代刑法考》下卷,商务印书馆2011年版,第373页,均考证《春秋决狱》已失传,只存六则案例。

② 《通典》六十九:东晋成帝咸和五年散骑侍郎乔贺妻于氏上表引。

③ 《通典》六十九:东晋成帝咸和五年散骑侍郎乔贺妻于氏上表引。

④ 《白贴》二十六引。

案例四

甲为武库卒，盗强弩弦一，时与弩异处，当何罪？论曰："兵所居比司马，阑入者髡，重武备，责精兵也。弩蘗机郭弦轴异处，盗之不至盗武库兵。"陈论曰：大车无？小车无？何以行之，甲盗武库兵，当弃市乎？曰："虽与弩异处，不得弦不可谓弩，矢射不中，与无矢同，不入与无镞同。律曰，此边鄙兵，所盗赃值百钱者，当坐弃市。"①

案例五

甲父乙与丙争言相斗，丙以佩刀刺乙，甲即以杖击丙，误伤乙，甲当何论？或曰，殴父也，当枭首。论曰："臣愚以父子至亲也，闻其斗，莫不有怵怅之心，扶杖而救之，非所以欲诟父也。《春秋》之义，许止父病，进药于其父而卒，君子原心，赦而不诛。甲非律所谓殴父，不当坐。"②

案例六

甲夫乙将船，会海风盛，船没溺流死亡，不得葬。四月，甲母丙即嫁甲，欲皆何论？或曰，甲夫死未葬，法无许嫁，以私为人妻，当弃市。议曰："臣愚以为《春秋》之义，言夫人归于齐，言夫死无男，有更嫁之道也。妇人无专制擅恣之行，所以为顺，嫁之者妇也。甲又尊者所嫁，无淫行之心，非私为人妻也。明于决事，皆无罪名，不当坐。"③

(一)《春秋》决狱使儒家的某些经义变成了司法准则，影响了中国封建法律的基本走向

法律发展的一般规律是由野蛮逐步走向文明，中国封建法制的文明进程与封建法律的儒家化同步进行。而《春秋》决狱恰是中国封建法律儒家化的第一步。从一定意义上说，《春秋》决狱影响了封建法制的文明进程。

---

① 《白贴》九十一引。

② 《御览》六百四十引。

③ 《御览》六百四十引。

董仲舒是《春秋》决狱的倡导者，但以经决狱者决非董仲舒一人，也非仅仅发生在两汉时期。如公孙弘“习文法吏事而又缘饰儒术”[①]，儿宽“以古法义决疑狱”[②]。“步舒至长史，持节使决淮南狱，于诸侯擅专断，不报，以《春秋》之义正之，天子皆以为是。”[③]散见于史书中的记载相当多，不一而足。三国以后的晋、北魏、北齐、北周直到唐朝都有《春秋》决狱的事例。[④]《春秋》决狱的盛行，一方面固然出于统治者的提倡，另一方面说明，儒家经义中的政治法律意识，迅速得到当时的中国社会文化的认同。

亲亲相隐。“父子相隐”的思想在儒家经典《春秋》、《论语》中早有体现，但孔子所处的时代，法家思想占主导地位。法家奖励告奸，知情不报会被“连坐”。孔子的“父子相隐”思想在当时的条件下只能是一种愿望而已，是董仲舒将这一理论应用于司法实践。案例一“养父藏匿养子”案件的处理首开“亲亲相隐”之先例，继而进一步被最高统治者所认可。汉宣帝本始四年诏：“自今子首匿父母，妻匿夫，孙匿大父母。皆勿坐。其父母匿子，夫匿妻，大父母匿孙，罪殊死，皆上请廷尉以闻。”[⑤]法律上正式认可了“父子相隐”原则。此后，历代法典中几乎都有类似的规定，且相隐的范围越来越大，《唐律疏议》有“同居相为隐”条，《宋刑统》中有“有罪相容隐”条。明、清亦有类似规定。从孔子伦理道德规范中的“父子相隐”到法律原则的“亲亲相隐”，董仲舒“养父藏匿养子”案的判决起到了承前启后的作用。同时，此案的判决，奠定了后来收养关系的理论基础。唐宋法律规定，原则上不准收养异姓男，但是“其遗弃

---

① 《汉书·公孙弘传》。

② 《汉书·儿宽传》。

③ 《史记·儒林列传》。

④ 华友根：《西汉〈春秋〉决狱及其历史地位》，载《政治与法律》1994年第5期。

⑤ 《汉书·宣帝纪》。

小儿三岁以下，虽异姓，听收养，即从其姓”。[①] 之所以要将收养异姓男的年龄界限定在三岁以下，《唐律疏议》与《宋刑统》均作了立法解释：“其小儿年三岁下，本生父母遗弃，若不听收养，即性命将绝，故虽异姓，仍听收养。”这种理由与董仲舒断案时所说的“振活养乙”的思想完全一致，都表达了儒家伦理法律观中认定收养关系的一个主要原则，即收养者对被收养者要尽“养”的义务，而三岁以下的被收养者最需要养。养父子尽了养的义务之后，养父母与养子女的权义关系就等同于亲生父母与子女的权义关系，法律应确认保护这种关系。[②]

原心定罪。原心定罪也称“原情定过”、[③]“原心省意”[④]。董仲舒通过《春秋》决狱创制了“原心定罪”理论，原，即寻找犯罪的原因，[⑤]心，即主观意志。所谓“原心定罪”，就是说断狱除考虑犯罪事实外，还要根据犯罪者的主观罪过对案件进行综合判断。他在《春秋繁露·精华篇》中说：《春秋》之决狱也，必本其事，而原其心。案例五“子误伤父”案中具体体现了董氏的这一论点，“原心定罪”对封建司法活动产生过一定影响，也引起过争论。董仲舒倡导“原心定罪”是有针对性的。汉武帝时期，基本上仍是重刑政策，“秦有十失，其一尚存，治狱之吏是也”，[⑥]断狱不分析犯罪的动机、目的，实行客观归罪，加上治狱吏“上下相驱，以刻为明”[⑦]，断狱从重成习。在当时特定的条件下，“原心定罪”是有一定进步意义的。从法学角度来看，“原心定罪”强调定罪量刑时，应当

---

① 《唐律疏议·户婚》。
② 于逸生：《〈春秋决狱〉简析》，载《求是学刊》，1989年版。
③ 《后汉书·霍谞传》。
④ 《论衡·答佞》。
⑤ 《汉书·薛宣传》师古注。
⑥ 《汉书·刑法志》。
⑦ 《汉书·刑法志》。

“本其事原其志”也是合理的。[1]

妇人听从为顺，无专制擅恣之行。案例六寡妇改嫁案的处理，体现了对女子的同情，强调妇人以听从为顺，寡妇由其母所嫁，她本人无淫乱之心。既是“父母之命”，妇人只好顺从，不得自专。董仲舒在其所撰的《春秋繁露》中说，妇女在怀孕、生养、哺乳时期，根据《春秋》决狱之义，应该讲德爱而不用刑罚。透过此案的判决，封建的恤刑原则已初见端倪。

（二）《春秋》决狱促进了法律解释学的发展

《春秋》决狱，虽得以经代律，但只在一定条件下，针对具体案件而为之，经义毕竟不是法律，以经所决案件尚不具备当然的普遍约束力。因此，东汉开始，众儒生倾心律学，许多经学家开始注释汉律，兴儒生注律之风，“家数十万言”，尤以大儒马融、郑玄影响最大，东汉王朝确认他们的解释具有法律效力，特别是郑玄的解释更被认可为标准的解释，普遍为司法实践所引用。此后，又有张斐、杜预注晋律，唐代长孙无忌等人集法律注释学之大成，撰写了《唐律疏议》。

秦时，不许私人任意解释法律，只能由国家任命的专门“法官”、“法吏”做这件事，“民以吏为师”。汉代儒生通过注释，插足立法，援引伦理经义以释律意，推进了法律的儒家化。与此同时，一些法律世家也尽释前嫌，以精通儒经为荣，主动引经义入律，使原属儒家道德规范的内容逐步变成法律条文。法典伦理化与伦理法典化同时进行。《春秋》决狱呼唤出法律注释学，法律注释学的发展推动了中国封建法律的儒家化。从此，中国封建法律走上了法律伦理化、伦理法律化的漫漫长路。

四、《唐律疏议》的律学成就

传统律学发展到唐代，已蔚为壮观。唐律以其斐然的成就和鲜明

---

① 高恒：《秦汉法制论考》，厦门大学出版社 1994 年版。

的特点而成为中华法系的代表,中国封建法典的楷模。唐律之影响从某种程度上说也是唐代律学的影响。唐律因疏议而光彩大增,律学因唐律而声名远播。《唐律疏议》集先前律学之大成,将传统律学推向了新的高度。

(一)在指导思想方面,《唐律疏议》实现了先前律学家的夙愿,完成了中国封建法律儒家化的过程,使"德礼为政教之本,刑罚为政教之用"的德刑基本关系法律化,并兼容他家思想,丰富了正统律学世界观。

儒家思想自汉武帝时便标明为正统的指导思想。从那时起,儒家的道德伦理关系逐步向法律制度渗透,由此出现了汉代法律内容和原则的诸多变化。但就整体情况而言,汉代的法律制度还是法家思想支配下的秦代的法律制度的延续。在"罢黜百家,独尊儒术"之后,法律制度与正统的指导思想产生了矛盾。统治者既不能严格按法家的法律制度办事,又无法在短期内把儒家的指导思想较多地贯彻到法律规范中去,因而出现了以经决狱这一特殊的司法形式。通过以经决狱既规避了法律制度中有悖儒家思想的法律规定,又在司法领域弘扬了新的治国指导思想,以经决狱活跃了东汉的"经义解律"活动。到了晋朝,张斐、杜预兼汉世律家诸说之长,为晋律作注,进入了以经释律阶段。尽管有些儒家伦理思想已变成了法律条文和原则,如"八议""官当"入律、准五服以制罪原则的确立等。但这一时期尚未见法律内容中直接宣称儒家思想为立法指导思想。真正标明旗帜的,就目前资料所见,首推《唐律疏议》。

《名例》①篇明确提出:"德礼为政教之本,刑罚为政教之用,犹昏晓阳秋相须而成者也。"此言俨然如董仲舒"德主刑辅"思想法典化,孔子

① 以下所引《唐律疏议》内容只引篇名,均出自刘俊文点校,中华书局 1983 年版《唐律疏议》。

“道之以德，齐之以礼，有耻且格”思想法律注释。“论者谓唐律一准乎礼，以为出入得古今之平”。[①] 李光灿认为，《唐律疏议》几乎把一切伦理纲常、礼节仪式全部囊入注文之中。作为道德规范的“礼”与国家法律已经完全融为一体，“三纲五常”、“忠孝观念、尊卑等级、宗法家族等一切原本属于道德伦理范畴的因素，都成了法律的基本原则。”[②]儒家正统指导思想到唐代正式法典化，同时也完成了封建法律以经决狱、以经注律和以经立法的儒家化全过程。唐代律学家通过“疏议”对儒家思想的指导地位和统治者的立法动机进行了详细说明。

宗法制是儒家思想的重要组成部分，也是唐律所贯穿的基本原则之一。“疏议”以很大的篇幅加以反复强调，“以法律形式明文肯定，大力维护宗法制度，迄今所见保存最完整者，殆非《唐律疏议》莫属。”[③]《户婚》篇规定：“诸立嫡违法者，徒一年。即嫡妻年五十以上无子者，得立庶以长，不以长者亦如之。”疏议曰：“立嫡者本拟承袭。嫡妻之长子为嫡子，不依此立，是名违法，合徒一年。‘即嫡妻年五十以上无子者’谓妇人年五十以上不复乳育，故许立庶子为嫡。皆先立长，不立长者亦徒一年，故云‘亦如之’。依令：无嫡子及有罪疾，立嫡孙；无嫡孙，以次立嫡子同母弟；无母弟立庶子；无庶子，立嫡孙同母弟；无母弟，立庶孙。曾、玄以下准此。无后者为户绝。”疏议者深明宗法制度“宗子”之重要，通过疏议阐明了“立嫡”的意义，以嫡为庶，以庶为嫡都是犯罪。在《户婚》篇中又重申了《户令》的养子原则，即“无子者，听养同宗于昭穆相当者。”即使养子也要遵守宗法制度的原则，养子是为了继承本宗。违令养子有悖宗法制度，是犯罪行为。

等级特权法律思想是儒家学说的重要内容，为具有不同身份的人

① 《四库全书总目》。

② 曹漫之译注：《唐律疏议译注》，吉林人民出版社 1989 年版。

③ 陈戍国：《从〈唐律疏议〉看唐礼及相关问题》，载《湖南大学学报》1999 年第 1 期。

设定不同的权利和义务是唐律的一项原则。《名例》篇在解释“八议”条款时，引入礼的规定：“《周礼》云：‘八辟丽邦法’。今之八议，周之八辟也。《礼》云：‘刑不上大夫’。犯法则在八议，轻重不在刑书也。……此谓重亲贤，敦故旧，尊宾贵，尚功能也。”《名例》篇“十恶”条在解释“大不敬”时，再次说明：“礼者，敬之本；敬者，礼之舆。故《礼运》云：‘礼者，君之柄，所以别嫌明微，考制度，别仁义。’责其所凶既大，皆无肃敬之心，故曰在不敬。”

唐律中不少条文的内容反映了儒家的伦理道德观念，但律文仅限列举罪状及处罚，疏议则进一步说明了立法理由。如《名例》篇“十恶”条“闻夫丧匿不举哀，若作乐，释服从吉及改嫁”，均构成“不义”之罪。“疏议曰：夫者，妻之天也。移父之服而服，为夫斩衰。恩义既崇，闻丧即须号恸。而有匿衰不举，居丧作乐，释服从吉，改嫁忘忧，皆是背礼弃义，故俱为十恶。”唐律在《名例》篇“十恶”条不孝罪名之下，加入别籍异财罪状。疏议对此加以说明：“祖父母、父母在，子孙就养无方，出告反面，无自专之道。而有异财、别籍，情无至孝之心，名义之俱沦，情节于兹并弃，稽之典、礼，罪恶难言。”

唐律及其律疏中还涉及到祭祀之礼、丧葬之礼、婚姻之礼、饮食之礼、学校之礼、仪卫之礼、宗教之礼、外交之礼等。

唐律疏议“一准乎礼”但并不仅仅只准乎礼。疏议维护儒术正统地位的同时也兼容了其他学说的长处，对有利于统治的非儒家思想也予重视。疏议在开篇的序论中便用了昏晓阳秋比喻德刑关系，又进一步援引经典为据，“《易》曰：‘天垂象，圣人则之’。观雷电而制威刑睹秋霜而有肃杀。”从而体现了阴阳五行及天人感应的思想。“以刑去刑，以杀止杀”，“刑罚不可驰于国，笞捶不得废于家”。吸取了法家“以刑止刑”的刑法理论。在《贼盗》篇规定：“诸盗、毁天尊像、佛像者，徒三年”。疏议把天尊、佛像视为先圣形象与孔丘并列，而予特别保护，表明了统治者对道教和佛教的应有尊重。

（二）在法典结构上，《唐律疏议》采用了律文、注文、律疏三位一体的法典编纂新模式。

唐代的刑律在永徽四年之前，都没有疏文，但一直设有注文，《武德律》、《贞观律》及《永徽律》都是这样。永徽四年开始，刑律才有了疏文。[①] 在律学相当发达的晋代，"患前代律令本注烦杂，陈群、刘邵虽经改革，而科网本密，又叔孙、郭、马、杜诸儒章句，但取郑氏，又为偏党，未可承用。于是令贾充定法律。"[②]晋代律学大师们在过去章句的基础上，正式从律学的角度注释法律，其注文与律文同时颁行具有同等的法律效力。因资料所限，难以确知晋代是律文全释还是部分注释，笔者觉得当时尚无逐条逐句注释律文的必要，张杜注律所要解决的主要问题，一是律意本身的疑难问题，二是律意与儒家思想不和谐的问题。解决这些针对性的问题只要针对具体条文注释即可，这种对律文局部进行注释的形式一直流传下来。敦煌发现的贞观年间的《捕亡律》片断上，各律条之中就已有注文。《唐律疏议》中的注文，是对律文含义的补充及适用的说明。如《名例》篇"十恶"条规定："二曰谋大逆。（注：谓谋毁宗庙、山陵墓及宫阙）"经注文解释可明确"大逆"罪名是专指毁坏皇家宗庙、陵墓及宫殿等犯罪。又如《职制》篇规定："诸有所请求者，笞五十；（注：谓从主司求曲法之事。即为人请者，与自请同。）主司许者，与同罪。（注：主司不许及请求者，皆不坐。）"前注是"请求"罪的概念及对犯罪主体范围的说明，后注是对犯罪构成的说明。永徽四年之所以在原注文的基础上全面疏议，直接原因是因为随科举制度施行，国家需要为考生提供标准解释，过去的注文，只有重点、难点释义，满足不了这一

---

① 钱大群：《〈唐律疏议〉结构及书名辨析》，载《历史研究》2000年第4期。

② 《晋书·刑法志》。

新的社会需求。皇帝遂下令逐字逐句阐述律文，并对过去的注文一并解释。律疏的作用正是对律与注全文解释，在律义内容上达到最大的深度与广度。《名例》篇卷首的疏文说："远则皇王妙旨，近则萧、贾遗文，沿波探源，自技穷叶，甄表宽广，裁成简久。"长孙无忌的《进律疏表》中又说："摭金匮之故事，采石宝之逸书，捐彼凝脂，敦兹简要，网罗训诰，研核丘坟。"对唐律进行疏议是一次规模宏大的学术和政治活动。

就律疏本身结构而言，它由"议"和"问答"两部分组成，律疏的意图通过"议"及"回答"来实现。从内容上看，"议"与"回答"在同等地位不同层面上解释律文，前者以议论阐发之形式着重解释律的本文，而后者则以答问的形式着重解释运用中的问题。虽然大部分律疏中没有"回答"，但不能由此而否认"问答"的地位和作用。

在法典编纂方式上，《唐律疏议》的主要贡献有三：一是创造了注律新形式——律疏，通过律疏全面解释律文和注文；二是把"问答"作为律疏的重要组成部分，并用来解释用"议"所难以解释的问题；三是创立律文、注文、律疏三位一本的法典编纂新模式，并构成了解释层次上的从点（注）到面（议）再到点（问答）的递进关系。

（三）在处理不同法律形式相互关系方面，《唐律疏议》注重标准的统一与协调。

唐代法律形式有律、令、格、式。不同形式的法律在内容上各有侧重，在调整手段上互有区别，但就其调整对象而言，不同形式的法律所涉及的社会关系常有交叉和重复。当同一社会关系分别由不同的法律形式调整时，就需要在不同形式的法律之间，确立一个可以相互参照的统一的标准。另外，律典本身的内容十分丰富，在处理篇与篇之间、条文与条文之间的关系时也要有一个统一的标准。《唐律疏议》通过对律文和注文的解释，妥善处理了律与令、格、式之间以及律典内部的协调与统一。

唐令多涉及国家制度和行政原则，其中大量条文具体规定了各级行政机构的职责、行政活动的程序等。唐律中的《职制》篇规定了对于严重违犯法定行政秩序行为的刑事处罚，在这些涉及相同调整对象的法律规范中，律、令存在一些不一致的现象。《唐律疏议》通过征引“令”的规定弥合了律、令之间的不一致。比如，《职制》篇“官限满不赴”规定：“诸之官限满不赴者，一日笞十，十日加一等，罪止徒一年。即代到不还，减二等。疏议曰：依令，之官各有装束程限。限满不赴，一日笞十，十日加一等，罪止徒一年。其替人已到，淹留不还，准不赴任之程，减罪二等。其有田苗者，依令：‘听待收田讫发遣’。无田苗者，依限须还。”唐律的规定与唐《公式令》的规定不尽一致。如果应离任官员在收完庄稼后方才离职，依律构成犯罪，但按照《公式令》的规定，可以在收完庄稼后方才离职。《唐律疏议》在注释中援引了《公式令》的有关内容，解决了律令冲突。据何勤华教授统计，《唐律疏议》引用令的地方共有140余处，涉及令的篇目有《军防令》、《狱官令》、《公式令》、《封爵令》、《选举令》、《官品令》、《赋役令》、《假宁令》、《捕亡令》、《关市令》、《宫卫令》、《考课令》、《仪制令》、《厩牧令》、《丧葬令》、《职官令》、《卤薄令》、《营膳令》、《衣服令》、《田令》、《户令》、《杂令》、《祠令》、《禄令》、《三师三公台省职员令》等25篇。[①]

唐代律学家们运用同样的方法妥善处理了律与格、式的关系。在引令释律的同时，《唐律疏议》还在二十余处引用了唐代的格和式，其篇目为：《刑部式》、《门下省式》、《监门式》、《宿卫式》、《主客式》、《职方式》、《驾部式》、《太仆式》、《库部式》、《兵部式》、《户部式》以及《刑部格》等。《唐律疏议》对律、令、格、式不同法律形式的妥善处理，既保证了律

① 何勤华：《唐代律学的创新及其文化价值》，载《政治与法律》2000年第3期。

的核心地位又发挥了其他法律形式的作用,唐律之所以能得到较好实施以及唐代未曾出现诸如后代的“以敕破律”、“以例破律”的现象,与此不无关系。

不仅不同的法律形式在内容上需要统一、协调,即使律典本身,其各篇、各条的规定也有可能产生相互间的不一致,因而也需要对其加以统一解释。《名例》规定:“诸本条别有制,与《例》不同者,依本条。”疏议解释说:“《例》云‘共犯罪,以造意为首,随从者,减一等。’《斗讼律》:‘同谋共殴伤人,各以下手重者为重罪,无谋减一等,从者又减一等。’又《例》云‘九品以上,犯流以下听赎。’又《断狱律》‘品官任流外及杂任,于本司及监临,犯杖罪以下,依决罚例。’如此之类,并是与《例》不同,各依本条科断。”此类情况均属于具体规定与《名例》篇规定不一致,一律按具体规定办,从而确立了特别规定优于一般规定的原则。再如,《名例》规定,“即当条虽有罪名,所为重者自从重。”疏议解释说:“依《诈伪律》‘诈自复除,徒二年。若丁多以免课役,即从《户婚律》脱口法,一口徒一年,二口加一等,罪止徒三年。’又《诈伪律》,‘诈增减功过年限,因而得官者,徒一年。若因诈得赐,赃重,即从诈欺官私以取财物,准盗论,罪止流三千里’之类。”前一个行为触犯了《诈伪律》和《户婚律》,后一行为触犯《诈伪律》和《贼盗律》。触犯了“分则”不同篇章,构成不同犯罪,《唐律疏议》通过解释,确立了重罪吸收轻罪的原则,使各章的规定既可各自独立又可相互协调。透视疏议可知唐律的立法技术已达到了空前完善的程度。

(四)在释律方法上,《唐律疏议》多法并举,综合为用

疏议出现的最初动机并不是立法需要,而是科举制的施行刺激了律疏的出现。《册府元龟》上说:“三年,诏曰‘律学未有定疏,每年所举明法,遂无凭准,宜广召解律人,修义疏奏闻,仍使中书门下监定。’于是太尉赵国公无忌……等参撰律疏,成三十卷。明年十月奏之,颁于

天下。"[①]为全面准确释义，疏议以律文为经，按照十二篇的顺序，对五百零二条律文逐条逐句进行了诠解和疏释。其释律方法之多样前所未有。通过多种方法的运用，使疏议真正起到了阐明文义、析解内涵、叙述法理、补律不周的作用，大大丰富了律文的内容及其法理色彩。总揽约占《唐律疏议》全部篇幅百分之八十的律疏，从不同的视角可以对其释律方法进行不同的审视。

就理论渊源而言，释律方法主要是训诂释意和经义注释。

通过训诂的方法阐述律意，古来有之。汉代古文经学家便擅长此道，借助对字和词构成及源流的说明，解释字词含义。兼事律学的古文经学家在注律之时，也使用这一方法。许慎《说文释字》以训诂之术对法律中的术语和用字作了较为严格的解释和说明。唐代律学家采用这一方法，对一些较为重要的法律术语和用字作训诂之释。如《名例》篇对"笞刑"和"徒刑"的注释："笞者，击也，又训为耻。言人有小愆，法须惩诫，故加捶挞以耻之。""徒者，奴也，盖奴辱之。"

唐代律学家弘扬了晋代以经注律之精神，通过释律将儒家关于修身养性、待人接物、家庭伦理、君臣纲常的道德训条直接注入律典之中。疏议大量引用儒家所倡导的道德训条，其来源多为儒家经典。主要包括：《易》、《尚书》、《周礼》、《礼记》、《春秋》、《孝经》等，通过以经释律、强化了正统儒家思想对唐律的影响，使律文的含义朝着儒家精神的方向延伸。[②]

就解释方式而言，可分为叙述式注释、举例式注释和问答式注释。

叙述式注释即通过直叙的方式叙述律文含义。律疏的大部分内容都是叙述性的。如疏议在解释《名例》"共同犯罪"时说："议曰：'共犯罪

---

① 《册府元龟》。

② 张晋藩：《中国法律史》，法律出版社 1995 年版。

者'谓二人以上共犯,以先造意者为首,余并为从。家人共犯者,谓祖、父、伯、叔、子、孙、弟、侄共犯,唯同居尊长独坐,卑幼无罪。"

举例式注释是通过假设的例子解释抽象的律文,使读者对律意更为清楚明了。比如,《名例》篇规定:"诸以官当徒者,罪轻不尽其官,留官收赎;官少不尽其罪,余罪收赎。"疏议举例解释说:"假有五品以上官,犯私坐徒二年,例减一等。即是'罪轻不尽其官,留官收赎'。官少不尽其罪者,假有八品官,犯私坐一年半徒,以官当徒一年,余罪半年收赎之类。"通过举例,形象地展现了抽象的"罪轻不尽其官"和"官少不尽其罪"的律意。

问答式注释法就是通过问答的形式,对疏议中的观点再作解释。比如,《户婚篇》妻无七出罪中涉及到"无子、听出""问曰:妻无子者,听出。未知几年无子,听合出之?答曰:律云'妻年五十以上无子,听立庶以长',即是四十九以下无子,未合出之。"通过问答解决了无子出妻的妻子年龄界限问题。问答式释律方法,在秦简《法律答问》中广泛采用,《春秋决狱》亦采此法,但"真正解决'为什么',解决为什么处这个罪的原因这个问题,要推《唐律疏议》,这是公认的事实,《唐律疏议》采用问答形式解答律文中的疑难问题,是我国法律解释学史上的重要贡献之一"。[①] 据统计,《唐律疏议》中设问和答疑共有一百七十八处之多。

就解释的内容而言,可分为字面解释,限制解释、扩张解释。

字面解释即对律文的含义进行一般语意上的解释。这种情况在《唐律疏议》中比比皆是。比如,《户婚》篇在解释"卑幼"、"在外"、"尊长"时说:"卑幼,谓子、孙、弟、侄等。'在外',谓公私行诣之处。……'尊长',谓祖父母、父母及伯叔父母、姑、兄、姊。"通过字面解释,读者明白了"卑幼"、"在外"、"尊长"等概念的具体含义。

---

① 张伯元:《问答式律注考析》,载《法制与社会发展》1999 年第 5 期。

限制解释是对律文所涉语境外延进行界定的解释方法。比如《名例》篇“十恶”罪之大不敬罪状之一为“御幸舟船，误不牢固”，疏议限制解释曰：“皆为因误得罪。设未进御，亦同‘十恶’；如其故为，即从‘谋反’科罪。其监当官司，准法减科，不入‘不敬’。”这里，对犯罪主体进行了限制，即对监管及本职承办各专任官吏，比照法条减罪判刑，不列入“大不敬”。

扩张解释即将律文中没有规定的事项，纳入法律规范的管辖范围。在扩张解释时常常根据司法实践的需要，对律文的规定作出补充，有时甚至加以变通或修正，从而使律文的内容更加全面，更加准确，亦更加富有弹性。比如《斗讼》篇“九品以上殴议贵”条原规定，若五品以上殴伤议贵，各加凡斗伤二等。明确限于“殴伤”，律疏乃扩张解释曰：“若五品以上殴伤议贵，或殴不伤，亦各加凡斗殴二等。”律疏的这种补律文之未备、正律文之不周的特殊作用，无疑在阐明律义的同时，也大大充实和完善了律文的内容。[①] 另外，《唐律疏议》在总则中规定了类推适用原则，在条文解释上也时常运用类推解释的方法，对律无正文规定的犯罪扩张解释，以帮助读者明白律意，掌握律文的精神实质。这种类推性的解释，事实上扩张了律意，亦属于扩张性解释。

综上所述，《唐律疏议》作为中华法典楷模及传统律学的集大成之作，可谓中国古代法律文化的百科全书，是隋唐以前历代律学家智慧的结晶，代表了古代东方封建制农业经济的法律文化的最高水准。它丝毫不逊色于比它早一个世纪诞生的罗马查士丁尼《国法大会》。[②] 从律学的角度研读《唐律疏议》对于充分研究开发和利用传统法文化资源，推动具有民族特色的中国当代法学研究的发展不无意义。

---

① 刘俊文：《〈唐律疏议〉笺解》，中华书局 1996 年版。

② 何勤华：《中华法学史》第一卷，法律出版社 2000 年版。

第二节 《钦定大清刑律》与近代法学

一、近代西方法学的输入

用汉字“法学”一词表达近现代西方关于法律科学的学问,起于日本。日本古代无“法学”一词,神龟五年(公元728年),日本仿造中国隋唐官制,设置了律学博士。从此,日本出现了“律学”一词和职业。8世纪中叶,“律学”博士改称“明法”博士以后,“律学”、“明法”又常称为“明法道”、“明法科”。明治维新前后,随着日本国民革命意识的高涨,西方的各种法律制度和法学理论也开始传入日本。1868年,在神田孝平所著《日本国当今急务五条之事》(载1868年4月10日《中外新闻》)和津田真道编译的《泰西国法论》中,首次使用了“法学”一词。[①] 明治四年(1871年)以后,日本政府的文件中,也开始广泛使用“法学”一词。而作为课程的名称,则是由穗积陈重于明治十四年(1881年)在东京帝国大学法学部首次使用的,当时称之为“法学通论”。至19世纪末,“法学”一词在日本已成为一个基础性概念,在一些法律论著,如高桥达郎编译的《英国法学捷径》(1883年),河地金代译《法学通论》(1886年)、穗积陈重著《法律学的革命》(1889年),冈村司著《法学通论》(1900年),以及各大学法学部的法学通论讲义中,“法学”一词都已被广泛使用。按照东京大学法学部教授冈田朝太郎著《法学通论》的阐述,当时日本人对“法学”一词的理解,已是近代型的,西方型的。冈田朝太郎认为:“法学者,乃国家的科学之一部分。国家的科学者,乃心的科学之一部分。”心的科学和物的科学两部分共同组成科学。而“科学者,辨识物

① 参见何勤华:《中国法学史》第一卷,法律出版社2000年10月第1版,第5页。

心两界之原理者”。[①]“物的科学”可以理解为自然科学，而“心的科学”可以理解为人文科学。

19世纪末20世纪初，无论在司法官员和知识分子的论文，还是在法律学堂的课程、讲义，以及政府官员的奏章中，“法学”一词已在中国广泛使用。何勤华教授考证，据梁启超的《西文书目表》和徐维则的《东西学书目》的统计，从1862年到1895年，译出的西方法律书籍有18种，但这些书籍都是法典和国际公法方面的作品，并未涉及“法学”之用语。中国近代最早出现“法学”一词的论著系梁启超的《论中国宜讲求法律之学》。梁启超先生在此文中，不仅突出强调了“法学之学”，而且明确提出了“法学”之用语：“……天下万世之治法学者，……”[②]20世纪初叶，严复在翻译孟德斯鸠的《法意》时，也使用了“法学”和“法学家”等词。而在沈家本的作品中，“法学”一词出现得更多。社会上也出现了与法学有关的组织，如法学社、法学会等。法学学堂开设“法学通论”课程。在一些政府官员的奏章中“法学”一词也不断出现。[③]

中国近代的学者最早使用“法学”一词时，多数情况下并不指西方近现代的法学，而是把它作为传统律学的代名词。比如，沈家本先生的名篇《法学盛衰说》所指的“法学”就是“律学”。梁启超、严复等人一开始也是如此。严复在翻译孟德斯鸠的《法意》时常将“罗马法学家”译成“罗马律学家”。尽管当时人们对“法学”一词的理解还不是很准确，但“法学”一词的广泛使用有利于西方法学输入和传播。

近代西方法学输入中国的途径大体有：一是通过翻译西方及日本法学著作、法律典籍；二是通过留学活动；三是通过聘请外国专家；四是

---

① 冈田朝太郎著：《法学通论》，汪庚年编：京师法律学堂讲义《法学汇编》第一册，1911年北京顺天时报馆排印，第1页。

② 梁启超著：《饮冰室文集》卷一，中华书局1989年影印版，第93页。

③ 参见何勤华：《中国法学史》第一卷，法律出版社2000年10月第1版，第4—5页。

通过驻外使节。

翻译西方及日本法学著作、法典。

晚清法学翻译工作大体上可以1895年为限分为前后两个阶段。

早在鸦片战争时期,由林则徐主持,美国人伯驾(Peter Parker)和中国人袁德辉,将18世纪瑞典法学家和外交家互特尔(Vattel,旧译滑达尔)的著作《国际法》中的一些段落翻译成中文,定名《各国律例》,这是从现有资料所能看到的19世纪翻译介绍的第一本外国法学著作。《各国律例》已初步向国人展示了什么是"公法"。19世纪60年代洋务运动兴起,导致国内对国际交往规则知识的需求,1860年美国传教士丁韪良将惠顿所著《国际公法》以《万国公法》的书名译出。1895年译出的法学书籍出于丁氏之手的还有:《公法会通》、《公法便览》、《公法千章》、《中国古世公法》。与此同时,供职于江南制造局的英国传教士傅兰雅也翻译了五种西方法学著作:《公法总论》、《各国交涉公法》、《各国交涉便法》、《比国考察罪犯纪略》、《西法洗冤录》。据梁启超的《西方书目表》和徐维则的《东西学书目》的统计,从1862年至1895年,译出的西方法律书籍有18种。如果加上林则徐主持翻译的《各国律例》和黄遵宪的《日本国志·刑法志》当不少于20种。

黄遵宪的《日本国志·刑法志》应视为译作。黄氏于光绪三年(1877年)到达日本,担任清朝驻日公使馆参赞。其时,日本明治维新已进行了10年。他既震惊于日本维新后的变化,也为日本的维新所鼓舞。因此,他在任期间,千方百计收集日本变法维新的有关材料,经过10年努力,终于在光绪十三年(1887年)写成50余万言的《日本国志》,分12志40卷。《刑法志》即为其中之一"志"。日本明治十三年(1881年)颁布《治罪法》和《刑法》(一般称其为旧刑法,以与1907年刑法相区别),正式脱离我国古代法传统,转而采用西方法。正在日本任内的黄遵宪,立刻抓住这两部仿照法国法而制定的新法,将其逐条译成汉文,并加上自己的注释，以《刑法志》之名列入《日本国志》。因此，从严格意义上说，《刑法志》是一部译作而不是著作。黄氏是第一个翻译和研究日本近代法的中国人，也是第一个输入日本法的中国人。[①]

1895年前的西方法学著作的译介大体有以下特点。

第一，法律书籍的译者主要是"洋人"。梁启超和徐维则统计的18种有12种译作出自外国之手，其中美国人译6部，英国人译6部。

第二，法学著作多为国际公法。前述18部译著中有国际公法8部，司法审判3部，军律3部，其它4部。[②] 出现了一些新的法律术语。如"公法"、"主权"、"人民之权利"、"民权"、"法院"、"权利"等。

第三，法学书籍的出版者主要是洋务派。上述18种译著，主要是由京师同文馆、江南制造局和广学会出版的。京师同文馆，是由洋务派在中央的代表奕䜣奏请设立的；江南制造局翻译馆是由洋务派疆臣曾国藩创办的；广学会则是由在华英美人士林乐知、丁韪良、慕维廉、艾约瑟等组织的。洋务运动的开展迫切需要了解国际交往方面的法律知识。

1895年洋务运动破产后，法学、法律输入骤然急增，民间译局，遍及各省；法律译著，充塞书坊。1895年以后西方法学著作的译介与此前相比，出现了诸多不同之处。

其一，直接目的发生了变化。译介西方法学著作的直接目的随着中国向西方国家学习的认识的不断深化而发生了变化。20世纪20年代，梁启超先生应《申报》之约，在其撰写的《五十年来中国进化概论》一文中，用"器物——制度——文化"三时期来概括鸦片战争以后中国向

---

① 参见李贵连著：《中国近现代法学的百年历程（1840—1949）》，载苏力、贺卫方主编：《20世纪的中国：学术与社会·法学卷》，山东人民出版社2001年1月第1版，第221—222页。

② 云岭：《清末西方法律、法学的输入及影响》，载《法律史论丛》，法律出版社1983年版，第179页。

西方学习的过程。他说："第一期，先从器物上感觉不足。这种感觉，从鸦片战争后渐渐发动，到同治年间……很觉得外国的船坚炮利……于是福建船政学堂、上海制造局等等渐次设立起来。但这一期内，思想界受的影响很小，其中最可纪念的，是制造局里头译出几部科学书……因为那时读书人都不会说外国话，说外国话的都不读书，所以这几部译本书，实在是替第二期'不懂外国话的西学家'开出一条血路了。""第二期，是从制度上感觉不足……觉得我们政治法律等，远不如人，恨不得把人家的组织形式，一件件搬进来，以为但能这样，万事都有办法了。""第三期，便是从文化根本上感觉不足……觉得社会文化是整套的，要拿旧心理运用新制度，决计不可能，渐要求全人格的觉悟。"①在器物改革时期洋务派改革侧重于物质层面，译介西学偏重自然科学，法学的译介服从于洋务派国际交往的需要。洋务运动失败后，资产阶级改良派以洋务派的失败为前车之鉴，主张借鉴、仿效西方法律与政治制度，改良清朝统治下的中国。"国与国之并立而有交际；人与人之相处而有要约，法政所由立也。中国惟不讲此学，故外之不能与国争存，内之不能使吾民得所。""夫政法者，定国之本也。……故今日之计，莫急于改宪法。必尽取其国律、民律、商律、刑律等书而译之。""以译书为变法第一要义。"②在改良派的提倡和努力下，戊戌前后，大批译书局社相继成立，翻译刊行西方法学著作。如：大同译书局、译书公会、浙江特别译书局、杭州合众译书局、上海作新社、上海通社、上海南洋公学译书院、新民译书局等等。改良派所办的报刊杂志，如《时务报》、《湘学新报》、《国闻报》以及后来的《清议报》、《新民丛报》等等，也大量介绍或译刊西方法律和法学文章。当时改良派所出版的各种西学丛书，如《质学丛书》

① 转引自前揭李贵连著：《中国近现代法学的百年历程(1840—1949)》，第235页。

② 梁启超：《变法通议书》。

(1896年)、《西政丛书》(1896年)、《西学富强丛书》(1896年)、《续西学大成》(1897年)以及后来的《新学大丛书》(1903年)，都列有法政或法律类，收编西方法律著作。

资产阶级革命派对研究、宣传和输入西方法学也非常重视。他们主要通过在日本创办的杂志和出版机构进行的。革命派在日本东京所创办的综合性刊物有十余种之多。如《译书汇编》(1900年)、《国民报》(1901年)、《游学译编》(1902年)、《湖北学生界》(后易名《汉声》1903年)、《浙江潮》(1903年)、《江苏》(1903年)、《醒狮》(1905年)、《民报》(1905年)、《复报》(1906年)、《河南》(1907年)、《江西》(1908年)等等。这些刊物或开"法政"专栏，或常刊译著文章，介绍西方法学著作。以《译书汇编》为例，自1900年至1903年，该刊共登载或发行单行本法学译著27种。[①]

《钦定大清刑律》的制定正处于翻译介绍西方法学著作的热潮之中。1904年修订法律馆成立，在沈家本的主持下为配合《钦定大清刑律》的制定及晚清法制的全面改革，清王朝开始了更大规模的翻译外国法律文献的活动。1905年沈家本在《奏请变通现行律例内重法数端折》中统计了开馆一年来的翻译成果。译出外国法律有：德意志《刑法》、《裁判法》，俄罗斯《刑法》，日本《现行刑法》、《改正刑法》、《陆军刑法》、《海军刑法》、《刑事诉讼法》、《监狱法》、《裁判所构成法》，正在校正的有《法兰西刑法》。此外，法学著作：有日本的《刑法义解》，[②]1907年沈家本在《奏修订法律情形并请归并法部大理院会同办理折》中汇报了最新翻译西方法律的情况："参酌各国法律，首重翻译，而译书以法律为最难，语意之缓急轻重，纪述之详略偏全，抉择未精，舛讹立见。从前日

① 云岭：《清末西方法律、法学的输入及影响》，载《法律史论丛》，法律出版社1983年版，第182页。

② 《大清法规大全·法律部》卷三，第1—2页。

本译述西洋各国法律多尚意译,后因讹误,改归直译,中国名词未定,迻译更不易言。臣深虞失实,务令译员力求信达,先后译成法兰西刑法、德意志刑法、俄罗斯刑法、荷兰刑法、意大利刑法、法兰西印刷律、德国民事诉讼法、日本刑法、日本改正刑法、日本海军刑法、日本陆军刑法、日本刑法论、普鲁士司法制度、日本裁判构成法、日本监狱访问录、日本新刑法草案、法典论、日本刑法义解、日本监狱法、监狱学、狱事谈、日本刑事诉讼法、日本裁判所编制立法论,共26种。又已译未完者,德意志民法、德意志旧民事诉讼法、比利时刑法论、比利时监狱则、比利时刑法、美国刑法、美国刑事诉讼法、瑞士刑法、芬兰刑法、刑法之私法观,共十种。"[①]由于修订法律馆当时修律的重心是刑法的改革,所以上述翻译的书目以法典为多,涉及法律理论的主要来自日本。

其二,西方法学译解的数量大、范围广。1895年之前,西方输入是兵、工、农、医之书多,法学书籍微不足道。1895年后,法学书籍则列居前茅。我们把1896年的《西学书目表》、1899年的《东西学书录》、1904年《译书经眼录》、1905年《新学书目表》(第五版)中的几种译书目类简略成表,可看出法学类译著的上升趋势。[②]

表3—1 新学书目表

分类 \ 年代/书目	1896 西学书目表	1899 东西学书目表	1904 译书经眼录	1905 新书目录表
法律	13	12	64	73
兵制	53	45	32	
工政	38	65	1	

① 故宫博物院明清档案部编:《清末筹备立宪档案史料》下册,中华书局1979年版,第838页。

② 云岭:《清末西方法律、法学的输入与影响》,载《法律史论丛》,法律出版社1983年版,第176—191页。

就译书的范围而言，1895 年前输入的主要是美、英、法、比、德几个国家的一两种部门法；而第二阶段，则输入英、美、法、德、意、日、俄、荷兰、瑞典、比利时、古罗马等近 20 个国家的法律。由过去主要译介国际法到译介各种部门法。包括：宪法、议院法、众议院选举法、刑法、民法、行政法、刑事诉讼法、民事诉讼法、行政审判法及诉讼法、法院组织法、监狱法、警察制度、法医学、出版法、税务法、所得税法、矿业法、公司法、新闻法、海军刑法、陆军刑法、国际公法、国际私法、婚姻法等 20 多种。

其三，翻译质量大大提高。1895 年前的译作，多系外国人口述，中国人笔录，且缺专门人才。因此译作往往文辞艰涩，难达原意，甚至挂一漏万。梁启超先生曾提出："中国旧译，惟同文馆本多法家言，丁韪良盖治自学也。然彼此受笔者，皆馆中新学诸生。未受专门，不能深知其意，故义多闇。即如《法国律例》一书，欧洲亦以为善本，而馆译之本，往往不能达其意。且常有一字一句之颠倒略，致与原意相反者。"①1895 年的译作，因其大多数人专修法律，且有留学经历，兼通中外文，故译书质量有了飞跃。特别是修订法律馆的译书，因其直接为修律服众，所以质量更佳。沈家本深知译书的重要性。"每成一种，臣与原译之员，逐句逐字，反覆研究，各得其解。"②

通过留学活动输入西方法学。

1896 年，清政府向日本派出了唐宝锷等第一批留学生共 13 人。此后，留日学生越来越多。至 1905 年前后，留日学生运动达到了高潮。据不完全统计，从 1896 年至 1911 年辛亥革命前，留日学生总计不下两万人。在留日的学生中，学习法律的占有很大的比重。20 世纪初叶回国的留日学生中，在政治上最为活跃者，大部分是与法学有着密切的联

① 梁启超：《论译书》。

② 沈家本：《奏修订法律情形并请归并法部大理院会同办理折》，载故宫博物院清档案部编：《清末筹备立宪档案史料》下册，中华书局 1979 年第 1 版，第 838 页。

系,他们或在日本大学的法学部学习法律,如胡汉民、沈钧儒、章宗祥、曹汝霖、汪精卫等,或在那里阅读、研究法律如梁启超、章太炎、杨度、吴玉章等,或在那里编辑法学杂志、出版法学书籍,如中国人自己编译的中国近代第一本《法学通论》和第一本法律辞典《汉译法律经济辞典》就是在日本出版发行的。[①] 可见,晚清留学生,特别是留日学生,为近代法学的输入做出了积极的贡献。

通过聘请外籍教员输入近代法学。

以1895年天津中西学堂头等学堂设置法学为始端,至1911年,晚清政府创办新型大学三所,法律学堂近30所。[②] 高等法学教育创办之初,聘请了一批外国专家讲授法学课程,其中以日本法学家为多,如冈田朝太郎、志田钾太郎、松冈义正、小河滋次郎等。据不完全统计,从1897年至1909年,中国各地法律学堂聘请的日本法学家共有57人次。[③] 这些外国法学家在中国从事教学活动促进了近代法学在中国的传播。特别有些日本法学专家直接参加了晚清的法律改革实践,为晚清法律改革借鉴外国经验提供了帮助。

通过驻外使节等国际交往的途径输入西方法学。

中国被迫开放后,国际交往增多,驻外使节肩负文化交流的使命,其中包括了解介绍西方法学及立法情况。其间中国与日本的接触更是频繁。有学者称1898—1907年间,是中日关系史上的"黄金十年"。[④] 晚清预备君主立宪前,派五大臣出洋考察国际政治。中国人越来越多地了解了世界情况,已不由自主地卷入了国际社会之中。闭关锁国变

---

① 何勤华:《中国法学史》第一卷,法律出版社2000年10月第1版,第10页。

② 汤能松等编:《探索的轨迹——中国法学教育发展史略》,第154—157页。

③ 汤能松等编:《探索的轨迹——中国法学教育发展史略》,第190页。

④ [美]任达著:《新政革命与日本——中国,1898—1912》,李仲贤译,江苏人民出版社1998年3月第1版,第4页。

成了门户开放，崇洋媚外取代了夜郎自大，这些变化，客观上有利于西方法学的输入。

二、西方近代法学输入对《钦定大清刑律》的影响

(一)西方近代法学输入，为《钦定大清刑律》的制定提供异域法文化的营养

《钦定大清刑律》的制定工作是在晚清新政和西法东渐的大背景下展开的。大量西方法学著作和法典的翻译，中外文化的广泛交流，使得晚清立法者有条件把刑律的改革放在世界法律文化的大背景下思考。一旦把视野投向世界，刑律改革的方向便明确了。兼采世界最新良规，改善中国传统刑律已是不可阻挡的趋势。人们称《钦定大清刑律》为“新刑律”，也是顺理成章的事。西方法学的输入为《钦定大清刑律》移植西方刑法原则和制度开辟了道路。

(二)西方法律思想的传播，冲击传统的“三纲五常”，《钦定大清刑律》的指导思想陷入矛盾之中

建立在自给自足自然经济基础之上的以“三纲五常”为指导思想制定的传统法律已与君主专制政体融为一体，集历代封建立法之大成的《大清律例》已成为清王朝二百多年来得心应手的统治工具，任何变动都将损害封建专制统治。“祖宗成法”不可变的观念长期支配着统治者。但在新的形势下，修律不得不“按照交涉情形，参酌各国法律，悉心考订，妥为拟议，务期中外通行，有裨治理”。[①]“务期酌法准情，折衷至当……”[②]尽管上谕中特别强调“惟是刑法之源，本乎礼教。中外各国礼教不同，故刑法亦因之而异，……良以三纲五常……实为数千年相传

① 《大清法规大今·法律部》，卷首，第1页。
② 《大清法规大今·法律部》，卷首，第1页。

之国粹、立国之大本。……凡我旧律义关伦常诸条,不可率行变革,庶以维天理民彝于不敝。……务本此意,以为修律宗旨,是为至要……”[①]但晚清的刑律改革不同历史上的任何一次修律活动。统治者的心理是矛盾的,其修律的指导思想也陷入矛盾之中。一方面,“三纲五常”既为“国粹”,那么修订新刑律当然不允许用“参酌各国法律”之名,变革旧律“义关伦常”条款;另一方面,要想收回治外法权,与外国列强“交涉”,又不得不向西方法律靠拢,“参考列邦之制度”。由此可见,晚清修律活动一开始就是在无可奈何之时的一种救亡举措,这种消极的态度和矛盾的心理使得中国法律一步入近代就举步维艰。

(三)借鉴西方刑法结构,使《钦定大清刑律》的体例结构呈现了新的变化

《钦定大清刑律》的体例结构模仿了西方资产阶级刑法典结构。中国历史上第一次把刑法分为总则和分则两篇的就是《钦定大清刑律》。沈家本解释说:“总则之义略与名例相似,往古法制无总则与名例之称,各国皆然。其在中国李悝法经六篇殿以具法,汉律益户兴厩三篇为九章而具法列于第六。魏律始改称刑名居十八篇之首。晋律分刑名法例为二。北齐始合而为一曰名例,厥后历隋唐宋元明于我朝。沿而不改。是编以刑名法例之外,凡一切通则悉宜赅载。若仍用名例,其义过狭。故仿欧美及日本国刑法之例,定名曰总则。”[②]总则是整个刑法的纲。在《钦定大清刑律》的总则中规定了刑法的时空范围,刑法的表现形式,最一般的犯罪概念,各种特殊犯罪概念,刑罚体系,加重减轻以及其它分则各章共同适用的条文。《钦定大清刑律》总则为17章:法例、不为罪、未遂罪、累犯罪、俱发罪、共犯罪、刑名、宥减、自首、酌减、加减例、缓

---

① 《大清法规大令·法律部》,卷首,第1页。

② 《大清法规大全·法律部》法典草案一,总第1939页。

刑、假释、恩赦、时效、文例。

分则以罪名为线索，分章规定各种犯罪类型及处罚。沈家本认为："分则者所以定各种犯罪成立之要件，然必待总则所定普通要件完备之后始可论罪。各国立法例俱规定各罪分为数大类。"[①]《钦定大清刑律》分则有 36 章：侵犯皇室罪、内乱罪、外患罪、妨害国交罪、漏泄机务罪、渎职罪、妨害公务罪、妨害选举罪、骚乱罪、逮捕监禁人脱逃罪、藏匿罪人及湮灭证据罪、伪证及诬告罪、放火决水及妨害水利罪、危险物罪、妨害交通罪、妨害秩序罪、伪造货币罪、伪造文书印文罪、伪造度量衡罪、亵渎礼典及发掘坟墓罪、鸦片烟罪、赌博罪、奸非及重婚罪、妨害饮料水罪、妨害卫生罪、杀伤罪、堕胎罪、遗弃罪、私滥逮捕监禁罪、略诱及和诱罪、妨害安全信用名誉及秘密罪、窃盗及强盗罪、诈欺取财罪、侵占罪、赃物罪、毁弃损坏罪。

蔡枢衡先生曾这样评价《钦定大清刑律》体例结构的变化，"总则和分则，必须通过裁判实践，才可合为一体。本质上虽无异于旧律名例与各种犯罪规定间的关系，然而总则内容丰富完备，较之名例具体内容而微，显属刑法体系史上空前的变化和进步。"[②]

这一具有划时代意义的飞跃，无疑是受近代资产阶级法律文化的影响。法国资产阶级革命时期的 1789 年《人权宣言》提出了刑事立法的基本原则。1791 年制定的《法国刑法典草案》最先创立了资产阶级刑法体系，从根本上改革了封建刑法，在立法技术上开始将刑法划分为总则和分则两部分。虽然这部法典未能正式施行，但对后来的资产阶级立法技术产生了深远的影响。拿破仑上台以后，在制定民法典的同时，着手起草刑法典的工作，制定了 1810 年法国刑法典，该法典由总则

① 《大清法规大全・法律部》法典草案一，总第 1987 页。

② 蔡枢衡：《中国刑法史》，中国法制出版社 2005 年 2 月第 1 版，第 104 页。

和四卷组成。1810年的法国刑法典对欧洲大陆的刑事立法产生了很大的影响。后来的资产阶级刑事立法在体系结构上便一直沿用“总则和分则”的编纂方式。这种影响通过日本传入中国,《钦定大清刑律》一改中华法系刑法典旧貌,让人耳目一新。清末以来的中国刑法典虽名称各异,性质有别,但在体系结构上无一不受《钦定大清刑律》的影响,分为总则和分则两部分。

(四)中西法文化的冲突与融合的直接后果使《钦定大清刑律》的基本内容新旧杂糅

尽管清廷的修律是不情愿的,但以沈家本为首的法学家们还是积极、认真的。沈家本认为:“各法之中,尤以刑法为切要。”①他们认真研习了西方的资本主义国家刑法最新成果,并聘请了日本人冈田朝太郎为顾问帮助制订《钦定大清刑律》。“我法之不善者当去之,当去而不去,是之为悖;彼法之善者当取之,当取而不取,是之为愚。”②

《钦定大清刑律》大量借鉴移植西方法律文化成果。如,罪刑法定原则;刑罚体系;缓刑、假释、时效等制度;取消贵贱之分,平等适用法律;注重人权保护,禁止人口买卖;规定了有关国交、选举、通信、交通以及卫生等方面的犯罪。

《钦定大清刑律》在援引资本主义法律文化的成果之时,又不可能完全排除礼教民彝的传统文化。“折衷各国大同之良规、兼采近世最新之学说,而仍不戾乎我国历代相沿之礼教民情。”③翻开《钦定大清刑律》,有关维护传统法律文化方面的规定比比皆是。

---

① 故宫博物院明清档案部编:《清末筹备立宪档案史料》下册,中华书局1979年版,第845页。

② 沈家本:《寄簃文存》,载《历代刑法考》第四册,中华书局1985年版。

③ 《大清光绪新法令》第20册第7页。又见《大清新法令》点校本第一卷,商务印书馆2010年版。

“十恶”之罪的主要精神得以保留。分则首列“侵犯皇室罪”。“《春秋》之义，首重尊王，故以关于帝室之罪，弁冕简端。[①]”在这一章中，除了旧律“十恶”中的大逆、大不敬条款几乎原封不动的照搬外，旧律中所没有规定的对宗室的危害和不敬，也被列为犯罪，只不过因新律的体例和刑名已异于旧律，所以在文字表述和刑罚等级上作了一些修改而已。对封建帝王的侵害，不仅既遂、未遂要处死刑，即使是预谋也要处死。“将加危害者，非第指未遂者而言，凡预备阴谋亦赅于其中。”[②]分则第二章为“内乱罪”，实际上是旧律“谋反”罪的扩大。犯者除“首魁”和“执行重要事务者”处以死刑或其他重刑外，预备犯、未遂犯、阴谋犯及附和随行者也要处无期或有期徒刑。“十恶”虽不存在了，但其精神实质依然在新律中得到体现。

对于以封建家族主义为基础的礼教纲常，《钦定大清刑律》在分则中有特别的规定。

第十一章“藏匿罪人及湮灭证据罪”中，第180条规定：“犯罪人或脱逃人之亲属，为犯罪人或脱逃利益计而犯本章之罪者，免除其刑。”这种规定无异“亲亲相隐”原则的再现。

第十二章“伪证及诬告罪”中，第183条规定：“意图尊亲属受刑事处分、惩戒处分，而为虚伪之告诉、告发、报告者，处一等或二等有期徒刑。”而侵害对象为普通人时，则处二等至四等有期徒刑。

第二十章“亵渎礼典及发掘坟墓罪”中，对损坏、遗弃、盗取尊亲属尸体、遗骨、遗发及殓物者加重处罚。

第二十三章“奸非及重婚罪”中，第290规定：“本宗缌麻以上亲属相和奸者，处二等至四等有期徒刑。”而一般和奸者处四等以上有期徒

---

① 《大清光绪新法令》第20册第7页。又见《大清新法令》点校本第一卷，商务印书馆2010年版。

② 《大清法规大全·法律部》法典草案二，总第1987页。

刑或拘役。

第二十六章"杀伤罪"中亲属相犯,尤其是侵犯尊亲属,在处罚上比侵犯常人为重。第312条规定:"杀尊亲属者,处死刑。"而杀害常人者处死刑、无期徒刑或一等有期徒刑。第314条规定了伤害尊亲属,分别不同情况较伤害一般人加重处罚。

第三十一章"妨害安全信用名誉及秘密罪"规定侵害对象为尊亲属者,加一等刑。

《暂行章程》五条对封建纲常礼教的维护更为突出。规定对危害乘舆、内乱、外患、杀害尊亲属等罪被判处死刑的仍用斩刑;对发掘坟墓,尤其是发掘尊亲属坟墓及强盗等罪可加重处罚直至死刑;无夫妇女与人和奸仍为犯罪;对尊亲属不得正当防卫。

上述维护"三纲五常"的法律规定,与传统中华法系的内容一脉相承,它使新刑律的"新"字大大地打了折扣。新旧杂糅的内容决定了《钦定大清刑律》的法律性质,可以说《钦定大清刑律》的基本内容是当时世界上最先进的资产阶级刑法理论和成果与中国传统的封建糟粕极不协调的混合物。这种充满了新与旧、前进与倒退、引进与固守的尖锐复杂的斗争,是中西两种不同质的法律文化的冲突与融合的结果。

(五)《钦定大清刑律》制定过程中的礼、法之争,传播了西方的法律思想

提到《钦定大清刑律》,就不能不使人想起伴随该法律制订过程中的礼法之争。虽然争论双方的代表人物均为清王朝上层的士大夫,但这次争论的意义不同于中国法律思想史上任何一次。从法律文化的角度看,以张之洞、劳乃宣为代表的礼教派代表着传统的法律文化,在西学的强大挑战面前,他们不得不主张学习西方法律制度。张之洞曾上奏:"方今环球各国,日新月盛。大者兼擅富强,次者亦不至贫弱。究其政体学术,大率皆累数百年之研究,经数千百人之修改。成效毁彰,转

相仿效，美洲则采之欧洲，东洋复采之西洋。比如药有经验之方剂，路有熟游之图经，正可相我病证。……收采西法，以补中法不足。"[1]他们还从十一个方面论述了如何采用西法问题。"不过，张之洞提出采用西法的目的，在于促成清王朝固有法律之改善，企图以西方法律的皮相来为存留传统法律文化精神及体制作掩饰。"[2]这便是"中学为体，西学为用"的法律思想的具体体现。他们认为："三纲为中国神圣相传的圣教，礼政之原本。"[3]"法律本原实与经术相表里，其最著者为亲亲主义，男女有别，天经地义，万古不刊。"[4]

与张之洞等人的态度相异，以沈家本等为代表的法理派思想家们，面对西方法律的挑战不是采取排斥态度，而是认真研习西法，并力图与中法相结合，指出："必于古今中外法律本原，心知其意，始能融会群言，折衷一是"。[5] 沈家本等法理派试图通过修律，逐步消弭中西法之间的鸿沟，将中法纳入西法及世界法律之中。尽管在沈家本的思想上还存留着传统法律文化的糟粕，诸如儒家人治、德治思想的维护，但从总体上看，沈家本是晚清统治集团内部生长起来的一位"中国近代资产阶级进步法律思想的启蒙者和前驱"，"是中国近代最初的民族资产阶级在法律界的代表"，从而"代表了早期的资产阶级进步法制思想的主流"，[6]礼法之争的结果以双方相互妥协告一段落。一方面产生了《暂行章程》五条，其中包括争论焦点之一的"无夫奸"仍为犯罪；另一方面《钦定大清刑律》毕竟于 1911 年 1 月 25 日公布了，争论的另一焦点问

① 《光绪朝东华录》第 4 册，总第 475 页。

② 公丕祥：《法律文化冲突与融合》，中国广播电视出版社 1993 年版，第 62 页。

③ 张之洞：《劝学篇序》。

④ 张之洞：《遵旨复议新编刑事民事诉讼法折》，《全集》卷 69。

⑤ 沈家本：《奏修订法律情形并请归并大理院会同办理折》，载《清末筹备立宪档案史料》下册，中华书局 1979 年版，第 839 页。

⑥ 李光灿：《评〈寄簃文存〉》，群众出版社 1985 年 2 月第 1 版，第 1—5 页。

题——“子孙违反教令”,终未入律。这样的结果有其客观的必然性。

礼教派的一系列主张是建立在自给自足经济基础上的传统法律文化的反映,礼教派虽无法挽救中华法系解体的命运,但在思想上并不情愿以国家主义替代家族主义。劳乃宣等人的观点之所以在当时获得广泛支持不是偶然的。虽说由于西方列强的入侵,中国社会的经济成分发生了变化。但自给自足的自然经济仍占有绝对的优势。中国传统的以家族主义为特征的家法型法律,有着其赖以生存的基础。在礼教派看来,如果中国法律不维护父为子纲、夫为妻纲和尊卑长幼的家庭秩序,社会秩序将混乱不堪。虽然沈家本一再重申修律在“兼采近世最新之学说”的同时,仍“不戾乎我国相沿之礼教民情”,但在礼教派看来还是走得太远了。同时我们也应看到,沈家本为代表的法理派之所以在争论中慷慨陈词,气势夺人,是因为法理派不仅代表着一群新型的知识分子,更重要的是其言论符合时代的潮流。自鸦片战争后,特别是洋务运动以来,新的生产方式已被逐步采用,新的生产关系有所建立,出现了中国历史上从未有过的阶级——资产阶级和无产阶级。资产阶级要使自己得到发展,必然要求打破封建家庭制度的束缚,这使得礼教派在争论中难以彻底取胜。礼法之争的结果告诉我们,如果没有工业化的发展,建立在自给自足的农业经济基础之上的传统法律文化就无法摆脱家庭主义的束缚而进入近代化。

(六)《钦定大清刑律》成为专门刑法典,中华法系解体

西方法学和法典的译介,晚清立法者和思想界人士了解了西方的法律体系,从而将《钦定大清刑律》定格为专门的刑法典。同时,晚清制定或起草了各个部门法,如:参照日、英、美、法、德及《世界各国主权宪法》制定了《钦定宪法大纲》;参照《拿破仑法典》、德国、日本民法,制定了《大清民律草案》;参照德、日、美诉讼法制定了《刑事诉讼法草案》、《民事诉讼法草案》;以日本商法蓝本,制定了《大清商律草案》,等等。

《钦定大清刑律》的颁布，标明了以刑为主、诸法合体的中华法系法典编纂模式结束，近代欧洲大陆法系的法典编纂风格和法律体系渐渐在中国形成。

(七)《钦定大清刑律》的学术依托由传统律学转向近代法学

沈家本在刑律改革时，批判了各种轻视律学的观念，主张弘扬律学，"会通中西"，但晚清时律学大师沈家本所言律学，已非传统意义上的注释律学。沈家本律学思想的重心已倾向于西方的新学，即沈氏称为法理的西方法学。这一点和"中体西用"的礼教派的思想相去甚远，正因为如此，才有《钦定大清刑律》制定过程中的礼法之争。从学术上讲，也可以说是律学、法学之争。

第三节 《钦定大清刑律》与晚清法学教育

一、近代教育制度的建立

(一)教会学校的兴起及其影响

1830年，美国公理会传教士裨治文在广州创办了一所学校，收留几个穷孩子读书，称为贝满学校。这是美国传教士在华建立的最早的学堂，也是近代基督教新教传教士在中国本土建立的第一所学校。早期的教会学校的真正目的不是教育，而是吸引信徒和培养传教助手。[①]一开始教会学校仅限于小学，到了19世纪60年代以后才出现少量中学。至1877年，欧美新教在华开办的学校共347所，招收学生5917人，其中美国占202所，学生3117人。[②] 教会学校作为中国境内最早

---

① 王立新:《美国传教士与晚清中国现代化》，天津人民出版社1997年3月第1版，第211页。

② 王立新:《美国传教士与晚清中国现代化》，天津人民出版社1997年3月第1版，第211页。

出现的西式学校,打破了中国传统落后的封建教育体制的垄断地位。教会学校的出现对晚清中国教育变革具有深远的意义。

教会学校在19世纪末和20世纪初逐渐获得部分士大夫和相当多中国人的认可。1868年《蒲安臣条约》规定美国人可以在华开办学校,1900年清政府又宣布,“嗣有外人呈请在内地开设学堂,亦无庸立案。”[①]在戊戌变法前后和20世纪初兴学堂的热潮中,教会学校所代表的西式教育更是受到广泛欢迎。教会学校迅速拓展。从1877年到到20世纪初,教会学校发展具有如下特点:第一,办学层次提升。登州文会馆于1876年宣布具有大学水准,成为最早的教会大学,随后圣约翰书院于1879年、潞河书院于1886年也仿效文会馆的作法,宣布提供高等教育,这样,出现了第一批教会大学。第二,各校按照西方教育模式,建立起正规的教学体制,确立了修习年限,教学开始按级分班进行。第三,世俗知识在教学中的比重大大增加,开始强调“中西并重”。第四,一批有较高学位和专业知识的传教士成为专职教育家。第五,招生对象逐渐贵族化。教会学校在逐步专业化和正规化的基础上,形成从小学到大学的完整的教育体系,成为近代中国西式教育的滥觞。

表3—2 新教在华设立学校情况表(1903年)[②]

校　别	学校数	学生数
大书院、书院	12	1814
天道院(神学院)	66	1315
高等学堂	166	6393
工艺学堂	7	191

① 学部:“咨各省督抚为外人设学毋庸立案文”,《学务杂志》第6期。

② 林乐知:《全地五大洲五俗通考》,第10集上卷,第34—35页,转引自前揭王立新书,第215—216页。

（续表）

医学院及服事病人院	30	251
小孩察物学堂（幼稚园）	6	194
初等蒙学堂	未详	未详
合　计	287	10158

教会学校对中国近代教育的影响主要表现三方面。一是教会学堂的教科书为各地书院争相采用。二是教会学校的毕业生受到社会欢迎。大多数毕业生成了中国办的新式学堂的教员。三是教会教育体制和模式被中国人自办新式学堂所借鉴。

（二）清政府推行的教育改革

清沿明制，科举取士。科举制度的弊病，清初顾炎武等人即已提出了尖锐的批评。道光时，科举制度的腐败更严重，连八股时文也不甚讲求，即文义不必甚通，而专尚楷法。① 封建的教育体制危机四伏。

19 世纪 60 年代以后，清政府为了适应变化了的新形势，兴办洋务。教育改革便是洋务运动的重要方面。各项洋务运动展开之后，一些有识之士认识到，传统的教育制度培养不出适应洋务事业需要的人才。李鸿章批评说："小楷试帖，太蹈虚饰，甚非作养人才之道。"②他认为，要想培养洋务人才，必须变通"考试功令"另设专门学堂，招收"资禀颖悟，根器端静之文童"，学习西人语言文学、"测算之学、格物之理、制器尚象之法，"③以备国家选用。

在洋务运动时期，清政府实行的教育改革主要表现在两个方面：一是兴办新式学堂，一是派遣留学生。洋务派创办的新式学堂共分三类，包括外语学校、军事学校和技术学校。

---

① 龚书铎主编：《中国近代文化概论》，中华书局 1997 年 9 月第 1 版，第 223 页。
② 李鸿章：《筹议海防折》，《洋务运动》第 1 册，第 53 页。
③ 《同治二年二月初十日江苏巡抚李鸿章奏》，《洋务运动》第 2 册，第 140—141 页。

洋务运动期间，清政府共创办新式学堂25所。其中，培养外语人才的有7所；培养工程、兵器制造、轮船驾驶等人才的有11所；培养电报、通讯人才的有3所；培养陆军、矿务、军医、铁路人才的各有1所。从1872年至中日甲午战争前的20余年间，清政府共向美国、英国、法国、德国四个国家派出了200余名留学生。①

清政府颁发“新政”上谕后，1901年7月26日，两江总督刘坤一，湖广总督张之洞联衔会奏变法事宜四条，即设文武学堂、酌改文科、停罢科举、奖励游学。一个月后，清政府颁发上谕改革科举制度。1905年9月，直隶总督兼北洋大臣袁世凯等奏请立停科举，推广学堂，疾呼：“科举一日不停，士人皆有侥幸得第之心……学堂决无大兴之望。”清廷迫于形势，诏准“自丙午(1906年)科为始，所有乡会试一律停止，各省岁科考试，亦即停止”。②

在科举制度衰亡的同时，清政府着手建立新的教育制度，包括制订新的教育体制，成立教育行政机构，推广新学堂，派出留学生，编写新式教科书等。

新式教育体制始于1902年张百熙制订的《钦定学堂章程》，它虽经公布，但未施行。1903年(癸卯年)，张百熙、张之洞、荣庆等重新拟订《奏定学堂章程》，并正式公布全国施行。此章程通常称为“癸卯学制”，是清末民初新式教育体制的主要依据，在中国近代教育史上产生过重大影响。

由于科举的废除和新学制的实行，中国在20世纪初出现了兴办学堂的热潮。据当时学部统计，1907年各省有学堂37888所，学生1024988人。1908年学堂数达47995所，学生数达1300739人。20世

① 龚书铎主编：《中国近代文化概论》，中华书局1997年9月第1版，第226—227页。

② 朱有瓛编：《光绪朝东华录》第5册，第5390—5392页。

纪初，与国内兴办学堂热并行的是出国留学热。1907 年仅留学生就达 12000 余人，1907 年以后，赴欧美留学的人数有了一定的增长。[①]

二、《钦定大清刑律》与晚清法学教育的展开

（一）近代法学教育的开端

中国近代法学教育肇始于 1862 年开办的京师同文馆。1869 年，美国人丁韪良讲授“万国公法”。这可能是中国近代法学课程第一门。由于京师同文馆是一所专门为洋务运动培养外语人才的学校，所以当时的法学教育也只是国际公法教育而已。

1897 年秋冬开办的湖南时务学堂是戊戌变法维新思潮的产物。从其公法门、掌故门课程表看，似乎开设了国际公法、宪法、法国律例、英律全书、大清律例等法学课程。[②]

晚清大学法学教育与近代大学制度同时诞生。终清之世，全国正式大学仅三所，也是我国近代最早的三所公立大学。

北洋大学源于 1895 年盛宣怀呈请北洋大臣王文韶转奏批准成立的天津中西学堂，亦称天津大学堂。开办之初，法律门便是头等学堂四门之一。1902 年，袁世凯从八国联军手中接收天津后，重振学务。因战争而停办的天津中西学堂改名为北洋大学堂，设法律、矿学、土木工三科，同时附设师范科。据《学部官报》1907 年所列教员看，当年法科教员仅 2 人，一为美国律师林文德，一为中国籍刘国珍。学生仅 32 名，课程有：国文国史、英文（兼习法文或德文）、西史、生理、天文、大清律要义、中国近世外交史、宪法史、宪法、法律总义、法律原理学、罗马法律史、合同律例、刑法、交涉法、罗马法、商法、损伤赔偿法、田产法、成案比

① 龚书铎主编：《中国近代文化概论》，中华书局 1997 年 9 月第 1 版，231—234 页。

② 《皇朝经世文新编》第 19 卷。

较、船法、诉讼法则、约章及交涉法参考、理财学、兵学、兵操。从1905年至1911年,法科法律学门毕业生9名。①

1902年,山西巡抚岑春煊筹办的山西大学堂。西斋学科分为五门:文学、法律学、格致学、工程学和医学。法律学分:政治、财政、交涉、公法等学。课程偏重欧美法律,仅设罗马法、契约法、法理、名学、英文等。

京师大学堂是晚清设置最完整的一所大学。该校1902年重建,分大学院、专门分科、预备科三级,附设仕学馆、师范馆。专门分科内列政治科,其下分政治学和法律学两门。预科分政艺两门,政科设有法学科目。1902年10月和11月仕学馆速成科分两批招收120多名学员,讲授法政,实为法政专科。设置有法律学、交涉学、掌故学。其中掌故学讲授国朝典章制度大略,现今会典则例、现行政事利弊得失,交涉学讲授公法、约章使命交涉史、通商传教,法律学讲授刑法总论分论、刑事诉讼法、民事诉讼法、法制史、罗马法、日本法、英吉利法、德意志法。此外,行政法、国法、民法、商法列入政治学。速成科学制三年。

大学堂专门分科即今天的大学本科,学制四年,由预科和各省高等学堂毕业生升入。分科于1910年正式开学,法政科设本国教员3人,英文正教员1人,副教员1人,法文正教员1人,副教员1人。② 按照原定方案,法律学课程有法律原理学、大清律例要义、中国历代刑法考、中国古今历代法律考、东西各国法制比较、各国宪法、各国民法及民事诉讼法、各国刑法及刑事诉讼法、各国商法、交涉法、泰西各国法等法学课程。

(二)《钦定大清刑律》的制定与法政学堂的兴起

1907年沈家本在《奏进呈刑律草案折》中指出:“将欲实行新律,必

---

① 李贵连主编:《二十世纪的中国法学》,北京大学出版社1998年5月第1版,第42页。

② 《学部奏筹办京师分科大学并现办大概情形折》,见《大清教育新法令》第6编。

先造就人材。近年各省遵旨设立法政学堂，叠见奏报，拟请明谕各督抚认真考核，力筹推广，务使阖省官绅均有法律知识，则一切新政可期推行无弊，实与预备立宪大有关系。此尤臣一得之愚，旦夕企望者也。”[①]沈家本先生对法学教育的重视态度，跃然纸上。1908 年他在《奏请编定现行刑律折》再次提出法学教育的急迫性。“如教育未能普及，骤行轻典，似难收弼教之功。”[②]

沈家本在 1908 年为修律馆法律顾问冈田朝太郎的《法学通论讲义》一书题写的序文中，道出了新型法学教育的产生背景：“余恭膺简命，偕新会伍秩庸侍郎修订法律，并参用欧美科条，开馆编纂。伍侍郎曰：‘法律成而无讲求法律之人，施行必多阻阂，非专设学堂培养人才不可’。余与馆中同人，佥韪其议。于是奏请拨款设立法律学堂，奉旨俞允。”[③]基于共同认识，沈家本和伍廷芳奏设法律学堂，“深虑新律既定，各省未豫储用律之才，则徒法不能自行……一切新政，如路矿、商标、税务等事……无一不赖有法律以维护之……至于查阅通商条约，议收治外法权，尤其修律本意，亟应广储裁判人材，以备应用。”[④]

沈家本先生晚年回首往事时曾言：“吾国近十年来，亦渐知采用东西法律。余从事斯役，延访名流，分司编辑，聘东方博士相与讨论讲求，复创设法律学堂以造就人材。中国法学于焉萌芽。”[⑤]

晚清法学教育，专门法政教育的学校和学生数量都大大超过大学

---

① 《大清光绪新法令》第 19 册，第 26—28 页。又见《大清新法令》点校本第一卷，商务印书馆 2010 年版，第 457 页。

② 《清朝续文献通考》卷 247，第 9932—9933 页。

③ 沈家本：《寄簃文存》卷六，《法学通论讲义序》。载《历代刑法考》(四)，中华书局 1985 年 12 月 1 版，第 2233 页。

④ 《奏请专设法律学堂折》，载丁贤俊，喻作风编：《伍廷芳集》上册，中华书局 1993 年版，第 271—272 页。

⑤ 《法学会杂志》，1913 年第一卷第一号。

法学教育。这是法学教育的主流。两者除上述量的差别之外,教育内容上,大学多受英美法的影响,而法政教育多受日本影响。在清政府的明令推动下,全国法政学堂大量涌现。据陈翊林《最近三十年中国教育史》,宣统年间,全国各类专门学堂共 111 所,在校学生 20672 人;而法校即占 47 所,学生人数达 12282 人。超过其它专门学堂人数的总和。[①]

最著名的法政学堂是京师法律学堂和京师法政学堂。

京师法律学堂是一所直属修订法律馆,培养操作新法的司法人员的专门学校。1906 年开学,招收清政府各部属员入学肄业,学制三年,毕业后派往各省,为佐理新政分治地方之用。京师法律学堂师资雄厚,外籍专家较多,管理严格,其教学内容以日本法为主。

京师法政学堂直属学部,“以造就完全法政通才为宗旨”。1906 年创议,1907 年招生,设预科二年,正科三年。正科分政治、法律两门,由预科升入。此外,另设别科,三年毕业;又设讲习科,一年半毕业。1910 年改定后的学堂章程,由清政府明令各省法政学堂仿效。

三、晚清法学教育的特点

(一)政治性

清末法学教育是在清末政局大变革的背景下起步的。政治改良、立宪修律是产生清末法学教育的前提。特定环境孕育的法学教育带有浓厚的政治色彩。

19 世纪末至 20 世纪初清政府进行的立宪和修律是中国历史上政治制度和法律制度的一次重大变革。其实质是在不触及封建王朝国体

① 转引自李贵连主编:《二十世纪的中国法学》,北京大学出版社 1998 年 5 月第 1 版,第 51 页。

和政体的前提下，通过改良的方式，使中国政治制度、法律制度近代化。它是西方法律、法学进入中国，促使中国封建法律向半殖民地半封建法律的转折点，对后来的政治、法律发展有深远的影响。1902 年，清廷命沈家本、伍廷芳为修订法律大臣，主持清朝法律的改革。清末修律改变了传统的“中华法系”的格局，近代法律体系雏型初具，西方的法律精神、原则、制度和方法得以引入中国。新的法律制度需要新型的法律人才去运作。因此，建立新型的法学教育体系势在必行。新型法律制度对法学教育提出了新的要求，传统律学教育已无法满足形势发展的需要。培养与法律改革相适应的具有新式法律观念和法律知识的专门人才是中国近代法学教育制度创建的最重要的动因。[①] 如果没有政治的改良、修律的需要，清末可能依然是律学教育，近代法学教育难以萌发。

伴随政治体制改革中的官制改革，清末废除了科举制，开始按照近代教育制度培养各类人才。为了解决士子读书和出路问题，1906 年 7 月 7 日，学部采纳了御史乔树枏的举贡生员肄习法政的建议，并指出：“现在各省举行新政，需材甚殷，裁判课税人员，尤非专人之学不能胜任。而科举既废，举贡生员苦无求学之地，以之肄业法政，既不如他项科举之难于成就，而年齿长则阅历富，中学深则根底完，必能会通中西，以为效用之具。……凡未经设立此项学堂之省分，应即一体设立，其业经设立者，亦应酌量扩充……”[②]清廷通过兴办法政学堂可以把举贡生员迅速过渡到法政新人。

从社会情况看，海禁大开以后，中西交往日益增多，外人足迹遍于行省。与西国人发生冲突时，“多因地方官不谙西国法律，以至办理失

---

① 王健：《20 世纪中国法律教育的回顾与反思》，载张晋藩主编：《二十世纪中国法治回眸》，法律出版社 1998 年第 1 版，第 239 页。

② 《学部通行各省御史乔树木丹 奏请各省添设法政学堂文》，引自朱有▮主编：《中国近代学制史料》第二辑下，华东师范大学出版社 1985 年版，第 475—476 页。

宜,酿成要案。”科举制所培养的官员不能适应形势的需要。“废科举,兴学堂”使清末法学教育具备了广泛的社会基础。

清末新式法学教育的创立,不单是教育事业自身发展的结果。统治者把兴办法学教育与政权稳定,国家富强联系在一起。1904 年清政府论及学习法律科目的重要性时指出,“外国之所以富强者,良由于事事皆有政治法律也。学堂内讲习政法之课程,乃是中西兼考,择善而从。”①殊不知西方的法律制度是与民主政治相伴随,而民主的物质基础乃是发达的商品经济,清廷误以为西方的富强是由于事事皆有政治法律所致。对法律致富功能的过分强调使得中国近代法学教育一开始便担负着无法完成的富国重任。认识的误区导致了法学教育的急功近利,过热发展。政治上的需要成了清末法学教育向前发展的根本动力。统治者的政治意图成了法学研究与教育的指南,法学教育总是摆脱不了政治的附庸地位。就连法律科目名称,也多称“政法科”或“法政科”。清末的《奏定学堂章程》中,并没有明确法律教育的自身目标是什么,只在该章程的“立学总义”一章中提出了一个各分科统一的宗旨,即“端正趋向,造就通才”。中国近代法学教育起始之初便踏上了一条不大属于自己的路。

(二)实用性

清末法学教育开端于同文馆。这所原本为了学习西国语言文字的学校,随着形势的变化和社会需要的扩大,所设科目逐渐增加。1867 年 12 月,同文馆决定聘请已经在馆任英文教习的丁韪良开设国际法方面的课程。② 同文馆隶属于总理衙门,在对外交涉过程中,国际法知识

① 张百熙、荣庆、张之洞:《学务纲要》,载舒新城:《中国近代教育史资料》上册,人民教育出版社 1981 年第 2 版,第 197 页。

② 丁韪良:《花甲忆记》,转引自顾长声:《从马礼逊到司徒雷登》,上海人民出版社 1985 年版,第 210 页。

最为急需，丁韪良也曾在此前翻译过一部国际法方面的书。清廷通过个别事件处理，觉得国际法确实有用，于是中国近代法学教育从国际法开始起步。教学内容也以"万国公法"为中心，所用教材是翻译过来的一批欧美最新的国际法著作。通过光绪十二年(1886 年)的一份考题，不难看出国际法学习的时务目标。这些试题是：1、海上盘查他国船只，限制有四，试论之。2、盘查之权每有条约范围之，试述其一二。3、邦国任其自护之权，不理局外旗号，而追捕船只者其例案若何？4、英美两国设法禁绝贩卖黑奴之事，其大端若何？5、美国与英国第二次启衅其故有二，试言之。[①] 这些试题都完全针对当时办理交涉事务的实际，提问简洁明了，具有很强的实用性。

近代创办的第一所大学——北洋大学，出自洋务派官僚之手。地方实力派从办洋务的实际需要出发，意识到近代教育的重要性，也看到了法学教育的必要性。早在 1877 年李鸿章见到刚从英国留学回国的伍廷芳后，认为这样"熟悉西洋律例"的人才"尤为难得"。这种人才在办理交涉的活动中，可以"翻译西例"，或"遇有疑难，俾与洋人辩论。凡折以中国律例而不服者，即以西律折之"，发挥"以彼之矛刺彼之盾"的作用。[②] 我们从《皇朝经济文新编》(1901 年版)中收录的《华人宜习西律说》一文中亦可以看出当时对法律人才实用性的一般认识，"我中国不乏颖秀之才。现在通西文西语者既多，宜令往西国律例学堂用心研究，学之既久，尽可从西人考试，充作律师。他日航海回华，即可主持讼事。经人延致，其费较轻，而律意精通，案情熟悉，以之辨驳，不致受亏。岂不一举而两得耶。"[③]

---

① 《同文馆题名录》光绪五年(1879 年)刊，光绪十三年(1887 年)刊。转引自王健：《中国近代的法律教育》(博士论文)，中国政法大学出版社 1999 年，第 78 页。

② 丁贤俊、喻作风编：《伍廷芳集》上册，中华书局 1993 年版，第 1—2 页。

③ 《皇朝经济文新编》，《西律》，卷二，光绪二十七年(1901)。

西洋不如东洋的早期留学去向,显示了清末法学教育的实用性。张之洞极力倡导游学东洋,“至游学之国,西洋不如东洋:一、路近省费,可多遣;一、去华近,易考察;一、东文近于中文,易通晓;一、西学甚繁,凡西学不切要者,东人已删节而酌改之。中东情势,风俗相近,易仿行,事半功倍,无过于此。若自欲求精求备,再赴西洋,有何不可。”[①]张之洞此言很有代表性。甲午一役,国人改变了对日本的态度,认为效法日本法政可以“事半功倍”、“成效最速”。获得有利无害的西学,可以走捷径,直接取自东洋。但张之洞也认识到了要想求精求备,光靠东洋的二手货是不行的,应再赴西洋,但那是未来的事了。张之洞的一番话道出了留学日本接受法政教育的急功近利思想。事实也是如此,清末的留日学生是留学教育的主流。

清末法学教育的实用性也表现在教学内容上。重实用、轻理论的风气一直影响到民国的法学教育。杨兆龙先生在总结清末以降的法学教育的经验教训时说:“现在有许多法律学校,对于理论法学不甚重视。……像法理学、法律哲学、法律方法论、立法原理等科目,只在少数学校里被列入课程,而与其他法律科学并重。所以无怪现在有许多法律学校的毕业生眼光小而不知应变。对于各种法律制度,只知其然而不知其所以然。……视条文、判例及解释例为法律学的全体而置法律的理论于不顾”。[②]

目光短浅,知识结构欠合理,很难适应社会的需要,社会公众对于法政学生持有鄙薄、蔑弃的态度。蔡元培先生批评道:“这种法政毕业生,既买得新招牌,便自以为很有本领,而中国因为从前法政之腐败,也以为应该用新学生。哪晓得这般新学生腐败一如旧官僚,加之学得外

① 《张文襄公全集》卷203,第四册,第568—569页。

② 杨兆龙:《中国法学教育之弱点及其补救之方略》,载郝铁川、陆锦碧编:《杨兆龙法学文选》,中国政法大学出版社2000年版,第152—153页。

国钻营的新法，就变为‘双料官僚’。”[①]“社会上的人常说：‘法政学校是官僚养成所’，‘法政学生是未来的臭官僚，臭政客。’”[②]

在教学方式上已仕成人法学教育发展迅速。1902 年重建后的京师大学堂在仕学馆设速成科，由各衙门推荐考生，讲授法政，实为法政专科。京师及各省先后建立法政专门学堂，也以成人教育为主。从 1904 年到 1909 年，在沈家本、伍廷芳、学部大臣孙家鼐等人的推动下，各省先后筹建法政专门学堂 22 所。值得一提的是，清末还出现了法学函授教育，湖南法政官校首创此种教学形式。“今特采其意，令各省除应入学堂各员仍分别入学肄习外，其余无论现任及有要差者，均需领取法政学堂讲义，自行研究，遇有疑义，随时函询，学堂答复，每届一学期，将所圈阅讲义及研究心得作为笔记，并送学堂核验。如有旷废玩弃情事，由督抚分别记过，以示惩儆。此项讲义，由学堂择必要学科编纂发给。大概以三学期为毕业。”[③]

在成人法学教育迅速发展的同时，普通高等法学教育发展缓慢。无论是大学堂的数目还是在校本科生数都远远低于法政学堂及其成人学生数。

清末法学教育实用性导向，使得我国近代法学教育起点较低，在认识上依然受传统律学的影响，新式法学教育培养了一批新官僚，却难以造就法学家阶层。国民南京政府教育部长朱家骅在总结先前五十年法学教育状况时曾有精辟见解：“清末学习法政者，大多留学日本，而毕业者以速成科程度居多，国内的法政学校，应时而起，入学程度既低，师资

① 《蔡孑民先生演说辞》，《法政学报》，1919 年第 11 期。

② 《法政学报》，1924 年 9 月出版，第三卷第 9 期，“社论”第 1 页。

③ 宪政编查馆：《通行各督抚考核各省咨报法政学堂办理情形文》，《四川教育官报》12 期公牍，转引自朱有瓛编《中国近代学制史料》第二辑下，华东师范大学出版社 1985 年版，第 487—488 页。

亦或缺乏,因陋就简,当然谈不上法学,所以学法律的人数虽属不少,而有用之材却又不多。……综观五十年来,我国法律教育开始虽早,而进展则较迟缓。"①

(三)盲目性

清政府大力推动新式法学教育主要有两次。一次是 1906 年学部接受御史乔树枏为解决举贡生员的出路而大办法政学堂的建议,向各省下发的添设法政学堂文。为响应中央号召,各地纷纷筹办法政学堂。据清政府学部总务司编第三次教育统计图表计,1909 年全国共有学堂 127 所,学生 23735 人,其中,法政学堂 47 所,学生 12282 人,分别占学堂总数的 37%和学生总数的 52%。② 清末法学教育从 1895 年天津中西学堂正式设科到 1909 年十余年时间,得到了突飞猛进的发展,它在近代教育肇始之时占据了极为重要的地位。另一次是 1910 年。这一年,清廷作出了两项加速法政教育发展的重要决定,一个是通行各省法政学堂应次第扩充。③ 要求将京外现设及将来续设法政、法律各学堂一律扩充,特别要尽快培养审判和检察人员,以应付各地审判厅的急需。另外一次就是准予私立学堂专习法政。经过 1906 年和 1910 年清政府的两次大推动,大大小小,公立与私立的法政学堂逐渐遍布全国。

众多莘莘学子"发狂热于法校之门",多出自功利考虑。蔡元培先生《就任北京大学校长之演说》一针见血指出:"外人每指摘本校之腐败,以求学于此者,皆有发财思想,故毕业预科者,多入法科,入文科者甚少,入理科者尤少,盖以法学科为干禄之终南捷径也。"④蔡先生此言

① 朱家骅:《法律教育》,教育部教育通讯社编,1948 年。

② 汤能松等编:《探索的轨迹》,法律出版社 1995 年版,第 135 页。

③ 《学部通行各省法政学堂应次第扩充文》,1910、5、25,《学部奏咨辑要》,卷二,转引自前揭王健论文,第 111 页。

④ 李贵连主编:《二十世纪的中国法学》,北京大学出版社 1998 年 5 月第 1 版,第 53 页。

所指的是民国初年的北大情形，由此不难看出清末民初知识分子学习法律的心态与目的。

清末如火如荼地大办法政学堂，但办学条件十分有限。其师资一开始主要依赖日本教员，条件好一些的法政学堂聘请了多少不等的日本教习。稍后便是大批留日学生补充到教员队伍中，特别是地方各省兴办的法政学堂主要靠留日学生支撑。所用教材主要是他们编译的教科书和留日期间的笔记。

学校管理也不严格，学生入学条件很不统一，本应由中学毕业生升入的法政学堂，大多设有别科，专为不具有中学程度者直接学习法政而设立，实际上是不需要任何资格即可入学，其教学质量显然无法保证。

如果说办学条件简陋的地方各省办法政学堂是为了响应中央号召，那么，私立法政学堂的创办多由利益驱动。"谬视法校者，乃以政法为官之利器，法校为官所产生，腥膻趋附，熏获并进。借学渔利者，方利用之以诈取人财。有名无实之法校，先后纷至。"。①

从民初教育部调查中所反映出来的实际情况看，法政学校，特别是私立法政学校泛滥的程度的确相当严重。例如，据对江苏、浙江、安徽的调查，私立法政学校大多没有办学基金，仅靠学费支给校用，完全是营业性质，教员资格不够，时常缺席，敷衍教学，学生程度很差，来去无常，学额任意填报。

黄炎培先生对清末民初的法学教育很是担心："今悉一国之才智，而群趋于法政之一途，其皆优乎？供多而求少，已有耗多数人才于于无何有之乡，而或劣者杂出乎其间！吾恐国家社会之蒙受祸害，乃且加厉，比其觉悟，而元气已伤，漂撞之国运，将与此如狂如醉之潮流，同不

① 竞明：《法政学校今昔观》，《教育周报》，1914年第51期，第22页。

返耳。”[1]

民国初年,面对法政教育的混乱局面,当时的教育部不得不下令整顿。仅1913年就限令江苏法政大学或专门学校13所停办、二所改办,浙江二所法政专门学校停办,安徽一所法政专门学校改办。1915年的法政专门学校从1912年的64所减至42所。经过民国初年教育部的着力整顿,新旧之交已达顶峰的法政学校迅速回落,到了1916年,已经比民国元年(1912年)减少了一半,学生人数亦随之相应地减少。不过,这一时期,法政学校与学生的数目都远高于同期其他科类的学生数目。也就是说,法政教育在整个高等教育中始终处于一枝独秀的地位。

清末法学教育的盲目发展与近代教育的发展大趋势未必协调。法学教育的“过热”有悖教育发展的自身规律。之所以形成清末法学教育的巨观,实属清末统治者大力推动的结果。伴随着社会政治、经济的变化和国际间交往的增多,社会对新型法律人才需求的扩大是客观存在的事实,但统治者过高地估计了法政人才的作用,过速地扩大了法政人才的培养规模,使得法学教育在整个教育中畸形发展。清末强调法学教育的重要性,却忽视了法学研究的重要性。缺乏法学研究成果的支撑和指导,法学教育的盲目性难以及时校正。清末由于法学人才缺乏,最早办的几所大学的法学教育不得不依靠洋教员、洋教材。以“端正趋向、造就通才”为宗旨的几所早期大学,实际上未能达到培养目标,当时学生所获得的,充其量是法学基本知识。[2] 稍后的法学界几乎为留日学生所独占,留日习法者多是速成,再加上日本的法学成就本来就落后于欧美,特别是法律哲学。留日习法者的作风和特色,大体就是注释式解释法条。法学研究的滞后也制约了法学教育的发展。

---

① 《东方杂志》,1913年,第九卷,第二十号。

② 李贵连主编:《二十世纪的中国法学》,北京大学出版社1998年5月第1版,第44页。

（四）多样性

清末法学教育办学主体、教育形式、教学模式、教育内容等均呈现多样性特点。

清末办学主体以官办为主，多主体办学。清末法学教育起始阶段由官方垄断，后来逐步出现民办、中外合办，以及外国人独办的多主体办学体系。近代法学教育萌发地——1862 年设立的京师同文馆，在其设馆以后的很长时期里，法学教育一直被官方所垄断。“私学堂禁专习政治法律”，“以防空谈妄论之流弊”。[①] 早期的法学教育场所主要集中在官办的天津中西学堂，南洋公学头等学堂，京师大学堂。1909 年浙江巡抚增韫上奏清廷，要求变通部章准于私立学堂专习法政。1910 年，学部奏议复浙江巡抚折，这种情况发生了变化。“立宪政体既确立，即教育之方向亦宜与时为变通。”咨议局、资政院、各级审判厅、各级地方自治“所有议员自治职责审判官吏，非有法政之素养不足以赴事机。需才甚众，自宜广加培成以资任用。若专恃官立学堂为途未免捎狭，该抚所奏变通部章准于私立学堂专习政治法律一节，应即照准”。在批准之初，私立法政学堂只能办于省会等“都会文明之地”，理由是“通儒硕学荟萃其中，传习既易于取材，课程自较为完备，而近隶政府监督之下，便于稽查纠正。更无曲学争鸣生心害政之虞”。举办的条件是“经费充裕，课程完备”。[②] 不久又扩大到“繁盛商埠及交通便利之地”，“以广造就”。1910 年 10 月学部附奏推广私立法政学堂，浙江宁波法政学堂，绍兴东湖法政学堂均系私立。法学教育官方垄断的局面被打破，多主

① 《学务纲要》，朱有瓛主编：《中国近代学制史料》第二辑上，华东师范大学出版社 1985 年版，第 88 页。

② 《学部奏咨辑要》三编，引自朱有瓛主编：《中国近代学制史料》第二辑下，华东师范大学出版社 1985 年版，第 491—492 页。

体办学成为可能,客观上有利于法学教育发展。①

中外合办高等法学教育。据中国近代教育史料记载,山西山东各有一例。一所是山西省地方政府和英国基督教驻上海总教士为代表合办的山西大学堂西学书斋(设有法律学门),西学专斋开办以后,为山西省培养了一批人才,不少毕业生留学英美继续深造。另一个是中德两国政府合办的山东青岛特别高等专门学堂。前者合办期约定十年,到期已移交山东当局,后者也定期十年,中途因日本侵占胶州而关闭。

外国人独办的近代高等法学教育主要有:1900 年英国人在天津设立的新学大书院,在该大书院的分科科目中有专门的法学;1845 年英国人在上海设立的圣约翰大学和 1871 年在武昌设立的文华大学,1902 年法国人在上海创办的震旦大学。另外还有英美人 1885 年合办的北京汇文大学等。②

清末法学教育主体多样化,调动了多方办学的积极性,清末法学教育短期得到迅速发展与此不无关系。在多样化的主体中,中央和地方政府是推动教育发展的主要力量,也是主要的办学主体。

办学层次的多样性。根据清末学部规定,"凡奏定学堂章程所定分科大学、大学选科、大学实科、高等学堂、高等农工商业学堂、优级师范学堂、译学馆、方言学堂,以及未列专章之邮电、路矿暨法政学堂正科,属于高等教育。"③虽然清末法学教育处于起始阶段,但是办学层次多样。参照各类法律学校的入学资格、学习期限、教育程度,当时的法科高等教育大体可分为两个层次。一是法政分科大学之法律门,相当于

① 徐彪:《清末新式法学教育与中国法律近代化》(硕士论文),安徽大学出版社 2000 年,第 10 页。

② 舒新城编:《中国近代教育史资料》下,人民教育出版社 1981 年第 2 版,第 1071—1091 页。

③ 《光绪朝东华录》,转引自朱有瓛主编:《中国近代学制史料》第二辑下,华东师范大学出版社 1985 年版。第 474—475 页。

大学法律本科;一是高等学堂和法政学堂正科、专科等相当于大学本科之下的专修科层次。前者如天津中西头等学堂、南洋公学、京师大学堂、山西大学堂西学专斋,复旦公学等,后者如直隶高等学堂,山东高等学堂、江南高等学堂等。

多层次办学,满足了社会对不同层次法律人才的需求。当时培养的最高规格的法律人才是本科,仅有本科“通才”之人尚不能满足“新政”要求,本科以下的专修科层次也很重要。沈家本认为,法律乃专门之学,非一般能办一些案件的“俗吏”所能通晓,必须有“专门之人”去研究讲解才能“斯其析理也精而密,其创制也公而见。以至公至允之法律,而运以至精至密之心思,则法安有不善者。及其施行也,仍以至精至密之心思,用此至公至允之法律,则其论决又安有不善哉”。[①] 在沈氏看来,不论立法者还是司法者都要经过严格的法律教育后方能胜任本职工作。清末法学教育多层次的设计,勾画了日后法学教育的式样。

办学模式的多样性。清末修律,传统的中华法系解体,近代法律体系初创。经过考察、比较,清末选择了大陆法系为样板,开始中国法律的近代化。同时,清末法学教育的模式也有个比较、选择的过程。

模仿英美法学教育模式的有京师同文馆、天津中西学堂、山西大学。

1862 年为培养外语人才洋务派设京师同文馆。1864 年美国长老会教士、北京教会学校崇实馆主办丁韪良经美国驻华公使蒲安臣介绍应聘到京师同文馆任英文教习,1869 年升任同文馆总教习。1868 年丁韪良赴美国耶鲁大学进修国际法等课程。[②] 从京师同文馆编排的课程表上看,不论是八年制的课程,还是五年制的课表,其课程编排思路皆

---

① 沈家本:《设律博士论》,引自李贵连《沈家本与中国法律现代化》,光明日报出版社 1989 年,第 205 页。

② [美] 毕乃德:《洋务学堂》,曾钜生译,杭州大学出版社 1993 年版,第 93 页。

类似美国法学院的法律课程学习程序的设计。

1895 年由天津海员道台盛宣怀督办的中国第一所近代性质的正式大学天津中西学堂头等学堂开学。由留英归国学者“深通西学,体用兼备”的伍廷芳为头等学堂总理,美国人丁家立为总教习,丁家立以美国哈佛、耶鲁大学为蓝本设计了头等学堂的学科分类与修业年限。法律作为一个专门科目设置。法律学门开设 20 个教学科目,其中有自然科学 6 门,人文和其他社会科学 2 门,法律科目 12 门。① 所聘外国教员多为美国籍,并且直接选用英美法学教材用英语进行教学。这种课程设计体现了头等学堂的办学目的,反映了学堂督办盛宣怀、总办伍廷芳,特别是总教习丁家立以美国耶鲁大学为蓝本的教育主张,表现出基础宽厚,文理并举、突出英美法学教学的特点。1902 年,山西巡抚岑春煊筹办山西大学堂,接受英国驻沪耶稣教总教士李提摩太提议成立西学专斋,由李提摩太主政,西学专斋设法律学,法律学可分:政治、财政、交涉、公法等学。法律主要由英国人毕善功教授,无中文教材,课程偏重欧美法律。②

实行欧洲大陆法学教育模式的学校主要有南洋公学政治特班,青岛特别高等专门学堂。

1900 年盛宣怀开办了南洋公学,1901 年设特班,“专教中西政治、文学、法律、道德诸学”③。聘请蔡元培为班主任 。所学课程有宪法、国际公法 、行政纲要、政治学等。对于法学教育,盛宣怀认为:“泰西政俗,流别不同……较量国体,惟日德与我相同,亦惟日德之法与我适宜而可用。”据此,他力主学堂教育“格致制造则取法于英美,政治法律则

① 汤能松等编:《探索的轨迹》,法律出版社 1995 年 9 月第 1 版,第 161 页。

② 《文史资料选辑》第 8 辑,第 162 页。

③ 盛宣怀:《奏陈南洋公学历年办学情形折》,引自朱有瓛主编:《中国近代学制史料》第一辑下,华东师范大学出版社 1985 年版,第 522 页。

取法于德日。缕缕微忱，实在于此”。[①]

青岛特别高等专门学堂是德国政府为加强在华文化活动，由驻华公使莱克斯提出，经德国政府与清政府交涉后设立，内设政治法律科。

采用日本法学教育模式的主要有京师大学堂和各类法政专门学堂。

1898年在维新派推动下，清廷成立了京师大学堂。京师大学堂自筹议开办时起，即在章程中列有法律学分支。京师大学堂的法律课程设置与原天津中西头等学堂法律课程设置比较，没有开设自然科学和人文科学方面的一般教育课程，原因是天津中西头等学堂以招收中学毕业生为对象，以美国耶鲁大学为蓝本。而京师大学堂则以当时日本大学教育模式为范例，招生对象是高等学堂或大学预科毕业生，一般教育科目需在预科阶段完成。

20世纪初为适应“新政”急需，各地纷纷建立的法政学堂，其教学模式是清一色的日本法学教学模式。如：京师法律学堂，直隶法政学堂，京师法政学堂等。

法学教育兴办之初，清政府缺乏举办新式法学教育的经验，好在一切从头开始，无思维定式。不同的法学教学模式具有不同的办学风格，它们的办学思路、课程设置、教材教法大不一样，清末引进了不同的法学教育模式，并在此基础上进行比较、鉴别，试图能找到一种最能符合中国国情的法学教育模式。甲午战争之前，清末主要学习英美的法学教育模式，甲午战争之后学习日本成了时尚，在移植日本法律的同时，其法学教育模式成了清末乃至日后国民政府法教育的主流模式。

清末法学教育在变革中诞生，在动荡中运作。法学教育的政治性

① 盛宣怀：《奏陈南洋公学翻辑政治法律诸书纲要折》，引自朱有瓛主编：《中国近代学制史料》第一辑下，华东师范大学出版社1985年版，第519—250页。

特点,使人对法律制度和法学教育寄予了不切实际的厚望。法政教育的勃然兴起,正值国家由封建专制向民主共和发生革命性转变的时代。设想政治改良,变法修律,便可迅速强盛起来,但实际结果未能尽如人意。法学教育的盲目性导致其畸型发展,本欲富国固本的法学教育却培育了一批新式官僚。传统的读书做官的信条演变成学法做官,法学的真谛被掩盖了。过分强调法学的实用性,把我国近代法学引上了注释法学的道路,学法者关注的主要是法条,很少有人对法律进行理性思考,法学大师难以出现。当然,我们不能对蹒跚学步的清末法学教育要求太苛刻。在那多事之秋,近代法学的新生命能降临中国已是难能可贵,清末的倡导和实践毕竟迈出了近代法学教育的第一步。清末统治者对新式法学教育的开放态度和探索精神是值得肯定的,其中不乏可资借鉴之处,诸如多样性的办学特色等。即便是办学的盲目性和实用性带来的失误,也对法学教育的健康发展有引以为戒的作用。

第四章 《钦定大清刑律》的施行：民国刑法实践的透视

第一节 《钦定大清刑律》与《中华民国暂行刑律》

北洋政府大规模援用清末修律成果，事出何因？动议谁出？袁世凯、沈家本、孙中山（1866—1925）、伍廷芳在其中起到了怎样的作用？中华民国《暂行刑律》对《钦定大清刑律》作了哪些修改？

一、南孙北袁眼中的晚清法律

辛亥革命的洪流摧毁了在我国延续两千多年的封建君主专制统治，为建立资产阶级民主共和国提供了可能性。1912 年元旦南京临时政府成立，标志着以孙中山为代表的革命党人在中国建立资产阶级民主共和国的理想开始变为现实。基于政治策略考虑，孙中山高举民主主义旗帜，对清王朝的专制主义统治进行了深刻的揭露和批判，特别是揭露了封建法律的腐朽暴虐和司法镇压的专横黑暗，从整体上宣布了废除清朝的"虐政苛法"。

孙中山在就任临时大总统之初就表示："中华民国建设伊始，宜首重法律。"[①]在其主持下，南京临时政府在短短的三个月内，进行了卓有

---

① 《孙中山全集》第 2 卷，第 14 页。

成效的资产阶级法制建设。临时政府在总统之下设法制局,由宋教仁主持,负责主要法令的起草。多数法令以大总统的名义颁布,有关行政各部也曾制定、发布了若干命令、咨文及临时律文。以《中华民国临时约法》为代表的宪法性文件,以法律的形式宣告废除封建帝制,确立了共和政体,使民主共和的观念深入人心。在经济方面发布了《保护人民财产令》、《大总统令内务部通饬各省慎重农事文》,为发展民族经济提供了法律保障。在保障民权方面,依据"天赋人权"的理论颁布了《权利平等令》、《禁止买卖人口令》,为实现资产阶级反对等级制度的主张作了有益努力。在文化教育方面,根据"启文明而速进化"[①]的基本方针,制定了《普通教育办法》,意在培养公民的道德和文化素质。在社会改革方面,颁布了《大总统令禁烟文》、"禁赌法令"、"剪辫法令"、"劝禁缠足令"、"改革称呼旧制法令"等,其主旨在于革除社会陋习,改进社会风尚。振奋民族精神,提倡近代文明,消除积弊,复兴国家。在司法改革方面,着手改建司法机构,试行审判公开及陪审制,发布了《大总统令内务司法两部通饬所属禁止刑讯文》和《大总统令内务司法通饬所属禁止体罚文》,以推进司法文明进程。南京临时政府还进行了一些行政及军事方面的立法。

虽然南京临时政府颁布了一系列法令,但多是些单行法规,由于客观原因,构成各法律部门的基本法典,短期内无法编纂。孙中山认为:"编纂法典,事体重大,非聚中外硕学,积多年之调查研究,不易告成。而现在民国统一,司法机关将次第成立,民刑各律及诉讼法,均关紧要。"[②]在此新旧递嬗之际,亟需用法律来维护社会秩序。在各地民刑事件频繁发生,陆续新建立的司法机关无法可依、无章可循的情况下,

---

① 《临时政府公报》第41号,见《辛亥革命资料》,第302—303页。

② 《孙中山全集》第2卷,第276页。

有条件的援用清末立法中合乎时宜的内容，填补民国法制建设的空白不失为一时权宜之策。

1912年3月中旬，曾参与主持清末修律立法的南京临时政府司法总长伍廷芳向孙中山提出报告："窃自光复以来，前清政府之法规既失效力，中华民国之法律尚未颁行，而各省暂行规约，尤不一致。当此新旧递嬗之际，必有补救办法，始足以昭划一而示标准。本部现拟就前清制定之民律草案、第一次刑律草案、刑事民事诉讼法、法院编制法、商律、破产律、违警律中，除第一次刑律草案关于帝室之罪全章，及关于内乱罪之死刑碍难适用外，余皆由民国政府声明继续有效，以为临时适用法律，俾司法者有所根据。谨将所以呈请大总统咨由参议院承认，然后以命令公布，通饬全国一律遵行，俟中华民国法律颁布，即行废止。"[①]3月21日，孙中山将此呈文批转咨请参议院议决。咨文说："该部长所请，自是切要之图，合咨贵院，请烦查照前情议决见复。"

4月3日，南京临时参议院就此项法律案作出决议并咨复政府说："本院于四月三日开会决议，佥以现在国体即更，所有前清之各种法规，已归无效。但中华民国之法律未能仓猝一时规定颁行。而当此新旧递嬗之交，又不可不设补救之法，以为临时适用之资。此次政府交议当新法律未经规定颁行以前，暂酌用旧有法律，自属可行。所有前清时规定之法院编制法、商律、违警律及宣统三年颁布之新刑律、刑事民事诉讼律草案，并先后颁布之禁烟条例、国籍条例等，除与民主国体抵触之处应行废止外，其余均准暂时适用。惟民律草案，前清时并未宣布，无从援用，嗣后凡关民事案件，应仍照前清现行刑律中规定各条办理，惟一面仍须由政府饬下法制局，将各种法律中与民主国体抵触各条签注或

① 《辛亥革命资料》，第352—353页。

签改后,交由本院议决分布施行。"[①]但由于孙中山4月1日正式辞职,临时参议院4月5日议决迁往北京,4月8日休会,南京临时政府宣告结束,它所开展的立法活动亦告终止。

其实,早在伍廷芳提出适用清末修律成果之前,孙中山已有仿行清末法律之意。1912年1月6日,他就任命伍廷芳为南京临时政府司法总长一事答《大陆报》记者问时,就公开表示:"伍君上年曾编辑新法律,故于法律上大有心得,吾人拟仿照伍君所定之法律,施行于共和民国。"[②]可见,孙中山任命伍廷芳为南京临时政府司法总长,原因之一,便是看中了伍担任过清末修律大臣的经历。

南北议和之后,袁世凯于1912年3月10日在北京宣誓就职,代替孙中山就任中华民国的临时大总统。受职当天,发布了大赦令等五项临时大总统令。其中之一即《宣告暂行援用前清法律及暂行新刑律》——"现在民国法律,未经议定颁布,所有从前施行之法律及新刑律,除与民国国体抵触各条应失效力外,余均暂行援用,以资遵守。此令。"[③]北京法部根据袁世凯的命令,对《钦定大清刑律》进行了修订,并于3月28日向袁世凯提出了《呈请删修新刑律与国体抵触各章条等并删除暂行章程文》。3月30日,袁世凯批准了法部拟定的《修正新刑律与国体抵触各条清单》,并令该部"迅速通行京外司法衙门遵照"执行。[④]"这样,北京临时共和政权在南北统一的中华民国临时政府正式成立以前,就完成了删修《钦定大清刑律》的工作。"[⑤]

南北统一后的临时参议院于1912年4月29日在北京正式开幕。

---

① 转引自谢振民编著:《中华民国立法史》(上册),张知本校订,中国政法大学出版社2000年1月第1版,第55—56页。

② 《孙中山全集》第2卷,第14页。

③ 《辛亥革命资料》,第308页。

④ 参见《暂行新刑律》,1912年4月刊印。

⑤ 曾代伟:"《暂行新刑律》辨正",载《法学研究》1987年第6期。

在审议积案时，对于4月3日在南京已经议决的关于暂行清末法律等，鉴于南京临时政府法制局在解散前尚未完成“签注或签改”清末各律的工作，于是在北京法部著名法学家沈家本主持拟订的《修正新刑律与国体抵触各条清单》的基础上，通过了《暂行新刑律》的决议。1912年4月30日，《中华民国暂行新刑律》正式公布。司法部通告各省，《暂行新刑律》以公布之日为施行日期。

孙中山、袁世凯对清末法律态度及《暂行新刑律》的出台经过可以说明以下问题。

其一，民国初年百废待兴，有条件地援用清末法律有利于社会稳定。《暂行新刑律》是在民主共和旗帜下，维持各个阶级、各种政治力量分享政权的局面的产物。它是民国初年政治多元色彩的反映。

其二，以《钦定大清刑律》为代表的清末修律成果有其自身的先进性。只要把其中维护封建君主专制，与民国国体相抵触的内容剔除，作为民国“暂行”法律，是完全可行的。

其三，孙中山和袁世凯在有条件援用清末法律的问题上，认识是一致的，可谓殊途同归。那种认为“孙中山解职前夕，采用司法总长伍廷芳建议，向参议院提出了有条件援用清末法律的咨文，这就给以后袁世凯全面肯定和施用清朝法律提供了可乘之机”的观点是值得商榷的。因为此前袁世凯已经提出有条件援用清末法律的主张。

其四，曾任晚清修律大臣的沈家本、伍廷芳在其中起到了不可忽视的作用。早在南北议和成立之前，沈家本便是袁世凯“责任内阁”的司法大臣。清帝退位后，他虽然脱下了清朝大臣的官服，但仍然是袁世凯政府的法部首脑，直到1912年的3月22日，才将法律事务交代完毕。[①]此后，他仍担任“总统法律顾问”。1912年3月10日的袁世凯的关于有条件援用清末法律的大总统令，与这位备受袁世凯尊重的73岁老臣

① 李贵连：《沈家本传》，法律出版社2000年4月第1版，第392页。

分不开。此后的北京法部对《钦定大清刑律》的修订工作,主要由沈家本主持完成。与袁世凯北京政府同时并存的南京临时政府中的另一位曾为晚清修律大臣,时任司法总长的伍廷芳亦于1912年3月中旬向孙中山提出了有条件援引清末法律的建议。清末法律在民初得以援用与沈、伍两位晚清法律大家的提议、促成不无关系。

二、《中华民国暂行刑律》对《钦定大清刑律》的修改

《中华民国暂行刑律》虽系《钦定大清刑律》的翻版,但两者的差异也是明显的。修改变动之处主要有以下几点。

第一,删除第二编第一章。

第二,删除第81条、第238条、第247条、第369条、第375条、第387条、第402条。

第三,删除暂行章程第1条至第5条。

第四,删除第3条第1款。

第五,删除文字的有:第3条第7款内"第二百三十八条"七字;第46条第3款内"封锡职衔出身"六字;第246条第1项第2项内"御玺国玺文"各五字,及第1项"制书"二字,第2项内"之制书"三字;第250条内"制书御玺国玺文"七字,"御玺国玺"四字,第372条内"第三百七十五条"七字。

第六,字面修改的有:改律名为暂行新刑律;"帝国"二字改为"中华民国";"臣民"二字改为"人民";"覆奏"二字改为"覆准";"恩赦"二字改为"赦免"。

第七,因条文删除应修改互见之处:第5条第14款内"第387条"应改为"第386条";第389条内"第387条"应改为"第386条"。[①]

---

① 参见杨鸿烈著:《中国法律发达史》下,上海书店1990年10月第1版,第1033—1035页。

第二节　民国初年的刑法实践(1912—1914)
——以大理院解释例为依据

民国初有条件的援引《钦定大清刑律》,使晚清的刑律改革的立法成果得到了实践的检验。至民初三年(1914年)《中华民国暂行新刑律补充条例》施行,北京政府大理院为释难答疑,统一法律适用,共颁发解释例194件。笔者粗略统计,涉及刑法适用的解释例93件,几乎占这一时期解释例总数的50%,[①]现就解释例较集中的问题探讨之。

一、暂行刑律的溯及力问题

暂行刑律第一条的规定,原则上不溯及既往,即从新原则,与罪刑法定相一致。

统字第42号:"兼祧双配,所娶均在新刑律施行前,时不为罪。若在新刑律施行后娶者,以重婚论。至妻亡有妾,现仍娶妻者,不得以重婚论。"

统字第101号:复青海办事长官关于前清番例条款的效力问题。"本院细察番地情形,并核该条款。其中不无应行修正之处,惟在未经修改以前,番地民俗风俗,迥异内地。自不能一律绳以新律。暂行新刑律实施之区域,当然依前清现行刑律能适用之区域为限。查前清现行刑律向不适用于该番地,故该番例条款,在未经颁布新特别法令以前,自属继续有效。"

统字第107号:"关于吗啡犯罪,应适用前清现行刑律中施打吗啡

---

① 笔者统计的资料来源系郭卫编:《大理院解释例全文》,会文堂1931年版,本文所引大理院解释例均出自该书。

条例。”此前的统字第50号解释例说明了理由,“查吗啡虽系一种药品,然新刑律第307条,违背法令,贩卖药品云云。其所谓法令,即指禁止贩卖此种药品之法令而言,若无此项禁止法令,则虽贩卖,亦不能构成该条犯罪。而禁止贩卖吗啡之法令,即系前清现行律,造畜蛊毒杀人条例中,凡制造施打吗啡针之犯,不论杀人与否,应依造畜蛊毒律上,减为烟瘴地方安置云云。此项条例,所刑律中无该当条文,亦不背乎民国国体,当然继续有效。又不能认此项条例为新刑律第307条所吸收,盖该条例若认为无效,则刑律307条之所谓违背法令云云,其法令毫无根据,而贩卖吗啡将成为无罪矣。况施打行为,307条中并无明文,尤不能强谓之包括刑律307条。乃对于一般贩卖违禁药品之普通规定,而该条例乃对于药品中之吗啡专设禁止,并处罚之特别规定,且其行为又不仅限于贩卖也。贩卖吗啡谓之一行为触犯二法条,即学者所谓想象上之俱发罪,则可谓为专触犯刑律307条,而置前清现行刑律条例于不顾,则不可。故此项犯罪仍应适用前清现行刑律条例及暂行新刑律施行细则办理。”

从上述解释例可知,《中华民国暂行刑律》是有溯及力的。之所以如此,原因有二。其一,从立法的角度上看,暂行刑律第一条就不是严格意义上的从新兼从轻原则。其颁行以前未经确定审判者适用新律,但颁行以前之法律不以为罪者不在此限。这里只提出了颁行前法律不认为犯罪的依颁行前法律。如果旧法律认为罪轻而新法律认为罪重,怎么办?按条文意思,也应从新。这样,事实上就可能从重。按照罪刑法定主义的精神,此条应明确采用从新兼从轻原则。可见,此条的立法技术并不成熟。其二,根据民国元年三月十日的大总统令所有从前施行之法律及新刑律,只要不与民国国体抵触,皆可继续有效,这表明除了新刑律以外的其它刑律也可以有条件的继续适用,晚清过渡法律《大清现行刑律》亦可援引。民国初年的刑法渊源是多样的。

二、关于罪刑法定

统字第21号承覆吉林地方检察厅:"……查放卖国有土地,乃国家与人民之私法上买卖行为,与暂行新刑律第147条所谓征收各项入款之性质迥然不同,当然不能发生刑事问题。省议会所议定价目,自系合于省议会暂行法第16条第7款所议决者。该款议决,非经行政长官以民政长名义公布后,不能直接对于行政官及人民发生拘束力。此项议决价目若该省民政长曾经以民政长名义公布,命人遵守,则自可作为正价放卖。官吏如若擅自增加,人民自可向该官吏或其直接上级官署提起行政诉愿。如未经民政长官公布,则不发生效力,至于放荒规则,自系一种行政法规,其规定丁佃之优先购买权,虽当然有法律上之效力。但该管官吏任意准驳,只系违背行政法规,不能构成刑法上之犯罪。该佃户自可依诉愿或行政诉讼程序,向该官署或其直接上级官署提起诉愿,或向管辖行政诉讼官署提起行政诉讼。"

统字第24号复长沙地方检察厅电:"卖婢为人妻妾,新律及买卖人口条例均无治罪正条,当然不为罪。旧律关于此等行为规定,已失效力,不能援用。"

统字第102号复广东高等审判厅函:"本院查新刑律立法本旨,博具并非禁制品。观同律第276条之但书,可以得当然之解释。则单纯贩卖贩运私藏者,自非犯罪行为。"

第177号函复山东高等审判厅:"查刑律第313条伤害罪之成立,以毁损人身生理的机能为要件。换言之,即须使人身生理的机能受损害也。强剪头发虽属强暴行为,然被害者生理的机能未受损害,即未达伤害程度,不能依第313条处断。唯刑律关于施强暴未至伤害之行为,以对于尊亲属者为限,有第317条之规定。其对于常人之单纯强暴罪,则属于违警律范围。故强剪妇女头发,除系刑律分则各罪中以强暴为要件者之手段行为,应依各本条处断外,其单纯强剪头发,只能构成违警罪。”

民初的法律工作者已有罪刑法定的意识,特别是大理院的法律专家们尤其强调律无正条不为罪。比附的作法基本根除。但由于民初刑法形式的多元化,以及刑法的溯及力问题,罪刑法定主义的精神在实践中打了折扣。人们对罪刑法定主义的理解不是很统一,刑法与其它行政法律规范的关系并不是很清楚。

三、关于刑律与其它法律的关系

统字第 18 号复天津高等审判分厅函:“迳复者,准贵分厅咨呈。凡强制罚之不属普通刑法范围者,如掛号民信局违犯邮章之罚则之类。向由各该管局署自行照章处分。其有不受处分而赴司法衙门起诉者,司法衙门是否有适用各项单行章程制裁之权。其所制罚金,是否与刑法上之罚金同为司法上之收入等因。查法令有明文规定之刑罚,其性质自与刑法法典内之刑罚无异,当然得向司法衙门请求正式裁判。至经裁判后所科罚金。自应归入国库。”

统字第 29 号复总检察厅函:“迳复者,准贵厅函送京师第四初级检察厅呈称。现行刑律为普通法。前清报律为特别法。惟普通法有具体的规定,而特别法仅有概括的规定。究应如何适用之处,不得不请指示。并举报载受贿贪赃侵蚀公款之例,谓应否适用刑律第一百五十五条第一项之规定,抑或适用报律十一条之规定。又举报载官员受贿,同时并载其丑行之例,谓是否俱发,抑应从重等因到院。查报律第 11 条,专系刑律第 360 条之特别法,非 155 条之特别法。该厅所谓概括具体规定等语,未免误会。刑律第 155 条之行为,报律既无规定,即系对于报馆无特别法。无特别法者,当然适用刑律。例如,报馆教唆杀人,自应适用刑律 311 条及第 30 条。其不能谓报律 11 条系概括的规定,而牵强附会也明矣。以此论结，则该厅所举之前例，乃对于官员职务公然侮辱，当然适用刑律第155条第1项。其后例，自系俱发，依报律第37条规定，不适用刑律俱发从重之规定，则刑律俱发罪一章，当然不能适用。从重问题亦不发生。”

按照刑法的一般原理，特别法优于普通法。《中华民国暂行刑律》属于刑事普遍法。其总则内容对其它法律涉及犯罪与处罚方面的规定有普遍的指导意义，但在其它特别法有专门规定后，在法律的适用上优先于刑法。《暂行刑律》第9条规定：“本律总则于其他法令之规定有刑名者亦适用之，但有特别规定时不在此限。”《钦定大清刑律》原案曰：“本律为刑罚法令之根本，故本条之总则可用于无反对规定之一切罚则。”原案“注意”部分进一步解释：“所谓罚则没有反对之规定者，如违警律内，许其拘留罚金之类。”[①]关于“普通”与“特别”的关系，我国传统立法上亦有成熟的立法经验总结。《唐律疏议·名例篇》规定“本条别有制，与例不同者依本条”。这里的“本条别有制”，即指《名例》以外的其它十一篇的律条就某种犯罪另有具体规定，“与例不同”即指前述的具体规定与《名例》篇的原则规定不同。凡遇此种情况，应按各“本条”的具体规定处断。如《贼盗》篇规定，在盗窃财物的共同犯罪中，造意者如未实行盗窃，又未分赃，则应以实行盗窃活动的指挥者为首，造意者为从，不是按照《名例》篇的共同犯罪，关于以造意为首的笼统规定处罚。就此而言，中国传统上处理“普通”与“特别”的方法与近代西方法学理论上的特别法优于普通法的精神是相符合的。

从统字第18号复函中看，好像民初的法律家们没有细分刑罚的罚金与行政处罚中的罚款的性质。把违犯邮章之罚金视同刑罚之一种的罚金，甚为不妥。可见在西方法学的“罚金”一词传入不久的民国初年，

① 《大清法规大全·法律部》法典草案一，总第1945—1946页。

对这一概念的理解尚欠准确。

四、关于精神病人之行为不为罪

民国三(1914年)年二月初十缠民刁列提念回家,被其患疯病的儿子卡比里用做木工之铁砍伤顶心,因伤而死。拟遵照新刑律第312条杀尊亲属者处死刑,即行绞决。又查第12条有精神病人之行为不为罪,但因其情节,得施以监禁处分。此案涉及逆伦,又涉及罪与非罪,新疆当局不知如何办理,特请示大理院。大理院以统字131号函复新疆司法筹备处:"本院查旧律子孙于祖父母、父母有犯杀伤致死,罪至磔刑。即系因疯,仍依律问拟。从前审理此项案件,地方官因关系风教,恐涉考成。率以疯病为词,几于千篇一律。刑部以其于罪并无出入,未予驳诘。逮后删除重刑,改磔为斩,复以因疯究与寻常不同,量改绞决。虽有斩绞之殊,而问拟死刑则一。现行刑律第312条杀尊亲属处唯一之死刑,加重之意仍本旧律。若系因疯,不能不适用第十二条精神病人行为不为罪之规定,与从前办法相去悬绝,不仅罪名轻重之出入也。缠民卡比里用铁砍砍伤伊父刁列提身死一案,有无虚伪,须用专门医学诊察,尤宜防家属及邻佑之捏饰。果系证据确凿,自应依第十二条施以监禁处分。若非固疯,承审官无关考成,亦无所用其规避。不可仍绳旧贯、致枭獍之徒,幸逃法网也。"

其实,本案案情并不复杂,相关的法律规定也清清楚楚。之所以疑难,难在观念上。新旧律对此规定悬殊太大,司法官员不敢轻易下判。司法官员的观念跟不上立法的更新。旧时为官一方,教化百姓,以民风是否淳朴作为考核官吏政绩的旧思想一定程度上依然存在。

民国元年(1912年)亦发生过类似的案件。元年七月十五日司法部通令曰:"查旧律疯病杀人之案,分别服制平人治罪。所以示罪名轻重之等差,而非定罪名有无之标准,用意本自不同。然装疯掩饰者,必严惩之。尚不失实事求是之意。乃向来办理逆伦案件，辄以因疯为词。其初不过为规避处分计。而于该犯罪名，尚属无大出入，其后千篇一律，竟成惯例，相率为伪。浸失法律本意。况新旧刑律，刑事责任迥殊。新刑律业经施行，精神病人之行为应不为罪。嗣后司法官对于精神病人之犯罪，各宜调查确实证据，于犯罪之实施时，以及事前事后之情形，均须详细证明。以期无枉无纵，至逆伦案件，尤不可再事规避，并应禁止族邻捏报旧习，现在官规改定，此项处分，旧日已不实行，自在当然废止之列。地方官吏，更无所用其顾忌。”[①]

五、关于杀死奸夫与正当防卫

1913 年 8 月陕西高等审判厅请示：“奸所获奸，登时杀死者，能否适用新刑律第 15 条但书之规定。”大理院以统字第 48 号电复如下：“奸夫将行奸或已行奸未毕时，若有非杀死奸夫不能排除现时侵害情形，而本夫杀死奸夫者，应依刑律 15 条以紧急防卫论。其毋须杀死奸夫，以他法即可以排除现时侵害，而本夫杀死奸夫者，应依该条但书之规定论。若行奸已毕，虽在奸所杀死者，不得援用该条。至杀死奸妇，不问是否在奸所登时，皆不能适用该条，但得依 54 条酌减。”时隔不久，甘肃请指示：“凡本夫于奸所见奸夫奸妇行奸，登时将奸夫奸妇杀死者，应否查照暂行新刑律第 311 条及第 13 条第 2 项减等处断。”大理院以统字第 49 号电答复，其精神如统字第 48 号解释例。

大理院就此类案件的解释值得商榷。从文中“奸夫”“奸妇”的称谓看，此类案件当属和奸。根据新刑律第 289 条的规定：“和奸有夫之妇者，处四等以下有期徒刑或拘役。其相奸者，亦同。”在和奸处所当场杀死奸夫，显属超过必要限度，不应以正当防卫论。可见，当时，虽然在刑

① 转引自葛遵礼辑：《中华民国新刑律集解》，上海会文堂 1914 年 1 月出版，第 17 页。

法上引入了正当防卫（当时称紧急防卫）的制度，但对正当防卫的构成要件，尚缺乏准确的理解和把握。

杀死奸夫属于正当防卫的解释不符合晚清修律者的本意。沈家本先生撰“论杀死奸夫”一文，痛陈其弊。《唐律》规定奸非之人非持仗拒捍者，不得辄杀之。《元律》规定妻妾与人奸，本夫于奸所杀死奸夫及妻妾，及为人妻杀死其强奸之夫，并不坐。若于奸所杀其奸夫而妻妾获免、其杀妻妾而奸夫获免者，杖一百七。元代开始有同时杀死奸夫奸妇不坐之律。《明律》特设杀死奸夫一条，并增入止杀奸夫一层，视元为更宽。沈家本先生认为：“后人立法，必胜于前人，方可行之无弊。若设一律，而未能尽合乎法理，又未能有益于政治、风俗、民生，则何贵乎有此法也。”沈家本先生从七个方面批评了杀死奸夫之不妥。

第一，和奸罪的刑罚最重只处徒刑。《唐律》徒一年半，元改为杖，《明律》分杖八十、九十二等，并无死刑的规定。不当杀而杀，为法所不许，杀无死罪之人，其行为不应为无罪。否则，悖乎义，也不合乎法理。

第二，罪人拒捕，本犯已死之罪而擅杀者，杖一百。在官司差人擅杀应死罪犯，尚应拟杖，而谓常人可以任意杀人，所杀者又罪止拟杖之人，轻重相衡，失其序矣。

第三，妇人淫佚，于礼当出，无死法也，其犯七出有三不去而出之者，杖六十。出且不许，况杀乎。不许其出而许其杀，两律相矛盾。当出者，礼也；其不可杀，亦礼也。不可杀而杀，违乎礼矣。

第四，好生恶杀，人之常情，骨肉之亲，床笫之爱，本应相互容隐，惨相屠戮，于情不忍。

第五，杀人之权操自国家，若杀人而可勿论，将报复相寻，况且奸情暧昧，难保无虚捏之事，即便情况属实，私相杀人，是人人有杀人之权矣。此有关乎政治。

第六，世风浇薄，为政者闲之以义，尤贵导之以仁。杀人者不以为非，恐残杀之习，中于人心，势将日甚。此有关风俗。

第七，法律中重于奸罪者很多，他罪皆无许擅杀之文。独此例则杀人不必科罪。世俗更有杀奸杀双之说。更有因他事杀人，并杀妻以求免罪者。自此例行，而世之死于非命者，不知凡几，其冤死者亦比比也。此关乎民生。[①]

沈家本先生极力反对法律赋予本夫有杀死奸夫的权利。民国时代更不应支持杀死奸夫的做法，但民初的大法官们在这点上，不仅未能吃透正当防卫的精义，恐怕连律学大家沈家本先生的见解也未曾重视。

六、关于俱发罪

统字第 64 号复湖南高等审判厅函："迳复者准贵厅九月十九日呈解释既决人犯在监犯罪，应如何办法等因到院。本院查此等情形亦俱发罪之一种，应依刑律第 24 条规定，先将其在监所之罪、独立审判，俟确定后，再将前后两罪之刑，依第 23 条之例，更定其刑。"

奉天高等审判厅原函及大理院统字第 66 号复函：迳启者，查窃盗者因防护赃物、脱免逮捕、湮天罪证而当场施暴助迫者，依暂行新刑律第 371 条规定，当然以强盗论。如有强盗得赃，在盗所或甫离盗所，而固防护赃物，脱免逮捕或湮灭罪证致将逮捕之巡警施以伤害，未至笃疾者得以第三百七十三条之强盗伤人律处断。则巡警本系执行职务之人，抑依第 153 条第 3 项之妨害公务致人伤害律处断。则强盗伤人最重之主刑，可至无期徒刑，而妨害公务防人伤害之最重主刑，至多不过科以有期徒刑 20 年。以情节轻重之犯，似不应仅处有期徒刑。此犹仅就强盗之对于巡警而有以上之情形者也。如有强盗得财之后，甫离盗所，经事主追捕致被强盗伤害者，得依第 173 条处断，则该盗已离盗所，

① 参见沈家本：《历代刑法考》四，中华书局 1985 年 12 月第 1 版，第 2083—2087 页。

抑依第 370 条及 313 条,并适用第 23 条处断。仍系比较第 173 条规定,不能科以无期徒刑,未免情重罚轻。又有倡甫离盗所,可以在盗所论,而适用第 173 条,若离盗所二三日,或四五日者,则以非盗所论,而适用第 23 条。究竟盗所二字,果与强盗伤人有重大之关系否耶?此应请解释者一(大理院对此解释为强盗拒捕伤人,自系构成第 373 条及第 153 条之俱发罪)。强盗无预备之处罚,止罚着手及实行两端。着手之标准,据最新学说,则谓以与实行切近者,为唯一之界限。强盗行为之与实行切近者,即谓强盗或触手于目的财物之时,或侵入于事主第宅以内,方得谓为着手。若仅将赴于目的地,是仍在强盗预备阶段,不能以着手论。如有强盗指明某地及某事主之名,而欲强劫,惟因行至途中被警察捕获,谓可依已着乎者而处罚以未遂罪,则与触手于目的物或侵入于事主第宅之说不合。如谓可依未着于者而宣告无罪。则社会心理又谓此等行为,实宜处罚。究应如何适用,此其应请解释者二(大理院解释:强盗指明目的地,行至中途被获者,应以未遂论。)赌博数次之行为,依第 80 条连续犯之规定,以无俱发罪为原则。暂行刑律修正案语,称累日赌博,应按以赌博为常业之一罪科断。至未以为常业者,仍应以连续犯一罪论。即是此意。然近来亦有倡数次赌博可科以俱发罪者,究应孰非,此其应请解释者三(大理院解答:数次赌博既非常业,又无继续之意思者,以数罪论)。本夫于奸所登时杀死奸夫奸妇者,据最新一般学说,谓本夫对奸夫固宜行使正当防卫权,即对奸妇亦宜行使此权,盖缘奸妇亦系侵害本夫权利之人。故第 289 条有相奸罪同之规定,即因奸妇为加害本夫之人而处以罪。惟犯奸者即可不分奸夫奸妇均应处罚。即防奸者,亦不分奸夫奸妇,均应免罪。即或有过当之可论,断无可以剥夺其正当防卫权者。乃近时亦有倡本夫对于奸女不准行使防卫权者,其说果正当与欠,此其应请解释者四(大理院解释说"参照本院复陕西高等审判厅二年统字第 48 号电文")。强盗伤害二人,又连致死一人，据判决例应依 374 条第 3 款前半及后半两段并科其刑。倘有结伙三人，在途行劫之犯，又连伤害二人，可否按照同条第一第二两款并科其刑。又或有结伙三人，在途行劫，又连伤害一人，未至笃疾，可否按照第 373 及第 374 条两条并科其刑。如应科以两条之刑，得按第 23 条科以俱发之罪，抑按第 26 条从重处断。又强盗入第宅，又连伤害二人以上，得按第 374 条第 3 款处断，抑按同条同款及第 373 条第 1 款并科其刑。此其应请解释者五（大理院解释："第 373 条、第 374 条之条件，不问触犯一条件或二条件，皆只构成一罪。至第 374 条，为第 373 条之加重条文。关于一行为，犹不能以二条并论俱发。来函所引判例似有误会，盖判例所谓并科者。系指人身法益当分别定罪。侵害一法益即系一罪，侵害数法益即系数罪，宜并科也"）。强盗同时抢夺甲乙丙丁四家财物，又连伤该四家各一人，未致笃疾。果系触犯四个第 373 条第 3 款之罪。或系触犯一个第 374 条第 3 款之罪，均属昧所适从。此其应请解释者六（大理院解释："本例自系构成四个第 373 条第三款之罪"）。强盗于盗所强奸妇女，第 374 条第 4 款曾用明文规定。倘系强盗侵入第室，将妇女捉去，带至贼巢强行奸污，如按同条同款科刑，则贼巢迥异盗所。如按第 373 条及第 285 条规定仍适用第 23 条科刑，则该盗于贼巢强奸妇女较诸盗所情节尤重，即使适用第 23 条，亦不能处以死刑，讵非情重罚轻。究应适用何律，此其应请解释者七（大理院解释："第 374 条第 4 款既明有盗所二字，则本例自不能以该条论，仍系构成第 373 条、第 344 条及第 285 条三罪俱发"）。

统字第 86 号复交通部函："迳复者准贵部本月二日函称。查各处铁路轨道上之物件，无论巨细，均关紧要，设有偷窃损坏易生绝大危险，是以妨害交通。刑律定有专章，用意至为郑重。乃近来各处审判人员，对于此等案件，为依律判决者，固足以资惩儆，而仍照普通窃犯判罪。以致顽民无所儆畏。亦在所而免，本部为预防危害起见，相应函请贵院,迅赐通令各省高等审判厅,分行各地方法院暨各县帮审员一体知照,嗣后遇有偷窃损坏已成路轨上物件之案。务须核其情节。按照妨害交通罪章内所定各条,分别判断。勿得仅以普通窃盗论。俾重交通而杜危害等因到院。本院查因偷窃而损坏铁路轨道及于轨道上行车必要之物件者,构成妨害交通与窃盗二罪。盖系以犯一罪之方法而生他罪。自应依刑律第26条,比较妨害交通罪与窃盗罪从一重处断。”

1914年8月山东高等审判厅请示:“官吏犯赃治罪条例第二条载。枉法赃到500元以上者,处死刑等语,其一人犯数罪合计枉法赃至500元以上者是否包括在内。又犯赃罪在该条例公布以前未经确定审判者,是否适用该条例,抑仍依暂行新刑律办理。”大理院以统字第159号函复:“本院查官吏犯赃治罪法,依刑律第九条之规定,当然适用刑律总则。而依刑律总则第23条之规定。俱发罪名各判其刑。自不能合并数罪之赃计算。应分别各罪之赃,依法各判其刑。复依刑律第23条定其应执行之刑。又查刑律总则第一条第二项前段,在确定审判前者,应依律处断是官吏犯赃治罪条例颁布后,未经确定审判案件,当然依该法处断。”

七、关于加减

王德杀伤赵书年一案的请示和大理院统字第46号复函。奉天高等审判厅呈:“王德杀赵书年一案。经审判厅于五月初十日判决,王德照杀人未遂罪折衷处有期徒刑15年。本厅(辽阳地方检察厅)核之加减之原则,似未相符。查加减必于本罪之刑最重限度上,或最轻限度下,按等加减,方能允协。该厅于311条之三种主刑中,减去死刑之一种,加上二等之一期,则为无期徒刑至二等有期徒刑之裁量范围。对于被告处一等有期徒刑15年,是仍在本条选择刑之范围以内。本检察官认为不妥,提出意见书,请求上诉等情。相应将原卷函送查收复审等因。查暂行新刑律第 57 条第 1 项注意书内载，处二等以上有期徒刑即一等或二等有期徒刑，减一等，即为二等或三等有期徒刑等语，是尚留有二等有期徒刑余地，并未从最轻主刑上减为唯一之三等有期徒刑，又内载二等或三等有期徒刑，加一等为二等以上即一等或二等有期徒刑等语。是仍留有二等有期徒刑余地，并未从最重刑上加为唯一之一等有期徒刑。盖缘立法本意，在审判官按犯人情节，行其自由裁量之权，但于二等以上有期徒刑上减一等为二等或三等有期徒刑。无论如何，从最重之主刑上减，仍然免判一等之有期徒刑，不得谓犯人不收减轻之利益。于二等或三等有期徒刑上加一等为二等以上有期徒刑，无论如何，从最轻主刑上加仍不能判三等之有期徒刑。不得谓法律不收加重之效果。既于立法精神，实能贯彻，并于法官裁量，亦无背驰。是以法院向来适用加减之法，大率如是。又同条第二项注意书内载。处死刑无期徒刑或一等有期徒刑加一等即为死刑或无期徒刑等语，是不过去其一等有期徒刑。此外尚留死刑及无期徒刑二种，以为审判官自由裁量地步。如加二等，始去其无期徒刑，只处唯一之死刑。又内裁无期徒刑或二等以上有期徒刑，加一等即为无期徒刑或一等有期徒刑。加二等即为唯一之无期徒刑等语。其例复与前同。又同条第三项注意书载。四等以下有期徒刑或拘役，减一等为五等有期徒刑或拘役。减二等为拘役等语，是不过去其四等之有期徒刑。此外尚留五等有期徒刑或拘役二种，以为审判官自由裁量地步。如减二等，始去其五等有期徒刑，只处唯一之拘役。我国立法，意即如此。即征诸学说暨各级审判厅历办成事，熟不如此。若照该检察官所称加减之法是原定主刑系二等到四等，应加一等时，即须处一等有期徒刑。应减一等时，即须处五等有期徒刑。审判官仅能在应加之最高主刑刑期上或应减之最低主刑刑期上为唯一之加减。如此解释，不惟舍犯人情节于不问，审判官失自由裁量之权，且其办理加等之语。亦多窒疑。盖减刑条文，均系得减，并非一定必减。果系情节较重,尚可不减,自无情重罪轻之虞。而加刑律意。纯系必加,并无得加之语,假如有犯条文所规定为一等至三等有期徒刑者。论其情节,不过处以三等之最轻徒刑,已为适当,然因应加一等,即必须处以无期徒刑。如此办理,究有失入之讥。盖以第57条第2项论之,如前举之例,应加重一等时,仅去其一等有期徒刑。尚有一死刑,一无期徒刑为审判官之裁量范围。此则以本应处以三等极轻之刑。因加重一等,遽处以无期徒刑,揆之法理,殊有未合,但该检察官所主张既与厅之意旨不合,究应如何适用之处,理应呈请钧院。对于加减条文,希望明晰解释赐复。以便遵行是为公便。"大理院对此基复如下:"来呈于刑律加重减轻之例,解释已甚明晰、立论更为精详。询合乎立法者之本意。本院认贵厅解释为正当,故不复赘。"

统字第99号复湖南高等审判厅函指出:"本院关于加减之解释,先后不同,该厅所引判例,系本院旧解释(于本罪应判主刑最重限度以上,最轻限度以下,按等加减)。本院最新解释已详见民国二年统字等46号复奉天高等审判厅函及统字第60号致总检察厅函。"

大理院关于加减例的解释前后不一致,先前认为加减应在主刑最重限度以上或最轻限度以下。后来采纳奉天高等审判厅观点以第46号解释例认为加减刑可在法定刑种及法定徒刑幅度内进行。笔者认为导致这种现象发生的原因有二。其一,《钦定大清刑律》规定的量刑幅度过大,如果在法定刑上、下加减,会导致加减的结果与在原法定刑范围内量刑之间存在太大的悬殊。情罚难以平衡。其二,刑律未引入从重、从轻的概念,使得刑法的条款太僵硬,加重或减轻难以包含从重或从轻立法技术。用现代刑法理论分析,加减理当在法定刑上下加减。但在当时没有从重、从轻的制度下,把加减例扩大解释到可以在法定刑以内进行,也不失为一种解决实际问题的办法。

八、关于鸦片烟罪

统字第58号复福建高等审判厅函:"贵厅七月十五日函请解释戒烟丸中含有鸦片各毒质者,能否依刑律第266条处断等因到院。本院查刑律鸦片烟自系指广义而言。凡以鸦片搀和制造之物,不问其为丸药为他种形式,皆得依该条处断。"

统字第125号致总检察厅函:"据直隶雄县知事呈请解释服食含有鸦片丸药及施打吗啡,应适用何种法律等因至院。本院查原呈所称谢占元吸食鸦片一案,情形既系具体案件,业经判决,自不能予以解答。惟县知事又称嗣后遇有此种案件,应如何审判云云,查吗啡罪条例,业经公布。关于施打吗啡,自应适用该条例。至服食含有鸦片烟丸药,仍应查照本院二年统字第58号解释,依刑律第266条处断。至虑烟犯戒断以后,上诉证据消灭,则系证据问题,第一审苟能合法证明其犯罪,上诉审自不能因上诉时犯人已无烟瘾而即置第一审证据于不问,遽行认为无罪。"

广东高等审判厅原电及大理院统字第132条复电:"因戒烟服食丸药内含有鸦片毒质者,是否依刑律第271条论。"大理院答:"刑律271条不能包括"。

统字第136号复江苏高等审判厅函:"据上海地方审判厅详称。窃阅政府公报内载,钧院统字第58号,复福建高等审判厅函,内有查刑律鸦片烟自系指广义而言。凡以鸦片搀和制造之物,不问其为丸药为他种形式,皆得依该条处断等因。而统字第132号复广东高等审判厅电,则以因戒烟服食丸药,内含有鸦片毒质者。刑律271条不能包括。函电情形,似有抵牾。本厅因之发生疑问:(甲)钧院复福建高等审判厅函,是否系刑律第266条之特定解释,不能概括刑律第271条之犯罪情形而言。故制造贩卖戒烟丸中,含有鸦片毒质者,当依刑律第266条处断。而服食戒烟丸内含有鸦片毒质不得依刑律第 271 条科刑。然钧院函中,有查刑律鸦片烟自系指广义而言之语。则又似刑律第 21 章鸦片烟罪之全部,均当从广义解释。不限于第 266 条之情形也。(乙)统字第 58 号函系有意制造贩卖代鸦片烟之戒烟丸,而统字第 132 号电,则系因戒烟而服食之戒烟丸,是否系犯罪动机有所不同。故适用刑罚亦因之而异。(丙)统字第 58 号函所谓鸦片烟搀和制造之物,是否以有纯粹鸦片烟质之搀入,故适用刑律鸦片烟罪。而统字第 132 号是否以仅有化学上鸦片烟一部分之毒质,故不能适用刑律鸦片烟罪。……查本院统字第 58 号函与统字第 132 号电解释并无抵牾。刑律鸦片烟自应从广义解释。唯刑律 271 条之犯罪,以吸食行为为构成要件。服食含有鸦片毒质之丸药,不能谓之吸食。统字第 132 号电系谓刑律 271 条吸食不能包括服食,所谓鸦片烟不能包括含有鸦片毒质之丸药。该厅所称甲、乙、丙三项疑问,自无从发生。”大理院对“鸦片烟”从广义解释,而对“吸食”却从狭义解释,颇值得商榷。

统字第 139 条复广东高等审判厅函:“贵厅函称,现据南海初级审判厅呈称,窃自厉禁吸食鸦片烟,烟具实为供犯罪所用之物。刑律 273 条明定收藏罚则。警察捕拿烟犯兼搜烟具以为物证。然烟具之解释向未分明,辄有并非专供吸食鸦片烟之具及确非烟具亦连搜解案者。人民惨被骚扰。查刑律 273 条明言收藏专供吸食鸦片烟之器具。可见堪供吸食之用。并非专供者,不为罪也。窃计器具堪供吸食鸦片烟之用者,种类甚多,限以专供,则狭义解释,只有烟枪、烟斗,广义解释亦不过并及烟钎、烟钩、烟刀而止。他如烟灯可以照物,烟剪可以裁物,烟戥可以称物,烟盘、烟罐、烟盒、烟缸等可以载物,并非除供吸食鸦片烟用外,别无可用,似不应列入违禁品中。敝厅受理烟犯,常有身上只一空盒,家中只一烟灯,辄被拿解,人民以为并非犯罪行为,警察以为收藏供犯罪用之物品,甚至屋内筐盒茶盘卧枕以及种种工具家私亦并搜括。若非解释明白，行知警厅，曷胜其扰。……本院查刑律第273条之鸦片烟器具，以专供吸食为限。其于供吸食鸦片烟以外，通常尚可以供他项用途之器具，不能称为专供吸食鸦片烟器具。仅收藏此等器具，自不能构成该条之罪，至何种器具系专供吸食之用，何种器具非专供吸食之用，吾国幅员辽阔，从前各省习用不一。碍难遽定其界限，仍应由各省于案件发生时，就此标准认定。”

九、关于赌博罪

统字第30号复京师警察厅函：“贵厅函请解释暂行新刑律第276条，迅予函复等因到院。查新刑律该条所谓财物，不问其贵贱多寡，虽至少者亦不能不谓之财物货币，尤为明了，故以铜子数枚或制钱数文聚赌者，亦构成该条犯罪。不能以其数量少，遂谓为系供人暂时娱乐之物。该条但书所谓以供人暂时娱乐之物为赌者。即指赌饮食等物而言，贵厅来函解释理由甚为正当。”

统字第34号函回答了同样的内容。

统字第40号复吉林高等审检厅电：“商人以银或物之市价，赌赛高低，与空买空卖既系一事，则自应以赌博罪论。”

工商界对统字第40号解释甚为不满，并通过农商部向大理院提出异议。农商部的咨文说：“吉林省省务所提议，商人买卖期券不应认为赌博一案，大致谓买卖期券，届时以现货交易，与买空卖空性质迥不相同。今吉林地方检察厅以商人以银或物之市价赌博高低，近于赌博，呈由民政长电经大理院，误作法律解释。认为赌博论罪，牵及全城商号。曾经开会讨论，佥谓商人仅以银物之市价买卖，并无银物交易，凭一纸空条，订定期限，互找赔赚者，是谓之空。若以银或物指定期限，届期实交银物者，是谓之期，期与空迥有区别，不能相提并论。应即提交大会公议等语。经会场议决，交付审查。旋据审查报告，考核原文之请求。

吉林代表之报告，会场之言论，细心研究。此案既属买卖，又订期双方兑现，纯是商行为，非犯罪行为，以物易银，定期交现，顶订价值，不问涨落，乃商人营业之常。如买卖汇票或承办货物或预先订盘，限期交现，习惯固属相沿，法律亦所不禁。营业自由，确为正当，买卖期羌，亦系此等营业性质。应由本会查照原案，呈请农商部转咨司法部令饬吉林高等审判厅复讯明确，予以正当之解决。此本审查会主张之理由也等语。后经大会通过，理合检同议案。具文呈请鉴核，迅予转咨司法部令饬吉林高等审判厅详加讯问，妥为解决等情到部，查此案上年长春地方审判厅因福兴义柜伙一案，曾经请由贵院解释以赌博论罪，并经前工商部先后函请贵院分别解释，并商请总检察厅划定期限各在案。此次全国商会联合会大会期内，经吉林事务所提议各节，是否可行，相应检同原议案，咨行贵院查照核复，以凭办理，此咨大理院院长。”

大理院145号函复：“……查民国二年(1913年)六月，据吉林高等审检厅元电称，新刑律赌博罪，是否包有商人赌赛银物市价空买空卖在内，请示遵到院。本院当以来电语意不明，经电询详情，旋据该厅马电复称，前电请解释商人以银或物之市价，赌赛高低，与空买空卖系属一事等因到院，当经本院以商人以银或物之市价赌赛高低，与空买空卖既系一事，自应以赌博论电复该厅。旋据前工商部来函，转据吉林商务总会呈请解释适当，以免后果。复经本院以买空卖空，系指奸民设局，诱人赌赛市价涨落者而言。前清现行律 规定甚为明晰。本院解释该项行为，应以赌博罪论，亦即以此为范围。其商人买卖，先交押款临限仍收现货者，自不在内等因。函复前工商部各在案。此次全国商会联合会所称以物易银，定期交现，纯系买卖行为，既与买空卖空性质不同，自不在本院前电范围之内。不能认为赌博罪。”

十、关于重婚罪

重婚罪的认定，首先需要解决的是婚姻的成立标志问题。对此，京师第一初级检察厅呈请总检察厅转咨大理院解释。京师第一初级检察厅原呈说："窃维民法未颁，户籍登记，亦未实行。每有重婚案件发生，常患无所依据。征之社会习惯，又复方式复杂。即就北京一隅而论，有经媒妁说合，双方承诺，婚姻即成立者。有经媒妁说合后，须放小定，婚姻始成立者。有经媒妁说合后，须放大定始成立者。有经奠雁后，送达婚贴，婚姻始成立者。种种不同，其在法律上，究以何种方式可认为婚姻成立之标准，际此过渡时代，民法颁布尚需时日，而暂行新刑律重婚罪之规定，又不能停止效力。惟按重婚罪之成立，必以婚姻成立与否为前提。若婚姻方式无一定标准，此种问题，实难解决。"大理院以统字第16号函回答："查婚姻成立，专就刑法上解释，须具备形式上之要件。即以举行相当礼式之日，（例如，旧礼式之迎娶入赘，新礼式之举行结婚）作为婚姻成立。"

统字第42号复西安地方审判厅电："兼祧双配所娶均在新刑律施行前，时不为罪。若在新刑律施行后娶者，以重婚论。至妻亡有妾，现仍娶妻者，不得以重婚论。"

统字第65号函："据安东地方检察厅电称。刑律第291条重婚罪，解为有妻再娶，若有夫再嫁，是否亦犯此罪。请电示等情到院。本院查刑律第291条所谓有配偶而重为婚姻，当然包括有夫再嫁者而言。"

十一、关于和奸罪

关于和奸，民初司法部门的理解有一定的歧义，广州地方审判厅曾就此请示过大理院。"和奸罪限于有夫之妇，律有明条。惟亲属相为和奸，如系处女，或无夫之妇，应否论罪，乃一疑问。第一说谓但系亲属，既无夫妇女，罪皆成立。此说系以 290 条乃独立条文，为前条之例外，不相连贯。故解释上以亲属二字包无夫之妇与女言。第二说谓 289 条和奸有夫之妇一语，贯彻 290 条，故下条不复赘妇女字，仍须有夫之妇女说。钧院为统一解释法律最高机关，二说孰是，悬案待复。”大理院以统字第 4 号电复如下：“解暂行刑律，应依第一说。”

关于和奸罪须本夫告诉乃论，曾有极端案例。四川高等审判厅请示：“按刑律和奸罪，须本夫告诉乃论。近有复判案件，系奸夫因和奸杀死本夫，奸妇并不知情，除奸夫应判杀人罪外，其和奸一罪，业经口案证明。欲判以罪，已无本夫呈诉，欲放任不判，则本夫因奸被杀，奸妇反得逍遥法外，所于社会风纪有妨。究应如何拟办，祈电示遵。”大理院以统字第 27 号电复如下：“和奸未经本夫告诉，当然不能论罪。律有明文，不容曲解。”

十二、关于买卖人口及略诱、和诱

此类问题是民国初年司法实践中最棘手的问题。在民初 93 条刑法解释例中，就有 12 条与此有关。

民国二年（1913 年）上海地方审判厅呈文：“窃查卖买人口，非文明国所宜有，而新刑律无规定条文。厅长前曾向江苏高等审判厅请示办法，旋奉覆文，以从前施行之禁革卖买人口条款为一种单行法，与民国并无抵触。案照袁大总统蒸电，当然有效。嗣后凡遇有此项案件发生，自应援用，该条款处以罚金等语。由是司法者得所依据。而于维持人道主义，亦不无裨益。惟是法律有常，人情无定。或罪犯工于趋避，而法律难加，或行为适用条文，而人情不顺，或为律文所未载，或为事实所难行。试举数端证之。例如诱拐人口之犯，为避重就轻计，往往造一伪契，作为价买而得。盖买卖人口，不过罚金。非若略诱和诱罪，须处以三等至五等有期徒刑也。然使确系诱拐，则照诱拐科罪可耳。乃有实系买来，而契约内所列卖主，无从访查，即无可以证实其价买之据。上海闽粤人所买子女，恒多此类。此而坐以诱拐之罪，似不免过于苛刻。然即无卖买之确证，而仅凭一纸空文即认为卖买，处以极轻之罪，则拐匪知所趋避。每拐一孩即造一买契，幸不发觉，可遂其诱拐之奸。不幸而被获，亦只得极轻之罪。恐此后匪胆愈张，拐风愈炽。而伤天害理之事，且将日出而不穷。拟请嗣后遇有此等案件，概以略诱和诱分别论罪。盖与其失出而使拐匪得以漏网，毋宁失入而使卖买人口者有所寒心。庶于违背人道之卖买，亦可藉以稍戢。如或议为过苛，尽可由法官酌度情形，于法定刑期酌量核减，此一事也。卖买人口，卖者买者均有罪矣，惟居间者应得何罪，律无正条。此等居间之人，或竟助恶，或竟主谋，藉以营利。其心术之狠恶，实非卖者买者所可比。若援律无正条不为罪之文，竟得逍遥事外。揆诸事理，岂得谓平。似应一律论罪，以照惩戒。惟律无明文，不敢谬加比附，以致漏网者多，此一事也。查条款所载买卖人口为妻，亦在永远禁止之列，违者治罪。其被买者，旧例辄发堂择配。然或所买之妻，出于自愿，且与其夫极有感情，或已有生儿女者，一旦强令离异，是一举而鳏人之夫，寡人之妻，孤人之子，似亦弃人道主义所忍出。查新刑律略诱和诱罪，第 355 条第 2 项，被略诱和诱人与犯人为婚姻者，非离婚后其告诉为无效。夫略诱和诱情同盗贼，犹得保全其非正式之婚姻。卖买人口虽非文明国所宜有，然就习惯与事实论之，固出于双方自愿，亦并未宣告离婚，而一经发觉，转欲断令离异，亦非情理之平。此而应贯通新旧法律，以期适合于人情。司法者，直无从解决，此一事也。又新刑律第 355 条云，第 349 条及第 353 条之罪，须告诉乃论。夫使拐匪诱人子女，携之他方，为其他巡警所发觉，其亲族既无从得其踪迹，不能向拐往之地具诉，年幼儿童，既不能言其乡里，又不知诉之官厅。其将援告诉乃论之文，释拐匪而不罪乎？且使拐匪为无罪，则巡警转有拿良民之罪乎？殊令人无从索解者也。此又一事也。又买人子女为子孙者，除照律处罚外，身份入官，人口交亲属领回，夫人非极贫，何至于鬻子女。今虽谓他人父，而可以藉得温饱。设仍交其亲属，则是夺之温饱之中，而复迫之饥寒之地。且难得其父母之不再出卖乎。此又一事也。凡此种种，皆经验上之困难，非理想上之空言。其应如何变通办理及另定办法之处，统乞核示遵行。”

大理院以第 8 号函答复如下：“本院议决关于买卖人口适用法律各问题。一、买契之真伪系调查证据问题，法律不能强定不明之证据为伪造，致故入人罪。二、暂行新刑律第 9 条规定，本律总则于其他法令之定有刑名者，亦适用之。依此则刑律第六章共犯罪之规定当然适用于买卖人口之犯罪。其居间者若系主谋，可以适用暂行新刑律第 30 条之规定。若多助恶，可以分别情形，适用该章其他条文之规定。三、发堂择配，该条款并无明文，略诱和诱既非离婚后不能告诉，则当然解释之结果，自不能因其有买卖之行为，而强迫自由结婚者离婚。四、按诉讼法理，亲告罪若无代行告诉人时，管辖检察厅检察官得因利害关系人之声请，指定代行告诉人。若无利害关系人声请，检察官亦得以职权指定之。故此等情形，只须由检察官指定一人（例如发觉该儿童之巡警）为告诉人，即可受理。五、此层非刑事法所能补救，须社会救贫事业发达，始足以济其穷。”

统字第 11 号复广东等审判厅电：“买卖人口条款，当然适用，其中所称某等罚，应照前清现行刑律罚金刑之标准处断。”

统字第 20 号复上海地方审判厅函：“准贵厅咨呈内开，新刑律于惩治略诱和诱和奸等罪，均有分别之规定。惟参观互证，似有未尽允洽，未尽完备之处。条举五项，呈请核示到院，兹特为解释分别于左。一、有夫之妇被人和诱、若无奸通事实。诱之者仅构成和诱罪。其妇当然不构成犯罪。若有奸通事实，则诱之者构成和诱和奸二罚俱发，其妇亦构成和奸，但二者皆必须告诉乃论。二、和诱妇女离其所在地为奸通，乃系二行为，若其妇女系有夫之妇或系该和诱人本宗缌麻以上之亲属，则和诱人当然系犯俱发罪，不得谓之以犯一罪之方法或其结果而生他罪也明矣。三、来函所引用本院判决，恐系未综核判决全文，致生误会，此段乃判决理由中叙明辩护人之语，亦既本院判决之理由。细观前后文自明。四、重婚非亲告罪，检察官可以不待告诉即行检举。且和诱后为婚姻者，不必皆系重婚。如未婚男子或鳏夫和诱未婚女子或孀妇或妾之类是。若果然重婚，检察官自可提起重婚之诉，何必待其告诉，更何必俟其离婚。律文前后并不抵牾。五、暂行新刑律第 394 条及 351 条略诱和诱男子以未满 20 岁者为限。立法者之用意，因 20 岁以上之男子当然有完全之知识能力，自不能为人所略诱。若果系强暴胁迫至使人不能抗拒，则按其情形自可适用私擅逮捕罪，或强暴胁迫罪各本条，至被诈术诱拐，尤为成年者所罕者。纵令有之，亦不过一时受其愚弄，事后亦易脱其羁绊。若事实上被拘束不能脱离时，则亦可适用私擅逮捕罪、私擅监禁罪本条。”

买卖人口的法律适用问题，大理院的观点与司法部的观点不尽一致。司法部认为买卖人口应适用略诱和诱条款论处。民国元年十月司法部令山东提法司：“提呈烟台地方审判厅判决何中臣贩卖人口一案，原判不依暂行刑律第 351 条第 1 项处断，而按第 353 条第二款论罪，实属错误。以后遇有贩卖人口之案，不论买者、卖者，应一律适用暂行律第三十章。无庸照向章办理。令即转饬遵照。”[①]民国二年(1913 年)五月二十六日司法部令奉天高等审判厅：“查新律略诱和诱罪即本旧律略人略卖人律例而定。观新刑律理由出而知之，惟旧律取列举主义，故较为显明，新律则取包括主义，又避去买卖二字，故解释较为困难。然新律决非认买卖人口为略诱和诱以外之行为，而欲让诸特别刑法之制裁，

① 葛遵礼辑:《中华民国新刑律集解》，上海会文堂 1914 年 1 月出版，第 96 页。

实认略诱和诱包括买卖言之。是以本部前复奉天司法文内有买者用强暴胁迫或诈术略取妇女或未满20岁之男子者为略诱罪，即在卖者亦然。如此解释则买卖人口，当然依第三十章处罪等语，正是此意。”[①]

大理院民国二年六月五日函奉天高等审判厅：“现行律略人略卖人各条，因暂行新刑律第30章之颁布而失效。至于买卖人口，新刑律既无该当条文，则前清纂入现行律中，因贫而卖子女之条例，当然存在。盖暂行新刑律第30章规定关于略诱和诱之事项，并非买卖人口，且其罪质无论如何扩张解释，于因贫而卖子女者万难牵合。何则买卖而谓之略诱和诱，于理断不可通。故不能不仍用现行律处罚。”[②]

统字第23号函复奉天高等审判厅：“迳复者，准贵厅呈称买卖人口新刑律无明文，应适用何项法律，并引司法部令及本院复广东审判厅电，谓互相抵触，请解释到院。查买卖人口，新刑律既无专条，则前清禁革买卖人口条款，当然有效。应适用该条款处断。若该条款无明文规定者，应依新刑律第10条之规定不为罪。至谓本院复广东电与部令抵触。查司法部解释法律之命令，不问何级审判衙门，皆不受其拘束。”以后的几次解释中，多次强调司法部的解释不具有效力。

统字第33号解释例，重点解释了“子女”的含义。“……查买卖人口除因贫卖子女外，其出于略诱和诱甚鲜，前清买卖人口条例之因贫而卖子女一款。其子女二字，应从广义解释。凡受其抚养监督而无父母或其他监督者之人，皆可谓之子女。此前清现行刑律之文例。观于该条例第1款所用子女二字，可知决非专指自己子女而言。惟贩卖不归自己抚养监督之他人子女，自系略诱或和诱，故该条第1款当然因新刑律施行而失其效力。”

---

① 葛遵礼辑：《中华民国新刑律集解》，上海会文堂1914年1月出版，第96页。

② 葛遵礼辑：《中华民国新刑律集解》，上海会文堂1914年1月出版，第96页。

由于司法部大理院对买卖人口法律适用的不统一，检察系统也不知谁是谁非，民国三年(1914年)一月二十四日大理院以统字94号函复总检察厅时再也无耐心了。“查本院关于买卖人口罪解释，前清现行刑律买卖人口条例为有效，叠项答复各级审检厅函电。载在公报，又审理上告案件，已屡有判决例。该厅明知故昧，分电本院及司法部请求解释，实属意存尝试。应请贵厅令行该厅并通行京外高等以下各级检察厅，嗣后关于解释法律，本院已有判例或已有答复他处函电登载公报者，毋庸再行渎陈，否则概不答复。”

大理院在统字第122号复京师高等审判厅函进一步明确了买卖人口罪的适用范围。“准京师第四初级审判厅呈称，查前清禁草买卖人口条款第二条，凡因贫而卖子女者处七等罚，买者处八等罚。又略卖和卖案内，不知情之买者，亦照此办理。其非子女而买卖与知其略和卖而买者，是否应适用暂行新刑律，略和诱各罪，抑仍能比附援引，是案待决。应请迅予解释，以便遵循等因到院。本院查前清现行刑律买卖人口条例之继续有效者，以因贫而卖子女者为限，其非子女而买卖者，多可认为由略诱和诱得来，自应审酌事实，依新刑律略诱和诱处断。如知其略和卖而买者，以共犯论。至子女二字之义，仍应参照本院二年(1913年)六月三日统字第33号复吉林地方审判厅函。”

第三节　民国初年刑罚制度的变化

一、徒刑改遣

民国三年七月三十日，大总统袁世凯以教令第110号公布《徒刑改遣条例》，徒刑改遣原令如下：

“世界刑法惟吾国之流刑为最古，遣与流制虽各异而按诸刑事政策与移民政策,究亦名异而实同。清季修订《新刑律》,始一律定为徒刑,易以拘禁。盖以最新刑事政策,义取感化,服定役于监狱,易发其迁善改过之心,正不必屏诸远方,俾其自甘暴弃,揆当时立法之用意,陈义非不甚高,而不谓行之数年,其结果乃适与相反。狱政尚未修明,则多数杂居,既难于实施教化,设备多仍旧贯,则分房未易,更不免妨害卫生。积是种种原因,遂使在狱者,几成学习犯罪之地,因之出狱者,适为奖励犯罪之媒,为害公安,所关甚巨。加以事变而后,盗贼横行,反狱重案,既时有所闻,管狱各官,每穷于防护,法久生弊,亟宜酌量变通。本大总统为执行刑律起见,特别制定徒刑改遣条例,以济监狱执行之穷。嗣后凡属于本条例第1条所列徒刑各犯,均一律酌改发遣,并准其编入各该遣地户籍,近可以为疏通监狱之谋,远可以收充实边防之效,于刑事政策、移民政策两有裨益。"①

袁氏教令认为徒刑的广泛使用虽然顺应了世界最新刑律政策的潮流,但在当时的中国难以全面推广,还是传统的遣与流更符合中国国情,可以校正徒刑执行中的弊病。

关于徒刑改遣的真正动机,或许江庸的解释更值得重视,"改遣条例,亦系民国三年颁行,由政治会议提议。用意初不在疏通监狱,特以大清律徒刑以上,尚有流刑,新刑律只有徒刑一种,新监又待遇囚徒太宽,不足以示惩儆,故定此改遣之法。"②

《徒刑改遣条例》共11条,适用范围为:无期徒刑、部分宣告刑期五年以上的有期徒刑(内乱罪、外患罪、妨害国交罪、逮捕监禁人脱逃罪、放火决水罪、伪造货币罪、伪造文书印文罪、发掘坟墓罪、强盗罪、略诱再犯、窃盗再犯、诈欺取财再犯)。发遣地点为:吉林、黑龙江、新疆、甘

① 转引自谢振民著:《中华民国立法史》下册,中国政法大学出版社2000年1月第1版,第949页。

② 江庸:《五十年来中国之法制》,载申报馆编:《最近之五十年》,商务印书馆1923年。

肃、川边、云南、贵州、广西。在距离上，改遣犯人，须出本省足三千里，但新疆得于天山南北两路互相调发，四川得发遣川边。改遣犯人，许掺带家属。改遣犯人到配所后，由检察官或地方行政官监督，得令服狱外之定役，并编入该处户籍，但依其情形，仍拘置监狱。关于改造的程序。应改遣犯人，自判决确定后，由检察厅或知事报告高等审判厅长或司法筹备处长、审判处处长，详请最高行政长官咨报司法部。宣告之刑期消灭后，愿回本籍者，禀由发遣地最高级行政长官给凭回籍。无期徒刑逾20年有悛悔实据者，由发遣地最高级行政长官咨请司法部，俟回报后，准其给凭回籍。[①]

此条例的颁行，缘于政治会议的提议，意在采纳传统流刑、发遣刑惩儆囚徒，疏通监狱。但由于手续烦琐，路途遥远，各省实际操作多有不便。实际上各地多未奉行，遂于五年七月十八日废止。

二、易笞条例

民国三年四月，司法总长梁启超条陈改良司法计划，其中一项内容为酌复笞杖，以疏通监狱。经政府交由政治会议核复，“为目前监狱计，酌将轻微案件，处短期刑者，改为换刑，自可收疏通之效。吾国即用笞刑，未见有伤国体，惟此项换刑，宜有限制，应由司法部详审规定。”[②]袁世凯总统令交司法部按照所列办法，切实厘订，呈请施行。不久，司法部拟订《易笞条例》11条，于民国三年十月五日呈奉大总统批会：“准如所拟办理，即由该部通行遵照。”[③]

---

① 中国人民大学法律系法制史教研室编：《中国近代法制史资料选编》第二分册，1979年，第65—67页。

② 谢振民著：《中华民国立法史》下册，中国政法大学出版社2000年1月第1版，第950页。

③ 谢振民著：《中华民国立法史》下册，中国政法大学出版社2000年1月第1版，第950页。

易笞条例的适用范围是凡犯以下各罪,应处三月以下有期徒刑拘役,或一百元以下罚金,依刑律第45条第1项,第2款折易监禁者,以16岁以上60岁以下男子为限,宜因其情形,易以笞刑,奸非罪、和诱罪、窃盗罪、诈欺取财罪、赃物罪、赌博罪、鸦片烟罪等。易笞条例不适用于曾充或现充官员或有相当身份的人。徒刑、拘役或罚金易监禁者,其刑一日折笞二。刑期不及五日,无须易笞。笞刑由检察官或知事会同典狱官监视,于狱内执行,但知事得因其情形,于公庭监视视之。执行笞刑,若照犯人体格一次不能终了时,分二次执行之。执行笞刑,先命医师诊视犯人,出具堪受笞刑证书,不堪受笞刑,或执行中发现不堪受笞刑者,犹豫执行。如满三个月,仍不堪受笞刑时,得仍执行本刑。擅用笞刑者,因命执行笞刑致死者,于笞刑条例限制外执行笞刑者,均构成刑律第144条渎职罪。笞的质地为竹制,平其节。其规格为,长四尺九寸,大头阔一寸四分,小头阔一寸三分,重不过九两。击打部位系臀部且要平击,不得责打腰背胸胁手足,及其他虚怯等处。[①]

易笞条例制定的原意是为了疏通监狱,但在法制改良之日,采用文明诸国久经废止的身体刑,实在与法制文明的大趋势不合。江庸评价说:"恢复笞刑,虽易笞以轻重之破廉耻者为限,与前清笞刑不同,然当改良法制之日,而採用文明诸国久经废止之身体刑,实足堕司法之声誉。"[②]

三、科刑标准条例

民国九年十月,司法总长董康拟订《科刑标准条例》,呈奉政府批准颁行。

---

① 中国人民大学法律系法制史教研室编:《中国近代法制史资料选编》第二分册,1979年,第67—69页。

② 江庸:《五十年来中国之法制》,载申报馆编:《最近之五十年》,商务印书馆1923年。

“前清刑律浩繁，宣统二年，最后修辑律文，与例文并计，尚存二千有奇。新律删约旧文为411条，各条科刑，均设上下之限。盖因一条之中，实包旧律十数条或百余条不等。以旧律之事类，作新律之参稽，宽严之别，自然明瞭。康初长理曹，恒以此旨诰诫庭僚，期无滥纵。迨此次重任，检阅由院发还更审之案，竟有在从前决不待时之案，改拟轻刑，或宣告无罪者。……比移法曹，见刑事案件之出入，更什百于前，该司以其未越定律，从未加以干涉。殊不知刑事案件，事实法律，宜兼权并重，新旧二律，用意不同，其至为轻重之处，自不能泥昔以例今，若科刑从同，其事实即为二律所公认，亦不能趋轻以避重。

昔汉高祖约法三章，杀人者死，伤人及盗抵罪。历代刑书，递有因革，条目虽繁，关于杀伤盗三事，本未轶其范围，即今新律，犹墨守勿替。嬗递之间，宗传遽堕，以致漫无标准，恐长此以往，讹误相习，纠正无由，适以启健讼者操纵之风，于辟以止辟之旨反背驰也。尝举命盗两项，必须拟定科刑标准，叠与大理院院长王宠惠商榷，极谓为然，且言德国原有将特重特轻情节，叙入判决书之例。最近瑞士刑法修正案，并特设专条，胪举审理时应行裁夺之事项，以促法官之注意。德国酌师其意，规定更为周密。是古今中外，本无异术。谨汇择新旧学说，拟定《科刑标准条例》9条，拟请明令颁布中外，俾司谳者得所折衷，庶无负大总统敕法明刑之至意。”①

《科刑标准条例》规定科刑时，应裁酌一切情形，为法定刑内轻重之标准，并注意下列事项：(1)犯罪之原因；(2)犯罪之目的；(3)犯罪时所受之激刺；(4)犯人之心术；(5)犯人与被害人平日之关系；(6)犯人之品行；(7)犯人知识之程度；(8)犯罪之结果；(9)犯罪后之态度。科罚金

① 谢振民著：《中华民国立法史》下册，中国政法大学出版社2000年1月第1版，第951—952页。

时，除前项各款情形外，并裁酌犯人之财产关系。

犯刑律第311条杀人罪，而有下列情形之一者，处死刑：(1)出于预谋者；(2)卑幼对旁系尊亲属而犯者；(3)支解析割或以其他残忍方法而犯者；(4)累犯本条之罪或俱发者；(5)意图使利犯他罪而犯者；(6)意图免犯罪人之责任，或防护犯罪所得之利益而犯者。

勘伤有下列各种情形之一者，以杀人罪论。(1)咽喉要害部位者；(2)致命部位穿透者；(3)金刃10伤以上或他物30伤以上者；(4)致命重伤在倒地后者；(5)热水汤泼情伤惨忍或时值盛暑有心淋泼者。

犯《惩治盗匪法》第2条之罪，有下列情形之一者，处死刑：(1)系刑律第373条第1款之罪在场持有火器者；(2)系刑律第373条第2款之罪而为处谋者；(3)犯人曾充兵役系逃亡者。立法者对上述情形解释说："依惩治盗匪法第二条科刑者，参差不一，其在法院审理者，尤为轻纵，殊失加重之本意，兹特就该条定应处死刑之范围。方今累岁战征，兵士之携带枪械逃亡、流而为匪者，在在皆是，故特增策一款及第三款之规定。此二款情形，从前本在就地上法之列也。"①

《科刑标准条例》所规定的内容多被《刑法第二次修正案》所吸收。此条例的颁行亦为时所非，据江庸称："本意以新刑律各条科刑范围太广，司法官运用往往轻重失当，故明定犯某罪，有某种情节者，应处某刑，以束缚法官之自由审量。鄙见不敢苟同，张树滋、吴昆吾两氏先后著论非之。条例中至可笑者为第四条第五项，盛暑以热汤沐人者，以杀人论。不知严寒以为烙人，又应如何科刑。司法部所发布之命令，未有若此条例之幼稚陈腐者也。"②

---

① 中国人民大学法律系法制史教研究室编：《中国近代法制史资料选编》第二分册，1979年，第75页。

② 江庸：《五十年来中国之法制》，载申报馆编：《最近之五十年》，商务印书馆1923年。

第四节　《中华民国暂行新刑律补充条例》

民国三年，大总统袁世凯思以礼教号召天下，重典胁服人心，于十二月二十四日公布《暂行新刑律补充条例》15条。

一、暂行新刑律补充条例的主要内容和变化

(一)限制正当防卫

《钦定大清刑律》第15条规定了正当防卫。但《暂行章程》第5条规定："对尊亲属有犯不得适用正当防卫之例。"民国初年援用《钦定大清刑律》时，将这一限制删除。《补充条例》第1条重新恢复了这一限制，"刑律第15条于尊亲属不适用之；但有下列情事之一者，不在此限：一、嫡母、继母出于虐待之行为者；二、夫之尊亲属出于义绝或虐待之行为者。"

(二)认可亲属相隐

亲亲相为隐是中国古代法律中一项重要原则，基于近代法律的平等观，《钦定大清刑律》取消了这一原则。《补充条例》第2条规定："藏匿刑事暂保释人者，处四等以下有期徒刑、拘役或三百元以下罚金。意图犯前项之罪而顶替自首者，亦同。刑事暂保释人之亲属，为暂保释人利益计而犯前二项之罪者，免除其刑。"

(三)加大对强奸罪的处罚力度

《钦定大清刑律》的第23章"奸非及重婚罪"中关于强奸罪的刑罚，只有在致人死亡或笃疾的情况下，才可能适用死刑，而且有死刑、无期徒刑或一等有期徒刑三种刑罚供选择。并且缺乏轮奸罪的规定。《补充条例》第3条规定："二人以上共犯刑律第285条(强奸罪)，及第286条(猥亵或奸淫精神丧失或不能抗拒者)关于奸淫之罪，而均有奸淫行

为者，处死刑或无期徒刑。”第4条规定：“犯强奸之罪，故意杀人者，处死刑。”

（四）增加强制亲属卖奸或为娼罪

《补充条例》第5条规定：“强制亲属卖奸或为娼者，依下列处断：一、女、孙（女）及子、孙之妇，五等有期徒刑或拘役；二、妻及在监督权内同居之卑幼，三等以下有期徒刑。”

（五）恢复无夫奸为犯罪

无夫奸是否构成犯罪，曾是晚清《钦定大清刑律》制定过程中礼法之争的焦点之一。正文中虽取消了无夫奸罪，但在《暂行章程》第4条规定：“犯第289条（有夫奸罪）之罪，为无夫妇女者，处五等有期徒刑、拘役或一百元以下罚金，其相奸者，亦同。”民初删除此条。《补充条例》第6条恢复了无夫奸罪，“和奸良家无夫妇女者，处五等有期徒刑或拘役。其相奸者，亦同。前项之罪，须相奸者之尊亲属告诉乃论；但尊亲属事前纵容，或事后得利而和解者，其告诉为无效。”《补充条例》第7条规定：“犯刑律第289条、第290条或前条第一项之罪，虽未经有告诉权者之告诉、而因奸酿成其他犯罪时，仍应论之。”

（六）确认家长的“送惩权”，尊亲伤害卑幼从宽

我们古代法律中家长有“送惩权”，晚清礼法之争时，礼教派也曾为新刑律不保护家长的这一特权而大肆攻击法理派，但此项特权终被删除。《补充条例》第11条规定：“行亲权之父或母，得因惩戒其子，请求法院施以六个月以下之监禁处分。但有第一条第一款情事者，不在此限。”第8条规定：“尊亲属伤害卑幼，仅致轻微伤害者，得因其情节，免除其刑。”

（七）买卖人口以略诱和诱罪论，并严厉打击

买卖人口罪的法律适用问题是民初司法实践中最难把握的问题之一，司法部与大理院对此也有不同认识。《补充条例》明确将买卖人口

视为略诱和诱罪。第9条规定:“依法令、契约担负扶助、养育、保护之人者,依刑律第349条、第351条、第352条及第355条处断。其予谋收受或藏匿被强卖、和卖人者,依前项各条处断;未予谋者,依刑律第353条第2项处断。”第10条规定:“三人以上,携带凶器,共同犯刑律第349条至第352条各第1项之罪者,各依本刑加一等。其本刑系无期徒刑者,得加至死刑。”

(八)明确妾的法律地位

《补充条例》第12条规定:“刑律第82条第2项及第3项第1款称妻者,于妾准用之。第289条称有夫之妇者,于其家长之妾准用之。本条例第1条第2款称夫之尊亲属者,于妾之家长尊亲属准用之。第五条称妻、子孙之妇及同居之卑幼者,于己之妾、子孙之妾及同居卑幼之妾准用之。第8条称卑幼者,于卑幼之妾准用之。”

二、《补充条例》的特点

(一)加强对伦常、礼教的维护

《补充条例》主要内容是关于侵犯伦常、礼教方面的犯罪。如:对尊亲属不适用正当防卫,认可亲亲相隐、和奸治罪、保护家长的送惩权等,均系基于传统纲常、礼教的考虑。原《钦定大清刑律》有《暂行章程》5条,前3条关于量刑,后2条关于定罪。《补充条例》把后2条的无夫奸治罪和对尊亲属不适用正当防卫完全恢复。不仅如此,《补充条例》还扩大了原《暂行章程》关于礼教的法律保护范围。在礼法之争的两个焦点问题上——无夫奸和子孙违反教令,《补充条例》的立法者们明显地倾向于礼教派,并把他们的意志上升为法律。

(二)针对社会变化,总结实践经验,完善刑事立法

增加对轮奸罪的规定,加重对强奸杀人罪的处罚,对于打击恶性犯罪,稳定社会有一定的积极意义。增设强制亲属卖奸或为娼罪,有利于

纯洁社会风尚。把买卖人口罪纳入略诱和诱罪中并严厉打击,解决了法律适用中的抵牾问题,对保护人权,促进文明有积极作用。特别是对妾的法律地位的认可,富有创意。妾作为一种落后的婚姻现象,包含着男尊女卑、等级身份的内容,与社会的文明进程格格不入。民国初年,妾的存在,有其普遍性,既有清末大量的遗存,也有新体制下对旧习惯的延续。对于妾制而言,否定其现实的存在,远比否定其制度上的存在更加艰难。法律作为调整现实社会关系的手段,应该适应这一渐变的过程,防止出现法律空白。《钦定大清刑律》对于妾的地位未作规定,因而民国初年司法机关在处理涉及妻妾关系、妾与家长的关系、妾与家庭其他成员关系的案件时,都面临无法可依的局面。《补充条例》规定了妾准用妻的相关规定,较好地解决这一司法中的难题,也对刑事立法完善作出了贡献。

第五节 《钦定大清刑律》与《中华民国刑法》

一、《钦定大清刑律》与 1928 年《中华民国刑法》

1928 年,南京国民政府成立不久即颁布了《中华民国刑法》。从时间上看,十分仓促。其实,1928 年刑法乃此前北洋政府刑事立法的继承和发展,是《钦定大清刑律》制定后刑事立法不断发展变化的结果。

北洋政府的《中华民国暂行新刑律》终究不是民国的立法产物。1914 年,北洋政府的法律编查会成立,以修订刑律为首要任务。冈田朝太郎参与其事。1915 年拟成刑法修正案,史称第一次刑法修正案,新增下列内容:在总则中增设亲族加重一章,最重可加致死刑;采择《补充条例》,纂入其中的限制正当防卫及无夫奸两项内容;规定除死罪或兼及无期徒刑外,其余的一概改适用一种刑,以使司法者有所遵循,执法者不至枉法；在分则中首增侵犯大总统罪一章，并增加私盐罪一章；在尊长对于卑幼奸非一章中，增加强制卖奸之条，在略诱章中规定强买和卖之罪。[①]“这些内容的引入，实际上是袁世凯渐有帝制自为之心，思以礼教号召天下，重典胁服人心的体现。在内容的进步性方面较《暂行新刑律》只有倒退。”[②]

1918年，北洋政府对“第一次刑法修正案”进行加工，形成了“第二次刑法修正案”。该案共49章393条，总则中调整了“文例”的位置，分则中增、删、改了一些罪。1918年的“第二次刑法修正案”参酌了当时各国立法例，吸收了大量较符合潮流的内容。继承了《钦定大清刑律》顺应时势的立法精神。第二次刑法修正案为南京国民政府1928年刑法奠定了基础。

1928年，南京国民政府继承了北洋政府的优秀刑事立法成果，正式制定公布了《中华民国刑法》。这是中国历史第一次以“刑法”命名的法律。它分为两编，共48章387条，其编次、章次、章名与第二次刑法修正案无大的差异，只是删除了分则第1章“侵犯大总统罪”。此外，原第18章“妨害宗教罪”改为第17章“亵渎祀典及侵害坟墓尸体罪”，原第19章“妨害商务罪”改为第18章“妨碍农工商罪”。

1928年《中华民国刑法》较《钦定大清刑律》有以下发展：

1.确立从新兼从轻原则。1928年刑法第2条规定：“犯罪时之法律，与裁判时之法律，遇有变更者，依裁判时之法律处断。但犯罪时法律之刑较轻者，适用较轻之刑。”《钦定大清刑律》从新原则调整为从新兼从轻原则。

2.界定故意、过失的定义。1928年刑法第26条：“犯人对于构成

---

① 参见谢振民：《中华民国立法史》(下册)，中国政法大学出版社2000年版，第888—891页。

② 何勤华、夏菲主编：《西方刑法史》，北京大学出版社2006年12月第1版，第294页。

犯罪之事实,明知并有意使其发生者,为故意。犯人对于构成犯罪之事实,预见其发生,而其发生并不违背犯人本意者,以故意论。"第27条规定:"犯人虽非故意,但按其情节,应注意并能注意而不注意者,为过失犯。犯人对于构成犯罪之事实,虽预见其发生,而确信其不发生者,以过失论。"《钦定大清刑律》虽将犯罪分为故意犯罪和过失犯罪,但没有界定故意与过失的定义,导致司法实践中的不便。

3.明文限制正当防卫与紧急避险的范围,减轻了刑罚处罚力度。1928年刑法第37条第1款规定:"因救护自己或他人生命,身体自由、财产之紧急危难,而出于不得已之行为,不罚。但救护行为过当者,得减轻或免除本刑。"限制了《钦定大清刑律》的"避不能抗拒之危难强制"的范围,同时在刑罚处罚上较《钦定大清刑律》的"得减本刑一等至三等"更轻。

4.改变了亲等计算办法。1928年刑法以寺院法计算亲等,虽不如罗马法亲等计算方法先进,但比《钦定大清刑律》依据服制图确定亲属范围的作法更具先进性。

二、《钦定大清刑律》与1935年《中华民国刑法》

1928年中华民国刑法实施仅七年的1935年,南民国民政府就制定并施行了1935年刑法,如此短暂的时间,急于制定新刑法,其中原由似可玩味。有学者认为1928年刑法的某些规定与其后的《中华民国民法》的相关规定冲突,导致1935年刑法的制定。这或许是个原因,但还应有更深层次的原因,刑民的冲突完全可以通过刑法的部分条款的修改加以解决,没必要重新立法。笔者认为,国际潮流的变化,南京国民政府立法指导思想的调整和1928年刑法自身缺陷应是1935年刑法制定的主要原因。20世纪30年代,西方世界刑法学派的争论之声渐息,新派理论主导了刑法潮流。国民党定都南京后立法指导思想较北洋政府有较大变化。1928 年的中华民国刑法较多地保留了西方刑法旧派的思想且较多地体现了北洋政府的立法意图，已不能适应南京国民政府的需要。一部更新潮的刑法应运而生。

1935 年《中华民国刑法》仍然以德国、日本为代表的欧洲大陆法系为范本。以“移植各国立法例、力求与世界立法潮流合拍”为己任，“既趋附当时刑法潮流，移植各国最新立法例，又立足反映当时中国国情。”[①]1935 年中华民国刑法较《钦定大清刑律》，体现出继承与创新并重的时代特征，其继承性主要体现在《钦定大清刑律》以来的一贯立法风格。如：法典的体系与德国 1877 年刑法典和日本 1907 年刑法典相同。甚至总则的内容构成及顺序，分则各章的标题等也与德、日刑法典相似。所谓创新，主要指 1935 年刑法吸收了西方刑法学界的最新成果，适时进行了内容上的调整。如，更注重西方刑法学派新派的观点，引进了对特定犯罪和犯罪人的特别预防理念，强调刑罚个别化。在具体内容上恢复了易科罚金制度并规定了严格的适用条件；将刑事责任年龄由 13 岁提高到 14 岁，将宥减年龄由 16 岁提高到 18 岁；增加了科刑时应考虑犯罪动机、犯罪手段、犯人的生活状况等因素的内容；专章规定了保安处分制度。1935 年《中华民国刑法》就其理论先进性而言，近代刑事立法无出其右者。迄今台湾地区仍适用之，亦可从一个侧面说明其立法的先进性。

① 何勤华、夏菲主编：《西方刑法史》，北京大学出版社 2006 年 12 月第 1 版，第 296 页。

第五章　中国刑法的近代化：在变与不变中潜行

第一节　顺势而变、移植西法：构建近代刑法体系

一、顺势而变，因时而革，迎合时代大潮

19、20世纪之交的中国社会已被深深地卷入西方资本主义的旋涡，闭关自守已为海禁大开所取代，国际通商交涉事宜频繁，涉外法律案件日渐增多，中国面临着被列强鲸吞瓜分和民族沦亡的严重危机。沈家本从改制图治，拯救清廷的立场出发，提出了不能再“墨守旧章”、“宜随世运而移转”、“甄采西法”的主张。沈氏在所上刑律草案告成奏折中说：“我中国介于列强之间，迫于交通之势，盖有万难守旧者。”于是一则曰：“毖于时局，不能不改”；再则曰：“鉴于国际，不能不改”；三则曰：“惩于教案，不能不改”。[①]“可以说，晚清变法修律是迫于现实情势所生，尤其大清新刑律更是被外力逼出来的，是被动的，是勉强的。”[②]当时司法国际化的要求，已为大势所趋，尤其是世界各民族发达最早，

① 故宫博物院明清档案部编：《清末筹备立宪档案史料》下册，中华书局1979年版，第845页。

② 黄源盛：《大清新刑律礼法争议的历史及时代意义》，载《中国法制现代化之回顾与前瞻》，台湾大学法学院版，第47页。

且为国家存亡所必须的刑法更是如此。一国的刑法，如再陈腐封闭，不图变革，不但会被视为野蛮、落后，甚至会被列强以此为借口索取治外法权。世界各国，情形不同，但合乎时代需要而有益人类社会的文明成果，即应追求，这并非盲目从新，时也，势也。如何将西方及日本近代刑法理论及立法成果，折衷至当地糅合于晚清的刑律改革之中，正是沈家本等人所孜孜追求的目标之一。

晚清社会正处于跨越传统与近代的临界点。守常与变法必须做出抉择。历史上的历次变法之争，往往症结所在，就是守与变。回观晚清历史，变法是一步步不以个人意志为转移的必然结果。变法目标的选择与变法历程的艰辛也衬托出变法的必然性。沈家本从先秦儒家"礼法时移"及法家"法与时转"、"治与世宜"的主张中，寻到了传统文化中的变革资源。沈家本赞美传统，"古人立法原有至理，"[①]但环球学说日新月异，世界各国"举凡政令、学术、兵制、商务、几有日趋同一之势。"旧律再也无法适应激变的国际形势。改弦更张，必须既探讨旧法理，也应研究新法理，否则就不能采集精华，折衷新旧，而有补于世。"法律之损益，随乎时运之递迁，……推诸穷通久变之理，实今昔之不相袭也。"[②]"法律之为用，宜随世运为转移，未可胶柱而鼓瑟。"[③]沈家本根据"物竞天择"的进化论和日本明治维新的史例，强调中国如欲继续生存于万国之林，就必须变法修律。他指出："今者五洲悬绝，梯航毕通，译寄象革是，交错若织，列国政教之殊途，质文之异尚，使节所至，亦既见之，且往往能言之。此固天地气运日开，为前古未有之变局，人不得而诋为虚妄矣。惟是智力日出，方有进无已，天演物竞，强胜乎？弱胜乎？不待

---

① 沈家本：《历代刑法考·明律目笺三》，又见《历代刑法考》下，商务印书馆 2011 年版，第 834 页。

② 沈家本：《奏刑律分则草案告成由》。

③ 沈家本：《删除律例内重法折》。

明者而决之。然则处今日之变,通列国之郎,规时势,度本末,憣然改计,发愤为雄,将必取人之长以补吾之短。若者益,若者损,若者先,若者后,不深究其政治上得失,又乌乎取之?"[①]历史的演进要求人们顺势而变,因时而革。台湾学者林端认为清末民初继受外国法的最重要的动机是"对外因应欧美列强的帝国主义,废除不平等条约,收回治外法权,寻求主权的完整性,对内则是希望引进西法奋发图强,促进国家现代化以迎头赶上。""法律制度与外交、内政等的犬牙交错关系(外部因素),与法律制度本身的改革需求(如清代律、例的缺陷等内部因素)互为表里,促成了中国国家制定法亘古未有的巨变。"[②]

二、立足本土,移植法律,推进刑法近代化

法律移植,按照美国著名法律史学者阿兰·沃森的说法,即一条法规,或者一种法律制度自一国向另一国,自一族向另一族的迁移。[③] 移植涉及两个方面,即移出和植入。就移出而言,法律移植即为法律的输出、传播。就植入而言,法律移植是引进、吸收。两者共同构成一个"迁移"的过程。法律的输出和传播主要依赖军事扩张或法律文化本身的优越性,有时二者兼而有之。中外法律史上法律的输出和传播不乏其例,它是形成法系的必经过程。笔者这里所言法律移植则偏重于接受国对国外法的引进、吸收。所谓引进是指基于法律建设的需要进行某领域的立法时本国传统法律文化中该领域立法经验缺乏或落后,为了推进法制的进步而将国外法引入国内。所谓吸收是指将国外法纳入国内法的体系之中,并尽可能迅速"磨合"以便发挥其作用。相对于法律

① 沈家本:《政法类典序》。

② 林端:《儒家伦理法律文化》,中国政法大学出版社 2002 年 5 月第 1 版,第 71—72 页。

③ 阿兰·沃森:《法律移植论》,载《比较法研究》,1989 年第 1 辑。

继承，新法对旧法的借鉴和吸收而言，法律移植更强调一个国家对同时代的国外法的引进和吸收。① 法律移植的程度和方式非一般意义上的学习、借鉴所能替代。

清朝末年的法制改革不同于中国历史上的任何一次，其显著特点便是在中西法律文化的大冲突背景之下，国外法对传统的中华法系产生了空前的影响。从根本大法宪法到具体的部门法，法律移植的痕迹几乎随处可见。1908 年颁布的中国历史上的第一部宪法性文献——《钦定宪法大纲》便移植了国外法中的君主立宪制的有关内容。近代第一部专门的刑法典——《钦定大清刑律》移植了资产阶级刑法典的结构、罪刑法定主义、刑罚体系、缓刑、假释、时效等原则和制度。在司法制度方面，《各级审判厅试办章程》与《法院编制法》初步勾画出了引进西方司法审判原则和制度的轮廓。尤其值得一提的是，清末修律一反中国重农抑商的传统法律常态，破天荒地制定颁布了《公司律》《破产律》等一系列商事法。清末修律通过法律移植对传统法律进行改革，从而开启了中国法制的近代化。

20 世纪初期伴随法律移植的法制变革，由于缺乏内在动力，决定了这一改革难以达到的预期目的。当时的中国，除了部分沿海地区外，广大的内陆省份还是以农业为主导的自然经济结构，在这样的经济基础上，传统法律并没有失去存在的根据。事实上，清末法律变革既没有像沈家本所期望的那样，通过修律收回治外法权、富国强兵，也没有像清末统治者所企盼的那样“皇位永固”。辛亥革命的炮声宣告了清末修律活动的终结。但清末修律打破了原有的中华法系，初步确立了近代法律体系，揭开了中国法制近代化的序幕，改变了二千多年的中国传统

① 张文显：《继承、移植、改革：法律发展的必由之路》，载《社会科学战线（长春）》，1995 年第 2 期。

法制的基本走向，加速了中国法律的发展，使中国法制与世界进步法制初步接轨。因此，清末法制改革的方向是符合时代潮流的。很难想象清末修律时不进行法律移植而能在短期内“破旧立新”。

有学者认为，清末修律时移植的某些国外法不符合中国国情导致修律的效果打了折扣，从而证明了法律移植是行不通的。如前所述，清末修律难以达到修律者预期的目的，是由地当时的经济基础所决定的。清末修律有些脱离国情，这正是当时礼教派指责法理派的最有力的口实。笔者认为，某些脱离国情的内容，并非因为对国外法研究得不够，对传统了解不深，草率移植的结果，而是修律者们触动传统法律文化，赋予清末修律崭新内容之所需。且不说清廷圣谕中一再强调：“凡我旧律义关伦常诸条，不可率行变革。”[①]“折衷各国大同之良规，兼采近世最新之学说，而仍不戾乎我国历代相沿之礼教民情。”[②]就修律工作具体操作者而言，长期担任地方和中央官员，有着丰富社会经验且深谙传统法律文化的修律大臣沈家本先生不可谓不了解中国国情，在广泛深入考察、比较的基础上通过日本移植以德国法为代表的大陆法不可谓不慎重。劳乃宣(1843—1921)的法律生于政体，政体生于礼教，礼教生于风俗，风俗生于生计，农业立国的中国不能完全采用以工商立国的西方法律的观点，似乎更符合中国国情。从《法经》到《大清律例》的中华法系最适合农业立国的中国。按礼教派的设计清末修律无异于“新瓶装老酒”。果如此，清末修律活动便不会影响中国法制近代化的历史进程。

不论是“礼法之争”的当初，还是讨论法律移植的今天，都涉及到一个相同的问题即国情与潮流的关系问题。一项改革举措是否符合国情

---

① 《大清法规大全·法律部》卷首第1页。

② 《大清光绪新法令》第20册，第1页。又见《大清新法令》点校本第一卷，商务印书馆2010年版，第457页。

固然重要，它涉及到改革的直接效果，但这不是评价改革的唯一标准，也不是首要的标准，更不是导致改革走弯路的最主要原因，首要的标准应该是改革举措是否符合时代的潮流。符合时代潮流的举措，即使是遇到挫折和失败也是暂时的，它终将发挥引导功能，推动社会进步。相反，符合国情的举措风险最小，但往往被传统所牵制难有新意。特别是像我们这样一个有深厚文化底蕴的民族，对外来文化的排斥性很强，立法的适当超前性往往被习俗所制约。此时，人们很难看清是法律脱离了实际，还是实际滞后于潮流。清末修律的功绩已被后来的历史所证实，直到今天我们还享受着前人的余惠，我们不能不敬佩以沈家本为首的修律者的过人胆识。

辛亥革命的炮声宣告了清廷的覆灭，以《中华民国临时约法》为代表的具有资产阶级性质的法律应运而生。帝制的推翻并不意味着清末所修之律的完结；相反，由于法的继承性和当时特定的环境所致，孙中山先生解职前夕，采用司法总长伍廷芳建议，向参议院提出了有条件援用清末法律的咨文，使得清末法律得以直接施行。即便是在南京临时政府存在的短短三个月时间内，法制建设中的法律移植色彩依然浓重。《中华民国临时政府组织大纲》引进了西方的总统共和政体，规定了三权分立原则。著名的《中华民国临时约法》依照资产阶级三权分立原则，规定了中华民国的政治制度；根据资产阶级民主自由原则，规定了人民的权利；根据资产阶级私有财产神圣不可侵犯原则，规定了人民有保有财产及营业之自由；根据资产阶级主权在民原则，规定了中华民国之主权属于国民全体。还确定了以司法独立、辩论、公开审判等为主要内容的资产阶级司法体制。南京临时政府的法制建设，通过移植资产阶级的法律文化在中国法制近代化的大道上又向前大大地迈了一步。

北洋政府时期的法制建设，一方面沿用清末重要法典、法律，并继续通过法律移植进行新的立法，反映出法制建设的开放性。如制定了

《公司条例》、《商人条例》、《证券交易法》等。一次次制宪骗局，虽然军阀统治者迷信武力，按自己的需要制定宪法，但他们都无法摆脱宪法的道义力量，不能不以宪法作为自己统治合法性的根据。另一方面，恢复部分封建刑罚，进一步维护封建婚姻关系和家庭制度，使北洋政府的法律呈复古性，其历史的进步意义较辛亥革命的法制建设大为逊色。值得玩味的是，北洋军阀时期法制的局部倒退与复古，按礼教派的观点，这样更符合中国国情。然而，这种倒退既不能改变法制进步的主流，也无法为封建帝制的复辟提供法律保障，倒是从反面证明了社会和法制文明的强大生命力。由于北洋政府继承了清末法律，从总趋势上看，保障了中国法制近代化的连续性，其法律体系也较南京临时政府时期更为完备。

国民党政府的法律本质是反动的，但其法律部门齐全，法律内容丰富，立法技术也较以前大有改进和提高，使中国近代型的法律体系得以确立。六法的制定，除了承袭清末以来的已有立法成果及继承固有传统法律文化外，便是通过移植日本的六法内容，广泛吸收了世界各国立法最新成果，特别是大陆法系的法律文化。资产阶级法制的移植与封建法制的继承性交织，是国民党政府的显著特色之一。

作为社会主义法制建设前奏的革命根据地法制建设，不论是指导思想还是具体法律制度都焕然一新。在马克思主义普遍真理与中国具体实践相结合的总方针指导下，一方面不断总结革命斗争中的实践经验，并通过法律的形式加以肯定；另一方面也尽可能吸收苏联的法制建设经验，后者亦属法律移植范畴。比如，中国共产党领导人民制定的第一部宪法性的文献——《中华苏维埃共和国宪法大纲》，不论是法律的名称还是具体的内容都引进、吸收了苏联的法律文化的成果。革命根据地法律制度中可见到苏联法影响之处甚多。

新中国成立后的社会主义法制建设的历程亦未离开法律移植。50

年代不仅从苏联移植了基本的法律体系、大量的法律制度，而且照搬了一些法学术语，甚至政法院校的课程设置和教材体系亦仿照苏联模式。新中国社会主义法制建设以移植苏联模式为起始，继而长期受其影响以至于今天还未完全脱离其模式制约。

中国法制近代化的每个历史时期的立法都没有离开过法律移植。尽管过去我们不曾使用这一术语，事实上，法律移植一直在中国近代法制史上进行着。虽然有些移植过来的法律一时未能很好地发挥作用，但从整体上看，法律移植在客观上促进了人类文化的交流与沟通，进而一定程度上推动了法律发展的国际化趋势。[①] 法律移植推动了中国法制近代化的进程。过去一百年中国法制发展演进过程中的法律移植活动有其历史的必然性。马克思主义经典作家认为，社会的迫切需要必须而且一定会得到满足，社会必然性所要求的变化一定会给自己开辟道路，并且迟早总会使立法适应这些变化。从清末商品经济成份的增加到新中国社会主义制度的建立，20 世纪中国社会的迫切需要，使得传统的中华法系面临着严峻的挑战，中国社会也由传统的农业型逐步向工业化社会过渡。伴随中国近代化的法律移植适应了这一时代潮流，是有生命力的。

法律移植是市场经济的客观规律所决定的。不同社会制度下市场经济有着自身的特点，但市场经济有其客观的共同规律，清末修律的目标之一便是“务期中外通行”。市场经济共同的客观规律决定了后发展市场经济的国家在构建市场经济法律体系时必须而且有可能引进、吸收市场经济发达国家的成功的立法经验。如果把自己封闭起来，对发达国家的法制文明视而不见，一切从头做起，只能延迟本国法制现代化的进程，拉大与发达国家的差距。

---

① 公丕祥：《国际化与本土化：法律现代化的时代挑战》，载《法学研究》1997 年第 1 期。

法律移植与改革、开放的精神是一致的。为促进经济发展，十一届三中全会以后引进、吸收外资，移植发达国家的管理模式，已使中国经济领域充满活力。随着改革的深化和开放领域的扩大，仅仅引进、吸收外资和管理模式是不够的。让中国走向世界，让世界了解中国，不能只强调经济体制的接轨，还应包括我国法律体制的国际化问题。市场经济是法制经济已成共识，没有一整套适应市场经济需要的法律制度，市场经济的健康运行是不可能的。“立法必须从中国国情出发，但这并不排除我国吸收国外的经验。就是中外立法中比较好的又适合我们目前情况的东西，我们都应当大胆吸收。他们走过的弯路，也值得我们借鉴，有些适合我们的法律条文，可以直接移植，在实践中充实、完善。”[①]

法律移植是丰富法律文化的重要途径。一项法律制度首创于一个特定的国家或民族，但这种首创性的革新是极少的，有学者认为其比例不过千分之一。一个民族法律文化的积累不能只靠首创，只有不断引进、吸收国外法文化的精华，才能使本民族的法律文化丰富多彩。否则，只能走向衰亡。一些人类学家认为，“文化发展主要依赖不同文化接触而产生的交流。”[②]罗斯科·庞德指出：“一种法律制度的历史在很大程度上乃是向他国法律制度借用材料以及将法律之外的材料加以同化的历史。”[③]中国传统文化素有兼收并蓄的特性，引进、吸收国外法律文化的精华，也是继承改造传统法律文化的需要。

近年来的立法实践已表明，法律移植是可行的，是加快立法步伐，推动法律发展的有效措施。为适应科技进步、文化繁荣、国际贸易的需要，我国在十一届三中全会之后，经过认真的比较研究，大胆地移植了国外法中关于专利法、商标法和著作权法的有关规定，迅速完善了我国

① 参见 1994 年 1 月 15 日《人民日报》。

② 参见 R.H.路威：《初民社会》，（纽约，1920，第 441 页）。

③ 转引自阿兰·沃森：《法律移植论》，载《比较法研究》，1989 年第 1 辑。

的知识产权立法。1988 年开始在深圳移植香港法，为深圳经济、社会发展创造了良好的法律环境。我国担保法吸收了美国《动产担保交易法》的一些作法，如扩大实行不转移占有的动产抵押制度。[①] 1997 年开始施行的修改后的我国刑事诉讼法，经过深入地分析论证，引进、吸收了国外法中的无罪推定原则、当事人主义的诉讼模式、人权保护等法律规定，增加了刑诉法的科学性、民主性，大大推进了刑事诉讼现代化的进程，被公认为中国刑诉法发展史上的里程碑。八届人大五次会议修订的我国刑法典又使我国刑事法律制度朝现代化方向迈进了一大步。只要我们稍加留意便会发现法律移植对十一届三中全会以来我国法制建设产生了很大影响。

三、法律移植应注意的问题

我们说，法律移植是中国法制现代化的便捷之路，但便捷之路并不一定是平坦大道，艰难和曲折在等待着我们。好在这是前人走过的路，他们的成功经验与失败教训都是我们的宝贵财富。为了有效地开展法律移植工作，避免走弯路，以下几点是法律移植过程中值得注意的问题。

第一，广泛比较，择善而从。有比较，才能有鉴别。在广泛比较的基础上，才能扩大选择面。清末宪政及修律之时，清政府专门派遣五大臣出洋考察西方发达国家的政治法律制度并通过驻外人员大量收集国外有关立法经验。组织学者翻译大量的国外法律及法学著作。不管清末统治者修律的出发点如何，其“参酌各国法律，悉心考订，妥为拟议，务期中外通行，有裨治理”[②]的修律程序颇具合理因素。经过广泛、深

① 江平：《制订民法典的几点宏观思考》，载《政法论坛》1997 年第 3 期。

② 《大清法规大全·法律部》卷首第 1 页。

入、细致的比较,清末统治者最终选择了通过日本引进欧洲大陆法系的基本修律思路。在当时的特定历史环境下,这不失为明智的选择。从那时起,中国近代法律制度便深深烙上了大陆法系的印迹。随着时代的变迁,如今从世界范围内看,大陆法和英美法已呈互相吸收,相互靠拢之趋势。官方或民间的国际统一法律文件中,不乏成功地把二者融合在一起的先例,例如,国际私法统一协会制订的"国际商事合同通则"就把大陆法和英美法中有关合同的法律规范,以取长补短的办法结合起来。我们在市场经济立法中似应越来越多地考虑香港的因素和英美法中的积极东西。有学者主张在我国民商立法中应抛弃大陆法的模式而改用英美法模式。有学者预言,我国在制订民法典时的主要争论可能是在多大程度上采用英美法模式和如何采用英美法模式之争。[①] 由此看来,英美法系对我国的立法活动会产生越来越大的影响,可能是我国进行法律移植时较多考虑的移植对象。选择西方发达国家的法律固然重要,但那些在第三世界国家被证明行之有效的法律,也应在我们选择的视野之内。

第二,面向未来,适当超前。法律移植的必然性因素之一是因为社会发展和法律的发展不平衡性。比较落后的或后发展国家为了赶上先进国家,有必要移植先进国家的某些法律,以保障和促进本国的社会发展。清末修律通过法律移植基本建立了近代法律体系,宣告了中华法系的解体。辛亥革命后的南京临时政府虽存在时间不久,却通过法律移植,进行了具有资产阶级性质的立法和司法改革。国民党法律制度的本质虽然反动,但通过法律移植,建立了比较完备的法律体系。我们在进行社会主义法制现代化建设时,必须面向世界,面向未来。这就要求我们在法律移植时要前瞻世界法律发展的趋势。随着市场经济的发

① 江平:《制订民法典的几点宏观思考》,载《政法论坛》1997年第3期。

展，国内市场将逐步与国际市场接轨。国内市场将变成国际市场的一部分。从而达到生产、贸易、投资、技术国际化、世界化、一体化。尽管目前我国市场经济的发育尚未成熟，但我们在制订市场经济法律时必须与国际上的有关法律和国际惯例相衔接，充分考虑到法律的国际化因素。没有适当的超前性，法律移植便会失去历史意义。

第三，加强协调，防止变异。法律移植是一个不同要素的融合过程。由于不同民族、语言、习惯、道德、传统等因素的不同，导致了不同国家的法律制度与民族法律观念的不同，形成了不同法律制度与法律观念的并存与冲突。阿兰·沃森认为："一次成功的法律移植——正如人体器官的移植——应该在新的机体内成长，并成为这新机体的组成部分，如同那些在其母体内继续发展的规范与制度一样，移植法律在新的环境中不应由于原有文化的抗拒而萎缩。"[①]协调有两层含义：其一是所移植法律与本土文化的整合。法律是特定民族的历史、文化、社会价值、一般意识形态与观念的集中体现。法律是一种文化的表现形式，如果不经过某种本土化过程，它便不可能从一种文化移植到另一种文化。其二是所移植的不同国家乃至不同法系之间的法律协调。尽可能地使它们形成一个不因其内在矛盾而自我损害的整体，以便更好地发挥各自的作用。能否协调好这两方面的关系，涉及到法律移植的直接效果。我国法律移植的百年历史，在这方面的教训是深刻的。"征诸八九十年来的继受历史，'法、理、情'与'情、理、法'的颉颃，国法与活生生的法律各行其是，相生相克的情形仍在发展当中。这令人更确信继受是一个长期性的社会变迁过程，也许只有在中国人整体的法律生活（由活生生的法律到国法）找到一种与外来法律较少隔阂冲突的融合方式

① 阿兰·沃森：《法律移植论》，载《比较法研究》，1989 年第 1 期。

时，继受成功的可能性才会加大。”①

第二节　刑法实施：法律社会两相离

民国初期的刑事立法，在立法指导思想上始终存在如何处理西方近代法律原则与中国法律传统的问题。实际上，也就是如何制订一部既吸收西方进步的法律制度和法律原则，同时又有利于将中国社会维系在符合伦理的传统框架之内的刑法典。民国初年删除《钦定大清刑律》而成的《暂行刑律》实施不久，即遇到重重困难。阻力的重心在于：中国社会是礼教社会，对礼教社会的维护，既需要道德准则通过舆论和良心来起作用，也需要通过法律这一国家强制手段。没有法律的维系，难以确立礼教社会的伦常秩序；同样，排除伦理内容的法律，也难以为当时社会所接受。基于这一状况，《暂行刑律》受到非议，已不可避免。民国元年（1912 年）年底，袁世凯发布《整饬伦常令》，即称：“中华立国，以孝悌忠信礼义廉耻为人道之大经。政体虽更，民彝无改。”“为此申明诰诫：须知家庭伦理、国家伦理、社会伦理，凡属文明之国，靡不殊途同归。此八德者，乃人群秩序之常，非帝王专制之规也。”“惟愿全国人民、恪循礼法，共济时艰。”②1914 年 12 月实施的《暂行新刑律补充条例》，贯彻袁世凯提出的“以礼教号召天下，重典胁服人心”的原则，在一定程度上也适应了伦理秩序对法律的需要。

一、《钦定大清刑律》的立法缺憾

经过民国初年的施行，《钦定大清刑律》的立法技术的不足，陆续暴

① 林端：《儒家伦理与法律文化》，中国政法大学出版社 2002 年 5 月第 1 版，第 82 页。
② 袁世凯：“整饬伦常令”，载《民国经世文编·道德》。

露出来，仅举总则数端述之。

1.在时间效力方面，规定从新原则，即对于该律公布、实施前的行为，只要尚未作出生效判决，即以新律为依据进行审判。但旧律不以为罪者除外。而西方近代各国法律在新旧律发生时向效力上的冲突时，对于新律公布、实施前的行为多采取从新、从轻原则，即在实行从新原则的同时，还规定：对于新法律公布、实施前的行为处理，如果新、旧律所规定刑罚有轻重差别，则实行从轻原则，以规定较轻刑罚的法律为依据。否则，一概从新法，有可能科犯人事后之重刑，殊未平允。

2.刑事责任年龄，原《刑律草案》定为15岁，后经内阁奏请改为12岁，似乎低了些。若能参照多数国家立法例定为14岁，14岁以上未满16岁者，得减轻其刑，较为妥当。

3.总则中未对故意、过失的概念进行解释，故意及过失的范围不是很明确，实际中容易出入人罪。

4.总则第二章“不为罪”，采取列举的形式从犯罪的反面列举出了不为罪的种种情况。从刑法的定义看，它是关于什么是犯罪以及如何处罚的法律。因此，应从正面规定犯罪与刑罚，以便与罪刑法定主义的精神相一致，特殊情况下的不为罪，可利用“但书”的形式表述。

5.正当防卫、紧急避险的范围过广。《钦定大清刑律》于正当防卫之行为以不正之侵害为准，于紧急避险之行为凡出于不得已者皆可为之，此种规定欠合理。似应改为，正当防卫以不法侵害为限；紧急避险以救护自己或他人的生命、身体、自由、财产为限。

6.一罪数刑，缺乏具体规定，难以把握。一罪数刑，有利于实现法官的自由裁量权，但弊端也较明显，对于某些犯罪的处刑幅度自轻至重，有较大的范围，而对于确定具体刑罚又缺少法定标准或法定情节的规定，增加了法官的量刑难度，也为法官擅断提供了方便。

7.有期徒刑，采取等级制，以五等为标准，难以实现罪刑的一致，特别是加减时跳跃幅度太大，易致畸轻畸重。应废去等级，明确年月，便于操作，也更能体现罪刑相当精神。

8.总则第8章“俱发罪”名称欠准确，系沿用旧律的叫法。本章规定的数罪分别发觉，也得适用，俱发二字不能包括该章各条，似应改为并合论罪或数罪并罚为妥。

9.科刑的轻重只有加重与减轻，且以等计。适用范围过广，加减幅度过大，不易把握，难以充分体现立法意图，似应增加从重、从轻两档。

二、法律与社会的分离

相沿数千年的传统法律是自给自足自然经济的产物，是历代统治者以此为手段治理国家的经验结晶，它与封建纲常礼教水乳交融。《钦定大清刑律》打破了这一传统，模范列国，移植西法，虽然沈家本说，新刑律在折衷各国大同之良规时，仍然不戾乎我国历世相沿之礼教民情。但事实上，新刑律和旧律已大相径庭。

《钦定大清刑律》在制定过程中，兼管学部的军机大臣张之洞，在学部批驳新刑律草案的奏折中，已清楚地指出了新刑律与中国国情的不符。“我国以三纲为教，故无礼于君父者，罪罚至重。西国以平等立教，故父子可以同罪，叛逆可以不死。此各因其政教习俗而异，万不能以强合者也。今将新定刑律草案与现行律例大相刺谬者，条举于左(下)：中国即制刑以明君臣之伦。故旧律于谋反大逆者，不问首从，凌迟处死。新律草案则于颠覆政府僭窃土地者，虽为首魁，或不处于死刑；凡侵入太庙宫殿等处射箭放弹者，或科以一百元以上之罚金。此皆罪重法轻，与君为臣纲之义大相刺谬者也。中国即制刑以明父子之伦。故旧律凡殴祖父母父母者死，殴杀子孙者杖。新律草案则伤害尊亲属，因而致死或笃疾者，或不科以死刑，是视父母与路人无异。与父为子纲之义大相刺谬者也。中国即制刑以明夫妇之伦。故旧律妻殴夫者杖，夫殴妻者非折伤勿论。妻殴杀夫者斩，夫殴杀妻者绞。而条例中妇人有犯罪坐夫男者独多，是责备男子之意，尤重于妇人，法意极为精微。新律草案则并无妻妾殴夫之条，等之于凡人之列。是与夫为妻纲大相刺谬者也。中国即制刑以明男女之别。故旧律犯奸者杖，行强者死，新律草案则亲属相奸，与平人无别。……是足以破坏男女之别而有余也。中国制刑以明尊卑长幼之序。故旧律凡殴尊长者，加凡人一等或数等。殴杀卑幼者，减凡人一等或数等。干名犯义诸条，立法尤为严密。新刑律草案则并无尊长殴杀卑幼之条，等之于凡人之例。是足以破坏尊卑长幼之序而有余也。"[①]的确，按传统的三纲五常的标准来衡量《钦定大清刑律》是走得太远了。如果立论正确的话，此文可谓批驳有力。

劳乃宣批驳文章也毫不逊色。"法律何自生乎？生于政体；政体何自生乎？生于礼教；礼教何自生乎？生于风俗；风俗何自生乎？生于生计。宇内人民生计，其大类有三：曰农桑，曰猎牧，曰工商。农桑之国，田有定地，居有定所，死徙不出其乡，一家三人，男耕女织，主伯亚旅，同操一业，而听命于父兄。故父兄为家督而家法以立。是家法者农桑之国风俗之大本也。……猎牧之国，结队野处，逐水草而徙居，非以兵法部勒不能胥匡以生，故人人服从于兵法之下，是兵法者，猎牧之国风俗之大本地。……工商之国，人不家食，群居于市，非有市政不能相安。故人人服从于商法之下。是商法者工商之国风俗之大本也。……修其教不易其俗，齐其政不易其宜。是故风俗者法律之母也，立法而不因其俗，其凿枘也必矣。中国农桑之国也，故政治从家法，……今欲以欧美之商法政治治中国，抑独可行之无弊乎？……法律之不能与风俗相违，非数千年来实地试验，确有成绩，不容以空言理想凭空臆断者哉！"劳氏所言，丝丝入扣，但其逻辑前提是农桑、猎牧、工商三种类型的社会，泾

① 《清朝续文献通考·刑政六》。

渭分明,不可进化。晚清时的中国社会已不再是传统的农桑社会。它正处于从传统到近代的转型期,传统三纲五常的"家法",已不能适应社会的需要。李贵连教授对劳乃宣的礼、法与社会关系的论述有客观评价。"即使以今天的眼光看,也不是完全没有道理。在移植西方法改造中国传统法之初,他就抓住法律与社会必须相适应这一关键,企图从社会内部去探求传统法与西方法相冲突的根源,确实是一种十分聪明之举。如果就一般论证法律与社会的关系而言,他的认识基本上是科学的。但是,他的认识也只能是'基本'科学,而不是完全的科学。因为,他所谈论的'农桑'社会,是秦汉到1840年的古代社会。而他所处的社会,本身正在转型,已经不是过去的完整的农桑社会,正是由于这种转型,所以传统法在变法修律以前,就已出现诸多的弊端,无法适应转型中的社会。身处转型社会,而要求适用转型前的法律。这就难免复古守旧之嫌。"①

不错,晚清中国社会的变化,新经济因素及新的思想观念多产生和发展于商埠城市和沿海地区,但它代表着中国社会的发展方向。推进了中国法制文明的演进。从民国初年的刑法实践,我们可以从反面论证《钦定大清刑律》的历史进步性。在其施行的民国北京政府时期,曾有徒刑改遣,易笞等改进方案。遣刑和笞刑都是农桑社会"家法"。按理说,有广泛的社会基础。但这两种传统的刑罚在民国初年很难再施行,两个条例出台后均因其系早被文明之国废止之刑而难以实施。不到两年便废止了。其实,缓解监狱长期羁押犯人的办法,完全可以使用假释,对短期自由刑的缓解办法可以使用缓刑。没有必要恢复欠文明的发遣和笞刑。

① 李贵连:《礼与法:传统的断裂与断裂后的传统》,载李贵连著:《近代中国法制与法学》,北京大学出版社2002年11月第1版,第530—531页。

笔者承认,《钦定大清刑律》的施行中出现了种种与社会不适应的问题,但这不是主流。其主流是适应性。在中国刑法向近代迈出第一步时,能基本适应中国社会,已是难能可贵了,只要方向正确,我们就该感谢前人为我们所做的努力。我们今天能够批评《钦定大清刑律》的种种不足,正是社会的进步,法学进步的表现。批评《大清律例》的不足,这项工作已由沈家本那代人做过了,否则,我们还得从修订旧律开启我们刑法的现代化的历程。法律与社会的不适应性,是社会转型时期的正常表征,这时期的"阵痛"正是我们所要付出的代价。

说到底是西方工商社会的法律与以自然经济为主的社会伦常道德不和谐。在传统社会,国家法与民间规范一致,法与礼相通,共植于农业社会的土壤。到了近代,体现西方价值观的国家法与体现传统伦常的礼出现了分歧。国家法与民间规范不一致,两者难于和谐共处。人们习惯于传统的"情、理、法"的顺序解决冲突与纠纷,而不愿被"法、理、情"的顺序所取代。中国近代以后的法律的不适应性,就是西方的法与中国传统的伦理道德的不适应性。从根本上解决这一问题的办法是加速发展,推动社会进步,尽快完成中国社会从自给自足的农业社会向市场经济的工商业社会的转型。

在谈到《钦定大清刑律》不能很好地适应社会时,笔者不禁想起以《大清律例》为代表的旧律与晚清社会的不适应。律的僵硬与例的繁杂,无法适应社会的需要;重刑轻民,无视社会的发展;诸法合体的法典体例有悖近代法典体例;封闭的法律内容无法适应教案和涉外案件审判需要;落后、野蛮的名声,使外人常骂为不仁,凡此种种,我们无法否认原有的法律体制与晚清的社会严重脱节,也正因为此,才需要改弦更张,变法修律。旧律与晚清社会的不适应主要表现为旧律的落后与保守;新律与当时社会的不适应,主要体现为新律的超前。如果一时找不到万全之策的话,两者相权,做何取舍,应是不难决定的。每到社会转型时,法律与道德就会出现摩擦。春秋战国和清朝末年都发现过"礼法之争",当时的法律与道德都出现了分野之势。那时的社会也正处在大变革的时代。经过春秋战国的动荡,秦朝终于一统天下,但秦朝统治者并没有很好地解决法律与道德的关系。封建法律与道德关系的基调到了汉武帝时代才定下来,真正把两者的关系调适好,已到了隋唐时期。此后,保持着"德主刑辅"、"明刑弼教"的基本格局直到清末。中国古代法律与道德调适历史可以概括以下几点特征:其一,法律与道德的分与合与中国社会乱与治同步;其二,法律与道德分野后,法律先定型,道德随其后;其三,法律与道德的调适过程是中国社会发展进步的过程,两者调适到位时,中国社会兴旺发达;其四,法律与道德调适过程缓慢,往往历时数百年。

从世界范围看,社会转型时对异质法律的吸纳是一个长期性的社会变迁过程。研究土耳其继受瑞士民法典的德国法律社会学家希尔士(E. E. Hirsch)认为,法律的继受不是一次性的立法行动,而是长期的社会变迁的过程,它以文化传递的形式出现。一直到外来的文化资产,即法律的思想资产,渐次地由继受的一方整合吸收进其本身的社会文化里才算完成。他批评把继受当成一次性的文化活动,这种法律实定论的看法是把法律规范的理念性,即其应该有效的一面,与其实在性,即其实际有效的一面两相混淆了。他认为继受对象不只是法条或法律规范而已,而是整个法律的思想资产,包括法哲学上的意识形态,世界观等。他认为这一过程大概需要 30 至 50 年时间。台湾学者戴东雄认为,征诸继受问题在清末以迄当前的海峡两岸的近百年发展史,30 至 50 年的数字仍是值得商榷的,日耳曼人在中世纪继受罗马私法,时间长达数百年,结果是成功的,但其过程中罗马法与日耳曼人固有习惯法的对抗,冲突屡见不鲜。即使在我们东邻日本,继受法与固有法的颉颃迄今不止,早期法律社会学家川岛武宜与晚近法律人类学家千叶正士的作品里颇有描述。[①]

第三节 酌法准情、折衷至当：中西法文化的磨合

一、法律文化的多元

从鸦片战争开始，中国人追求近现代文明已近百年，晚清大规模修律，迄今也近百年，现今的法律文化园地里，已不再是一枝独秀。以马克思主义为指针的社会主义法文化是中国法文化的主流，传统法文化在人们的思想深处挥之不去。法律制度制定和运作，从中国古代的礼法结合转向礼法分野。[②] 制定法和传统的渗透礼精神的习惯的抵牾不时发生。现代法律制度或西方法律观念与传统法律制度或固有法律惯行之间的文化冲突，迄今不止。

法律文化的多元离不开中国近代文化多元的大背景。中国近现代的文化领域可谓三大思潮并存。其一，主张西化的自由主义的文化思潮；其二，倡导儒家复兴的保守主义的文化思潮；其三，批判继承，综合创新的马克思主义文化思潮。[③] 主张西化者或为全盘西化，或为充分西化，或为根本西化。总之，以西方文化为旨归。晚清社会的仁人志士从器物到制度的变革尝试一次次失利后，开始上升到文化层面思考中国的传统和未来。20 世纪 20 年代中期，陈序经提出“全盘西化”的概

---

① 参见林端：《儒家伦理与法律文化》，中国政法大学出版社 2002 年 5 月第 17 版，第 302 页。

② 参见张晋藩：《中国法制走向现状代的思考》，载张生编：《中国法律近代化论集》，中国政法大学出版社 2002 年 7 月第 1 版，第 2－3 页。

③ 参见张文儒、郭建宁主编：《中国现代哲学》，北京大学出版社 2001 年 5 月第 1 版，第 13 页。

念。“提出全盘的和彻底的西化,使整个中国能够整个的西化。”[①]“中国文化在根本上既不如西洋文化之优美,又不合乎现代的环境与趋势,故不得不彻底全盘西化。”[②]他认为明末清初西学东渐以来中西文化接触的历史,就是中国不断西化的历史。胡适也有类似的观点,“抵抗西洋文化在今日已成过去,没有人主张了。但是‘选择折衷’的议论看上去非常有理,其实骨子里只是一种变相的保守论,所以我主张全盘西化,一心一意地走上世界化的路。”[③]“此时没有别的路可走,只有努力接受这个新世界的新文明,全盘接受了,旧文化的惰性自然会使它成为一个折衷调和的中国文化本位……我们不妨拼命走极端,文化的惰性自然会把我们拖向折衷调和上去。”[④]看来,胡适的“全盘西化”只是达到“折衷调和”目的的一个过程,其本身并非目的。

文化保守主义思潮则竭力维护中国传统文化的价值,主张在捍卫中国固有文化的前提下对东西文化进行调和折衷。晚清时,张之洞便提出了“中体西用”的思想。在梁漱溟文化哲学的视野里,摆在人类面前有三类问题,并由此产生三种文化路向:一是人对物的问题,即向自然界索取物质生活资料,其特征是改造自然,创造物质财富,倡导科学民主,这是“意欲向前”的文化路向;二是人对人的问题,即人类自身的交往与和谐,其特征是儒家伦理文化,非功利主义的人生态度,这是中国的“意欲调和”的文化路向;三是人的情感问题,其特征是处理好生命自身灵与肉、身与心、生与死的矛盾,经过个人修炼达到至高无上的境界,这是印度“意欲返身向后”的文化路向。他宣称:“世界未来文化就

---

① 陈序经:《对于一般西化论者的一个浅说》,《独立评论》第79号。

② 陈序经:《关于全盘西化答吴景超先生》,《独立评论》第142号。

③ 《胡适论学近著》第1编,商务印书馆1935年版,第558页。

④ 胡适:《编辑日记》,《独立评论》第142号。

是中国文化的复兴，有似希腊文化在近世的复兴那样。”[①]1923年科学与玄学的论战，实际上体现了保守与西化两种不同文化思潮的冲突。张君劢(1887—1969)发表了著名的《人生观》演讲，他主张，人生观是主观的、直观的、自由意志的，与科学不同，科学属于自然现象，受因果律支配，而人生观则属于社会现象为自由意志所支配，科学不能支配人生观，还是要靠孔孟儒学和宋明理学。丁文江(1887—1936)对此进行了反驳，他主张科学方法是普遍适用的，科学可以支配人生观。保守主义认为“功利倡而廉耻丧，科学尊而礼义亡”，拯救人心的出路在于维护传统文化与道德；西方主义认为道德的进步与经济发展密切联系，挽救中国的法子惟有“科学”一途。对于保守主义来说，真正的困难不在于返本，而在于创新。“如何从固有的血脉中开出民主与科学，从亘古不变的‘常道’中开出现代化，是文化保守主义的现代新儒学面临的世纪性难题。”[②]

“批判继承，综合创新”，是中国马克思主义者文化理论的总体思路和基本主张。毛泽东在《新民主主义论》一文中，阐述了对外来文化和传统文化“批判继承”的基本观点。中国应大量吸收外国的进步文化，作为自己文化食粮的原料，“例如各资本主义国家启蒙时代的文化，凡属我们今天用得着的东西，都应该吸收，但是一切外国的东西，如同我们对于食物一样，必须经过自己的口腔咀嚼和胃肠运动，送进唾液、胃液、肠液，把它分解为精华和糟粕两部分，然后排泄其糟粕，吸收其精华，才能对我们身体有益，决不能生吞活剥地毫无批判地吸收。所谓‘全盘西化’的主张，乃是一种错误的观点。”[③]如何对待传统文化，毛泽东指出，“中国长期的封建社会中，创造了灿烂的古代文化。清理古代

---

① 梁漱溟:《东西文化及其哲学》，第199页。

② 张文儒、郭建宁主编:《中国现代哲学》，北京大学出版社2001年5月第1版，第19页。

③ 《毛泽东选集》(第2版)第2卷，第707页。

文化的发展过程,剔除其封建性的糟粕,吸收其民主性的精华,是发展民族新文化提高民族自信心的必要条件,但是决不能无批判地兼收并蓄。必须将古代封建统治阶级一切腐朽的东西和古代优秀的人民文化即多少带有民主性和革命性的东西区别开来。……我们必须尊重自己的历史,决不能割断历史。但是这种尊重,是给历史以一定的科学的地位,是尊重历史的辩证法的发展,而不是颂古非今,不是赞扬任何封建的毒素。对于人民群众和青年学生,主要地不是引导他们向后看,而是要引导他们向前看。”①张岱年先生在 19 世纪 30 年代撰写的《世界文化与中国文化》等文章中,提出了“综合创新”的观点,19 世纪 80 年代的文化热中,张先生对此进一步补充和发展。“我对于文化问题深感兴趣,30 年代曾参加当时关于文化问题的讨论。我反对东方文化优越论,也反对全盘西化论,主张兼取中西文化之长而创造新的中国文化。我这种主张可以称为‘综合创新’论。……只有辩证的综合创新,才是中华文明复兴的必由之路。”②

对法律文化的冲突与融合的认识,张晋藩先生有精当的阐述。他认为在人类文明的发展史上,法文化的移植无论东西方都是屡见不鲜的,而且是促进法文化共同发展的必要途径。以晚清修律为例,当时民族资本主义经济虽有发展,但封建性的农业经济仍然占有较大的比重,封建专制主义的体制虽然发生某些改良,但其根基并没有动摇。西方法文化虽然以其不可阻挡之势猛烈冲刷着中国的法苑,但真正理解、掌握并用于改造中国的毕竟是少数,而传统的礼制和习俗,作为一种排斥异质文化的力量,继续发挥着保存自我,抵制外来文化的作用。只有为人们所信任的法律才是真实的法律,只有在日常生活中起着影响的法

① 《毛泽东选集》(第 2 版)第 2 卷,第 707 —708 页。

② 张岱年:《文化与哲学》,教育出版社 1988 年版,第 3 页。

律，才是有效的法律。简单地移植西法，势必脱离中国的国情，降低立法施行的效果，使得已制定之法大都停留在具文阶段，没有发挥调整社会关系的实际效力。《钦定大清刑律》在移植日本1907年刑法的内容时，立法者对此是有所考虑的，对国际上最新的新派刑法理论持审慎的态度。如新派极力主张的“保安处分”，《钦定大清刑律》并未引入。这样的思想在清末所修的其它法律中也有体现。据研究，《大清著作权律》“将91%的日本法内容移植到《大清著作权律》当中；另外9%的日本法内容由于与中国当时的国情不衔接，或过于超前、没有必要规定，所以就没有移植”。[①] 张先生主张移植西方法律要从本国的实际出发。被移植来的西方法文化，只有扎入中国的土壤，成为本民族总体文化的一部分，才是成功的移植。在对待传统文化资源方面，张先生认为，同样应持分析批判的态度。在四千多年的传统文化中，其民主性的精华，如民为贵、君为轻的民主意识；“富贵不能淫，贫贱不能移，威武不能屈”的自由主义精神；有教无类的平等原则；“先天下之忧而忧，后天下之乐而乐”、“天下兴亡、匹夫有责”的个人价值观等等，无疑应该继承、发扬。至于以纲常为核心的礼制，尽管被封建统治者奉为中华民族的本体文化，也应予以批判。如何解决西方法文化与传统法文化的矛盾关系，是一个贯穿百年法制历史的重大课题。张先生从法制文明历史演进的视角，评价了晚清以来中国法制的历史。“综观中外法制现代化的历史，无不以社会的现代化为基础，很难设想在封建社会的条件下会出现现代的法制文明，因此晚清修律与司法政革是社会进步的反映和结果，尽管这种进步是缓慢的。在这个过程中西方法文化的输入，使得先进的中国人重新认识了法律的价值，由此而掀起了研究法律的热潮。这种

---

① 王兰萍：《近代中国著作权法的成长（1903—1910）》，北京大学出版社2006年5月第1版，第132页。

文化氛围有助于改变传统法文化影响下的习俗与心理状态，促进了新的法观念的形成，展示了中国法制近代化的趋向。”①

二、法律文化选择的取向

（一）正确把握时代性与民族性

文化的选择取向，一般而言，西化者关于文化选择的论述是以时代性为基本依据的。在他们看来，世界上只有古代文明和近世文明，没有东方文明和西方文明的区别，现代西洋文明是世界的，而非民族的。陈序经（1903—1967）认为，文化只有程度的差异而没有种类的不同，即文化只有时代性不同而没有民族性之别，西洋文化在今日就是世界文化。有学者认为，“中国之所以倒霉到这步田地，不就是由于中国所有的特质不适于这个新时代么？反之，世界‘列强’之所以如此强盛，也只由于他们的特质恰好适应于此时。那么，我们这个偌大民族在这个时代所能有的唯一出路，岂不就是尽量去学人家的样子么？这也就是所谓全盘西化。”②总之，依照自由主义西化派的文化观，国可以不同，粹只有一个，民族可以不同，现代化只有一个；就现代化的价值目标而言，东西不能有什么不同，就像不能说东方有东方的时代性，西方有西方的时代性一样，也不能说中西方的现代化有什么相异的价值目标。显然，这是以时代性为唯一价值尺度的文化发展观。③ 保守者则以民族性为根基，以民族性为最高价值尺度，其典型体现就是 1935 年 1 月 10 日十教授联合发表的《中国本位文化建设宣言》。他们在宣言中写道：“中国在

---

① 张晋藩：《中国法制走向现代化的思考》，载张生主编：《中国法律近代论集》，中国政法大学出版社 2002 年 7 月第 1 版，第 15—17 页。

② 《中国本位文化讨论集》，台北帕米尔书店 1989 年版，第 283 页。

③ 张文儒、郭建宁主编：《中国现代哲学》，北京大学出版社 2001 年 5 月第 1 版，第 21—22 页。

文化的领域中是消失了，中国政治的形态、社会的组织和思想的内容与形式，已经失去了它的特征。由这没有特征的政治、社会和思想所发育的人民，也渐渐地不能算中国人。在文化的领域中，我们看不见现在的中国了。”[①]即中国文化的特征没有了，甚至整个中国文化都要消失了，因此只有以中国文化为本位才能维护和复兴固有文化。

在文化系统中，一般来说，民族性是形式，时代性是内容。首先应当看到，内容与形式不可分，在迈向现代化的过程中，时代性与民族性缺一不可。其次还应当看到，内容决定形式，形式为内容服从，民族性服从和服务于时代性。民族性包括传统与现代两个方面，但较多的恐怕是传统。传统有适合与不适合现代化两个方面，但较多的恐怕是不适合，或通过改造后才能基本适应与适合。现代化是离不开传统的，但是现代化本身就意味着对传统的否定。无论什么民族必须具有时代性，跟上时代潮流，才能生存与发展，反之只具有民族性，没有时代性，民族就会落后甚至灭亡。[②] 在法学领域，对中国法制的未来走向，也存在国际化本土化的认识问题。就迄今为止的中国现代化历程而言，不论在经济层面、政治层面还是文化层面，中国仍是一个传统远甚于现代、本土性远甚于世界性的国家。“中国近百年来围绕现代化而发生的内部冲突，归根结底是本土性与世界性的冲突。”[③]国际化属于法律文化发展的时代性范畴；本土化属于法律文化发展的民族性范畴。

法制现代化是一个世界性的普遍现象，但同时又存在着多元发展的多样化模式。在法制文明的演进中，确实存在着体现人类共通智慧

---

① 《中国本位文化讨论集》，第 10 页，转引目前揭张文儒、郭建宇主编：《中国现代哲学》，北京大学出版社 2001 年 5 月第 1 版，第 22 页。

② 参见张文儒、郭建宁编：《中国现代哲学》，北京大学出版社 2001 年 5 月第 1 版，第 22 页。

③ 田宏杰：《中国刑法现代化研究》，中国方正出版社 2000 年 12 月第 1 版，第 304 页。

的具有普适性的构成要素，而这些构成要素为国际社会所认可，并且反映在世界各国的法律制度之中；然而另一方面，法制现代化在不同民族或国度中不可避免地有各自的表现形式，那些普适性的共同构成要素的实现方式显然要打上鲜明的民族印记，从而具有个性特征。有学者认为，法的国际化指“法顺应国际社会的法律合作、交流、融合乃至局部统一的趋势，这是人类共同活动和共同理性对法的要求。”[①]公丕祥教授概括了法律发展的国际化特征。其一，法律文明的共同性因素是法律发展国际化的基础和前提。其二，法律文明的交流与传播是法律发展国际化的主要媒介机制。其三，法律制度趋同性是发展国际化的时代走向。[②] 尽管法制现代化的世界性特征在某种意义上是西方法律文明的历史产物，但是随着社会的进步与发展，非西方世界的法律发展及其现代化依然有其内在自身的根据。法律发展的国际化与法律发展的本土化，乃是同一个过程的不可分割的两个侧面。法律发展的本土化有其内在的深厚的根基。首先，法律发展的本土化来源于赖以存在的社会结构的特殊性；其次，法律发展的本土化还来源于社会主体交往行为的特殊性；最后，社会“集体意识”的独特性也影响着法律的本土化。

随着时代的发展，交往的增加，特别是中国加入 WTO 以后，中国经济融入世界经济大潮之中，法律的全球化的问题更加引人注目。晚清修律制定《钦定大清刑律》时，或许没有今天我们谈论的如本土化、本土资源、国际化、全球化之类的名词，但类似的问题已经存在。1900 年第一次国际比较法大会上就提出过共同法的概念，不过当时是将共同

---

① 孙笑侠：《法的现象与观念》，群众出版社 1995 年版，第 26 页。

② 参见公丕祥著：《法制现代化的理论逻辑》，中国政法大学出版社 1999 年 1 月第 1 版，第 365—374 页。

法作为全人类的共同理想而提出的。[①] 沈家本的修律理路:折衷各国大同之良规,兼采近世最新之学说,而不违背中国历代相传的礼教民情。这里所说的"良规"、"学说"就是指法律的国际化问题,法律文化的时代性问题;"礼教民情"就是指法律文化的民族性问题,或称之为本土化,本土资源。修律目标就是"同一法制",用今天的话表述就是与国际社会接轨。看来,晚清政府及修律专家已经探索一条适合中国的法律文化发展道路即酌法准情,折衷正当,务期中外通行。张晋藩先生认为,晚清修律是在开放的环境中进行的,因而具有生命力。虽然晚清的开放是殖民主义者以武力强制的,并伴随着中国主权和领土的丧失,但客观上毕竟使一个封闭的国家接触到外国的新思潮、新事物,从而启迪人们去反思、去探索,以期找到一条救亡图存富国强兵的通路。开放的环境便于输入西方的法文化,从而为晚清修律提供了理论上的依据和走向现代化的范例。虽然清朝的迅速覆亡使修律成果成为具文,但是晚清所开辟的道路,并没有被阻断,民国时期的法制建设,基本上是沿着这条路走下去的。[②]

(二)妥善处理历时性与共时性

中国是西方工业文明已经高度发达之后,才追求现代化的。这存在巨大的时代落差。这种历史错位使得原本以历时形态依次更替的前现代化、现代化、后现代化在中国社会转化为共时的存在形态。现代化进程中历时态矛盾在中国的同时态展开,造成了中国社会文明转型的极为复杂的历史与文化背景。它迫使人们一方面要改造传统,摆脱贫困,尽早实现现代化;另一方面又要为现代化进程中可能出现的种种弊

① 参见潘汉典先生在"比较法学与法制建设座谈会"上的发言,载《比较法研究》2002年第3期。

② 张晋藩:《中国法制走向现代化的思考》,载张生主编:《中国法律近代化论集》,中国政法大学出版社2002年7月第1版,第13页。

端而焦虑,为现代文化与后现代文化的矛盾而困惑。

对于西化文化思潮来说,最主要的是处理好西化与现代化的关系。西化派的代表人物陈序经认为,西化与现代化是统一的,他说:“在本质上,在根本上,所谓倾于世界化的文化与所谓代表现代的文化,无非就是西洋的文化。故‘西化’这个名词,不但包括了前两者,而且较为具体,较易理解。”[①]张熙若(1888—1973)则认为,“我们大部分的事物都应该‘西化’,一切都应该‘现代化’。”[②]冯友兰(1895—1990)也认为,“从前人常说我们要西洋化,现在人常说我们要近代化和现代化,这并不是专有名词的改变,这表示近来人的一种见解底改变。这表示一般人已渐觉得以前所谓西洋文化之所以是优越的,并不是因为它是西洋的,而是因为它是近代的或现代的。我们近百年之所以到处吃亏,并不是因为我们的文化是中国底,而是因为我们的文化是中古底,这一个觉悟是很大的。”[③]法律的现代化不等于西方化,的确,西方法律文化对非西方传统社会及其法律文化的冲击,无疑有着重要的历史意义。前者具有明显的历史进步性。但这决不是非西方社会法律文化历史转型的唯一动力。非西方社会有其确定的社会组织系统以及法律文化体系,它扎根于本民族本国度深厚的社会土壤之中,因而有着自己相对独立的道路和方式。西方法律文化对非西方社会的冲击,固然可以改变非西方社会法律文化的某些方面或领域,却不可能消除非西方社会法律文化的固有特征。法律文化的进步与文明是东西方不同民族优良法律传统的传承与弘扬,是人类智慧的结晶。

对于文化保守主义来说,关键是正确认识传统的儒家学说在现代及未来社会的作用问题。中国传统文化是农业文明的产物,它是与皇

① 陈序经:《全盘西化的辨护》,载《独立评论》第160号。
② 张熙若:《全盘西化与中国文化》,载《国闻周报》第12卷,第23期。
③ 冯友兰:《三松堂全集》,第4卷,河南人民出版社1986年版,第225页。

权政治、小农经济相生相伴的，同今天的工业文明在总体上是不和谐的。以儒学为核心的传统文化的整体结构随着它赖以存在的社会经济基础和政治制度的瓦解而遭到破坏是必然的。儒家文化作为一个完整的文化形态对现代社会发生的作用越来越小。儒家文化的未来命运取决于能否实现创造性的转化，即在儒家文化的基础上实现中西文化的综合与转换。法律文化的命运如何也在于能否从伦理型创造性地转化为法理型，能否从封闭型转化为开放型，能否由适应农业文明转化为适应工业文明。中国已经走向世界，我们无法跨越历史阶段而直接进入现代化，历史也不再给我们机会从容经历不同的发展时期，更不能再退回到传统社会。我们只有在同一时空维度内恰当地处理好社会发展的历时性与共时性的关系，积极借鉴发达国家的经验，努力缩短发展周期，实现中华民族的伟大复兴。

第四节　沟通理性、培养新人：法学本科教育改革的遐思

一、法学本科教育的通识性

法学教育是一种通识教育还是职业教育，曾是个有争议的话题。随着教育体制的改革和法学专业的调整，通识教育逐步得到认可。然而，国家司法考试的举行，再度引发法学本科教育的定位争议。

以职业教育而著称的美国法学教育，其实是以非法学专业教育为前提的。这种学制的实质是融通识教育与职业教育于一体的。大陆法系国家虽强调大学本科通识教育的重要性，但其法学本科毕业生要经过法律职业界所主办的职业培训和统一司法考试。“由此可见，无论是美国的法学教育，还是大陆法系国家的法学教育，均有一个共性：即大

学本科阶段贯穿的是一种通识教育。”[1]通识教育与职业教育是法学教育不同阶段的不同要求。但两者共通于一个平台即大学本科法学教育的通识性,而法律职业教育是后本科教育。

西方法学与法治薪火相传,或许与他们重视法学教育的通识性有关。较而言之,我国传统律学教育忽视通识性,强调职业性。律学及其律学教育均以准确、统一适用法律为目的,律学家多是官方要员,传统律学以注释现行制定法为己任,极少对法律进行抽象的理性思考。中华法系解体后,传统注释律学也失去了存在的条件。律学教育无论是官方的还是学幕的都是为了谋求理想的职业。学生学律为了通过“明法”考试而做官。官员学律是出于行政兼理司法的需要。近代法学教育引入我国后,法学教育的通识性并未引起人们的普遍重视,以至于南京国民政府教育部长朱家骅在总结先前 50 年法学教育状况时痛言:“综观 50 年来,我国法律教育开始虽早,而进展则较迟缓。”[2]我国法学教育的历史表明,只有将法学本科教育定位为通识教育,才能真正培养出宽口径、厚基础、强能力和具有创新性的法学人才。

至于法律职业教育则是后本科教育,它应由法律实践部门的专门学院承担。法学本科教育为法律职业教育提供优质生源。同时,通识教育中也应充分注意到法学学科的应用性,在教学内容和教学方法上注重同法律职业的结合,但法学本科教育的通识性不能否定。也不应提倡法学本科教育的二元性即通识性与法律职业教育的结合。法学本科教育由大学完成,法律职业教育由实务部门完成,各司其职,二元性混淆了学历教育与职业教育的界限,忽视了法学教育与律学教育的区别,有悖高等教育自身规律。

---

① 曾令良:《统一司法考试与我国法学教育发展的定位》,载《法学评论》,2002 年第 1 期,第 148 页。

② 朱家骅:《法律教育》,教育部教育通讯社 1948 年版。

二、法学本科教育的开放性

加入 WTO 后，我国法学教育面临的挑战是：经济全球化、法律服务跨国化、中介服务品牌化、法律与其他学科交叉化。面对这“四化”的挑战，我国法学本科教育应做出积极的回应。有学者从努力提高我国法学教育的国际竞争力的角度认为：“WTO 的本质是经济全球化，所以，WTO 对法学教育在国民经济和全球经济中的定位也是从经济发展角度来考虑的。法学教育在经济中也就定位于提供法律专业知识服务、提供法律专业的科研服务、提供法律专业人才培养和人力资源开发服务。”[①]就法学教育与经济发展的关系言，这种认识无疑是正确的。法学教育在国际经济中的这种定位，决定了入世后的我国法学教育将进一步走上国际市场。法律教育服务作为外国对我国的一种贸易输出方式将更多地进入中国教育市场。法学教育的国际竞争已到了家门口。

在漫长的封建时代，以中华法系为载体的律学教育开放性是很有限的。曾几何时，唐律的影响远播海外，律学教育的成就也间接地跨越了国门。[②] 但那是文化的输出，基本上是单向的，并非真正的开放。直到近代，法学教育才踏上对外开放之路。

清末法学教育是在门户开放背景下诞生的，近代法学一开始就呈开放姿态。教材、教员源自西方，甚至办学主体也有洋人参与。1867 年 12 月同文馆首开法律课程，所用教材为美国人丁韪良翻译的万国公法。教学内容也以国际法为中心，且由一批洋教员执掌教鞭。近代最

---

① 吴志攀：《努力提高我国法学教育的国际竞争力》，载《中国高等教育》，2002 年第 7 期，第 7 页。

② 参见杨鸿烈著：《中国法律在东亚诸国之影响》，中国政法大学出版社 1999 年 7 月第 1 版。

早的大学之一的山西大学堂，其西学专斋便由山西省地方政府和英国基督教驻上海总教士合办，西学专斋设有法律学门。外国人还独办了近代的某些高等学校，这些学校都设有法学科目。如1900年英国人在天津设立的新学大书院，1902年法国人在上海创办的震旦大学。即使是法政学堂，其教学内容和教员多系归国的留日学生。民国时期，法学教育也是开放的。新中国成立初期的法学教育实际上还是开放的，只不过当时主要是对社会主义阵营开放而已。

可以这么说，没有对外开放，就不会有近代法学教育，没有对外开放也不会有近代法学教育的发展。法学教育如何借鉴外国经验。前人做了不少尝试，其经验与教训值得总结与反思。20世纪初我国兴办法学教育时，几乎是全盘移植国外法学教育模式。在缺乏新式法学教育经验的当时，是可以理解的。法学教育的移植，使清末在短期内基本建立了近代法学教育的体系。当时中外法学教育的交流极盛，"请进来"与"送出去"同时进行，特别是一批批留学生的派遣为日后积蓄了力量。民国南京政府能迅速建立较为完备的六法体系，与清末开放的法学教育不无关系。民国时期的法律界风云人物及法学大家，有些便是清末派遣的留学生，这批归国学子在民国时期担负起了法制建设的重任。20世纪50年代的留苏学子为我国社会主义法制建设做出重要贡献。20世纪政治风云几经变幻，法学教育的内容也曾大有变动，但以开放的姿态办法学教育的做法基本没变。

在移植国外法学教育模式的同时，不同的历史时期都探索过外国经验与本土资源的结合问题，遗憾的是，这一问题至今未能得到很好解决。清末法学教育盲目学习日本，一时法政学堂遍地开花，盲目发展规模，降低了法学教育的质量。此后，无论是北洋政府还是南京政府，在法学教育上同出一辙，过分强调他国经验。新中国成立后又移植苏联的教育模式。教材、课程、教学计划、系所和教研室设置无不以苏联的大学为楷模，法学教育自然不能例外。从1952—1956年，我国共翻译、出版了苏联的法学教材及著作165种。[①] 一条面向世界、面向未来、面向现代化的法学教育之路，尚待不断探索。

WTO对中国法律的影响是多方面的，涉及到宪法、知识产权法、服务贸易法、环境保护法、行政法、对外贸易法律法规、外贸法、对外运输法、反倾销和反补贴法等。[②] 经济的全球化，必然要求法律的国际化，法学教育的开放性再度成为时代的潮流。“新形势下的法学教育应该面向世界，注重培养外向型的现代法律人才。具体地说就是，现代的法律人才应该能够掌握国际法律知识，具有在国际大舞台上提供法律服务的能力。”[③]除了传统的“请进来”“送出去”方式之外，可逐步直接使用优秀的外文教材并进行外语教学。在办学模式上亦可允许中外合作办学，外国独资办学。针对经济一体化，以开放的姿态，面对国际国内的法学教育市场，总结近代法学教育开放办学的经验和教训，探索一道适合中国发展道路的法学教育之路，是目前我国法学教育“理论”所要联系的当务之“实际”。

三、法学本科教育的理论性

谈及法学本科教育的现状，一种颇为流行的观点是，理论与实践脱节，重理论、轻实践。法学教育中的理论与实践脱节的现象的确存在，但其原因并非重理论、轻实践所致。再者，理论与实践的脱节也要深入分析，是什么样的理论脱离了什么样的实践。笔者认为，我国法学教学

---

① 汤能松、张蕴华、王清云、闫亚林编著:《探索的轨迹》，法律出版社1995年第1版，第389页。

② 张桂红:《WTO对中国法律的影响》，载《中国法学》，2001年第4期，第182—185页。

③ 赵相林:《对法学本科教育改革的几点思考》，载《中国高等教育》2002年第7期，第17页。

的理论性尚待加强,缺乏理论指导的实践,滞后于形势的发展。不加分析地批评理论脱离实际和简单地指责重理论、轻实践对我国法学本科教育改革是不利的。

传统律学教育偏重感性认识,学子们背律文、习疏议。强调法律的技术性忽略法律的理论性。以清朝为例,“清人注律都是在基本肯定现行律例合理的前提下,研究条文如何理解、如何适用,不大重视对现行法律进行理论上的研究和批判。”[①]“清代正规学校教育和科举考试都不重视法学,当时直接从事法制工作的官吏、书役等人所需要的法律知识,大致都由自修、历练而得。”[②]这种风气并未随律学的终结而消散,近代法学教育起步之时即特别强调实用性。清廷通过个别事件的处理,觉得国际法有用,于是我国近代法学教育便从国际法开始。当年京师同文馆的法学教学内容也以“万国公法”为中心,所用教材是翻译的一批欧美最新的国际法著作。考试命题完全针对当时交涉实际。[③] 洋务运动中,通过办洋务的实践,地方实力派也意识到法学教育的实用价值。在留学生的去向上,同样表现出实用性。当时普遍认为游学西洋不如东洋,认为效法日本法政可以事半功倍,成效最速。

近代法学教学肇始时的实用性导向,淡化了法学的理性色彩,在认识上没有摆脱律学教育的影响。新式法学教育培养了一批新官僚,却难以造就法学家阶层。重实用、轻理论的风气一直影响到民国的法学教育。这种现象曾引起有识之士的警觉。20 世纪 30 年代,他们就法律教育问题进行过专题大讨论。1934 年上海东吴大学法学院法学杂

---

① 何敏:《从清代私家注律看传统注释律学的实用价值》,载梁治平编:《法律解释问题》,法律出版社 1998 年 6 月第 1 版,第 339—340 页。

② 张伟仁:《清代的法学教育》,载贺卫方编:《中国法律教育之路》,中国政法大学出版社 1997 年 12 月第 1 版,第 238 页。

③ 转引自王健:《中国近代的法学教育》,中国政法大学出版社 1999 年,第 78 页。

志社出版的《法学杂志》第七卷第二期和第三期连续刊出"法律教育专号"。杨兆龙(1904—1979)先生在总结清末以降的法学教育的经验教训时说:"现在许多法律学校,对于理论法学不甚重视。……视条文、判例及解释例为法律学的全体而置法律的理论与不顾。"①

在西方法学发展史上占有重要地位的11世纪到13世纪的波伦亚法学院,当时,罗马法教授们讲授的法律"完全是无国界的、永恒的;他们对于本地的法律,本地法律家所关心的问题,或许根本不屑一顾。……教室里的罗马法远离各国法院的实践"。② 可见,罗马法理论并不符合当时意大利的立法司法实际。也正因为理论与实际的适度距离为罗马法的复兴提供了空间条件。

今天人们再度议论法学教育中的理论性与实践性时,回首往事,不无启发。在法学本科教学中深化某些课程的实践性环节的改革,以使毕业生尽快适应法律职业角色转变是完全必要的,但这种改革不能以降低法学教育的理论性为代价。事实上,法学教育中的理论性一直不强。"我国法学教育长期在低水平线运作,其中很重要的原因就是基础不扎实,只知其然不知其所以然。这正是法学'幼稚'的表现。历史证明:任何专业与学科的兴衰,均取决于其理论基础扎实与否。理论基础扎实,有深度,有突破,该专业与学科就发展,就兴旺,甚至引起时代的变化;反之,则倒退,则衰亡。没有深厚的理论基础,实际上就没有法学人才,也就没有治国之才。"③法学教育中,片面地强调理论联系实际而不进行具体分析,制约了理论法学的发展,同时也使应用法学长期停留

---

① 杨兆龙:《中国法学教育之弱点及其补救方略》,载郝铁川、陆锦碧编:《杨兆龙法学文选》,中国政法大学出版社2000年版,第152—153页。

② 艾伦·沃森:《民法法系的演变及形成》,李静冰、姚新华译,中国政法大学出版社1992年,第32—33页。

③ 中国法学教育改革与发展战略研究课题组:《21世纪中国法学教育改革与发展战略研究报告(讨论稿)》。

在“注释”的层次上,“法”的成分浓厚,“学”的味道清淡,这与传统律学教育难有实质区别,只不过把律学教育的以刑为主的范围加以扩大而已,没有真正上升到法学的高度。立法、司法的实际往往滞后于形势的发展,法学教育中忽视理论法学的前瞻性,如此教学,不仅理论脱离了实际,而且整个法学教育都会长远地落后于时代。20世纪前半叶,蔡枢衡(1904—1983)先生针对中国理论法学的落后和法律思想混乱曾称之为“中国法学的贫困”,[①]理论法学的适度超前,可以帮助立法、司法走上自我发展的道路。倘若理论法学不被重视,长期落后,中国法学“脱贫”无望。有感于此,笔者愚见,法学本科教育中的理论性应强化,同时应加强理论法学研究。核心课程设计应以“学”为重点,不应以“法”为标准,核心课程是“法学”整体中的若干重要“板块”,不应是“法律体系”中的若干“部门法”。需要说明的是,强调法学本科教学的理论性并不仅仅指法理学、法律思想史和制度史等理论课程,还包括经济法、国际经济法、环境保护法等新兴学科的理论研究。甚至传统的学科如刑法、民商法等也都急需从理论上回答一些现实问题。应用法学也需要有解决问题的、具有一定指导意义的理论支撑。“如果不注意真正的、深厚的法律理论训练,对中国法制建设可能会产生比较长期的消极的作用。”[②]“由于市场的需求,现在法学教育有简单化的倾向。在一些课程上仅仅注意技术操作层面的东西,变成条文解说,而忽视理论、没有理论。因此在法学教育走向成熟之际,也有可能流于浅薄。”[③]

---

① 蔡枢衡:《中国法理自觉的发展》,著者自刊,1947年,第107页。

② 苏力:《法学本科教育的研究和思考》,载贺卫方编:《中国法律教育之路》,中国政法大学出版社1997年12月第1版,第63页。

③ 沈宗灵:《有关法律教育课程体系的两个问题》,载《中外法学》1995年第4期,第42页。

四、法学本科教育改革与国家统一司法考试

国家统一司法考试制度的建立和实施对于提高司法人员的资质水平和业务能力，深化司法改革，保障司法公正具有重要的意义。同时，国家统一司法考试也架起了法学教育与法律职业之间的桥梁。

中国的考试制度，世界闻名。从史料看，新兴科举制不久的唐朝，就有"明法"一科，专门用以选拔法律人才。明法的考试科目是"试律七条，令三条。全通为甲第，通八为乙第"①，只通七条，就不及格了。终唐之世，朝野重视词章，"进士"的地位日高，考取进士的人也越来越多。考取诸科（包括明法）的约占进士的百分之一。有唐一代，律学教育归属不一，或归国子监，或归大理寺，几经变迁。其所以如此，与统治者对于律学的地位以及作用的认识、态度不无关系，"明法"相对于"明经"，处于次要的地位，这与"德主刑辅"的正统法律思想是一致的。到了宋朝，这是中国过去最讲究法律的一个朝代，法律考试更进入鼎盛时期。"这时有'书判拔萃'，有'试判'，有'试身言书判'，有'明法'，有'新明法'，有'试刑法'，有'铨试'，有'呈试'，各色各样，一直到宋室灭亡，法律考试，从未间断。"②元代以后的官方的律学教育走向衰落。在读书、赶考、做官三位一体的律学教育体制下，司法考试是律学教育的指挥棒，律学教育的直接目的是帮助考生通过科举考试。因此，可以说律学教育也是典型的应试教育，科举考试的通过率是检验律学教育水准高低的唯一标准。"学而优则仕"得到了明显的验证。

今天的国家司法考试不应再成为法学本科教育的指挥棒。两者应是"新型互动关系"，没有高质量的法学本科学历教育，司法考试就是无

---

① 《新唐书·选举志》。

② 徐道隣：《宋朝的法律考试》，载《中国法制史论集》，志文出版社（台湾）中华民国六十四年八月，第189页。

源之水、无本之木。法学教育的水准左右了司法考试应试者的水平,也就是决定了未来法律职业精英的素质。司法考试应该也必须以大学法学教育为主。尊重法学教育的自身规律。但司法考试不是大学毕业考试。应侧重对理论的分析运用能力的检测,注重考试学生的基本分析能力、综合运用所学知识分析解决问题的能力,而不宜侧重考核其从业技能。司法考试是司法部门的选材考试,法学本科教育只能提供合格的"原材料",最多也只是"半成品"。合格、优秀的法律职业家还要在法律实践中继续培养,在充分认识法学本科教育功能的基础上,合理设计司法考试的内容,实现法学教育与职业需求之间的持续发展。法学教育要关注国家司法考试,但两者都应共同面对时代的潮流。

受司法考试影响的法学本科教育能否让学生真正理解法律,学者是有担心的。"在职业资格考试压力之下,教授不得不根据考试套路讲学,学生被迫接受一种适应考试的格式化思维。由此而产生的形式法学,扼杀了法律职业人士必不可少的怀疑和批判精神,从而对法学教育和法律实务都有致命杀伤力。"①早已实行司法考试的日本,法学家们也认为:"法律教育和司法考试脱节是一个严重问题。解决问题的途径应当是改变司法考试,而不是让法律教育去适应司法考试。因为,刚刚毕业的法科大学生大多不熟悉司法考试所侧重的那些法律技术层面的内容,正如刚刚毕业的医科学生大多不熟悉临床一样。但如果因此把他们排除在法律职业之外,将是一个极大的资源浪费。与法律应用有关的知识可以在进入研修所之后获得,而不必作为司法考试的重点。"②日本最终通过司法考试的考生约为2%。③ 就我国的情况而言,

---

① 方流芳:《中国法学教育观察》,载贺卫方编:《中国法律教育之路》,中国政法大学出版社1997年12月第1版,第9页。

② 大内兵卫、我妻荣:《日本的裁判制度》,岩波新书1965年,第77页。

③ 丁相顺:《日本司法考试制度的基本理念与主要特点》,载《法律科学》,2001年第5期第25页。

可以肯定地说，法律职业仅是法科毕业生的一种选择。法律职业与法学本科教育是“互通”的，但不是“直通车”，更不是“互同”。只有在两者存在差异的前提下，国家司法考试才有实际意义。一旦国家司法考试左右了法学本科教育的宗旨，法学教育将变成应试教育，法律职业将变成工匠式的职业。

第五节 继往开来：《钦定大清刑律》的当代启示

一、把握刑法理论动态，发挥理论的引导作用

《钦定大清刑律》的制定正值西方刑法理论新旧两派激烈论争之时，晚清立法者敏锐地观察到国际上刑法学理论与学术的动向，主动邀请日本学者帮助修订《钦定大清刑律》，近代西方刑法思潮的引入奠定了《钦定大清刑律》的理论基础。如果没有西方刑法理论的指导，中国刑法近代化将难于起始。

新中国成立之初，由于历史、政治等原因，在彻底废除国民党“六法全书”的同时，也对近代以来的刑法理论予以否定。近代西方刑法理论对新中国刑法的直接影响被阻断，苏联社会主义刑法理论成为指导新中国刑事法律制度建设的唯一理论。在刑法的教学和研究中，几乎不提西方刑法学派和学说。一定意义说，新中国刑法理论自我隔离西方刑法理论30余年。改革开放后，西方的刑法学说再次传入中国。正确面对新的冲击，是当代中国刑法学者新的课题，也是我国刑法完善的契机。正是基于这样的考虑，1997年刑法较充分地借鉴、吸收了西方刑事古典学派和近代学派的合理内核，大大推动了中国刑法的发展。随着中国走向世界的步伐不断加快，西方刑法思潮对我国当代刑法的影

响也越来越大。不同风格的法律文化相互冲突与融合的现象既是历史的,也是现实的;既是中国的,也是世界的。以2009年为例,国外刑法学理论研究更具开放性,各国刑法学界之间的交流更趋频繁,相互借鉴的趋势也更为明显。在大陆法系内部,2009年德、日学者的交流从单向的德国向日本传播转变为双方的互相影响。大陆法系与英美法系之间的比较研究也日趋活跃。大陆法系学者对英美法律动向表现出前所未有的关注,英美法系的学者也结合具体的案件对大陆法系的刑法理论和司法实务表现出浓厚的兴趣。[①]

《钦定大清刑律》之所以在中国刑法近代化的历史进程中占有重要的地位,不仅仅因为它是近代第一部刑法典。更重要的原因在于它把握了时代的脉搏,用当时世界先进的刑法理论指导了修律实践。今天,西方刑法学派的争论已经淡去,但刑法理论的发展方兴未艾。百年前的晚清立法者尚能放眼世界,百年后信息时代的今天,我们更有条件了解世界。关键在于态度。1997年刑法已经向前迈了一大步,如确定了罪刑法定原则,限制死刑的适用等。我们有理由相信,当代中国刑法的完善,一定会继承传统经验,继续在全球背景下思考中国刑法面临的问题。

二、厘清刑法理念,合理设定刑法的功能

晚清修律者们还不能用自己的语言表达刑法理念、刑法功能等理论问题。《钦定大清刑律》的制定实践已表明了传统刑法理念的变化和刑法功能的调整。西方三大刑法基本原则的引入,已表明传统刑法理念和功能的动摇。

---

① 教育部社会科学委员会秘书处组编:《国外高校人文社会科学发展报告2010》,高等教育出版社2010年12月第1版,第233—234页。

中国传统社会是一元结构的社会，市民社会被消弭在政治国家之一。高度集权的政治统治模式，使得以刑为主的传统法律制度始终起着"工具"的作用。晚清社会，随着经济结构的转型、法律主体的变化、等级制度的松动、国家主权观的形成、政体文明的演进等社会形势的变化，市民社会已初见端倪。刑法一定意义上起到了社会调节器的作用，部分地满足了市民社会刑法观的要求，如：人权的保护、酷刑的限制等。

改革开放后的中国逐步走上社会主义市场经济的发展道路。中国社会开始向现代意义上的市民社会发展。我国刑法也应以西方古典刑法学派的刑法理念为基础，在罪刑法定的框架下构建刑法价值，逐步淡化刑法工具色彩。[①]

我国1997年刑法已取得了可喜的进步，如反革命罪的取消，类推制度的废除，罪刑法定原则的确立等，开始了政治刑法观向市民刑法观的转变。刑法的功能也从传统的打击罪犯保护社会转向打击罪犯、保障人权、保护社会并重。刑法功能发挥的政策导向，从"依法从重从快"转向"宽严相济"，恢复性司法得以倡导。

可以预见，随着我国经济体制改革的不断深化，政治体制改革的不断推进，以社会主义和谐理论为指导的新型刑法理念将逐步养成。人们会重新认识并合理界定刑法的功能。《钦定大清刑律》中虽已引入但难以实现的刑法理念，将逐步确立。传统的刑法功能将赋予新的内容。或许这是当代中国刑法完善主要的宏观问题之一。

晚清修律者们对理论动态的关注值得后人效法。立法的适度超前无可厚非，但有些规定似乎太脱离中国实际了。比如《钦定大清刑律》的"行刑时效"的规定，几乎就是一纸空文。西方的某些理论和制度，在

① 参见张平、黄丽勤：《近代西方刑法思想及其对当代中国刑法的影响》，载《同济大学学报》(社会科学版)2010年4月，第21卷，第2期。

当时的中国社会,给人以太"虚"的感觉。虽然瑕不掩瑜,但此类问题的存在不能不说是《钦定大清刑律》的些许缺憾。

传统社会的刑律特别注重实际问题的解决,缺乏系统的法律理论指导,法律学术也以注释律学为特征,给人以太"实"的感觉。"虚"与"实"的适度把握是个难题。

当代中国刑法若要走向世界,必须有宏大的理论作指导,但系统的理论非短期内可以创立。活生生的社会现实,需要我们时时面对。在探索具有中国特色的刑法理论的同时,我们不能忽视了现实的法律实践。没有实践的总结,系统的理论难以形成。况且中国历史和现实中出现的某些问题,西方不曾出现过,西方刑法理论中也找不到现成的答案。加强对现实问题的思考,是我国刑法学者长期的任务,或许刑法理论的"中国特色"正孕育在此。"我国刑法学在体系建构方面存在不足,在对问题的思考方面,也存在问题意识不强,思路不清,视野不开阔,创新不够的状况。所以,在未来,强调对问题的思考,具有现实意义。"①

---

① 周光权:《刑法学的西方经验与中国现实》,载《政治论坛》2006年第2期。

结　语

《钦定大清刑律》的制定与颁行，是在晚清社会大变革的时代背景下进行的。晚清社会的变化，动摇着传统社会的根基，法律的经济基础也开始越来越多地渗透商品经济的成分。商人群体的崛起，改变了传统士农工商的社会结构。平等观的强化，冲击了传统法的等级观念。政体文明的演进，需要法律制度的配套。开放之风，不断吹入异质文化的气息。国家观的兴起，拓展了人们法律视野。随着法治学说的输入，人们看到了法制文明的基本趋势。《钦定大清刑律》的制定表明法律作为社会关系的调节器，维护政权稳定的重要手段，它必须充分关照社会生活及经济基础的变化情况。法久则弊，变则通。

立法指导思想的确定既要放眼世界，高瞻远瞩，关注法制国际化的发展趋势，又要立足现实，充分发掘和利用传统资源，创造性地弘扬中华法系法文化的优势。《钦定大清刑律》制定时的酌法准情、折衷至当，务期中外通行的指导思想是一种十分有益的探索。晚清统治者对待中西文化冲突时所持的基本态度，显示了统治者的政治智慧。其基本思路并未随时间的推移而失去借鉴意义。

《钦定大清刑律》的立法意图及颇具新意的法律内容，未能在司法实践中得到充分贯彻。体现西方工业社会精神的法律条文与清末民初小农经济成分占主流的社会环境难以契合。作为国家制度的一部分的传统法律到了近代终结了，但作为社会生活的一部分的传统法却根深蒂固地残存于人们的潜意识中。《钦定大清刑律》制定过程中的礼法之争虽然早已成为历史，但立法的超前性与司法的滞后性的矛盾依然存在。司法中，法律与社会两分离的状态至今仍是制约我国法治进程的一个“瓶颈”。改善司法环境，提高司法水准，其难度远甚于立法。

法典的编纂与法制的运作均离不开学术支撑。中国古代法律学术是律学，随着《钦定大清刑律》的制定与颁行，近代法学应运而生。法制昌，法学盛；法制微，法学衰。《钦定大清刑律》的制定者们敏锐地注视当时西方新旧两派刑法理论的发展态势，比较优势、兼容并包，颇有气度。以沈家本为首的律学大家也与时俱进，汲取近代法学的丰富营养。法制现代化建设的今天似乎更应面向世界、面向未来，博古今，通中西，兼收并蓄。

法律人才的培养与法律建设存在一种无形的内在的联系。传统律学教育重实用，轻理性；《钦定大清刑律》制定后的近代法学教育仍存在政治性、实用性、盲目性等特点。时至今日，法学教育尚在进一步改革之中，法学本科教育的通识性、开放性、理论性似应给予高度重视。

主要参考文献

典籍

1.《皇朝通典》。

2.《清高宗实录》。

3.《粤海关志》。

4.《清宣宗实录》。

5. 孙毓棠:《中国近代工业史资料》第一辑,中华书局 1962 年版。

6.《李肃毅伯奏议》第 4 卷。

7.《中国近代经济史资料选辑》,北京科学出版社 1955 年版。

8.《曾忠襄公奏议》。

9. 周平高编:《上海县续志・序》,上海书店 1991 年版。

10. 陈真、姚洛编:《中国近代工业史资料》第一辑,三联书店 1957 年版。

11. 密汝成编:《中国近代铁路史资料》第三册,中华书局 1963 年版。

12.《马克思恩格斯全集》。

13.《晋书》。

14.《史记》。

15. 睡虎地秦墓竹简整理小组:《睡虎地秦墓竹简》,文物出版社 1978 年 11 月第 1 版。

16. 丛刊本《洋务运动》。

17.《上清帝第六书》。

18.《义和团档案史料》。

19.《光绪政要》。

20.《德宗景皇帝实录》。

21.《袁世凯奏议》,天津古籍出版社 1987 年 3 月版。

22.《大清法规大全》。

23.《清朝经世文统编》。
24.《筹办洋务始末(咸丰朝)》。
25.《辛丑和约订立以后的商约谈判》,中华书局 1994 年 10 月版。
26.《外国法制史资料选编》,北京大学出版社 1982 年 10 月第一版。
27.《唐律疏议》,法律出版社 1999 年 9 月第 1 版。
28.《宋史》。
29.《商君书》。
30.《隋书》。
31.《续资治通鉴长编》。
32.《大清律例》。
33.《清朝续文献通考》。
34.《白居易集》顾学颉校点,中华书局 1979 年版。
35.《韩非子》。
36.《礼记》。
37.《管子》。
38.《左传》。
39.《墨子》。
40.《国语》。
41.《道德经》。
42.《通典》。
43.《白贴》。
44.《御览》。
45.《汉书》。
46.《后汉书》。
47.《论衡》。
48.《册府元龟》。
49.《毛泽东选集》。
50.《新唐书》。
51.《文史资料选辑》。
52.《孙中山全集》。
53.《辛亥革命资料》。
54.《暂行新刑律》1912 年 4 月刊印。
55. 郭卫编:《大理院解释例全文》,会文堂 1931 年版。

56. 中国人民大学法律系法制史教研室编:《中国近代法制史资料选编》第二分册,1979 年。

57. 沈家本:《历代刑法考》,中华书局 1985 年版。

58.《民国经世文编·道德》。

59.《清朝续文献通考》。

60.《大清光绪新法令》。

61. 林乐知:《全地五大洲五俗通考》,第 10 集上卷。

62. 朱有朋编:《光绪朝东华录》。

63.《皇朝经世文新编》。

64. 丁贤俊、喻作凤编:《伍廷芳集》,中华书局 1993 年版。

65. 朱有瓛主编:《中国近代学制史料》第二辑下,华东师范大学出版社 1985 年版。

66. 舒新城:《中国近代教育史资料》上册,人民教育出版社 1981 年第 2 版。

67.《同文馆题名录》,光绪五年(1879 年)刊,光绪十三年(1887 年)刊。

68.《皇朝经济文新编》,《西律》,卷二,光绪二十七年(1901 年)。

69.《张文襄公全集》。

70. 王铁崖:《中外旧约章》。

71.《乾隆起居注》。

72.《国朝名臣奏议》。

73. 夏燮:《中西纪事》卷九,光绪十三年铅印本。

74.《汤寿潜至瞿尚书函》,光绪三十一年六月。

75. 故宫博物院明清档案部编:《清末筹备立宪档案史料》,中华书局 1979 年第 1 版。

76.《张季直传记资料》。

77.《啬翁自订年谱》。

78. 丁文江等主编:《梁启超年谱长编》。

79.《宣统政记》。

80. 骆惠敏编:《清末民初政情内幕》。

81.《清史稿》。

82. 彭泽益:《中国近代工业史资料》。

83.《奉天通志》。

84.《朝鲜李朝实录中的中国史料》。

85.《大清新法令》点校本,商务印书馆 2010 年版。

专书

1. 张晋藩总主编:《中国法制通史》(多卷本),法律出版社 1999 年 1 月第 1 版。

2. 李贵连:《近代中国法制与法学》,北京大学出版社 2002 年 11 月第 1 版。

3. 朱勇:《中国法制史》,法律出版社 1999 年 9 月第 1 版。

4. 戴逸主编:《简明清史》第一册,人民出版社 1984 年 10 月版。

5. 蒋建平编著:《中国商业经济思想史》,财经出版社 1990 年 7 月版。

6. 杨杭军:《走向近代化》,中州古籍出版社 2001 年 9 月第 1 版。

7. 郑观应:《盛世危言》。

8. 杨天宏:《口岸开放与社会变革》,中华书局 2002 年 7 月第 1 版。

9. 上海社会科学院经济所编:《江南造船厂厂史》,江苏人民出版社 1983 年版。

10. 樊百川:《中国轮船航运业的兴起》,四川人民出版社 1985 年版。

11. 李贵连:《沈家本传》,法律出版社 2000 年 4 月第 1 版。

12.《中国近代史》编辑主编:《中国近代邮电史》,人民邮电出版社 1984 年版。

13. 蔡枢衡:《中国法理自觉的发展》。

14. 孔庆明等编著:《中国民法史》,吉林人民出版社 1996 年 1 月第 1 版。

15. 陈炽:《续富国策》,卷 45。

16. 盛宣怀:《愚斋存稿》,卷 3。

17. 孙宝暄:《忘山坊庐日记》,上海古籍出版社 1983 年版。

18. 王先明:《中国近代社会文化史论》,人民出版社 2000 年 11 月第 1 版。

19. 李长莉:《晚清上海社会的变迁》,天津人民出版社 2002 年 8 月第 1 版。

20. 顾炳权编:《上海洋场竹枝词》。

21. 吴春梅:《一次失控的近代化改革》,安徽大学出版社 1998 年 8 月第 1 版。

22. 陈旭麓:《近代中国社会的新陈代谢》,上海人民出版社 1987 年版。

23. 胡春惠:《民初的地方主义与联省自治》,中国社会科学出版社 2001 年 5 月第 1 版。

24. 李剑农:《中国近百年政治史》,复旦大学出版社 2002 年版。

25. 何启、胡礼垣:《〈劝学篇〉书后》,《新政真诠》五编。

26.《饮冰室合集・文集》。

27. 康有为:《中庸注》。

28.《中国积弱溯源论》。

29.《爱国论》。

30.《辟韩》。

31.《原强》。

32.《法意》。

33.《原富》。

34.《老子评点》。

35. 张灏:《梁启超与中国思想的过渡》(1890—1907),江苏人民出版社 1995 年版。

36. 苏力、贺卫方主编:《20 世纪的中国:学术与社会·法学卷》,山东人民出版社 2001 年 1 月第 1 版。

37. 范忠信选编:《梁启超法学文集》,中国政法大学出版社 2000 年 1 月第 1 版。

38. 叶孝信主编:《中国法制史》,北京大学出版社 2000 年 4 月第二版。

39. 刑法学全书编委会:《刑法学全书》,上海科学技术文献出版社 1993 年 4 月版。

40. 陈忠林:《意大利刑法纲要》,中国人民大学出版社 1999 年 10 月第 1 版,《前言》。

41. 牧野英一:《法兰西刑法之发达》,张蔚然译《法律评论》第 9 卷第 49、50 期。

42. 卡斯东·斯特法尼等:《法国刑法总论精义》,罗结珍译,中国政法大学出版社 1998 年版。

43. 张筱薇著:《比较外国犯罪学》,百家出版社 1996 年版。

44. 由嵘主编:《外国法制史》,北京大学出版社 1992 年。

45. 何勤华主编:《法国法律发达史》,法律出版社 2001 年版。

46. 何勤华主编:《德国法律发达史》,法律出版社 2000 年 1 月第 1 版。

47. 何勤华主编:《日本法律发达史》,上海人民出版社 1999 年 9 月第 1 版。

48. [日]野村稔:《刑法总论》,金理其、何力译,邓又天审校,法律出版社 2001 年 3 月第 1 版。

49. 中山研一:《刑法总论》,成文堂 1982 年版。

50. 李海东主编:《日本刑事法学者》(上)法律出版社、成文堂 1995 年联合出版。

51. 日本力行会编纂:《现今日本名家列传》,1903 年版。

52. 何勤华主编:《二十世纪百位法律家》,法律出版社 2001 年 1 月第 1 版。

53. 汪庚年编:《京师法律学堂讲义》,1911 年 5 月京师法学汇编社发行。

54[英]洛克:《政府论》,下篇,叶启芳、瞿菊农译,商务印书馆 1981 年版。

55.[法]孟德斯鸠:《论法的精神》,上册,张雁深译,商务印书馆 1961 年版。

56. 郭成伟:《中华法系精神》,中国政法大学出版社 2002 年版。

57.《外国法制史资料选编》(下册),北京大学出版社 1982 年 10 月第一版。

58. 葛遵礼:《中华民国新刑律集解》,上海会文堂 1914 年 1 月 15 日版。

59. 鲁兰:《牧野英一刑律法思想研究》,中国方正出版社 1999 年 12 月第 1 版。

60. 何秉松主编:《刑法教科书》,中国法制出版社 1997 年版。

61. 曲新久:《刑法的精神与范畴》,中国政法大学出版社 2000 年 5 月第 1 版。

62. [美]约翰・罗尔斯:《正义论》,中国社会科学出版社 1988 年版。

63. [美]博登海默:《法理学——法哲学及其方法》,华夏出版社 1987 年版。

64. [德]康德:《法的形而上学原理——权利的科学》,沈叔平译,商务印书馆 1991 年版。

65. [德]黑格尔:《法哲学原理》,范扬、张企泰译,商务印书馆 1961 年版。

66. [意]贝卡利亚:《论犯罪与刑罚》,黄风译,中国大百科全书出版社 1993 年版。

67. [美]戈尔丁:《法律哲学》,齐海滨泽,三联书店 1987 年版。

68. 刘麟生:《朗伯罗梭犯罪学》,商务印出馆 1938 年版。

69. [意]菲利:《实证派犯罪学》,郭建安译,中国政法大学出版社 1987 年版。

70. 陈兴良:《刑法哲学》,中国政法大学出版社 2000 年 5 月第 2 版。

71. [法]孟德斯鸠:《波斯人信札》,商务印书馆 1962 年版。

72. 曲新久:《刑法的精神与范畴》,中国政法大学出版社 2002 年 5 月第 1 版。

73. 霍布斯著:《利维坦》,黎思复、黎廷弼译,商务印书馆 1985 年版。

74. 洛克著:《政府论》,叶启芳、瞿菊农译,商务印书馆 1964 年版。

75. 孟德斯鸠:《论法的精神》,商务印书馆 1997 年版。

76. [意]贝卡利亚著:《论犯罪与刑罚》,黄风译,中国大百科出版 1993 年版。

77. [日]西原春夫:《刑法总论》(下卷),成文堂 1993 年改订准备版。早稻田司法考试研究室:《刑法总论》,早稻田经营出版 1990 年版。

78. 何勤华:《中国法学史》(第一卷),法律出版社 2000 年 10 月第 1 版。

79. 实藤惠秀著,谭汝谦、林启彦译:《中国人留学日本史》三联书店 1983 年版。

80. 陈顾远:《中国法制史》,商务印书馆 1934 年版;《中国法制史概要》,商务印书馆 2011 年。

81．怀效锋主篇：《中国律学丛刊》总序，法律出版社 1999 年 1 月第 1 版。

82．曾庆敏主编：《法学大辞典》，上海辞书出版社 1998 年版。

83．何勤华：《西方法学史》，中国政法大学出版社 1996 年 6 月第 1 版。

84．张晋藩：《清代律学及其转型》，《求索集》，南京大学出版社 1996 年第 1 版。

85．张晋藩：《中国法律的传统与近代转型》，法律出版社 1997 年版。

86．瞿同祖：《中国法律与中国社会》，中华书局 1981 年版。

87．张晋藩：《中华法制文明的演进》，中国政法大学出版社 1999 年版。

88．张晋藩主编，林中、朱勇副主编：《中国法律史》，法律出版社 1995 年 6 月第 1 版。

89．程树德：《九朝律考》，商务印书馆 2010 年版。

90．高恒：《秦汉法制论考》，厦门大学出版社 1994 年版。

91．曹漫之：《唐律疏议译注》，吉林人民出版社 1989 年版。

92．梁启超：《饮冰室文集》卷一，中华书局 1989 年影印版。

93．李贵连：《中国近现代法学的百年历程(1840—1949)》，载苏力、贺卫方主编：《20 世纪的中国：学术与社会・法学卷》，山东人民出版社 2001 年 1 月第 1 版。

94．汤能松等编：《探索的轨迹——中国法学教育发展史略》，法律出版社 1995 年版。

95．[美]任达著，李仲贤译：《新政革命与日本—中国　1898—1912》，江苏人民出版社 1998 年 3 月第 1 版。

96．蔡枢衡：《中国刑法史》，中国法制出版社 2005 年版。

97．公丕祥：《法律文化冲突与融合》，中国广播电视出版社 1993 年版。

98．李光灿：《评〈寄簃文存〉》，群众出版社 1985 年 2 月第 1 版。

99．王立新：《美国传教士与晚清中国现代化》，天津人民出版社 1997 年 3 月第 1 版。

100．龚书铎主编：《中国近代文化概论》，中华书局 1997 年 9 月第 1 版。

101．李贵连主编：《二十世纪的中国法学》，北京大学出版社 1998 年 5 月第 1 版。

102．王健：《20 世纪中国法律教育的回顾与反思》，载张晋藩主编《二十世纪中国法治回眸》，法律出版社 1998 年第 1 版。

103．杨兆龙著：《中国法学教育之弱点及其补救之方略》，载郝铁川、陆锦碧编：《杨兆龙法学文选》，中国政法大学出版社 2000 年版。

104．朱家骅：《法律教育》，教育部教育通讯社编，1948 年。

105. 舒新城编:《中国近代教育史资料》下,人民教育出版社 1981 年第 2 版。

106. [美]毕乃德:《洋务学堂》,曾钜生译,杭州大学出版社 1993 年版。

107. 杨鸿烈著:《中国法律发达史》下,上海书店 1990 年 10 月第 1 版。

108. 江庸:《五十年来中国之法制》,载申报馆编:《最近之五十年》,商务印书馆 1923 年。

109. 谢振民:《中华民国立法史》上下册,中国政法大学出版社 2000 年 1 月第 1 版。

110. 林端:《儒家伦理法律文化》,中国政法大学出版社 2002 年 5 月第 1 版。

111. R.H.路威:《初民社会》,(纽约,1920)。

112. 张生编:《中国法律近代化论集》,中国政法大学出版社 2002 年 7 月第 1 版。

113.《胡适论学近著》第 1 编,商务印书馆 1935 年版。

114. 梁漱溟:《东西文化及其哲学》。

115. 张岱年:《文化与哲学》,教育出版社 1988 年版。

116. 张文儒、郭建宇主编:《中国现代哲学》,北京大学出版社 2001 年 5 月第 1 版。

117. 田宏杰:《中国刑法现代化研究》,中国方正出版社 2000 年 12 月第 1 版。

118. 孙笑侠:《法的现象与观念》,群众出版社 1995 年版。

119. 冯友兰:《三松堂全集》,第 4 卷,河南人民出版社 1986 年版。

120. 朱家骅:《法律教育》,教育部教育通讯社 1948 年版。

121. 杨鸿烈:《中国法律在东亚诸国之影响》,中国政法大学出版社 1999 年 7 月第 1 版。

122. 何敏:《从清代私家注律看传统注释律学的实用价值》,载梁治平编:《法律解释问题》,法律出版社 1998 年 6 月第 1 版。

123. 张伟仁:《清代的法学教育》,载贺卫方编《中国法律教育之路》,中国政法大学出版社 1997 年 12 月第 1 版。

124. 杨兆龙:《中国法学教育之弱点及其补救方略》,载郝铁川、陆锦碧编:《杨兆龙法学文选》,中国政法大学出版社 2000 年版。

125. 艾伦・沃森:《民法法系的演变及形成》,李静冰、姚新华译,中国政法大学出版社 1992 年。

126. 贺卫方编:《中国法律教育之路》,中国政法大学出版社 1997 年 12 月第 1 版。

127. 大内兵卫、我妻荣:《日本的裁判制度》,岩波新书 1965 年。

128. 高汉成著:《签注视野下的大清刑律草案研究》,中国社会科学出版社 2007 年版。

129. 陈家林著:《外国刑法通论》,中国人民公安大学出版社 2009 年 9 月第 1 版。

130. 马克昌主编:《外国刑法学总论》,中国人民大学出版社 2009 年 4 月第 1 版。

131. 何勤华、李秀清著:《外国法与中国法——20 世纪中国移植外国法反思》,中国政法大学出版社 2003 年 5 月第 1 版。

132. 何勤华、夏菲主编:《西方刑法史》,北京大学出版社 2006 年 12 月第 1 版。

133. 王兰萍:《近代中国著作权法的成长(1903—1910)》,北京大学出版社 2006 年 5 月第 1 版,第 132 页。

论文

1. 李贵连:《沈家本与清末立法》,载北京大学《法学论文集》,光明日报出版社 1987 年版。

2. 李贵连:《清季法律改革与领事裁判权》,载《中外法学》1990 年第 4 期。

3.《学习时报》编辑部:《落日的辉煌》,中共中央党校出版社 2001 年 3 月第 1 版。

4.《兴商为富强之本论》,光诸三十一年《商务报》第 8 期。

5. 学部:"咨各省督抚为外人设学毋庸立案文",《学务杂志》,第 6 期。

6.《广书籍以惠士林论》,1882 年 11 月 2 日《申报》。

7.《中外新闻·录华友来稿》,1869 年 11 月 18 日《上海新报》。

8. 高翔:《从全盛到衰微——18 世纪清帝国的盛衰之变》,载《光明日报》2000 年 6 月 30 日。

9.《论中国前途有可望之机》,《中外日报》,1904 年 5 月 5 日。

10.《立宪纪闻》,《东方杂志》临时增刊。

11.《京话实报》,1906 年第 53 号。

12.《舆论一斑》,《东方杂志》临时增刊。

13.《论政府无立宪之能力》,1909 年 12 月 13 日《大公报》。

14. 张德美:《晚清法律移植研究》(博士论文),中国政法大学出版社 2002 年。

15.[日]大塚仁:《刑法中的新旧两派的理论》,转引自《外国刑法研资料》第一辑,北京政法学院刑法研究室编。

16［日］冈田朝太郎:《论改正刑律草案》,留庵译自日本《法学协会杂志》第29卷第3号,译文载《法政杂志》第一年第二期。

17.《冈田博士论刑律不宜增入和奸罪之罚则》,转引自李贵连著:《沈家本传》,法律出版社2000年4月第1版。

18.［日］冈田朝太郎:《论〈大清新刑律〉重视礼教》,载《法学会杂志》第1卷第1期、第3期。

19.［日］赤坂昭二:《罪刑法定主义》,原载《法学基本原理》,成文堂1978年。转引自《法学译丛》1981年第1期。

20.李靓:《近代三大基本刑法原则对大清新刑律的影响》(博士论文),中国政法大学出版社2002年。

21.冈田朝太郎:《日本冈田博士论改正刑律草案》,留庵译自日本《法学协会杂志》二十九卷第3号。引自《法政杂志》,第一年第1期。

22.高鸿钧:《伊斯兰法学及主要流派》,载《外国法译评》1996年第1期,吴云贵著:《伊斯兰教法概略》,中国社会科学出版社1993年版。

23.华友根:《西汉〈春秋决狱〉及其历史地位》,《政治与法律》1994年第5期。

24.于逸生:《〈春秋决狱〉简析》,《求是学刊》,1989年版。

25.陈戌国:《从〈唐律疏议〉看唐礼及相关问题》,湖南大学学报1999年第1期。

26.钱大群:《〈唐律疏议〉结构及书名辨析》,载《历史研究》2000年第4期。

27.何勤华:《唐代律学的创新及其文化价值》,载《政治与法律》2000年第3期。

28.张伯元:《问答式律注考析》,载《法制与社会发展》1999年第5期。

29.冈田朝太郎:《法学通论》,汪庚年编:京师法律学堂讲义《法学汇编》第一册,1911年北京顺天时报馆排印。

30.云岭:《清末西方法律、法学的输入及影响》,载《法律史论丛》,法律出版社1983年版。

31.《蔡孑民先生演说辞》,《法政学报》,1919年第11期。

32.《法政学报》,1924年9月出版,第三卷第9期,“社论”。

33.竞明:《法政学校今昔观》,《教育周报》1914年第51期。

34.徐彪:《清末新式法学教育与中国法律近代化》(硕士论文),安徽大学出版社2000年。

35.曾代伟:“《暂行新刑律》辨正”,载《法学研究》1987年第6期。

36.阿兰·沃森:《法律移植论》,《比较法研究》1989年第1辑。

37. 张文显:《继承、移植、改革:法律发展的必由之路》,载《社会科学战线(长春)》1995 年第 2 期。

38. 公丕祥:《国际化与本土化:法律现代化的时代挑战》,《法学研究》1997 年第 1 期。

39. 江平:《制订民法典的几点宏观思考》,《政法论坛》1997 年第 3 期。

40. 陈序经:《对于一般西化论者的一个浅说》,《独立评论》第 79 号。

41. 陈序经:《关于全盘西化答吴景超先生》,《独立评论》第 142 号。

42. 胡适:《编辑日记》,《独立评论》第 142 号。

43. 潘汉典先生在"比较法学与法制建设座谈会"上的发言,载《比较法研究》2002 年第 3 期。

44. 陈序经:《全盘西化的辩护》,《独立评论》第 160 号。

45. 张熙若:《全盘西化与中国文化》,《国闻周报》第 12 卷,第 23 期。

46. 曾令良:《统一司法考试与我国法学教育发展的定位》,载《法学评论》2002 年第 1 期。

47. 吴志攀:《努力提高我国法学教育的国际竞争力》,载《中国高等教育》2002 年第 7 期。

48. 张桂红:《WTO 对中国法律的影响》,载《中国法学》2001 年第 4 期。

49. 赵相林:《对法学本科教育改革的几点思考》,载《中国高等教育》2002 年第 7 期。

50. 中国法学教育改革与发展战略研究课题组:《21 世纪中国法学教育改革与发展战略研究报告(讨论稿)》。

51. 蔡枢衡:《中国法理自觉的发展》,著者自刊,1947 年。

52. 沈宗灵:《有关法律教育课程体系的两个问题》,载《中外法学》1995 年第 4 期。

53. 徐道隣:《宋朝的法律考试》,载《中国法制史论集》,志文出版社(台湾),中华民国六十四年八月。

54. 黄源盛:《沈家本法律思想与晚清刑律变迁》(博士论文),台湾大学法律学研究所 1991 年。

55. 黄源盛:《大清新刑律礼法之争的历史及时代意义》,载《中国法律现代化之回顾与前瞻》,台湾大学法学院 1993 年。

56. 黄源盛:《晚清法制现代化的动因及开展》,载《中兴法学》1991 年第 11 期。

57. 黄源盛:《晚清修律大臣沈家本》,载《东海法学研究》1995 年第 9 期。

58. 丁相顺:《日本司法考试制度的基本理念与主要特点》,载《法律科学》2001年第5期。

59. 陈新宇:《〈钦定大清刑律〉新研究》,载《法学研究》2011年第2期。

附　录

一、《钦定大清刑律》制定过程及民国刑法沿革简表

时间	法案、法典	说明
1906年春 光绪三十三年春	《钦定大清刑律》预备案	修订法律馆中国专家(另一说为岩谷孙藏博士)①完成预备案大部分内容。由于此案以日本1880年旧刑法为蓝本,已显过时,故为以后各案所不取。
1907年 光绪三十三年八月	《钦定大清刑律》第一案	修订法律馆日本专家冈田朝太郎起草。共53章,凡387条,后附《律目考》。此案乃后来各案之基础。为方便审阅,采取了"法典+案语"的形式。第一案以日本1907年新刑法为蓝本。
1909年 宣统元年十二月	《钦定大清刑律》第二案	修订法律馆和法部共同完成。由于第一案引发了激烈争论,此案的最主要变化是加入了着重维护礼教风俗的《附则》五条。
1910年 宣统二年	《钦定大清刑律》第三案	宪政编查馆在第二案基础上修正而成。该案最主要的变化是将《附则》改为《暂行章程》。

① 冈田朝太郎认为1906年的预备案由清朝的委员起草。参见其论文《清国改正刑律草案(总则)》,载《法学协会杂志》第29卷第3号,明治四十四年(1911年)。据当年参与法典编纂的章宗祥回忆,《钦定大清刑律》总则草案最初由岩谷孙藏博士起草。参见章宗祥:《新刑律颁布之经过》,载《文史资料存稿选编》第1册,中国文史出版社2006年版,第35页。

1910年末 宣统二年末	《钦定大清刑律》第四案	资政院法典股审查前三案后修正润色而成。第四案的最主要的变化是删除了《暂行章程》。
1911年初 宣统二年十二月	《钦定大清刑律》第五案	资政院会上三读通过总则,分则因闭会时间已至,未及议完。故分则仍为第四案分则。第五案的最大变化是将"无夫奸"有罪化并放入正文。
1911年1月25日 宣统二年十二月二十五日	《钦定大清刑律》(钦定第六案)	宪政编查馆对第五案进行了修订,经清廷裁可后颁布了最终的第六案,即正式的《钦定大清刑律》。钦定第六案的最主要变化是恢复了第四案被删除的《暂行章程》,但对第五案"无夫奸"进入正文的决议没有采纳。 《钦定大清刑律》是清廷为未来新政体准备的新刑法,故当时颁而未行。
北洋政府	1912年《中华民国暂行刑律》	对与民国国体抵牾部分稍作修改后予以施行。其内容实为《钦定大清刑律》。1915年和1918年曾有两次刑法修正案,前者有复古倒退倾向,后者回归《钦定大清刑律》立法风格。两案均未颁行。
南京国民政府	1928年《中华民国刑法》	以1918年《刑法第二次修正案》为基础,吸收晚近各国新立法例而成。中华民国以正式刑法典的形式认可了《钦定大清刑律》的立法成果。
南京国民政府	1935年《中华民国刑法》	较多地受西方刑法学派新派理论影响,趋附潮流,刑法基本立场由倾向客观主义转向倾向主观主义。1935年《中华民国刑法》在继承《钦定大清刑律》及1928年《中华民国刑法》立法成就的前提下,向前迈了一大步。

二、人名索引

中 国

高翔(1688—1753)
光绪(1871—1908)
龚自珍(1792—1841)
管仲(前723或前716—前645)
郭躬(1—94)
公孙弘(前200—前121)
顾炎武(1613—1682)

H

胡适(1891—1962)
黄宗羲(1610—1695)
韩非(前280—前233)
韩愈(768—824)
汉武帝(前156—前87)
汉宣帝(前91—前49)
黄遵宪(1848—1905)
黄炎培(1878—1965)
胡汉民(1879—1936)
汉元帝(前75—前33)

J

江庸(1878—1960)

K

康熙(1654—1722)
康有为(1858—1927)
孔子(前551—前479)
孔稚珪(447—501)
奎俊(?—1949)

L

梁启超(1873—1929)
梁漱溟(1893—1988)
劳乃宣(1843—1921)
刘坤一(1830—1902)
李悝(前455—前395)
刘邵(?—242)

铁良(1863—1938)

W

王宠惠(1881—1958)

吴昆吾(1888—?)

伍廷芳(1842—1922)

魏源(1794—1857)

吴玉章(1878—1966)

汪精卫(1883—1944)

王文韶(1830—1908)

X

咸丰(1831—1861)

锡良(1853—1917)

徐世昌(1854－1939)

荀子(约前 313—前 238)

许慎(约 58—约 147)

薛福成(1838—1894)

Y

杨兆龙(1904—1979)

袁世凯(1859—1916)

雍正(1678—1735)

奕劻(1838—1917)

严复(1854—1921)

杨度(1874—1931)

奕䜣(1833—1898)

Z

张君劢(1887—1969)

张树滋(1898—1964)

张熙若(1888—1973)

张之洞(1837—1909)

张汤(? —前 115)

张謇(1853—1926)

张之洞(1837—1909)

张百熙(1847—1907)

张宗祥(1879—1962)
周馥(1837—1921)
朱家骅(1893—1963)
郑观应(1842—1922)
郑玄(127—200)
郑孝胥(1860—1938)
长孙无忌(597—659)
章太炎(1869—1936)
载泽(1868 — 1929)
载振(1876—1947)
曾纪泽(1839—1890)
曾国藩(1811—1872)
曾国荃(1824—1890)

外　国

古罗马
盖尤斯(Gaius,约 130—约 180)
查士丁尼(Justinian,约 483—565)
英国
托马斯·霍布斯(Thomas Hobbes,1588—1679)
威廉·戈尔丁(William Golding,1911—1993)
杰里米·边沁(Jeremy Bentham,1748—1832)
慕维廉(William Muirhead,1822—1900)
艾约瑟(Joseph Edkins,1823—1905)
李提摩太(Timothy Richard,1845—1919)
博兰雅(J. Fryer,1839—1928)
亚当·斯密(Adam Smith,1723—1790)
赫伯特·斯宾塞(Herbert Spencer,1820—1903)
美国
罗斯科·庞德(Roscoe Pound,1870—1964)
伯驾(Peter Parker,1804—1888)
丁韪良(William Alexander Parsons Martin,1827—1916)
林乐知(Young John Allen,1836—1907)

丁家立(Tenney Charles Daniel,1857—1930)
蒲安臣(Anson Burlingame,1820—1870)
裨治文(Elijah Coleman Bridgman,1801—1861)

德国

路德宾丁(Binking ,1841—1920)
保罗·约翰·安塞尔姆·费尔巴哈(Paul Johannes Anselm von Feuerbach,1775—1833)
毕克迈耶(Karl Brikmeyer ,1847—1920)
黑格尔(Georg Wilhelm Friedrich Hegel,1770—1831)
弗兰茨·冯·李斯特(Franz von Liszt,1851—1919)
贝林格(Beling ,1841—?)
伊曼努尔·康德 (Immanuel Kant ,1724—1804)

意大利

贝林格(Berlinguer Enrico,1922—1984)
贝卡利亚(Beccaria Marchese di,1738—1794)
龙勃罗梭(Cesare Lombroso,1836—1909)
菲利(Fili ,1856—?)
卡尔拉拉(Carrara,? —1888)
拉斐尔·加洛法罗(Raffaele Garofalo, 1852—1934)
贝尼托·墨索里尼(Benito Mussolini ,1883—1945)
阿尔图洛·洛克(Arturo Rocco,? —?)

法国

孟德斯鸠(Charles de Secondat Baron de Montesquieu,1689—1755)
保阿索那特(G. E. F. Boissonade,1825—1910)
约翰·洛克(John Locke,1632—1704)
卢梭(Jean-Jacques Rousseau,1712—1778)
拿破仑(Napoléon Bonaparte,1769—1821)

日本

川岛武宜(1909—1992)
宫城浩藏(1850—1894)
井上正一(1850—1936)
富井政章(1858—1935)
穗积陈重(1855—1926)

古贺廉造(1858—1942)
胜本勘三郎(1866—1925)
冈田朝太郎(1868—1936)
梅谦次郎(1860—1910)
志田甲太郎(1868 —1951)
小河滋次郎(1863—1925)
牧野英一(1878—1970)
松冈义正(1870—?)
津田真道(1829—1903)
穗积陈重(1855—1926)
冈村司(1866—1923)

三、《钦定大清刑律》宣统二年十二月二十五日

(1911 年 1 月 25 日)

目录

第一编 总则

第二编 分则

第七章　妨害公务罪（自第一百五十三条至第一百五十七条）
第八章　妨害选举罪（自第一百五十八条至第一百六十三条）
第九章　骚扰罪（自第一百六十四条至第一百六十七条）
第十章　逮捕监禁人脱逃罪（自第一百六十八条至第一百七十六条）
第十一章　藏匿罪人及湮灭证据罪（自第一百七十七条至第一百八十条）
第十二章　伪证及诬告罪（自第一百八十一条至第一百八十五条）
第十三章　放火决水及妨害水利罪（自第一百八十六条至第二百零二条）
第十四章　危险物罪（自第二百零三条至第二百零九条）
第十五章　妨害交通罪（自第二百十条至第二百二十条）
第十六章　妨害秩序罪（自第二百二十一条至第二百二十八条）
第十七章　伪造货币罪（自第二百二十九条至第二百三十七条）
第十八章　伪造文书印文罪（自第二百三十八条至第二百五十一条）
第十九章　伪造度量衡罪（自第二百五十二条至第二百五十六条）
第二十章　亵渎祀典及发掘坟墓罪（自第二百五十七条至第二百六十五条）
第二十一章　鸦片烟罪（自第二百六十六条至第二百七十五条）
第二十二章　赌博罪（自第二百七十六条至第二百八十二条）
第二十三章　奸非及重婚罪（自第二百八十三条至第二百九十五条）
第二十四章　妨害饮料水罪（自第二百九十六条至第三百零四条）
第二十五章　妨害卫生罪（自第三百零五条至第三百十条）
第二十六章　杀伤罪（自第三百十一条至第三百三十一条）
第二十七章　堕胎罪（自第三百三十二条至第三百三十八条）
第二十八章　遗弃罪（自第三百三十九条至第三百四十三条）
第二十九章　私滥逮捕监禁罪（自第三百四十四条至第三百四十八条）
第三十章　略诱及和诱罪（自第三百四十九条至第三百五十六条）
第三十一章　妨害安全信用名誉及秘密罪（自第三百五十七条至第三百六十六条）
第三十二章　窃盗及强盗罪（自第三百六十七条至第三百八十一条）
第三十三章　诈欺取财罪（自第三百八十二条至第三百九十条）
第三十四章　侵占罪（自第三百九十一条至第三百九十六条）
第三十五章　赃物罪（自第三百九十七条至第四百零一条）
第三十六章　毁弃损坏罪（自第四百零二条至第四百十一条）

暂行章程

（自第一条至第五条）

第一编 总则

第一章 法例

第一条 本律于凡犯罪在本律颁行以后者，适用之。其颁行以前未经确定审判者，亦同。但颁行以前之法律不以为罪者，不在此限。

第二条 本律于凡在帝国内犯罪者，不问何人适用之。

其在帝国外之帝国船舰内犯罪者，亦同。

第三条 本律于凡在帝国外对于帝国犯左（下）列各罪者，不问何人适用之：

一 第八十九条至第九十三条第一项，第九十四条、第九十五条第二项及第九十六条第二项之罪。

二 第一百零一条及第一百零四条之罪。

三 第一百零八条及第一百十条至第一百十二条之罪。

四 第一百二十五条之罪。

五 第一百五十三条及第一百五十五条之罪。

六 第二百二十九条及第二百三十一条第一项之罪。

七 第二百三十八条、第二百三十九条、第二百四十一条及第二百四十二条之罪。

八 第四百零二条及第四百零三条之罪。

第四条 本律于帝国臣民在帝国外犯左（下）列各罪者，适用之：

一 第一百十八条至第一百二十四条之罪。

二 第一百三十三条及第一百三十五条之罪。

三 第一百四十条及第一百四十一条之罪。

四 第一百四十四条及第一百四十八条之罪。

五 第一百七十二条之罪。

六 第二百十七条之罪。

七 第二百二十六条之罪。

八 第二百四十条第一项之罪。

第五条 本律于帝国臣民在帝国外、或外国人在帝国外，对于帝国臣民犯左（下）列各罪者，适用之：

一 第一百八十一条至第一百八十三条之罪。

二 第一百八十六条至第一百八十八条、第一百九十二条及第一百九十三条之罪。

三　第二百十一条至第二百十六条之罪。

四　第二百四十条第二项、第二百四十一条、第二百四十三条至第二百四十五条之罪。

五　第二百五十八条至第二百六十三条之罪。

六　第二百八十三条至第二百八十七条及第二百九十一条之罪。

七　第三百十一条至第三百十四条及第三百二十条至第三百二十六条之罪。

八　第三百三十四条、第三百三十五条及第三百三十七条第一项之罪。

九　第三百三十九条及第三百四十条之罪。

十　第三百四十四条至第三百四十六条之罪。

十一　第三百四十九条至第三百五十三条之罪。

十二　第三百五十七条至第三百六十一条之罪。

十三　第三百六十七条至第三百七十七条之罪。

十四　第三百八十二条至第三百八十七条之罪。

十五　第三百九十一条至第三百九十三条之罪。

十六　第三百九十七条之罪。

十七　第四百零四条及第四百零五条之罪。

第六条　犯罪者，虽经外国确定审判，仍得依本律处断。但已受其刑之执行或经免除者，得免除或减轻本律之刑。

第七条　犯罪之行为或其结果有一在帝国领域或船舰内者，以在帝国内犯罪论。

第八条　第二条、第三条、第五条及第六条之规定，若因国际上有成例而不适用者，仍依成例。

第九条　本律总则于其他法令之定有刑名者，亦适用之。但有特别规定者，不在此限。

第二章　不为罪

第十条　法律无正条者，不问何种行为，不为罪。

第十一条　未满十二岁人之行为，不为罪，但因其情节，得施以感化教育。

第十二条　精神病人之行为，不为罪，但因其情节得施以监禁处分。

前项之规定，于酗酒或精神病间断时之行为，不适用之。

第十三条　非故意之行为，不为罪。但应论过失者，不在此限。

不知法令，不得为非故意，但因其情节，得减本刑一等或二等。

犯罪之事实与犯人所知有异者，依左(下)例处断：

第一　所犯重于犯人所知或相等者，从其所知。

第二　所犯轻于犯人所知者，从其所犯。

第十四条　依法令或正当业务之行为，或不背公共秩序、善良风俗、习惯之行为，不为罪。

第十五条　对现在不正之侵害，而出于防卫自己或他人权利之行为，不为罪。但防卫行为过当者，得减本刑一等至三等。

第十六条　避不能抗拒之危难、强制，而出于不得已之行为，不为罪。但加过当之损害者，得减本刑一等至三等。

前项之规定，于有公务上或业务上特别义务者，不适用之。

第三章　未遂罪

第十七条　犯罪已著手，而因意外之障碍不遂者，为未遂犯。其不能生犯罪之结果者，亦同。

未遂犯之为罪，于分则各条定之。

未遂罪之刑，得减既遂罪之刑一等或二等。

第十八条　犯罪已著手，而因己意中止者，准未遂犯论。得免除或减轻本刑。

第四章　累犯罪

第十九条　已受徒刑之执行，更犯徒刑以上之罪者，为再犯，加本刑一等。但有期徒刑执行完毕，无期徒刑或有期徒刑执行一部而免除后，逾五年而再犯者，不在加重之限。

第二十条　三犯以上者，加本刑二等，仍依前条之例。

第二十一条　审判确定后，于执行其刑之时，发觉为累犯者，依前二条之例，更定其刑。

第二十二条　依军律或于外国审判衙门受有罪审判者，不得用加重之例。

第五章　俱发罪

第二十三条　确定审判前犯数罪者，为俱发罪。各科其刑，而依左(下)例定其应执行者：

第一 科死刑者，不执行他刑。科多数之死刑者，执行其一。

第二 科无期徒刑者，不执行他刑。科多数之无期徒刑者，执行其一。

第三 科多数之有期徒刑者，于各刑合并之刑期以下、其中最长之刑期以上，定其刑期，但不得逾二十年。

第四 科多数之拘役者，依前款之例，定其刑期。

第五 科多数之罚金者，于各刑合并之金额以下、其中最多之金额以上，定其金额。

第六 依第三款至第五款所定之有期徒刑、拘役及罚金，并执行之。有期徒刑、拘役及罚金各科其一者，亦同。

第七 褫夺公权及没收，并执行之。

第二十四条 一罪先发，已经确定审判，余罪后发，或数罪各别经确定审判者，从前条之例，更定其刑。

其最重刑消灭，仍余数罪者，亦同。

第二十五条 俱发与累犯互合者，其俱发罪依前二条之例处断，与累犯罪之刑，并执行之。

第二十六条 以犯一罪之方法或其结果，而生他罪者，从一重处断。但于分则有特别规定者，不在此限。

第二十七条 犯罪之重轻，比较各罪最重主刑之重轻定之。最重刑相等者，比较其最轻主刑之重轻定之。

主刑重轻俱等者，据犯罪情节定之。

第二十八条 连续犯罪者，以一罪论。

第六章 共犯罪

第二十九条 二人以上共同实施犯罪之行为者，皆为正犯。各科其刑。

于实施犯罪行为之际帮助正犯者，准正犯论。

第三十条 教唆他人使之实施犯罪之行为者，为造意犯。依正犯之例处断。

教唆造意犯者，准造意犯论。

第三十一条 于实施犯罪行为以前帮助正犯者，为从犯，得减正犯之刑一等或二等。

教唆或帮助从犯者，准从犯论。

第三十二条 于前教唆或帮助，其后加入实施犯罪之行为者，从其所实施者处断。

第三十三条 凡因身分成立之罪，其教唆或帮助者虽无身分，仍以共犯论。

因身分致刑有重轻者，其无身分之人，仍科通常之刑。

第三十四条 知本犯之情而共同者，虽本犯不知共同之情，仍以共犯论。

第三十五条 于过失罪有共同过失者，以共犯论。

第三十六条 值人故意犯罪之际，因过失而助成其结果者，准过失共同正犯论。但以其罪应论过失者为限。

第七章 刑名

第三十七条 刑分为主刑及从刑。

主刑之种类及重轻之次序，如左(下)：

第一 死刑。

第二 无期徒刑。

第三 有期徒刑。

一 一等有期徒刑：十五年以下，十年以上。

二 二等有期徒刑：十年未满，五年以上。

三 三等有期徒刑：五年未满，三年以上。

四 四等有期徒刑：三年未满，一年以上。

五 五等有期徒刑：一年未满，二月以上。

第四 拘役：二月未满，一日以上。

第五 罚金：一元以上。

从刑之种类如左(下)：

第一 褫夺公权。

第二 没收。

第三十八条 死刑用绞，于狱内执行之。

第三十九条 受死刑之宣告者，迄至执行，与他囚人分别监禁。

第四十条 死刑非经法部复奏回报，不得执行。

第四十一条 宣告徒刑及拘役，不得未满一日，罚金不得未满一元。

第四十二条 徒刑之囚，于监狱监禁之，令服法定劳役。其监禁方法及劳役种类，依监狱法之规定。

第四十三条 拘役之囚，于监狱监禁之，令服劳役，但因其情节，得免劳役。

第四十四条 受五等有期徒刑或拘役之宣告者，其执行若实有窒碍，得以一日折算一圆，易以罚金。

依前项之例易罚金者，于法律以受徒刑或拘役之执行者论。

第四十五条　罚金于审判确定后，令一月以内完纳。逾期不完纳者，从左（下）例处断：

第一　有资力者，强制令完纳之。

第二　无资力者，以一圆折算一日，易以监禁。

监禁，于监狱内附设之监禁所执行之。

监禁日数，不得逾三年。

罚金纳一部者，计其余额，依第一项第二款之例，易以监禁。

罚金总额之比例，逾三年之日数，而已纳其一部者，以按分比例定监禁日数。

依本条之例易监禁者，除脱逃罪外，于法律以受罚金之执行者论。

第四十六条　褫夺公权者，终身褫夺其左（下）列资格之全部或一部：

一　为官员之资格。

二　为选举人之资格。

三　膺封锡勋章、职衔、出身之资格。

四　入军籍之资格。

五　为学堂监督、职员、教习之资格。

六　为律师之资格。

第四十七条　于分则有得褫夺公权之规定者，得褫夺现在之地位，或于一定期限内褫夺前条所列资格之全部或一部，但以应科徒刑以上之刑者为限。

第四十八条　没收之物如左（下）：

一　违禁私造、私有之物。

二　供犯罪所用及预备之物。

三　因犯罪所得之物。

第四十九条　没收之物，以犯人以外无有权利者为限。

第八章　宥减

第五十条　喑哑人或未满十六岁人或满八十岁人犯罪者，得减本刑一等或二等。

第九章　自首

第五十一条　犯罪未发觉而自首于官受审判者，得减本刑一等。

犯亲告罪而向有告诉权之人首服，受官之审判者，亦同。

第五十二条　一罪既发，别首未发余罪者，得减所首余罪之刑一等。

第五十三条 预备或阴谋犯分则特定各条之罪,未至实行而自首于官受审判者,得免除或减轻其刑,但没收不在免除之限。

第十章 酌减

第五十四条 审按犯人之心术及犯罪之事实,其情轻者,得减本刑一等或二等。

第五十五条 依法律加重或减轻者,仍得依前条之例,减轻其刑。

第十一章 加减例

第五十六条 死刑、徒刑、拘役,依第三十七条所列次序,加重、减轻之。

徒刑不得加至死刑。

拘役不得减至罚金及免除之。

罚金不得加之拘役及徒刑。

第五十七条 分则定有二种以上主刑应加减者,依第三十七条所列次序,按等加减之。最重主刑系死刑,应加重者,止加重其徒刑。无期徒刑应加重者,止加重其有期徒刑。最轻主刑系拘役,应减轻者,止减轻其徒刑。徒刑减尽者,止处拘役。

第五十八条 罚金依分则所定之额,以四分之一为一等,加重减轻之。

罚金应加减者,最多额与最少额同加减之。其仅定有最多额者,止加减其最多额。

第五十九条 分则所定并科之罚金,若徒刑应加减者,亦加减之。

其易科之罚金,若徒刑应减轻者,亦减轻之。

第六十条 同时刑有加重减轻者,互相抵销。

第六十一条 有二种以上应减者,得累减之。

第六十二条 从刑不随主刑加重、减轻。

第十二章 缓刑

第六十三条 具有左(下)列要件,而受四等以下有期徒刑或拘役之宣告者,自审判确定之日起,得宣告缓刑五年以下三年以上:

一　未曾受拘役以上之刑者。

二　前受三等至五等有期徒刑执行完毕或免除后逾七年,或前受拘役执行完毕或免除后逾三年者。

三 有一定之住所及职业者。

四 有亲属或故旧监督缓刑期内之品行者。

第六十四条 受缓刑之宣告,而有左(下)列情况之一者,撤销其宣告:

一 缓刑期内更犯罪,受拘役以上之宣告者。

二 因缓刑前所犯罪而受拘役以上之宣告者。

三 不备前条第二款之要件,后经发觉者。

四 丧失住所及职业者。

五 监督人请求刑之执行,其言有理由者。

第六十五条 逾缓刑之期而未撤销缓刑之宣告者,其刑之宣告为无效。

第十三章 假释

第六十六条 受徒刑之执行而有悛悔实据者,无期徒刑逾十年后,有期徒刑逾刑期二分之一后,由监狱官申达法部,得许假释出狱。但有期徒刑之执行未满三年者,不在此限。

第六十七条 假释出狱而有左(下)列情形之一者,撤销其假释,其出狱日数,不算入刑期之内:

一 假释期内更犯罪,受拘役以上之宣告者。

二 因假释前所犯罪而受拘役以上之宣告者。

三 因假释前所受拘役以上之宣告,而应执行者。

四 犯假释管束规则中应撤销假释之条项者。

未经撤销假释者,其出狱日数,算入刑期之内。

第十四章 恩赦

第六十八条 恩赦依恩赦条款,临时分别行之。

第十五章 时效

第六十九条 提起公诉权之时效期限,依左(下)例定之:

一 系死刑者,十五年。

二 系无期徒刑或一等有期徒刑者,十年。

三 系二等有期徒刑者，七年。

四 系三等有期徒刑者，三年。

五 系四等有期徒刑者，一年。

六 系五等有期徒刑、拘役或罚金者，六月。

前项期限，自犯罪行为完毕之日起算。逾期不起诉者，其起诉权消灭。

第七十条 二罪以上之起诉权之时效期限，据最重刑依前条之例定之。

第七十一条 本刑应加重或减轻者，起诉权之时效期限，仍据本刑计算。

第七十二条 起诉权之时效遇有左(下)列行为之一，中断之。俟行为停止，更行起算：

一 侦查及预审上强制处分。

二 公判上诉讼行为。

前项行为，于一切共犯有同一之效力。

第七十三条 起诉权之时效，遇被告人罹精神病、其他重病而停止公判者，停止之。

第七十四条 行刑权之时效期限，依左(下)例定之：

一 死刑，三十年。

二 无期徒刑，二十五年。

三 一等有期徒刑，二十年。

四 二等有期徒刑，十五年。

五 三等有期徒刑，十年。

六 四等有期徒刑，五年。

七 五等有期徒刑，三年。

八 拘役、罚金，一年。

前项期限，自宣告确定之日起算。逾期不行刑者，其行刑权消灭。

第七十五条 行刑权之时效，遇因执行而犯人已就逮捕者，中断之。但其他未知悉之刑，不在此限。

罚金及没收之时效，遇有执行行为，中断之。

第七十六条 行刑权之时效，遇有依法律停止执行者，停止之。

第十六章 时例

第七十七条 时期以日计者，阅二十四小时。以月计者，阅三十日。以年计者，阅十二月。

第七十八条　时期之初日，不计时刻，以一日论。最终之日，阅全一日。

放免有期徒刑及拘役之囚，于期满之次日午前行之。

第七十九条　刑期自审判确定之日起算。

审判虽经确定而尚未受监禁者，其日数不算入刑期。

第八十条　未决期内羁押之日数，得以二日抵徒刑、拘役一日或抵罚金一圆。

第十七章　文例

第八十一条　称乘舆、车驾、御及跸者，太上皇帝、太皇太后、皇太后、皇后，同。

称制者，太上皇帝敕旨，太皇太后、皇太后懿旨，同。

第八十二条　称尊亲属者，谓左（下）列各人：

一　祖父母，高、曾，同。

二　父母。

妻于夫之尊亲属，与夫同。

称亲属者，谓尊亲属及左（下）列各人：

一　夫妻。

二　本宗服图，期服以下者。

三　外姻服图，小功以下者。

四　妻亲服图，缌麻以下者。

五　妻为夫族服图，期服以下者。

六　出嫁女为本宗服图，大功以下者。

第八十三条　称官员者，谓职官、吏员及其他依法令从事于公务之议员、委员、职员。称公署者，谓官员奉行职务之衙、署、局、所。

称公文书者，谓官员及公署应制作之文书。

第八十四条　称议会及选举者，谓依法令所设立中央及地方参与政事之议会及其议员之选举。

第八十五条　称僧道者，谓僧、尼、道士、女冠及其他宗教师。

第八十六条　依分则援用别条处断，而别条之罪应论未遂、预备或阴谋者，于处断本条之未遂、预备或阴谋犯，并援用之。

于造意犯及从犯，亦同。

第八十七条　称以下、以上、以内者，俱连本数计算。

第八十八条　称笃疾者，谓左（下）列伤害：

一　毁败视能者。

二 毁败听能者。

三 毁败语能者。

四 毁败一肢以上或终身毁败其机能者。

五 于精神或身体有重大不治之病者。

六 变更容貌且有重大不治之伤害者。

七 毁败阴阳者。

称废疾者,谓左(下)列伤害:

一 减衰视能者。

二 减衰听能者。

三 减衰语能者。

四 减衰一肢以上之机能者。

五 于精神或身体,有至三十日以上之病者。

六 有致废业务至三十日以上之病者。

称轻微伤害者,谓前二项所列以外之疾病、损伤。

第二编 分则

第一章 侵犯皇室罪

第八十九条 加危害于乘舆、车驾或将加者,处死刑。

第九十条 因过失致生危害于乘舆、车驾者,处二等或三等有期徒刑。

第九十一条 加危害于皇帝缌麻以上之亲者,处死刑、无期徒刑或一等有期徒刑。

第九十二条 因过失致生危害于皇帝缌麻以上之亲者,处四等以下有期徒刑、拘役或一千元以下罚金。

第九十三条 对乘舆、车驾有不敬之行为者,处二等或三等有期徒刑。

对太庙、山陵有不敬之行为者,亦同。

第九十四条 对皇帝缌麻以上之亲有不敬之行为者,处三等至五等有期徒刑。

第九十五条 阑入太庙、山陵、宫殿、禁苑或受命令而不退出者,处二等至四等有期徒刑,或二千元以下、二百元以上罚金。于行在所有前项行为者,亦同。

第九十六条 于前条第一项所列各处,或于距离能到之地,自外向内射箭、放弹、投砖石者,处三等至五等有期徒刑,或一千元以下,一百元以上罚金。

于行在所有前项行为者,亦同。

第九十七条 犯跸者,处四等以下有期徒刑、拘役或三百元以下罚金。

第九十八条 第九十一条及第九十三条至第九十七条之未遂犯，罪之。

第九十九条 预备或阴谋犯第九十一条之罪者，处四等以下有期徒刑或拘役。

第一百条 犯本章之罪，宣告二等有期徒刑以上之刑者，褫夺公权。其余得褫夺之。

第二章 内乱罪

第一百零一条 意图颠覆政府、僭窃土地及其他紊乱国宪而起暴动者，为内乱罪。依左（下）例处断：

一 首魁，死刑或无期徒刑。

二 执重要事务者，死刑、无期徒刑或一等有期徒刑。

三 附和随行者，二等至四等有期徒刑。

意图内乱，聚众掠夺公署之兵器、弹药、船舰、钱粮及其他军需品，或携带兵器公然占据都市、城寨及其他军用之地者，均以内乱既遂论。

第一百零二条 第一百零一条之未遂犯，罪之。

第一百零三条 预备或阴谋犯第一百零一条之罪者，处一等至三等有期徒刑。

第一百零四条 知预备内乱之情而供给兵器、弹药、船舰、钱粮及其他军需品者，处无期徒刑或二等以上有期徒刑。

第一百零五条 暴动者违背战斗上国际成例，犯杀、伤、放火、决水、掠夺及其他各罪者，援用所犯各条，依第二十三条之例处断。

第一百零六条 犯本章之罪，宣告二等有期徒刑以上之刑者，褫夺公权。其余得褫夺之。

第一百零七条 犯第一百零二条至第一百零四条之罪，未至暴动而自首者，免除其刑。

第三章 外患罪

第一百零八条 受帝国之命令委任与外国商议，图利自己或他人或外国，故意议定不利帝国之条约者，不问批准与否，处无期徒刑或二等以上有期徒刑。

第一百零九条 帝国臣民意图使帝国领域属于外国，而与外国开始商议者，处死刑、无期徒刑或一等有期徒刑。

第一百十条 通谋外国，使对帝国开战端或与敌国抗敌帝国者，处死刑。

第一百十一条 意图利敌国或害帝国，而有左（下）列行为之一者，处死刑、无期徒刑或一等有期徒刑：

一 将要塞、军港、军队、船舰及其他军用处所建筑物，或兵器、弹药、钱粮、交通材料及其他军需品，交付敌国或烧毁损坏或设法致不堪用者。

二 以诈术或他法于陆海军内煽令不和、反乱或脱逃者。

三 将关涉军略之文书，图画交付敌国者。

四 为敌国间谍或帮助敌国间谍者。

五 诱导敌国军队船舰使侵入或接近帝国领域者。

第一百十二条 于帝国与外国交战之际担负供给军需之义务者，以诈术或其他不正行为缔结契约，或缔结后不照契约履行者，处无期徒刑或二等以上有期徒刑。因而得利者，并科所得总额二倍以下、总额以上罚金。若二倍之数未满三百元，并科三百元以下所得总额以上罚金。

第一百十三条 除前二条所列外，以其他行为，将军事上之利益与敌国或酿成军事上之不利益于帝国者，处二等或三等有期徒刑。

第一百十四条 本章之未遂犯，罪之。

第一百十五条 预备或阴谋犯第一百零八条、第一百零九条及第一百十三条之罪者，处四等以下有期徒刑、拘役或一千元以下罚金。

预备或阴谋犯第一百十条及第一百十一条之罪者，处一等至三等有期徒刑。犯本条之罪未著手而自首者，免除其刑。

第一百十六条 帝国臣民犯本章之罪者，褫夺公权，其余得褫夺之。

第一百十七条 本章之规定，于凡对战时同盟国有犯者，亦适用之。

第四章 妨害国交罪

第一百十八条 加危害于外国君主或大统领者，处死刑。

第一百十九条 因过失致生危害于外国君主或大统领者，处二等至四等有期徒刑或二千元以下二百元以上罚金。

第一百二十条 对外国君主或大统领有不敬之行为者，处二等至四等有期徒刑或二千元以下二百元以上罚金。

第一百二十一条 杀外国使节者，处死刑或无期徒刑。

第一百二十二条 伤害外国使节者，依左(下)例处断：

一 致死或笃疾者，死刑、无期徒刑或一等有期徒刑。

二 致废疾者，无期徒刑或二等以上有期徒刑。

三 致轻微伤害者，二等至四等有期徒刑。

第一百二十三条　对外国使节有强暴或胁迫之行为者，处三等至五等有期徒刑或一千元以下一百元以上罚金。

第一百二十四条　对外国使节有侮辱之行为者，处四等以下有期徒刑、拘役或五百元以下罚金。

第一百二十五条　对派至外国之帝国使节有杀、伤、强暴、胁迫或侮辱之行为者，依第一百二十一条至第一百二十四条之例处断。

第一百二十六条　意图侮辱外国而损坏、除去、污秽外国之国旗及其他国章者，处四等以下有期徒刑、拘役或三百元以下罚金。

第一百二十七条　私与外国开战者，处一等至三等有期徒刑。

第一百二十八条　于外国交战之际，违背局外中立之命令者，处四等以下有期徒刑或拘役。因而得利者，并科所得总额二倍以下总额以上罚金。若二倍之数未满三百元，并科三百元以下所得总额以上罚金。

第一百二十九条　第一百十八条、第一百二十一条、第一百二十二条、第一百二十七条及第一百二十八条之未遂犯，罪之。

第一百三十条　预备或阴谋犯第一百十八条之罪者，处二等至四等有期徒刑。

预备或阴谋犯第一百二十一条及第一百二十七条之罪者，处四等以下有期徒刑、拘役或一千元以下罚金。

系犯第一百二十七条之罪，未著手而自首者，免除其刑。

第一百三十一条　犯本章之罪，宣告二等有期徒刑以上之刑者，褫夺公权，其余得褫夺之。

第一百三十二条　第一百二十条及第一百二十六条之罪，须外国政府请求或得其同意，乃论。

第一百二十四条之罪，须被害人请求乃论。

第五章　漏泄机务罪

第一百三十三条　漏泄帝国内治、外交应秘密之政务者，处三等至五等有期徒刑。若潜通于外国者，处二等或三等有期徒刑。

因而致与外国生纷议、战争者，处无期徒刑或一等有期徒刑。

第一百三十四条　知为军事上秘密之事项、图书、物件而刺探、收集者，处三等至五等有期徒刑或五百元以下五十元以上罚金。

第一百三十五条　知悉、收领军事上秘密之事项、图书、物件而漏泄或公表者，处二等或三等有期徒刑。

其因职务知悉、收领而漏泄或公表者，处一等或二等有期徒刑。

第一百三十六条 未受允准，将军港、要港、防御港、堡垒、炮台、水雷、卫所及其他为防御而设之建筑物测量、摹绘、摄照或记录其形状者，处三等至五等有期徒刑或五百元以下五十元以上罚金。

未受允准或以诈术得受允准，而入堡垒、炮台、水雷，卫所及其他为防御而设之建筑物内者，亦同。

第一百三十七条 第一百三十三条第一项及第一百三十四条至第一百三十六条之未遂犯，罪之。

第一百三十八条 犯本章之罪者，得褫夺公权。

第一百三十九条 因犯本章之罪而得利者，没收之。若已费失者，追征其价额。

第六章 渎职罪

第一百四十条 官员、公断人于其职务要求贿赂或期约或收受者，处三等至五等有期徒刑。

因而为不正之行为或不为相当之行为者，处一等至三等有期徒刑。

第一百四十一条 官员、公断人于其职务事后要求贿赂或期约或收受者，处四等以下有期徒刑或拘役。

因为不正之行为或不为相当之行为，事后要求贿赂或期约或受收者，处二等至四等有期徒刑。

第一百四十二条 对官员、公断人行求贿赂或期约或交付者，处四等以下有期徒刑、拘役或三百元以下罚金。

第一百四十三条 对官员、公断人事后行求贿赂或期约或交付者，处五等有期徒刑、拘役或一百元以下罚金。

第一百四十四条 审判或检察、巡警、监狱及其他行政官员或其佐理，当执行职务时，对被告人、嫌疑人或关系人有强暴凌虐之行为者，处三等至五等有期徒刑。

因而致人死、伤者，援用伤害罪各条，依第二十三条之例处断。

第一百四十五条 检察、巡警、官员或其佐理，经人告现有侵害其权利之犯人，而不速为保护之处分者，处四等以下有期徒刑或拘役。

第一百四十六条 检察、巡警、官员于刑事告诉、告发、自首，不应受理而受理，应受理而不受理，或不为必要之处分者，处四等以下有期徒刑、拘役或三百元以下罚金。

审判官于民事、刑事诉讼、不应受理而受理，应受理而不受理，或不为审判者，亦同。

第一百四十七条 征收租税及各项入款之官员，图利国库或他人，而于正数以外浮收金、谷、物件者，处三等至五等有期徒刑。

系图利自己者，处二等或三等有期徒刑，并科与浮收同额之罚金。

第一百四十八条 官员于前四条所列情形外，滥用职权，使人行无义务之事或妨害人行使权利者，处四等以下有期徒刑、拘役或三百元以下罚金。

第一百四十九条 第一百四十七条之未遂犯，罪之。

第一百五十条 犯第一百四十条、第一百四十一条及第一百四十七条第二项之罪者，褫夺公权。其余得褫夺之。

犯第一百四十四条至第一百四十八条之罪者，并免现职。

第一百五十一条 犯第一百四十条及第一百四十一条之罪者，所收受之贿赂没收之。若已费失者，追征其价额。

第一百五十二条 犯第一百四十二条及第一百四十三条之罪而自首者，得免除其刑。

第七章 妨害公务罪

第一百五十三条 于官员执行职务时，施强暴、胁迫或诈术者，处四等以下有期徒刑、拘役或三百元以下罚金。

意图使官员为一定之处分或不为一定之处分或使官员辞职，而施强暴、胁迫或诈术者，亦同。

因而致人死、伤者，援用伤害罪各条，依第二十三条之例处断。

第一百五十四条 损坏、除去、污秽官员所施之封印及查封之标示或为违背其效力之行为者，处四等以下有期徒刑、拘役或三百元以下罚金。

第一百五十五条 于官员执行职务时当场侮辱或虽非当场而对其职务公然侮辱者，不问有无事实，处四等以下有期徒刑、拘役或三百元以下罚金。

对公署公然侮辱者，亦同。

第一百五十六条 第一百五十四条之未遂犯，罪之。

第一百五十七条 犯本章之罪者，得褫夺公权。

第八章 妨害选举罪

第一百五十八条 将选举人、被选举人资格所必要之事项，以诈术或其他不正方法使登载名簿或于名簿内变更者，处四等以下有期徒刑、拘役或三百元以下罚金。无资格而投票者，亦同。

官员知情而为前项之登载或变更者，处三等至五等有期徒刑或五百元以下五十元以上罚金。

第一百五十九条 于选举有左(下)列行为之一者，处五等有期徒刑、拘役或一百元以下罚金：

一 意图自己或他人得票，或减少他人得票，而散布流言、施用诈术及其他损坏被选议员之名誉者。

二 不问选举前后，对选举人、选举关系人行求川资及其他贿赂或期约或交付或为之媒介或选举人、选举关系人要求、期约或收受之者。

三 将选举人、选举人亲属或与选举人有关系之寺院、学堂、公司、公所、城、镇、乡之债权、债务及其他利害诱导选举人，或为之媒介，或选举人应其诱导者。

犯右(上)列各罪者所收受之钱财及其他有价物品，没收之。若已费失者，追征其价额。

第一百六十条 于选举有左(下)列行为之一者，处三等至五等有期徒刑或三百元以下三十元以上罚金：

一 对选举人、选举人亲属或选举关系人施强暴、胁迫者。

二 对选举人以强暴、胁迫，妨害其于选举会场之往来及其他选举权之行使者。

第一百六十一条 于选举有左(下)列行为之一者，处三等至五等有期徒刑：

一 对有关选举之官员或其佐理施强暴、胁迫者。

二 骚扰选举会场、投票所、开票所者。

三 阻留、损坏、夺取选举票、投票匦或有关选举之公文书者。

第一百六十二条 无故于投票所干涉投票或于投票所、开票所刺探被选举人姓名者，处五等有期徒刑、拘役或一百元以下罚金。有关选举之官员或其佐理犯前项之罪或漏泄被选举人姓名者，处四等以下有期徒刑、拘役或三百元以下罚金。

第一百六十三条 犯本章之罪者，得褫夺公权。

其宣告三等有期徒刑以上之刑者，于本刑消灭后，仍于十年以下二年以上，丧失其选举、被选举之资格。

第九章 骚扰罪

第一百六十四条 聚众意图为强暴、胁迫，已受当该官员解散之命令仍不解散者，处四等以下有期徒刑、拘役或三百元以下罚金。附和随行，仅止助势者，处拘役或五十元以下罚金。

第一百六十五条　聚众为强暴、胁迫者，依左（下）例处断：

一　首魁，无期徒刑或二等以上有期徒刑。

二　执重要事务者，一等至三等有期徒刑或一千元以下一百元以上罚金。

三　附和随行，仅止助势者，四等以下有期徒刑、拘役或三百元以下罚金。

第一百六十六条　于前条所列情形内，犯杀、伤、放火、决水、损坏及其他各罪者，援用所犯各条，分别首魁、教唆、实施，依第二十三条之例处断。

第一百六十七条　犯第一百六十五条之罪，宣告二等有期徒刑以上之刑者，褫夺公权。其余得褫夺之。

第十章　逮捕监禁人脱逃罪

第一百六十八条　既决、未决之囚及其他按律逮捕、监禁人脱逃者处四等以下有期徒刑或拘役。

第一百六十九条　既决、未决之囚及其他按律逮捕、监禁人损坏监禁处所、械具或以强暴、胁迫脱逃者，处二等至四等有期徒刑。

其聚众以强暴、胁迫脱逃者，首魁及教唆者，处死刑或无期徒刑。余人处无期徒刑或二等以上有期徒刑。

第一百七十条　盗取既决、未决之囚及其他按律逮捕、监禁人者，处三等至五等有期徒刑。其有损坏情形，或施强暴、胁迫者，依前条之例处断。

第一百七十一条　为便利脱逃之行为，因而致既决、未决之囚及其他按律逮捕、监禁人脱逃者，处三等至五等有期徒刑。

其有损坏情形，或施强暴、胁迫者，依第一百六十九条之例处断。

第一百七十二条　看守、护送官员或其佐理纵令既决、未决之囚及其他按律逮捕、监禁人脱逃者，处二等至四等有期徒刑。

第一百七十三条　本章之未遂犯，罪之。

第一百七十四条　预备或阴谋犯第一百六十九条第二项之罪及应依该项处断之罪者，处四等以下有期徒刑或拘役。

第一百七十五条　因犯第一百六十九条至第一百七十一条之罪，致人死、伤者，援用伤害罪各条，依第二十三条之例处断。

第一百七十六条　犯第一百六十九条至第一百七十二条之罪者，得褫夺公权。

犯第一百七十二条之罪者，并免现职。

第十一章 藏匿罪人及湮灭证据罪

第一百七十七条 藏匿被追摄人或脱逃之逮捕、监禁人者，处四等以下有期徒刑、拘役或三百元以下罚金。

意图犯前项之罪而顶替自首者，亦同。

第一百七十八条 湮灭关系他人刑事被告事件之证据，或伪造或行使伪造之证据者，处四等以下有期徒刑、拘役或三百元以下罚金。

第一百七十九条 犯本章之罪者，得褫夺公权。

第一百八十条 犯罪人或脱逃人之亲属，为犯罪人或脱逃人利益计而犯本章之罪者，免除其刑。

第十二章 伪证及诬告罪

第一百八十一条 依法令于司法或行政公署为证人，而为虚伪之陈述者，处二等至四等有期徒刑。

依法令于司法或行政公署为鉴定人、通译人，而为虚伪之鉴定、通译者，亦同。

犯前二项之罪，未至确定审判而自白者，得免除其刑。

第一百八十二条 意图他人受刑事处分、惩戒处分而为虚伪之告诉、告发、报告者，处二等至四等有期徒刑。

犯前项之罪，未至确定审判或惩戒而自白者，得免除其刑。

第一百八十三条 意图尊亲属受刑事处分、惩戒处分，而为虚伪之告诉、告发、报告者，处一等或二等有期徒刑。

第一百八十四条 诬告有犯罪事实而未指定犯人者，处五等有期徒刑，拘役或一百元以下罚金。

第一百八十五条 犯第一百八十一条至第一百八十三条之罪者，得褫夺公权。官员犯者，并免现职。

第十三章 放火、决水及妨害水利罪

第一百八十六条 放火烧毁他人所有物，当左(下)列之一者，处死刑、无期徒刑或一等有期徒刑：

一 在城镇及其他人烟稠密处所之建筑物。

二　陈列、储藏多数宗教、科学、美术、工艺上贵重图书物品之建筑物。

三　宗教或历史上之贵重建筑物。

四　储藏硝磺、弹药或军需品之仓库及其他建筑物。

五　多众职业或止宿之矿坑、兵营、学堂、病院、救济所、工场、寄宿舍、狱舍及其他建筑物。

六　现有多众集会之寺院、戏场、旅店及其他建筑物。

七　现有多众乘坐之船舰。

第一百八十七条　放火烧毁前条所列以外之他人所有建筑物、矿坑、船舰者，处二等至四等有期徒刑。

因而致有前条损害之危险者，处一等或二等有期徒刑。实有损害者，其刑与前条同。

第一百八十八条　放火烧毁他人所有建筑物、矿坑、船舰以外之物者，处四等以下有期徒刑、拘役或一千元以下罚金。

因而致有前条第一项损害之危险者，处三等至五等有期徒刑。实有损害者，其刑与该项同。

因而致有第一百八十六条损害之危险者，处一等或二等有期徒刑。实有损害者，其刑与该条同。

第一百八十九条　放火烧毁自已所有建筑物、矿坑，船舰及其他各物者，依左(下)例处断：

一　因而致有前条第一项损害之危险者，处五等有期徒刑、拘役或一百元以下罚金。实有损害者，其刑与该项同。

二　因而致有第一百八十七条第一项损害之危险者，处三等至五等有期徒刑。实有损害者，其刑与该项同。

三　因而致有第一百八十六条损害之危险者，处一等或二等有期徒刑。实有损害者，其刑与该条同。

第一百九十条　因失火而致有第一百八十六条之损害者，处五等有期徒刑、拘役或一千元以下罚金。

因而致有第一百八十七条第一项之损害者，处拘役或五百元以下罚金。

因而致有第一百八十八条第一项之损害者，处三百元以下罚金。

失火烧毁自已所有建筑物、矿坑、船舰及其他各物，因而致有前三项损害之危险者，处一百元以下罚金。

第一百九十一条　以火药、煤气、电气、蒸气之作用或他法，致建筑物、矿坑、船舰及其他各物炸裂者，分别损害、危险，依放火、失火各条之例处断。

第一百九十二条 决水浸害第一百八十六条所列建筑物、矿坑之一，或他人所有田圃、牧场及其他利用之地者，处死刑、无期徒刑或一等有期徒刑。

第一百九十三条 决水浸害前条所列以外之他人建筑物、矿坑或土地者，处三等至五等有期徒刑或一千元以下一百元以上罚金。

因而致有前条损害之危险者，处二等至四等有期徒刑。实有损害者，其刑与前条同。

第一百九十四条 决水浸害自己所有之地、因而致有前条第一项损害之危险者，处五等有期徒刑。拘役或一百元以下罚金。实有损害者，其刑与该项同。

因而致有第一百九十二条损害之危险者，处二等至四等有期徒刑。实有损害者，其刑与该条同。

第一百九十五条 因过失决水而致有第一百九十二条之损害者，处五等有期徒刑、拘役或一千元以下罚金。

因而致有第一百九十三条之损害者，处拘役或五百元以下罚金。

因过失决水而致有前二项损害之危险者，处一百元以下罚金。

第一百九十六条 于火灾、水灾之际，隐匿、损坏防御之器械，阻遏从事防御之人，或以他法妨害镇火、防水者，处三等至五等有期徒刑或一千元以下一百元以上罚金。

其于第一百九十一条之灾害而妨害防御者，亦同。

第一百九十七条 妨害他人灌溉田亩之水利者，处四等以下有期徒刑、拘役或三百元以下罚金。决水者，仍依决水之例处断。

故意妨害水利，荒废他人田亩者，处二等至四等有期徒刑。

因妨害水利，致令他人田亩荒废者，处三等至五等有期徒刑。

第一百九十八条 于自己所有物犯本章之罪，而其物已受查封或担负物权或租贷于人者，以他人所有物论。

第一百九十九条 第一百八十六条、第一百八十七条第一项、第一百八十八条第一项、第一百九十二条、第一百九十三条第一项、第一百九十六条及第一百九十七条第一项、第二项之未遂犯，罪之。

第二百条 于他人所有物，预备或阴谋犯放火、炸裂、决水之罪者，处五等有期徒刑、拘役或一百元以下罚金。但因其情节，得免除其刑。

第二百零一条 因犯放火、炸裂、决水之罪，致人死、伤者，援用伤害罪各条，依第二十三条之例处断。

因过失生火灾、炸裂、水害，致人死、伤者，援用过失致死伤罪各条，依第二十三条之例处断。

第二百零二条 犯第一百八十六条及第一百九十二条之罪者，褫夺公权。其余以故意犯本章之罪者，得褫夺之。

第十四章 危险物罪

第二百零三条 意图为犯罪之用，而制造、收藏炸药、绵火药、雷汞及其他类此之爆裂物，或自外国贩运者，处二等或三等有期徒刑。

其意图供给他人犯罪而制造、收藏或贩运者，亦同。

第二百零四条 未受公署之命令、允准、委任而制造、收藏前条所揭之爆裂物，或自外国贩运而不能证明出于正当之理由者，处三等至五等有期徒刑。

其能证明出于正当之理由者，处拘役或五十元以下罚金。

第二百零五条 未受公署之命令、允准、委任而制造、收藏军用枪炮，第二百零三条以外之军用爆裂物，或自外国贩运者，处四等以下有期徒刑、拘役或三百元以下罚金。

第二百零六条 巡警、税关官员知有人未受公署之命令、允准、委任而制造、收藏、贩运第二百零三条之爆裂物，或自外国贩运、而不即与以相当之处分者，处一等至三等有期徒刑。

其与犯人同谋者，亦同。

第二百零七条 漏逸、间隔煤气、电气、蒸气，因而致生危险于他人身体、财产者，处四等以下有期徒刑、拘役或三百元以下罚金。

因而致人死、伤者，援用伤害罪各条，依第二十三条之例处断。

第二百零八条 第二百零三条、第二百零四条第一项、第二百零五条及第二百零七条第一项之未遂犯，罪之。

第二百零九条 犯第二百零三条之罪者，褫夺公权，犯第二百零四条第一项及第二百零六条之罪者，得褫夺之。

第十五章 妨害交通罪

第二百十条 损坏、壅塞陆路、水路、桥梁，因而致有往来之危险者，处四等以下有期徒刑、拘役或三百元以下罚金。

损坏重要之交通线、修复工巨者，处二等或三等有期徒刑。

因犯本条之罪，致人死、伤者，援用伤害罪各条，依第二十三条之例处断。

第二百十一条 损坏轨道、灯塔、标识、其他于汽车、电车、船舰往来上为危险之行为者，处二等至四等有期徒刑。

第二百十二条 冲撞、颠覆、破坏、搁沉载人之汽车、电车、船舰者，处无期徒刑或二等以上有期徒刑。

因而致人于死或多众受伤者，处死刑、无期徒刑或一等有期徒刑。

第二百十三条 因犯第二百十一条之罪，致载人之汽车、电车、船舰冲撞、颠覆、破坏、搁沉者，依前条之例处断。

第二百十四条 因过失致载人之汽车、电车、船舰生往来之危险者，处三百元以下罚金。

因过失冲撞、颠覆、破坏、搁沉载人之汽车、电车、船舰者，处五百元以下罚金。

从事此等业务之人，犯本条第一项之罪者，处四等以下有期徒刑，拘役或一千元以下罚金。犯第二项之罪者，处三等至五等有期徒刑或二千元以下一百元以上罚金。

犯本条之罪因而致人死、伤者，援用过失致死、伤罪各条，依第二十三条之例处断。

第二百十五条 以强暴、胁迫或诈术妨害邮件、电信之递送、收发者，处四等以下有期徒刑、拘役或三百元以下罚金。

第二百十六条 损坏邮政专用及其他应用之物者，处五等有期徒刑、拘役或一百元以下罚金。

损坏电信线、电话线、电信电话之机器、建筑物，或以他法妨害其交通者，处三等至五等有期徒刑或五百元以下五十元以上罚金。

因过失犯本条之罪者，处一百元以下罚金。

第二百十七条 从事邮政、电信职务之人，犯第二百十五条、第二百十六条第一项之罪者，处三等至五等有期徒刑。

犯第二百十六条第二项之罪者，处二等或三等有期徒刑。

其因过失者，处三百元以下罚金。

第二百十八条 第二百十条第一项、第二项，第二百十一条、第二百十二条第一项、第二百十五条、第二百十六条及第二百十七条第一项之未遂犯，罪之。

第二百十九条 预备或阴谋犯第二百十二条之罪者，处四等以下有期徒刑、拘役或三百元以下罚金。

第二百二十条 犯第二百十二条之罪者，褫夺公权。其余以故意犯本章之罪者，得褫夺之。

第十六章 妨害秩序罪

第二百二十一条 以文书、图画、演说或他法，公然煽惑他人犯罪者，依左(下)例处断：

一 其罪之最重刑为死刑、无期徒刑者，三等至五等有期徒刑或三百元以下三十元以上罚金。

二 其罪之最重刑为有期徒刑者，五等有期徒刑、拘役或一百元以下罚金。

以报纸及其他定期刊行之件，或以编纂他人论说之公刊书册，而犯本条之罪者，编辑人亦依前项之例处断。

第二百二十二条 以强暴、胁迫或诈术妨害正当之集会者，处五等有期徒刑、拘役或一百元以下罚金。

第二百二十三条 以强暴、胁迫或诈术为左（下）列行为之一者，处四等以下有期徒刑、拘役或二百元以下罚金：

一 妨害贩运谷类及其他公共所需之饮、食物品者。

二 妨害贩运种子、肥料、原料及其他农业、工业所需之物品者。

三 妨害使用多数工人之工厂或矿坑之执业者。

第二百二十四条 从事同业务之工人同盟罢工者，首谋处四等以下有期徒刑、拘役或三百元以下罚金，余人处拘役或三十元以下罚金。

聚众为强暴、胁迫或将为者，依第一百六十四条至第一百六十七条之例处断。

第二百二十五条 无故入现有人居住或看守之第宅、建筑物、船舰，或受阻止而不退去者，处四等以下有期徒刑、拘役或三百元以下罚金。

第二百二十六条 诈称官员，僭用官员服饰、徽章、内外国勋章者，处四等以下有期徒刑、拘役或三百元以下罚金。

第二百二十七条 第二百二十一条至第二百二十三条及第二百二十五条之未遂犯，罪之。

第二百二十八条 犯第二百二十一条至第二百二十三条、第二百二十五条及第二百二十六条之罪者，得褫夺公权。

第十七章 伪造货币罪

第二百二十九条 伪造通用货币者，处无期徒刑或二等以上有期徒刑。

行使自己伪造之通用货币，或意图行使而交付于人者，亦同。

经政府命令、允准或委任而发行之银行券以通用货币论。

第二百三十条 伪造流通帝国之外国通用货币者，处一等至三等有期徒刑。

行使自己伪造之流通帝国之外国通用货币，或意图行使而交付于人者，亦同。

流通帝国之外国银行券，以外国通用货币论。

第二百三十一条 意图行使而减损金、银币之分量者，处三等至五等有期徒刑。

其行使或意图行使而交付于人者，亦同。

减损流通帝国之外国金、银币之分量者，处四等以下有期徒刑或拘役。其行使或意图行使而交付于人者，亦同。

第二百三十二条 意图行使而收受他人伪造之通用货币者，处一等至三等有期徒刑。其收受后行使或意图行使而交付于人，或自外国贩运者，处无期徒刑或二等以上有期徒刑。

意图行使而收受他人伪造之流通帝国之外国货币者，处二等至四等有期徒刑。收受后行使，或意图行使而交付于人，或自外国贩运者，处一等至三等有期徒刑。

第二百三十三条 意图行使而收受他人减损分量之金、银币者，处四等以下有期徒刑或拘役。其收受后行使，或意图行使而交付于人，或自外国贩运者，处三等至五等有期徒刑。

意图行使而收受他人减损分量之流通帝国之外国金、银币者，处五等有期徒刑或拘役。收受后行使，或意图行使而交付于人，或自外国贩运者，处四等以下有期徒刑或拘役。

第二百三十四条 收受后方知为他人伪造之货币或减损分量之金、银币而仍行使，或意图行使而交付于人者，处其价额三倍以下价额以上罚金。若三倍之数未满五十元，处五十元以下价额以上罚金。

第二百三十五条 第二百二十九条至第二百三十三条之未遂犯，罪之。

第二百三十六条 意图伪造通用货币，减损金、银币分量，而预备各项器械或原料者，处三等至五等有期徒刑。

第二百三十七条 犯本章之罪，宣告二等有期徒刑以上之刑者，褫夺公权，其余得褫夺之。

第十八章　伪造文书印文罪

第二百三十八条 伪造制书者，处无期徒刑或一等有期徒刑。

行使伪造之制书，或意图行使而交付于人者，亦同。

第二百三十九条 伪造公文书或图样者，处二等至四等有期徒刑。

行使伪造之公文书或图样，或意图行使而交付于人者，亦同。

第二百四十条 官员明知虚伪之事实而据以制作所掌文书、图样，或行使此种文书、图样，或意图行使而交付于人者，处二等至四等有期徒刑。

陈告虚伪之事实，而使官员制作所掌文书、图样，或行使此种文书、图样，或意图行使而交付于人者，亦同。

第二百四十一条　以虚伪之事实陈告于官员，而使交付文凭、执照、护照，或使为不实之登载者，处五等有期徒刑、拘役或一百元以下罚金。

第二百四十二条　伪造有价证券者，处二等至四等有期徒刑。

行使伪造之有价证券，或意图行使而交付于人，或自外国贩运者，亦同。

第二百四十三条　伪造私文书、图样，足以证明他人权利、义务之事实者，处三等至五等有期徒刑。

行使伪造之他人私文书、图样，或意图行使而交付于人者，亦同。

第二百四十四条　于自己私文书、图样为虚伪之登载，足以证明对于他人之权利、义务之事实，或行使此种文书、图样，或意图行使而交付于人者，依前条之例处断。

第二百四十五条　医师、检验吏于出具他人之诊断书、检案书、死亡证书为虚伪之登载者，处四等以下有期徒刑、拘役或三百元以下罚金。

嘱托或行使或意图行使而交付于人者，处拘役或五十元以下罚金。

第二百四十六条　伪造御玺、国玺文，公、私印文，署押，或盗用之者，依伪造制书，公、私文书各条之例处断。

行使伪造之御玺、国玺文，公、私印文，署押，或滥用真正之物者，依行使伪造之制书，公、私文书各条之例处断。

第二百四十七条　伪造御玺、国玺者，处一等至三等有期徒刑。

第二百四十八条　伪造公印者，处三等至五等有期徒刑。

第二百四十九条　伪造私印者，处四等以下有期徒刑、拘役或三百元以下罚金。

第二百五十条　本章之未遂犯，罪之。

意图行使而收受伪造、盗用、滥用之制书、御玺、国玺文、公私文书、印文、署押、御玺国玺、公私印者，各依本条之例，以未遂罪论。

第二百五十一条　犯本章之罪，宣告二等有期徒刑以上之刑者，褫夺公权。其余得褫夺之。

第十九章　伪造度量衡罪

第二百五十二条　意图行使、贩卖而制作违背定程之度量衡，或变更真正度量衡之定程者，处四等以下有期徒刑或拘役，并科三百元以下罚金。

知情而贩卖不平之度量衡者，亦同。

第二百五十三条　业务上常用度量衡之人，知其不平而收藏者，处拘役或五十元以下罚金。

行使不平之度量衡而得利者,以诈欺取财论。

第二百五十四条 意图行使、贩卖未受公署之允准而制作度量衡,尚未违背定程者,处三十元以下罚金。贩卖者,处卖价二倍以下卖价以上罚金。若二倍之数未满五十元,处五十元以下卖价以上罚金。

第二百五十五条 第二百五十二条之未遂犯,罪之。

第二百五十六条 犯第二百五十二条之罪者,得褫夺公权。

第二十章 亵渎祀典及发掘坟墓罪

第二百五十七条 对坛庙、寺观、坟墓及其他礼拜所,公然有不敬之行为者,处五等有期徒刑、拘役或一百元以下罚金。

妨害葬礼、说教、礼拜及其他宗教上之会合者,亦同。

第二百五十八条 损坏、遗弃、盗取尸体者,处二等至四等有期徒刑。

损坏、遗弃、盗取遗骨、遗发及殓物者,处三等至五等有期徒刑。

第二百五十九条 损坏、遗弃、盗取尊亲属尸体者,处无期徒刑或二等以上有期徒刑。

损坏、遗弃、盗取尊亲属遗骨、遗发及殓物者,处一等至三等有期徒刑。

第二百六十条 发掘坟墓者,处四等以下有期徒刑、拘役或三百元以下罚金。

第二百六十一条 发掘尊亲属坟墓者,处二等至四等有期徒刑。

第二百六十二条 发掘坟墓而损坏、遗弃、盗取尸体者,处一等至三等有期徒刑。

发掘坟墓而损坏、遗弃、盗取遗骨、遗发及殓物者,处二等至四等有期徒刑。

第二百六十三条 发掘尊亲属坟墓而损坏、遗弃、盗取其尸体者,处死刑、无期徒刑或一等有期徒刑。

发掘尊亲属坟墓而损坏、遗弃、盗取其遗骨、遗发及殓物者,处无期徒刑或二等以上有期徒刑。

第二百六十四条 第二百五十八条至第二百六十一条之未遂犯,罪之。

第二百六十五条 犯第二百五十九条、第二百六十一条及第二百六十三条之罪者,褫夺公权,其余得褫夺之。

第二十一章 鸦片烟罪

第二百六十六条 制造鸦片烟,或贩卖、或意图贩卖而收藏,或自外国贩运者,处三等至五等有期徒刑，并科五百元以下罚金。

第二百六十七条　制造、吸食鸦片烟之器具，或贩卖，或意图贩卖而收藏，或自外国贩运者，处四等以下有期徒刑或拘役。

第二百六十八条　税关官员或其佐理自外国贩运鸦片烟或吸食鸦片烟器具，或纵令他人贩运者，处二等或三等有期徒刑，并科一千元以下罚金。

第二百六十九条　开设馆舍，供人吸食鸦片烟者，处四等以下有期徒刑或拘役，并科三百元以下罚金。

第二百七十条　意图制造鸦片烟而栽种罂粟者，处四等以下有期徒刑、拘役或三百元以下罚金。

第二百七十一条　吸食鸦片烟者，处五等有期徒刑、拘役或一千元以下罚金。

第二百七十二条　巡警、官员或其佐理当执行职务时，知有前六条之犯人，故意不即与相当之处分者，亦依前六条之例处断。

第二百七十三条　收藏专供吸食鸦片烟之器具者，处一百元以下罚金。

第二百七十四条　第二百六十六条至二百七十一条之未遂犯，罪之。

第二百七十五条　犯第二百六十六条至第二百七十二条之罪者，得褫夺公权。官员犯者，并免现职。

第二十二章　赌博罪

第二百七十六条　赌博财物者，处一千元以下罚金。但以供人暂时娱乐之物为赌博者，不在此限。

当场赌博器具及犯人所有钱财，以供犯罪之物论。

第二百七十七条　以赌博为常业者，处三等至五等有期徒刑。

第二百七十八条　聚众开设赌场以营利者，处三等至五等有期徒刑，并科五百元以下罚金。

第二百七十九条　发行彩票者，处四等以下有期徒刑或拘役，并科二千元以下罚金。

为买卖彩票之媒介者，处五等有期徒刑或拘役，并科一千元以下罚金。

第二百八十条　购买彩票者，处一百元以下罚金。

因而得利者，处其价额二倍以下价额以上罚金。若二倍之数未满一百元，处一百元以下价额以上罚金。

第二百八十一条　第二百七十八条至第二百八十条之未遂犯，罪之。

第二百八十二条　犯第二百七十七条及第二百七十八条之罪者，褫夺公权，犯第二百七十九条之罪者，得褫夺之。

第二十三章 奸非及重婚罪

第二百八十三条 对未满十二岁之男、女为猥亵之行为者，处三等至五等有期徒刑或三百元以下三十元以上罚金。

以强暴、胁迫、药剂、催眠术或他法至使不能抗拒，而为猥亵之行为者，处二等或三等有期徒刑或五百元以下五十元以上罚金。

第二百八十四条 对十二岁以上男、女，以强暴、胁迫、药剂、催眠术或他法至使不能抗拒，而为猥亵之行为者，处三等至五等有期徒刑或三百元以下三十元以上罚金。

第二百八十五条 对妇女以强暴、胁迫、药剂、催眠术或他法至使不能抗拒，而奸淫之者，为强奸罪。处一等或二等有期徒刑。

奸未满十二岁之幼女者，以强奸论。

第二百八十六条 乘人精神丧失或不能抗拒而为猥亵之行为或奸淫者，依第二百八十三条第二项、第二百八十四条及二百八十五条之例处断。

第二百八十七条 因犯前四条之罪，致人死、伤者，依左(下)例处断

一 致死或笃疾者，死刑、无期徒刑或一等有期徒刑。

二 致废疾者，无期徒刑或二等以上有期徒刑。

致被害人羞忿自杀，或意图自杀而伤害者，依前项之例处断。

第二百八十八条 引诱良家妇女卖奸以营利者，处五等有期徒刑、拘役，并科一百元以下罚金。

以前项犯罪为常业者，处三等至五等有期徒刑，并科五百元以下罚金。

第二百八十九条 和奸有夫之妇者，处四等以下有期徒刑或拘役。其相奸者，亦同。

第二百九十条 本宗缌麻以上之亲属相和奸者，处二等至四等有期徒刑。

第二百九十一条 有配偶而重为婚姻者，处四等以下有期徒刑或拘役。其知为有配偶之人而与为婚姻者，亦同。

第二百九十二条 贩卖猥亵之书画、物品，或意图贩卖而制造或收藏或自外国贩运者，处拘役或五十元以下罚金。其公然陈列者，亦同。

因而得利者，处其价额二倍以下价额以上罚金。若二倍之数未满五十元，处五十元以下价额以上罚金。

第二百九十三条 第二百八十三条至第二百八十六条之未遂犯，罪之。

第二百九十四条 第二百八十三条至第二百八十六条之罪，须被害人或其亲属告诉乃论。

第二百八十九条之罪，须本夫告诉乃论。但本夫事前纵容或事后得利而和解者，其告诉为无效。

第二百九十条之罪，须妇女之尊亲属或本夫告诉乃论。

第二百九十五条 犯本章之罪，宣告二等有期徒刑以上之刑者，褫夺公权，其余得褫夺之。

第二十四章 妨害饮料水罪

第二百九十六条 污秽供人所饮之净水，因而致不能饮者，处五等有期徒刑、拘役或一百元以下罚金。

第二百九十七条 污秽由水道以供公众所饮之净水或其水源，因而致不能饮者，处三等至五等有期徒刑。

第二百九十八条 以有害卫生之物，混入供人所饮之净水内者，处四等以下有期徒刑或拘役。

第二百九十九条 以有害卫生之物，混入由水道以供公众所饮之净水内或其水源者，处一等至三等有期徒刑。

第三百条 损坏、壅塞水道、水源，以杜绝公众所饮之净水，至二日以上者，处二等或三等有期徒刑。

第三百零一条 同谋杜绝供公众所饮之净水，至二日以上者，首谋处四等以下有期徒刑、拘役或三百元以下罚金，余人处拘役或三十元以下罚金。

第三百零二条 第二百九十六条至第三百零一条之未遂犯，罪之。

第三百零三条 因犯第二百九十六条至第二百九十九条之罪，致人死、伤者，援用伤害罪各条，依第二十三条之例处断。

第三百零四条 犯本章之罪，宣告二等有期徒刑以上之刑者，褫夺公权。其余得褫夺之。

第二十五章 妨害卫生罪

第三百零五条 违背预防传染病之禁令，从进口船舰登陆或将物品搬运于陆地者，处五等有期徒刑、拘役或一百元以下罚金。

指挥船舰之人或其代理自犯前项之罪，或知有人犯罪而不禁止者，处四等以下有期徒刑、拘役或二千元以下罚金。

第三百零六条 知情贩卖有害卫生之饮食物、饮食用器具或孩童玩具者，处其卖价二倍以下卖价以上罚金。若二倍之数未满五十元，处五十元以下卖价以上罚金。

第三百零七条 违背法令贩卖药品者，处其卖价二倍以下卖价以上罚金。若二倍之数未满五十元，处五十元以下卖价以上罚金。

第三百零八条 未受公署之允准，以医为常业者，处五百元以下罚金。

第三百零九条 第三百零五条之未遂犯，罪之。

第三百十条 犯第三百零五条第二项之罪者，得褫夺公权。

第二十六章 杀伤罪

第三百十一条 杀人者，处死刑、无期徒刑或一等有期徒刑。

第三百十二条 杀尊亲属者，处死刑。

第三百十三条 伤害人者，依左(下)例处断：

一 致死或笃疾者，无期徒刑或二等以上有期徒刑。

二 致废疾者，一等至三等有期徒刑。

三 致轻微伤害者，三等至五等有期徒刑。

第三百十四条 伤害尊亲属者，依左(下)例处断：

一 致死或笃疾者，死刑或无期徒刑。

二 致废疾者，死刑、无期徒刑或一等有期徒刑。

三 致轻微伤害者，一等至三等有期徒刑。

第三百十五条 犯前二条之罪，当场助势而未下手者，以从犯论。

第三百十六条 二人以上同时下手伤害一人者，皆以共同正犯论。

同时伤害二人以上者，以最重之伤害为标准，皆以共同正犯论。

其当场助势而下手未明者，以前二项之从犯论。

第三百十七条 对尊亲属施强暴未至伤害者，处三等至五等有期徒刑。

第三百十八条 决斗者，处四等以下有期徒刑、拘役或三百元以下罚金。

因而杀、伤人者，依故意杀、伤罪各条之例处断。若聚众决斗者，以骚扰罪论。

第三百十九条 为决斗之人到场参与者，不问何种资格，处五等有期徒刑、拘役或一百元以下罚金。知情而供人以决斗之会场者，亦同。

第三百二十条 教唆他人使之自杀，或得其承诺而杀之者，处二等至四等有期徒刑。

帮助他人使之自杀，或受其嘱托而杀之者，处三等至五等有期徒刑。

谋为同死而犯本条之罪者,得免除其刑。

第三百二十一条 教唆尊亲属使之自杀,或得其承诺而杀之者,处无期徒刑或二等以上有期徒刑。

帮助尊亲属使之自杀,或受其嘱托而杀之者,处一等至三等有期徒刑。

第三百二十二条 教唆他人使之自伤,或得其承诺而伤之者,依左(下)例处断:

一 致死或笃疾者,三等至五等有期徒刑。

二 致废疾者,四等以下有期徒刑、拘役或三百元以下罚金。

三 致轻微伤害者,五等有期徒刑、拘役或一百元以下罚金。

帮助他人使之自伤,或受其嘱托而伤之者依左(下)例处断:

一 致死或笃疾者,四等以下有期徒刑、拘役或三百元以下罚金。

二 致废疾者,五等有期徒刑、拘役或一百元以下罚金。

三 致轻微伤害者,拘役或五十元以下罚金。

第三百二十三条 教唆尊亲属使之自伤,或得其承诺而伤之者,依左(下)例处断:

一 致死或笃疾者,一等至三等有期徒刑。

二 致废疾者,二等至四等有期徒刑。

三 致轻微伤害者,三等至五等有期徒刑。

帮助尊亲属使之自伤,或受其嘱托而伤之者,依左(下)例处断:

一 致死或笃疾者,二等至三等有期徒刑。

二 致废疾者,三等至五等有期徒刑。

三 致轻微伤害者,四等以下有期徒刑、拘役或三百元以下罚金。

第三百二十四条 因过失致人死、伤者,依左(下)例处断:

一 致死或笃疾者,五百元以下罚金。

二 致废疾者,三百元以下罚金。

三 致轻微伤害者,一百元以下罚金。

第三百二十五条 因过失致尊亲属死、伤者,依左(下)例处断:

一 致死或笃疾者,三等至五等有期徒刑或一千元以下一百元以上罚金。

二 致废疾者,四等以下有期徒刑、拘役或五百元以下罚金。

三 致轻微伤害者,五等有期徒刑、拘役或三百元以下罚金。

第三百二十六条 因玩忽业务上必要之注意,致人死、伤者,处四等以下有期徒刑、拘役或二千元以下罚金。

第三百二十七条 第三百十一条、第三百十二条、第三百十八条第一项、第三百十九条至第三百二十一条之未遂犯,罪之。

第三百二十八条 预备或阴谋犯第三百十一条之罪者,处五等有期徒刑、拘役或一百元以下罚金。

预备或阴谋犯第三百十八条之罪者，处拘役或五十元以下罚金。

前二项之罪，得因其情节免除其刑。

第三百二十九条 预备或阴谋犯第三百十二条之罪者，处三等至五等有期徒刑。

第三百三十条 第三百十四条第三款、第三百十七条及第三百二十五条第三款之罪，须告诉乃论。

第三百三十一条 犯第三百十二条、第三百十四第一款、第二款及第三百二十六条之罪者，褫夺公权。除第三百二十四条外，犯其余各条之罪者，得褫夺之。

第二十七章 堕胎罪

第三百三十二条 怀胎妇女服药或以他法堕胎者，处五等有期徒、拘役或一百元以下罚金。

第三百三十三条 受妇女之嘱托或得其承诺，使之堕胎者，处四等以下有期徒刑或拘役。

第三百三十四条 有左(下)列行为之一者，处三等至五等有期徒刑：

一 以强暴、胁迫或诈术使妇女自行堕胎者。

二 以强暴、胁迫或诈术而受妇女之嘱托或得其承诺，使之堕胎者。

三 未得妇女之承诺，以强暴、胁迫或诈术使之堕胎者。

四 知为怀胎妇女，而施以强暴、胁迫，致小产者。

第三百三十五条 医师、产婆、药剂师、药材商犯第三百三十三条之罪者，处三等至五等有期徒刑。

其以诈术犯第三百三十四条之罪者，处二等或三等有期徒刑。

第三百三十六条 第三百三十四条第一款至第三款之未遂犯，罪之。

第三百三十七条 因犯第三百三十三条之罪，致妇女死或笃疾者，处三等至五等有期徒刑。

因犯第三百三十四条之罪，致妇女死、伤者，援用伤害罪各条，依第二十三条之例处断。

第三百三十八条 犯本章之罪者，得褫夺公权。

第二十八章 遗弃罪

第三百三十九条 依法令、契约担负扶助、养育、保护老幼、残废、疾病人之义务而遗弃之者，处三等至五等有期徒刑。

第三百四十条　遗弃尊亲属者，处无期徒刑或二等以上有期徒刑。

第三百四十一条　于自己经管地内，发见被遗弃之老幼、残废、疾病人，而不与以相当之保护，又不报明巡警、官员及其他该管官员者，处五等有期徒刑、拘役或一百元以下罚金。

巡警、官员及其他该管官员当执行职务时，不即与以相当之处分或保护者，处三等至五等有期徒刑。

第三百四十二条　因犯第三百三十九条及第三百四十条之罪，致人死、伤者，援用伤害罪各条，依第二十三条之例处断。

第三百四十三条　犯第三百四十条之罪者，褫夺公权。其余得褫夺之。

第二十九章　私滥逮捕监禁罪

第三百四十四条　私擅逮捕或监禁人者，处三等至五等有期徒刑。

第三百四十五条　私擅逮捕或监禁尊亲属者，处一等至三等有期徒刑。

第三百四十六条　审判或检察、巡警、监狱及其他行政官员或其佐理，滥用职权，逮捕或监禁人者，处二等或三等有期徒刑。

第三百四十七条　因犯本章之罪，致人死、伤者，援用伤害罪各条，依第二十三条之例处断。

第三百四十八条　犯本章之罪者，得褫夺公权。

第三十章　略诱及和诱罪

第三百四十九条　以强暴、胁迫或诈术拐取妇女或未满二十岁之男子者，为略诱罪。处二等或三等有期徒刑。

和诱者，处三等至五等有期徒刑。

和诱未满十六岁之男、女者，以略诱论。

第三百五十条　移送自己略诱之妇女或未满二十岁之男子于帝国外者，处无期徒刑或二等以上有期徒刑。

系和诱者，处二等或三等有期徒刑。

第三百五十一条　意图营利，略诱妇女或未满二十岁之男子者，处无期徒刑或二等以上有期徒刑。

和诱者，处二等或三等有期徒刑。

第三百五十二条 意图营利，移送自己略诱之妇女或未满二十岁之男子于帝国外者，处死刑、无期徒刑或一等有期徒刑。

系和诱者，处无期徒刑或二等以上有期徒刑。

第三百五十三条 预谋收受、藏匿被略诱、和诱人者，依前四条之例处断。

未预谋者，依左(下)例处断：

一 收受、藏匿第三百四十九条、第三百五十条第二项及第三百五十一条第二项之被略诱、和诱人者，三等至五等有期徒刑。

二 收受、藏匿第三百五十条第一项、第三百五十一条第一项及第三百五十二条之被略诱、和诱人者，一等至三等有期徒刑。

第三百五十四条 本章之未遂犯，罪之。

第三百五十五条 第三百四十九条及第三百五十三条之罪，须告诉乃论。

被略诱、和诱人与犯人为婚姻者，非离婚后，其告诉为无效。

第三百五十六条 意图营利，犯本章之罪者，褫夺公权。其余得褫夺之。

第三十一章 妨害安全信用名誉及秘密罪

第三百五十七条 对人以加害生命、身体、自由、名誉、财产之事相胁迫者，处五等有期徒刑、拘役或一百元以下罚金。

以加害其亲属相胁迫者，亦同。

第三百五十八条 以强暴、胁迫使人行无义务之事，或妨害人行使权利者，处四等以下有期徒刑、拘役或三百元以下罚金。

第三百五十九条 散布流言或以诈术，损害他人或其业务之信用者，处五等有期徒刑、拘役或一百元以下罚金。

第三百六十条 指摘事实，公然侮辱人者，不问其事实之有无，处五等有期徒刑、拘役或一百元以下罚金。

第三百六十一条 对尊亲属犯第三百五十七条、第三百五十九条及第三百六十条之罪者，处四等以下有期徒刑或拘役。

犯第三百五十八条之罪者，处三等至五等有期徒刑。

第三百六十二条 无故开拆、藏匿、毁弃他人封缄之信函者，处五等有期徒刑、拘役或一百元以下罚金。

无故公表他人秘密之文书、图画者，亦同。

第三百六十三条 僧道、医师、药剂师、药材商、产婆、律师、公证人或曾居此等地位之人，因其职业得知他人之秘密，无故漏泄者，处五等有期徒刑、拘役或一百元以下罚金。无故公表者，处四等以下有期徒刑、拘役或三百元以下罚金。

第三百六十四条　第三百五十八条及第三百五十九条之未遂犯，罪之。

第三百六十五条　除第三百五十八条外，本章之罪，须告诉乃论。

第三百六十六条　犯本章之罪者，得褫夺公权。

第三十二章　窃盗及强盗罪

第三百六十七条　意图为自己或第三人之所有而窃取他人所有物者，为窃盗罪。处三等至五等有期徒刑。

第三百六十八条　窃盗有左(下)列行为之一者，处二等或三等有期徒刑：

一　侵入现有人居住或看守之第宅、建筑物、矿坑、船舰内者。

二　结伙三人以上者。

第三百六十九条　窃取御物者，处无期徒刑或二等以上有期徒刑。

第三百七十条　意图为自己或第三人之所有，而以强暴、胁迫强取他人所有物者，为强盗罪。处一等至三等有期徒刑。

以药剂、催眠术或他法使人不能抗拒，而强取者，亦同。

第三百七十一条　窃盗因防护赃物、脱免逮捕、湮灭罪证，而当场施强暴、胁迫者，以强盗论。

第三百七十二条　除第三百七十条、第三百七十五条及第三百七十七条外，以强暴、胁迫得其他财产上不法之利益，或使第三人得之者，以强盗论。

以药剂、催眠术或他法使人不能抗拒，而犯前项之罪者，亦同。

第三百七十三条　强盗有左(下)列行为之一者，处无期徒刑或二等以上有期徒刑：

一　侵入现有人居住或看守之第宅、建筑物、矿坑、船舰内者。

二　结伙三人以上者。

三　伤害人而未致死及笃疾者。

第三百七十四条　强盗有左(下)列行为之一者，处死刑、无期徒刑或一等有期徒刑：

一　结伙三人以上、在途行劫者。

二　在海洋行劫者。

三　致人死或笃疾或伤害致二人以上者。

四　于盗所强奸妇女者。

第三百七十五条　强取御物者，处死刑、无期徒刑或一等有期徒刑。

第三百七十六条 犯强盗之罪故意杀人者，处死刑或无期徒刑。

第三百七十七条 窃取他人依共有权、质权及其他物权或公署之命令，而以善意所管有之自己共有物或所有物者，处其价额二倍以下价额以上之罚金。若二倍之数未满五十元，处五十元以下价额以上罚金。

侵入现有人居住或看守之第宅、建筑物、矿坑、船舰内犯前项之罪者，处五等有期徒刑或拘役。依前项之例，并科罚金。

若强取者，处四等以下有期徒刑或拘役。依第一项之例，并科罚金。

第三百七十八条 于禁止私有之物及电气犯本章之罪者，以所有物论。

第三百七十九条 除第三百七十三条第三款及第三百七十四条第三款外，本章之未遂犯，罪之。

第三百八十条 犯第三百六十八条至第三百七十六条之罪者，褫夺公权。其余得褫夺之。

第三百八十一条 于直系亲属、配偶或同居亲属之间犯第三百六十七条及第三百七十七条第一项之罪者，免除其刑。

对其他亲属犯前项所列各条之罪者，须告诉乃论。

前二项之规定，于非亲属而与亲属为共犯者，不适用之。

第三十三章 诈欺取财罪

第三百八十二条 意图为自己或第三人之所有，以欺罔、恐吓使人将所有物交付于己者，为诈欺取财罪。处三等至五等有期徒刑。以前项方法得财产上不法之利益，或使第三人得之者，亦同。

第三百八十三条 为他人处理事务，图利自己或第三人或图害本人，背其义务而损害本人之财产者，处三等至五等有期徒刑或一千元以下一百元以上罚金。

第三百八十四条 乘人未满十六岁或精神错乱之际，使将本人或第三人所有物交付于己，或因而得财产上不法之利益，或使第三人得之，或损害本人之财产者，依前二条之例处断。

第三百八十五条 三人以上共犯前三条之罪者，处二等或三等有期徒刑。

第三百八十六条 官员处理公务，图利自己或第三人或图害国家、公署，背其职务，损害国家、公署之财产者，处二等或三等有期徒刑。

第三百八十七条 于御物犯第三百八十二条至第三百八十五条之罪者，处无期徒刑或二等以上有期徒刑。

第三百八十八条 本章之未遂犯，罪之。

第三百八十九条 犯第三百八十五条至第三百八十七条之罪者，褫夺公权。其余得褫夺之。

第三百九十条 第三百七十七条第一项、第三百七十八条及第三百八十一条之规定，于本章之罪，亦准用之。

第三十四章 侵占罪

第三百九十一条 侵占自己依法令、契约照料他人事务之管有物、共有物或属于他人所有权、抵当权及其他物权之财物者，处三等至五等有期徒刑。

虽系自己所有物、管有物，若依公署之命令归自己看守而侵占之者，亦同。

第三百九十二条 侵占公务上或业务上之管有物、共有物或属于他人所有权、抵当权及其他物权之财物者，处二等或三等有期徒刑。其不在公务、业务之人与共犯者，依第三十三条第一项之例处断。

第三百九十三条 侵占遗失物、漂流物或属于他人物权而离其管有之财物者，处其价额二倍以下价额以上罚金。若二倍之数未满五十元，处五十元以下价额以上罚金。

因自己错误而以善意取得管有之他人所有物，或因他人错误而交付于自己之他人所有物，以遗失物论。

第三百九十四条 第三百九十一条及第三百九十二条之未遂犯，罪之。

第三百九十五条 犯第三百九十一条及第三百九十二条之罪者，得褫夺公权。

第三百九十六条 第三百七十七条、第三百七十八条及第三百八十一条之规定，于本章之罪，亦准用之。

第三十五章 赃物罪

第三百九十七条 受人赠与赃物者，处四等以下有期徒刑、拘役或三百元以下罚金。

搬运、受寄、故买或为牙保者，处二等至四等有期徒刑。

因犯前项之罪获利者，并科所得价额二倍以下价额以上罚金。若二倍之数未满五十元，并科五十元以下价额以上罚金。

第三百九十八条 对于第三百七十七条或其他准用该条规定各条之赃物，犯前条之罪者，依第三百七十七条第一项之例，处以罚金。

第三百九十九条 本章之未遂犯，罪之。

第四百条 以第三百九十七条第二项之罪为常业者，褫夺公权。其余犯本章之罪者，得褫夺之。

第四百零一条 第三百七十七条及第三百八十一条第一项及第三项之规定，于本章之罪，亦准用之。

第三十六章 毁弃损坏罪

第四百零二条 毁弃制书或损坏御玺、国玺者，处一等至三等有期徒刑。

第四百零三条 毁弃公署或官员所管有之公文书，或损坏公印者，处二等至四等有期徒刑。

第四百零四条 毁弃关系他人权利、义务之文书者，处三等至五等有期徒刑或三百元以下三十元以上罚金。

第四百零五条 损坏他人所有建筑物、矿坑、船舰者，处三等至五等有期徒刑或一千元以下一百元以上罚金。

损坏第一百八十六条之建筑物、矿坑，船舰者，处二等或三等有期徒刑。

因犯本条之罪致人死、伤者，援用伤害罪各条，依第二十三条之例处断。

第四百零六条 有左(下)列行为之一者，处四等以下有期徒刑、拘役或三百元以下罚金：

一 损坏、伤害前条所列以外之他人所有物者。

二 漏逸他人所有之煤气、蒸气及其他气体或流动物或以他法致令丧失效用者。

三 纵逸他人所有之动物，致令丧失者。

第四百零七条 损坏、伤害、漏逸、丧失担负他人物权之自己所有物，或依公署之命令由他人管有或自己看守之物者，处其价额二倍以下价额以上罚金。若二倍之数未满五十元，处五十元以下价额以上罚金。

第四百零八条 第三百七十八条及第三百八十一条之规定，于第四百零四条、第四百零五条第一项、第二项之罪，亦准用之。

第四百零九条 第四百零二条至第四百零四条、第四百零五条第一项、第二项，第四百零六条及第四百零八条之未遂犯，罪之。

第四百十条 犯本章之罪，宣告二等有期徒刑以上之刑者，褫夺公权。其余得褫夺之。

第四百十一条 第四百零六条及第四百零七条之罪，须告诉乃论。

暂行章程

第一条　犯第八十九条、第一百零一条、第一百十条、第一百十一条、第三百十二条、第三百十四条，处以死刑者，仍用斩。

第二条　犯第二百五十八条第一项、第二百五十九条、第二百六十一条至第二百六十三条之罪，应处二等以上徒刑者，得因其情节仍处死刑。

第三条　犯第三百七十条应处一等有期徒刑及第三百七十一条至第三百七十三条之刑者，得因其情节仍处死刑。

第四条　犯第二百八十九条之罪为无夫妇女者，处五等有期徒刑、拘役或一百元以下罚金，其相奸者，亦同。

前项犯罪，须妇女尊亲属告诉乃论。但尊亲属事前纵容，或事后得利而和解者，其告诉为无效。

第五条　对尊亲属有犯，不得适用正当防卫之例。①

---

①　《钦定大清刑律》目录和内容均以中国政法大学图书馆藏宣统三年（1911 年）六月刊印本《钦定大清刑律》为准。点校时参考了商务印书馆 2011 年版《大清新法令》点校本第十卷中的《大清新刑律》和中国人民大学法律系法制史教研室 1979 年 11 月编印的《中国近代法制史资料选编》第一分册中的《清新刑律》。

后　记

金秋十月，终于完成了书稿的修订工作。

眼下，全国各地正以不同的形式纪念辛亥革命一百周年。作为法史学人，我们不会忘却百年前的那场轰轰烈烈的法制变革运动。同在1911年，中国近代第一部刑法——《钦定大清刑律》颁布了。中国近代刑法已历整整一百年，抚今追昔，百感交集。《中国近代刑法的肇端——〈钦定大清刑律〉》一书的出版，若能表达一位法史学人的点滴纪念之情，甚慰！

《中国近代刑法的肇端——〈钦定大清刑律〉》由我的博士论文"《钦定大清刑律》研究"修改而成。在保持其基本内容的基础上，增加了"第四章《钦定大清刑律》的施行：民国刑法实践的透视"中的"第五节《钦定大清刑律》与《中华民国刑法》"和"第五章中国刑法的近代化：在变与不变中潜行"中的"第五节 继往开来：《钦定大清刑律》的当代启示"。前者重在探讨《钦定大清刑律》与中国近代刑法发展的关系。后者重在思考《钦定大清刑律》对中国当代刑法完善的启示。为便于阅读，书稿增加了附录的内容。其中，《钦定大清刑律》律文弥补了目前公开出版物中《钦定大清刑律》律文难以寻觅的缺憾。《中国近代刑法的肇端——〈钦定大清刑律〉》记录了笔者多年来围绕这一专题教学和研究的心得体会。其间，学界同仁的智慧和成果给了我很大的启发。所以，此书的出版既是个人学术的汇报，也是对同道赐教的答谢。《钦定大清刑律》的研究尚待深入，中国刑法的近代化和当代中国刑法的完善亦需历史的智慧。我的努力只是初步的、粗浅的，不当之处，还请方家多多指正。

本书的主体部分，我的博士论文，已在八年前完成。能够有机会出版，要感谢商务印书馆的领导对传统法律文化研究成果的重视。特别感谢商务印书馆王兰萍女士，从书稿的修改建议到出版计划的安排，她耗费了大量心血。没有她的关心和支持，此书的出版是不可能的。安徽大学王源扩教授、高尚教授的推荐给了我很大的鼓励。教育部的科研项目经费和安徽大学科研创新团队经费的支持，解除了我的后顾之忧。一次难忘的研修经历，提供了进一步修改书稿的时间保证。2011年9月，我有幸参加中央六部委组织的41期高校哲学社会科学教学科研骨干研修班学习。在进行主题研修的同时，我利用课余时间完成了书稿的修改工作。中央党校和延安干部学院清静优美的学习环境和方便舒适的生活条件给了我很大的帮助。其间，承蒙张晋藩先生、朱勇教授、张恒山教授、吴慧教授、顾元教授、张生教授、于安教授、王敬波教授等在京师友的关爱，使紧张的研修生活变得丰富多彩。恩师张晋藩先生得知本书出版，欣然命笔，为拙著作序，勉励有加。先生的鼓励是学生不断前行的动力，先生的品学是学生为人做事的楷模。

书稿完成之际，不禁想起京城求学的往事。

2000年8月，学生忝列门墙，就读于我国著名法学家张晋藩先生。读博三年，弹指一挥间，先生温馨的书房装满了对弟子们的殷切期望，学院路、西三旗留下了先生传道、授业的足迹。学生虽愚，但经先生多年耳提面命，渐可蹒跚于法律史殿堂。同样令弟子难忘的还有师母生活上无微不至的关怀。读博期间，朱勇教授、怀效锋教授、郭成伟教授、曾尔恕教授、刘金国教授都曾为我指点迷津。

博士论文的写作还得到了李贵连教授、何勤华教授、王立民教授、邱远猷教授、蒲坚教授、霍存福教授、刘广安教授、陈景良教授、徐忠明教授、周健教授、王人博教授、张中秋教授、周东平教授等学界师友的指教。

2003年至2005年，在韩延龙先生、马小红教授的指导下，我在中国社会科学院法学研究所从事博士后研究。每次到法学所，韩先生都事先帮我联系好宾馆，马老师到住处问寒问暖。两位老师学业上的提携和生活的照顾至今难以忘怀。刘海年教授、李步云教授、杨一凡教授、夏勇教授、徐立志教授、刘作翔教授、苏亦工教授、张少喻教授多有点拨。法学所浓厚的学术氛围和温馨的书香气息使我受益匪浅。

我能安心在京求学并顺利完成学业，还得益于方方面面的理解和支持。时任安徽大学法学院领导的王源扩院长、陈宇书记、张厚发书记为我创造了深造的条件。我的同事李明发教授、王圣扬教授、王先林教授、陈结淼教授、刘洁同志分担了我的工作。韩轶教授、李坤刚教授为我的论文写作提供了帮助。

家人的理解和支持更是难以忘怀。

涉足法律史领域，转眼已近三十个春秋。安徽大学的沃土为莘莘学子提供了不尽的营养。这里曾留下法史大师们的足迹，民国时代陈顾远先生在此主政法学教育，新中国改革开放后陈盛清先生、周枏先生在此重执教鞭。我能完成后来的学业，离不开安徽大学诸位师长的栽培。20世纪80年代初在安徽大学法律系读本科时，陈盛清先生、周枏先生的教诲，激发了我对法律史的浓厚兴趣。读硕期间，在汪汉卿教授、舒炳麟教授、王继忠教授的指导下，打下了日后从事法律史教学、研究的基础。如今，学生欲呈拙著请教前辈时，师长陈盛清先生、周枏先生、汪汉卿先生已离我们远去。往事历历，仿佛昨日，晚辈愚钝，学业欠精，遥望星空，潸然泪下。

书稿后期修订过程中，安徽大学法学院汪英文、宋婷、熊琰琰、王巧敏、徐陈军、王兆伟、徐梅莲、丁烨、娄雨洋、杨小艳等同学提供了资料收集和文字校对上的帮助。

《中国近代刑法的肇端——〈钦定大清刑律〉》一书的作者由我一人署名，却凝聚着众人的心血。出版在即，略记文字，谨致谢忱。

此段文字，就拙作而言，是为“后记”；就未来的人生及学术而言，当属“前言”。

周少元

2011年10月于北京